广州市文化广电旅游局
广州市文物博物馆学会 编

广州文博 拾伍

文物出版社

图书在版编目（ＣＩＰ）数据

广州文博.拾伍/广州市文化广电旅游局，广州市
文物博物馆学会编.--北京：文物出版社，2023.3
ISBN 978-7-5010-7566-9

Ⅰ.①广…Ⅱ.①广…②广…Ⅲ.①文物工作－广
州－文集②博物馆事业－广州－文集Ⅳ.
①K872.651.4-53②G269.276.51-53

中国版本图书馆CIP数据核字(2022)第075568号

广州文博·拾伍

编　　者：广州市文化广电旅游局　广州市文物博物馆学会

责任编辑：李　睿
责任印制：张　丽

出版发行：文物出版社
社　　址：北京市东直门内北小街2号楼
邮　　编：100007
网　　址：http://www.wenwu.com
邮　　箱：web@wenwu.com
经　　销：新华书店
印　　刷：广州商华彩印有限公司
开　　本：889mm×1194mm　1/16
印　　张：25.5
版　　次：2023年3月第1版
印　　次：2023年3月第1版印刷
书　　号：ISBN 978-7-5010-7566-9
定　　价：168.00元

目 录

一、考古新发现

二、考古文物研究

三、历史研究

四、博物馆研究

2018年广西北海沿海地区考古调查简报

北海市博物馆

内容提要：

  为配合"海上丝绸之路·北海史迹"申报世界文化遗产工作，进一步理清北海文物遗存状况，深入挖掘和研究北海历史文化，北海市博物馆近年来持续对北海沿海地区开展考古调查，2018年度的调查范围主要涵盖了西村港以东，铁山港以西，合浦县以南的沿海地区。新发现艾猪岭、对面岭、框仔岭、芋头塘等10余处遗址。采集到史前、战国秦汉、隋唐等时期的遗物，为进一步认识北海的历史文化提供了实物证据。

一、遗址概况

  本次北海沿海考古调查共发现遗址或遗物采集点十余处（图一），遗物相对丰富的遗址有艾猪岭、对面岭、框仔岭、南瓜地、三婆庙、新安村大园、瓦窑洞、芋头塘等。

  艾猪岭遗址（2018BYA），位于银海区福成镇古城村委古城垌村艾猪岭，面积约5000平方米。遗址南距海岸约800米，属台地地形，地表植被主要是桉树，采集遗物主要是印纹硬陶片，另有少量绳纹夹砂红陶和砺石。

  对面岭遗址（2018BTD），位于铁山港区兴港镇谢家村邓九垌对面岭，面积约10000平方米。遗址东、西、南三面为古河道环绕。岭上有多处取土坑，使遗址遭到严重的破坏。由于各处断崖暴露的剖面均未见未见文化层，而当地居民称耕种时曾发现墓葬，遗址可能是一处墓葬。

图一　调查区域及遗物采集点分布图

框仔岭遗址（2018BTK），位于铁山港区兴港镇婆围村委北窑村框仔岭，面积约30000平方米。遗址处在距海约500米的台地上，地表植被主要是桉树，采集遗物包括印纹硬陶器和青瓷器，可辨器形有硬陶罐和青瓷碗。

南瓜地遗址（2018BTN），位于铁山港区兴港镇北冲村南瓜地，面积约10000平方米。遗址西距离南康江约2000米，北距向海大道约1500米，南边为古河道。西边在新修公路从遗址西部穿过，对遗址造成一定的破坏。遗址采集遗物较多，大部分是印纹硬陶片。

三婆庙遗址（2018BYS），位于银海区福成镇古城村三婆庙，面积约2000平方米。遗址东南距白龙港约500米。遗址所处台地现为耕地，地表采集遗物极为细碎，纹饰以席纹、叶脉纹、绳纹为主。

瓦窑洞遗址（2018BYW），位于银海区福成镇浓能村瓦窑洞，面积约5000平方米。遗址所处台地东临福成江，南面约300米为古河道。遗址常年作为耕地，地表采集遗物主要是印纹硬陶片，另有少量砺石。

新安村大园（2018BYX），位于银海区三合口村委新安村大园。遗址东边距离北海福成机场约1000米，西边到马路约200米，地势较为平坦，地表散落大量明代陶瓷片，据称原有明代窑址，调查未见有窑炉遗迹或窑址废品堆，疑因农业生产易遭破坏，另有磨制双肩石斧。

芋头塘窑址群（2018BTY），位于铁山区南康镇雷田村委芋头塘村，分布面积约5万平方米，北面紧邻白沙头港。窑群主要包括东侧的后背山和西侧的白虎头两个窑区，所处两处山岭向海湾延伸，相连呈"V"形排列。其中，后背山窑场东西长约300、南北宽约50米，分布范围约15000平方米；白虎头地势狭长，窑区分布于整个山岭斜坡上，东西长约400、南北宽约90米，分布范围约36000平方米。整个窑群周边密布虾塘，窑址大部分被虾塘破坏，地表散落大量的陶瓷器残件，断壁可见较厚的废品堆积。调查采集陶瓷器标本100余件，部分器物保存较好。瓷器胎体厚重，多为灰白色，内壁满釉，外壁施釉不及底，釉面稍显粗涩，主要器型有罐、碗、碟、钵、盆、盘、釜、垫具等。多数为素面，仅个别器物肩部饰水波纹，偶见刻划文字或符号。碗、碟内壁多留有四到五组方形支钉痕。

二、采集遗物

采集遗物有陶器、瓷器和石器三类，以细碎的陶片为主，瓷器数量多，但器型比较单一。

（一）陶器

均为碎片。以灰色硬陶为主，另有少量夹砂红陶。纹饰比较丰富，有方框对角线纹、米字纹、三角格纹、菱形填线纹、水波纹、席纹、复线菱形纹、叶脉纹、方格纹、圆框十字纹、方框十字纹、"人"形纹、篦点纹、篦划纹、曲折纹、绹纹、弦纹等，以拍印、戳印、戳刺、刻划等方式装饰于器表（图二）。可辨器形有罐、盒、釜、器盖。

3

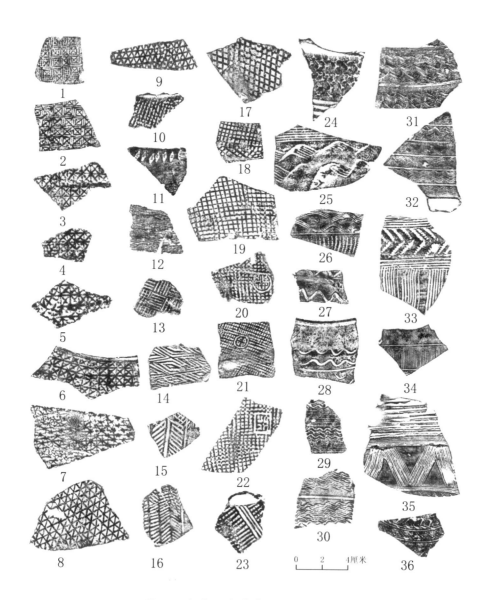

图二　北海沿海采集陶片纹饰拓本

1.2018BTD:18　2.2018BYW:14　3.2018BTN:5　4.2018BTD:14　5.2018BYA:2
6.2018BTD:21　7.2018BTD:17　8.2018BTD:25　9.2018BTD:16　10.2018BTD:15
11.2018BTD:24　12.2018BYW:8　13.2018BTD:12　14.2018BTD:13　15.2018BTD:23
16.2018BYS:1　17.2018BTN:8　18.2018BYW:12　19.2018BYW:13　20.2018BTN:7
21.2018BTN:4　22.2018BYW:5　23.2018BYW:6　24.2018BTD:8　25.2018BYW:9
26.2018BYW:11　27.2018BTD:19　28.2018BYA:1　29.2018BTK:2　30.2018BTK:3
31.2018BTN:6　32.2018BYW:3　33.2018BTD:22　34.2018BYW:10　35.2018BTD:20
36.2018BYW:7

2018BYW:1，罐口沿。敞口，卷沿，圆唇，短束颈。肩部饰方格纹。残宽9、残高4.4厘米（图三，1）。

2018BTK:1，罐口沿。敞口，平折沿，圆唇，短束颈。颈部饰圆形戳印图案，肩部饰方格纹。残宽5.3、残高4厘米（图三，2）。

2018BTD:6，罐口沿。直口，方唇。残宽6.5、残高4.3厘米（图三，3）。

2018BTD:4，罐口沿。直口，圆唇略外凸。肩部饰二周凹弦纹。残宽3.8、残高4.3厘米（图三，4）。

2018BYA:1，罐口沿。斜直口，圆唇。肩部饰水波纹、弦纹。残宽5.1、残高4.4厘米（图二，28；图三，5）。

2018BTD:5，罐口沿。直口，圆唇，口沿下起二周凸棱。残宽3.9、残高3.7厘米（图三，6）。

2018BYW:2，罐口沿。直口，翻折沿，圆唇。残宽8、残高5.3厘米（图三，7）。

2018BTD:3，盒口沿。敛口，圆唇，弧腹。口沿下起二周凸棱，腹部拍印粗方格纹。残宽4.7、残高4.1厘米（图三，8）。

2018BTD:2，釜口沿。夹砂红陶。敞口，方唇，高领，束颈。残宽15.6、残高7.9厘米（图三，9）。

2018BTD:7，口沿。丰肩。肩部饰四周细弦纹。残宽7.3、残高4.6厘米（图三，10）。

2018BTD:8，口沿。丰肩。肩部饰"人"形戳刺图案和凹弦纹。残宽5.1、残高3.8厘米（图二，24；图三，11）。

2018BTN:3，口沿。丰肩。肩部饰方格纹。残宽6.7、残高3.4厘米（图三，12）。

2018BTD:9，器耳。桥形横耳。腹片上饰篦点纹、凹弦纹。残宽5.7、残高7厘米（图三，13）。

2018BTN:1，器盖。盖面饰细弦纹、曲折纹。残宽5、残高2.1厘米（图三，14）。

2018BTN:2，器盖。盖面饰细弦纹、水波纹。残宽4.4、残高1.7厘米（图三，15）。

2018BYW:3，器盖。盖面饰细弦纹、水波纹。残宽6.7、残高2.5厘米（图二，32；图三，16）。

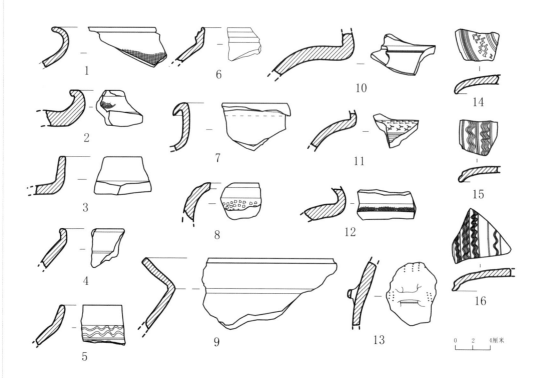

图三　北海沿海采集陶器

1.2018BYW:1　2.2018BTK:1　3.2018BTD:6　4.2018BTD:4　5.2018BYA:1　6.2018BTD:5
7.2018BYW:2　8.2018BTD:3　9.2018BTD:2　10.2018BTD:7　11.2018BTD:8
12.2018BTN:3　13.2018BTD:9　14.2018BTN:1　15.2018BTN:2　16.2018BYW:3

（二）瓷器

器形有碗、罐、盆。碗内壁满釉，外壁施釉不及底且常见流釉现象，内底边缘有一周凹弦纹，底心为五个支垫痕迹。罐、盆内外壁满釉，支烧痕迹在足底或下腹。

2018BTY:1，青瓷碗。灰白胎，青黄釉。敞口，圆唇，口沿下略束收，浅弧腹，平底。口径13.9、底径4.3、高3厘米（图四，1）。

2018BTY:2，青瓷碗。灰胎，青灰釉。敞口，圆唇，浅弧腹，平底。口径13.3、底径4.8、高3.5厘米（图四，2；图五，1）。

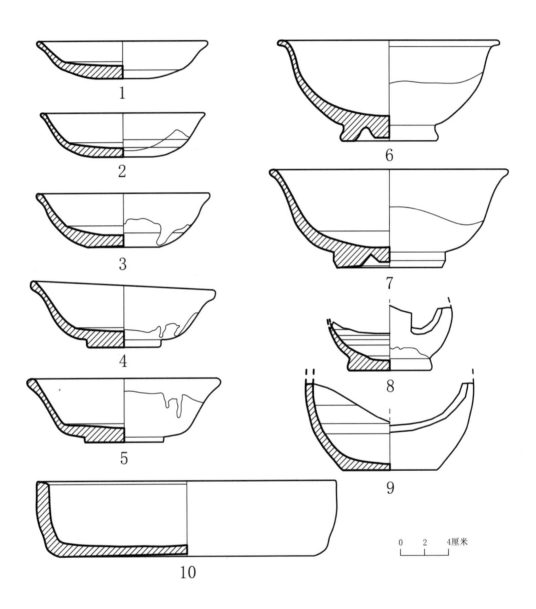

图四　北海沿海采集瓷器

1.2018BTY:1　2.2018BTY:2　3.2018BTY:3　4.2018BTY:4　5.2018BTY:5　6.2018BTY:6
7.2018BTY:7　8.2018BTY:8　9.2018BTY:9　10.2018BTY:10

2018BTY:3，青瓷碗。灰白胎，青黄釉。敞口，圆唇，口沿下略收束，浅弧腹，平底略内凹。外底见一"9"字形划痕。口径14.1、底径5.9、高4.3厘米（图四，3；图五，2）。

2018BTY:4，青瓷碗。灰胎，青灰釉。敞口，器物变形导致口线不平，圆唇，弧腹微折，矮饼足。口径13.3、足径4.8、高3.5厘米（图四，4；图五，3）。

2018BTY:5，青瓷碗。灰白胎，青黄釉。敞口，圆唇，弧腹微折，矮饼足。口径15.8、足径6.3、高5.1厘米（图四，5；图五，4）。

2018BTY:6，酱釉瓷碗。灰胎，酱褐釉，积釉发黑。敞口，口沿略外翻，圆唇，深弧腹，饼足上旋挖一周凹槽。口径18.2、足径8.1、高8厘米（图四，6；图五，5）。

2018BTY:7，青瓷碗。灰白胎，青黄釉。敞口，圆唇，深弧腹，饼足上旋挖一周"V"形槽，足墙斜削一周。口径19.5、底径9.3、高7.8厘米（图四，7；图五，6）。

2018BTY:8，青瓷罐。灰白胎，青黄釉。弧腹，饼足。内壁有数周凸棱。足径7、残高5.2厘米（图四，8）。

2018BTY:9，青瓷罐。灰白胎，青黄釉。弧腹，平底。内壁有数周凸棱。底径7.8、残高6.9厘米（图四，9）。

2018BTY:10，青瓷盆。灰白胎，青黄釉。直口，方唇，浅直腹微鼓，平底略内凹。口径24.4、底径20.1、高6厘米（图四，10）。

（三）石器

2018BYX:1，双肩石斧。青灰色页岩。刃部磨光。宽6.2、高7.4、厚1厘米（图六，1）。

2018BTD:10，砺石。灰白色页岩。单面磨光。残长13.1、宽5.3、厚3厘米（图六，2）。

2018BYW:4，砺石。青灰色，砂岩。单面磨光。残长8.7、宽4.7、厚4.3厘米（图六，3）。

2018BTD:11，砺石。褐色砂岩。各面均磨光。残长3.8、残宽4.8、厚1.6厘米（图六，4）。

图五　北海沿海采集瓷器

1.2018BTY:2　2.2018BTY:3　3.2018BTY:4　4.2018BTY:5　5.2018BTY:6　6.2018BTY:7

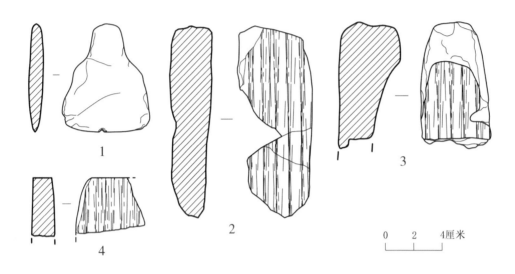

图六　北海沿海采集石器
1. 2018BYX:1　2. 2018BTD:10　3. 2018BYW:4　4. 2018BTD:11

三、初步认识

北海地区以往的考古工作主要集中在合浦县，银海区、海城区、铁山港区开展的考古调查较少。为配合"海上丝绸之路·北海史迹"申报世界文化遗产工作，北海市博物馆近年来持续在市辖三区沿海地带开展考古调查。2018年度调查发现的各处遗址均未试掘，未能获取准确的地层信息，遗址的年代仅能根据地表采集遗物作初步判断。本次调查采集到的遗物类型比较单一，但年代跨度大，其中，在大园采集到的双肩石斧，和该地区早年采集到的石器特征基本一致，其年代可能在新石器时代晚期；[1]对面岭、南瓜地等遗址采集到的几何印纹硬陶器，与广东增城西瓜岭、始兴白石坪山、博罗银岗等战国秦汉遗址风格较为接近，尤其是其中的戳印纹陶，在广州、合浦等地汉墓中也极为常见，其年代大致可划定在战国秦汉时期；[2]芋头塘窑址采集的青瓷器，参照北海已发现的唐墓资料，以及广东乳源六朝隋唐墓葬的分期，可以初定在唐中后期。[3]

本次调查最重要的收获是发现了芋头塘窑址群，该窑群周边采集的器物属于南方青瓷民窑系统，从类型和工艺看，产品主要是民用生活器具。窑址的发现对于研究北海地区唐代历史文化具有重要的借鉴意义，同时，从窑址群的规模和临近海港的地理位置看，其产品部分可能用于外销，这为探讨唐代北海地区外销瓷及海上丝绸之路提供了线索。

附记：本次考古调查工作由北海市博物馆廖元恬负责，参与调查工作的人员有牛凯、蔡安珍、周金妊、李绍强、袁术志、郑敏怡、詹常亮、段瑶琼，室内整理阶段的制图、拓片、拍照等工作由牛凯、周金妊、陈启流完成。在调查过程中，北海市旅游文体局领导给与了大力指导和帮助，特此致谢。执笔：廖元恬、牛凯、周金妊、陈启流。

[1] 广东省文物管理委员会《广东南路地区原始文化遗存》，《考古》1961年第11期。

[2] 莫稚、李始文《广东增城始兴的战国遗址》，《考古》1964年第3期；廖晋雄《广东始兴县白石坪山战国晚期遗址》，《考古》1996年第9期；邓宏文、古运泉《广东博罗银岗遗址第二次发掘》，《文物》2000年第6期；广州市文物管理委员会、广州市博物馆编《广州汉墓》，北京：文物出版社，1981年，第84-85页；广西文物保护与考古研究所《广西合浦文昌塔汉墓》，北京：文物出版社，2017年，第28-33页。

[3] 蒋廷瑜《北海一座唐墓》，《广西考古文集》第三辑，北京：文物出版社，2007年，第337-338页；广东省文物考古研究所《乳源泽桥山六朝隋唐墓》，北京：文物出版社，2006年，第167页。

增城朱村街新屋岭唐墓发掘简报

广州市文物考古研究院

内容提要：

本次发掘清理唐代墓葬一座，是增城地区近年少有的发现，发掘出土随葬器物6件（套）；另外出土铁棺钉7枚。其中出土的一枚葡萄蔓枝纹铜镜属于比较少见的铜镜类型，对于墓葬的年代判定具有重要意义，该墓葬为研究唐代时期增城地区的丧葬习俗提供了实物资料。

一、地理位置和发掘经过

2017年11月，广州市文物考古研究院配合受广州市增城区土地开发储备中心的国有土地出让，对增城区朱村街朱村村凤岗村543.508亩地块进行了考古调查勘探。该地块占地面积362338.0978平方米，位于增城区朱村街北部，地块北部山岗名为新屋岭，勘探时候发现了清墓3座，唐墓1座，并对其进行了抢救性考古发掘。其中唐墓M1的形制结构较清晰，出土随葬器物6件，包括釉陶器5件、青铜器1件、棺钉7枚。现将该墓清理情况介绍如下。

图一　新屋岭唐墓地理位置示意图

二、墓葬形制

M1位于新屋岭东南坡山顶处，该山坡曾经过大规模梯地改造活动，原山坡坡度已不明，现地表坡度约20°，较为平缓。因该墓的表土上部有荔枝树等植被，清表后探明墓葬分布及范围。

该墓开口于①层下，墓口距现地表0.58米，为长方形券顶砖室墓，方向225°，墓坑平面呈长方形，墓坑长3.26、宽1.3、深0.4~0.74米。墓底距离地表1.32米。其券顶大部分已毁，仅后壁有部分残存；后壁西北部亦被清墓打破，内填黄褐色和灰褐色沙质土，夹含少量的散砖。

墓道位于墓坑南端，斜坡式，填黄褐土和红褐土。墓道坡度10°，墓道底距墓底0.1米。封门上部已毁，残高0.42、宽0.66、厚0.15米，单隅错缝横铺。墓室内长2.6、宽0.66、高0.68米。墙砖砌于铺地砖之上。墓壁单隅，顺放平铺错缝叠砌，至距墓底0.45米处起券。后壁、东壁和西壁的中部砌有壁龛，长方形，壁龛底部距墓底0.3米。后壁壁龛底宽15、进深11、高8厘米，东壁壁龛底宽16、进深12、高8厘米，西壁壁龛底宽14、进深11、高8厘米。

墓底铺一层砖，贴封门处横放平铺一行长方形砖，再铺一行立砖，其后为平砖斜铺成"人"字形（图二）。

墓砖火候不高，呈青灰色，素面，有长方形平砖和刀砖，长方形平砖规格为30×15×3.7厘米，刀砖规格为30×15×2~4厘米。

三、出土器物

该墓共出土随葬器物6件（套），包括釉陶、铜砖等质地。

（一）青釉四耳罐，1件，M1:1，泥质灰黄胎，质硬。侈口，平沿，圆唇外突，短束颈，溜肩，肩部堆贴两两对称共四个桥形横耳，肩部一侧有"T"形刻划符号，鼓圆腹，器身最大径在中部，下腹近底处有一组细凹弦纹，内底略凹，外底平。器身内外施青黄釉，内壁满釉，外壁釉不及底，靠近底部有流釉现象，釉

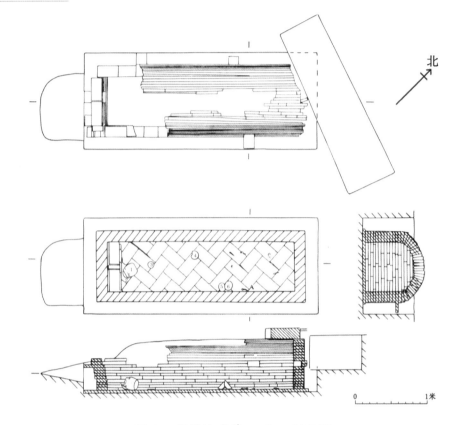

图二　新屋岭唐墓M1平、剖面图

面有细密的裂纹饰，因釉层厚薄不均而显示出竖状纹理，口沿处釉层多已脱落。口径13、腹径17、底径12.3、高16.5、壁厚0.7～1厘米（图三，1；图版二，1）。

（二）青釉瓷碗，1件，M1:2，敞口，圆唇外突，弧腹，饼足。内壁上有四个泥团叠烧痕，浅灰胎，较致密。施行青黄釉，外壁下部及碗底露胎，釉面有细密的裂纹饰。口径15.5、底径5.3、高5.5、壁厚0.5～0.6厘米（图三，2；图版二，2）。

（三）青釉盏，3件，M1:4，敞口，圆唇外突，弧腹，饼足，底平。内壁上有四个泥团叠烧痕，浅灰胎，较致密。施行青黄釉，外壁下部及碗底露胎，釉面有细密的裂纹饰。口径11.5、底径4、高4、壁厚0.4～0.6厘米（图三，3；图版二，4）。

（四）葡萄蔓枝纹铜镜，1件，M1:3，圆形，圆纽，八花瓣形纽座。内区环绕五串葡萄实加葡萄枝，外区一周连续的缠枝纹。葡萄枝蔓外有一圈凸棱，镜缘凸起。镜面微凸起。直径9.7厘米（图四；图版二，3）。

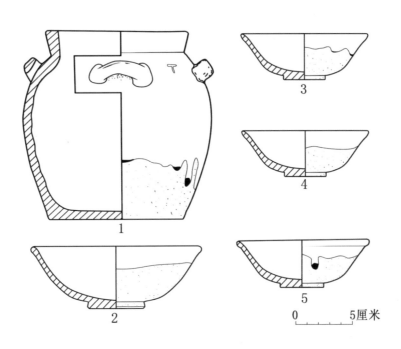

图三　M1出土青釉瓷器

1.青釉四耳罐（M1:1）　2.青釉瓷碗（M1：2）　3、4、5.青釉盏（M1:4、M1:5、M1:6）

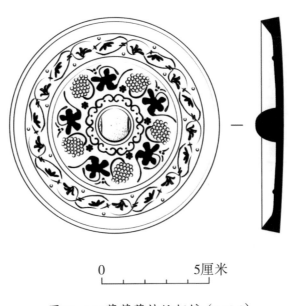

图四　M1葡萄蔓枝纹铜镜（M1:3）

四、结语

关于墓葬年代。新屋岭唐墓M1因破坏严重，清理时虽未发现墓志或带纪年的器物，但从墓葬形制以及出土器物可推断墓葬年代。

从墓葬形制分析，新屋岭唐墓M1为长方形单室券顶墓，地面贴贴封门前铺纵横砖各一行，后为"人"字形平铺，这些特征与执信中学M123接近。[1]壁龛在隋唐时期的砖室墓中较为常见，但不同时期的墓葬的壁龛的位置和数量都有明显区别。该墓的后壁、东壁、西壁各砌有一壁龛，其位置和数量与太和岗唐墓M1、M2有明显区别，与太和岗M3、M4[2]类似，与广东始兴1974年发掘的唐墓M3[3]也比较接近。总体上，新屋岭唐墓M1的墓葬结构比较符合中唐—晚唐的墓葬特征。

从随葬器物分析，四耳罐是长期流行于南方广大地区的随葬品，新屋岭唐墓M1出土的青釉四耳罐腹壁斜直，口沿外撇，明显不同于广州黄花岗唐墓M16[4]出土的束腰形态，与执信中学M20出土的卷沿的四耳罐也有明显区别，与番禺曾边窑出土的四耳罐器形接近。饼足碗的器形、尺寸与执信中学M93[5]相似。从出土器物来看，该墓的器物与晚唐时期的特征比较接近。

另外，虽然新屋岭唐墓M1出土器物较少，但出土的葡萄蔓枝纹铜镜带有浓厚的时代特征。该类铜镜在广州地区极为少见，在全国也并不多见。该铜镜的形制与广州市永福路唐墓M1[6]类似，但葡萄枝蔓纹和外镜缘都少了一圈锯齿纹。另外有两座出土葡萄蔓枝镜的墓葬出有墓志，纪年明确，分别是广东韶关张九皋为玄宗天宝十四载（755年）[7]和河南偃师杏园李珣墓为玄宗开元六年

[1] 广州市文物考古研究所《执信中学隋唐墓发掘简报》，冯永驱主编《羊城考古发现与研究（一）》，北京：文物出版社，2005年，第147–160页。

[2] 广州市文物考古研究所《广州太和岗唐墓发掘简报》，冯永驱主编《羊城考古发现与研究（一）》，北京：文物出版社，2005年，第161–170页。

[3] 广东省博物馆《广东始兴晋-唐墓发掘报告》，《考古》编辑部编辑《考古学集刊2》，北京：文物出版社，1982年，第116–135页。

[4] 朱海仁《广州黄花岗汉唐墓葬发掘报告》，《考古学报》2004年第4期。

[5] 广州市文物考古研究所《执信中学隋唐墓发掘简报》，冯永驱主编《羊城考古发现与研究（一）》，北京：文物出版社，2005年，第147–160页。

[6] 广州市文物考古研究所《广州市永福路汉唐墓葬发掘简报》，冯永驱主编《羊城考古发现与研究（一）》，北京：文物出版社，2005年，第76–83页。

[7] 徐恒彬《广东韶关罗源洞唐墓》，《考古》1964年第7期。

（718年）[1]，前者为圆钮，内圈葡萄叶、葡萄实这些特征与M1铜镜都非常类似，但其外圈为忍冬纹，与M1的外圈的葡萄枝蔓纹有一定的区别；而后者李珣墓出土的铜镜与新屋岭唐墓M1的无论是大小、形态和纹饰特征都基本一致。

虽然葡萄远在西汉时期已逐渐传入中原，但专辟葡萄园，使葡萄不但成为宫廷珍果，甚至还以葡萄味原料酿造葡萄酒"颁赐群臣，京中始识其味"[2]，可能是太宗破高昌国之后。镜外区的葡萄枝又是此前北朝佛教石窟寺艺术中的常见题材。该镜类把葡萄和枝蔓融于镜背之中，给人一种全新的印象。根据葡萄蔓枝镜的形态特征，其与武则天长寿三年（694年）杏园李守一墓出土的葡萄瑞兽镜有一定的相似性，纹饰都分为内外两圈，中间以凸棱隔开，内区饰以葡萄实和葡萄叶，外区饰以葡萄蔓枝，区别有两，一是铜镜的纽部，李守一墓为瑞兽状钮，而新屋岭唐墓M1的为圆钮；二是葡萄实的数量，前者为十二串，后者为五串。根据《中国古代铜镜》（孔祥星、刘一曼），葡萄蔓枝镜属于瑞兽葡萄镜的一类，"圆形，圆钮，圆钮座。内区为花叶纹，外区为葡萄蔓枝叶实"[3]。因此该类铜镜可能源于瑞兽葡萄镜，减省了瑞兽，出现年代应比瑞兽葡萄镜要晚，大约为玄宗开元前后，主要流行于中唐及晚唐[4]，而新屋岭唐墓M1出土的葡萄蔓枝镜因图案较张九皋墓、李珣墓和李守一墓的铜镜图案都更为简单，因此该铜镜的年代可能是其流行年代偏晚的阶段，笔者认为其年代应属于晚唐。

综上分析，M1形制结构比较符合中晚唐的特征，出土的四耳罐、碗、盏等器物与晚唐时期的器物特征接近，结合其出土的葡萄蔓枝纹铜镜的流行年代和相关特征，我们将M1的年代推定为晚唐。

　　附记：参与本次田野考古工作的有张百祥、宋中雷、黄昌云。器物绘图由武保林、雷雨晴负责，器物修复由白云海、司颖负责，田野摄影由张百祥负责，器物摄影由杨鹏鹏负责。执笔：张百祥。

---

[1] 中国社会科学院考古研究所编著《偃师杏园唐墓》，北京：科学出版社，2001年，第73-87页。

[2]《唐会要》（下册）卷一百，北京：中华书局，2005年，第1799页。

[3] 孔祥星、刘一曼《中国古代铜镜》，北京：文物出版社，1984年，第145页。

[4] 徐殿魁《唐镜分类的考古学探讨》，《考古学报》1994年第3期。

图版一　M1全景（西→东）

图版二　M1出土器物

1.青釉四耳罐（M1:1）　2.青釉瓷碗（M1:2）　3.葡萄蔓枝纹铜镜（M1:3）

4、5、6.青釉盏（M1:4、M1:5、M1:6）

从化水坑村大庄坟明代灰砂墓考古勘查清理报告

广州市文物考古研究院

内容提要：

大庄坟灰砂墓位于广州市从化区城郊街道西北部明珠工业园区内。2007年10月—12月，广州市文物考古研究所对从化明珠工业园广汽日野基地范围内发现的灰砂墓进行了清理，确认为3座灰砂三合土版筑的明代夫妻合葬墓。该墓规模较大，保存较好，为研究从化建县前后的葬俗葬制、社会风俗、历史地理等地方史提供了实物资料。

一、地理位置与工作概况

大庄坟明代灰砂墓位于广州市从化区城郊街道西北部明珠工业园区内，水坑村北部山岗南坡（图一），明代称茅峒（石碑文称之），今称大庄坟（以该墓而得名）。

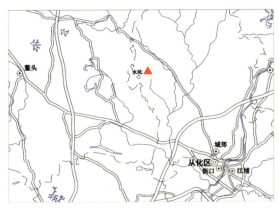

图一　大庄坟明代灰砂墓位置示意图

2007年10月，从化市文化局和文物管理委员会函告广州市文化局，在明珠工业园广汽日野基地范围内发现古墓，受广州市文化局委派，广州市文物考古研究所对发现的古墓进行考古勘查，发现3座灰砂三合土版筑的明代夫妻合葬墓。由于墓葬长期无人看护，墓上及其周边长满灌木、竹林，而裸露于地面上灰砂墙被山上冲积下来的泥土所掩埋。

为妥善保护该批墓葬，经报请广州市文化局批准后，广州市文物考古研究所以不移动、不损坏墓室结构为前提，于11月20日开始对该批墓葬进行了考古勘查清理，至12月17日考古清理完成，揭露面积700余平方米。考古勘查清理工作完成后，于12月19日用沙对墓葬进行临时性、保护性回填。

现将勘查清理情况报告如下：

二、墓葬形制

墓葬为三人夫妻合葬交椅墓，灰砂版筑，一字排开，主墓居中，规模最大，编号为M1；两侧墓室较小，作对称分布，西侧编号为M2，东侧编号为M3。整个合葬墓东西通宽26、南北通深12.6米，总占地面积约130平方米（图二、三）。

图二　大庄坟明代灰砂墓全景（南—北）

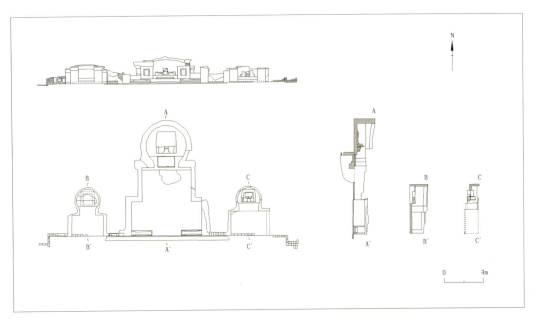

图三　大庄坟明代灰砂墓总平、剖视图

（一）主墓M1

M1位于正中，由地面建筑和墓穴、棺室组成。其中地面建筑由环垄、享堂、拜台、挂榜、山手、平台等组成，皆为灰砂版筑而成。整个主墓东西宽约8.6、南北进深11.5米，总面积约70平方米（图四、五）。

图四　M1全景（南—北）

图五　M1享堂（北—南）

1. 地面建筑

环垄基本保存完整，呈"Ω"形，顶部仿屋檐略宽于主体墙壁，厚约0.5米。

享堂位于墓葬北部，保存较好，平面呈圆形，直径约4米。北部起台，高于南部约0.3米；享堂中部台面置一方端石石碑，高0.6、宽0.4米，底座平面近方形（前后为直边，侧边外弧），前（南）大后（北）小，南北长2.1、东西宽1.75~2米，原应有碑龛，已毁；石碑置于碑座前端，部分破损，中刻"大明恩荣寿官黄公安人谭氏墓"（已转为简体，下同），碑文如下（图六）：

上：

赐进士出身朝议□□□□□政司左参政顺德何淡撰

公行一，讳彦瑜、别号□□，守□子，自宋世居番禺县宁乐乡蓝田村，生于大明永乐庚子岁闰正月初二日申时，德纯性直、志圆行□、□质去华、富而好礼，齿德为缙绅所重、节义为乡党所推，是以□□□壬子。

诏赐冠带荣身，县令□□为乡饮正宾，终弘治丁巳六月初十酉时。

下：

安人行□，□□峒谭公胜□□女也，生于大明永乐甲辰七月初六日酉时，□性婉娩、其德□□，治家而克勤克俭、处事而日温日柔，终弘治壬子三月十一日申时。先弘治癸丑十二月廿五日午时，葬本□土名茅峒，午丁向之原；今弘治戊午正月初一日辰时，奉公柩合葬于安人之左。呜呼！卜云其吉，终焉允藏。

弘治十一年正月初一日，孝子孙远百拜立石。

拜台位于享堂南部，北邻碑座，平面呈长方形，东西长1.7、南北宽1.1、高0.17米，台面已遭毁坏。

左右两侧挂榜各置石碑一方，嵌于挂榜内，端石石质，尺寸相近，宽0.4、高0.56米。

东侧石碑碑文记述了墓主黄彦瑜及正室谭氏生平（图七）。碑文如下：

图六　M1墓碑拓片

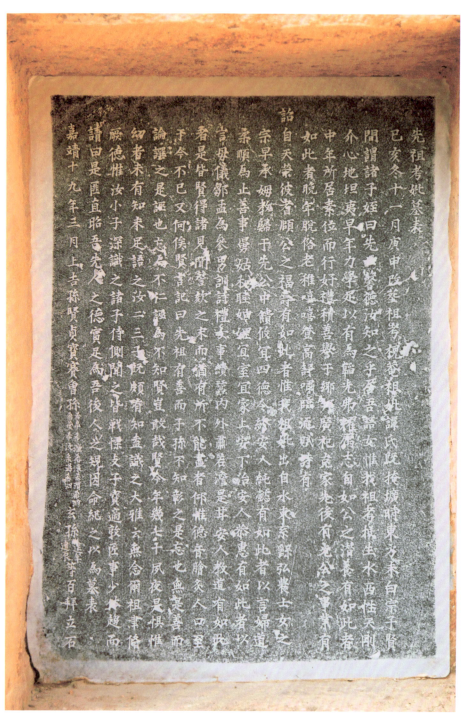

图七　M1东侧挂榜石碑拓片

先祖考妣墓表

己亥冬十一月庚申，改葬祖考槐菴、祖妣谭氏。既掩圹时，东方未白，宗子贤问谓诸子侄曰："先祖声德汝知之乎？居，吾语女。"惟我祖考，挺生水西，性天刚介、心地坦夷。早年力学足以有为，韬光弗耀、厉志自如，公之潜养有如此者。中年所居素位而行好礼，积善誉于乡邦，广祀克家，先后有光，公之事业有如此者。晚年脱俗，老稚嬉嬉，登高舒啸，临流赋诗，有诏自天，荣彼耆颐，公之福寿有如此者。惟我祖妣，出自水东，系繇弘农士女之宗。早承姆教，归于先公，中馈攸宜，四德令终，安人纯懿有如此者。以言妇道，柔顺为止，善事舅姑，和睦妯娌，宜室宜家，上安下治，安人恭惠有如此者。以言母仪，邹孟为参，男训诗礼，女事绩蚕，内外肃若澹是耳，安人教道有如此者。是皆贤。得诸见闻謦欬之末，而犹有所不能尽者，仰惟德音、脍炙人口，至于今不巳又何俟。贤言记曰，先祖有善，而子孙不知彰之，是忘也；无是善而论譔之，是诬也；忘为不仁、诬为不知，贤岂敢哉。贤今年几七十，夙夜是惧，惟幼者未有知，未足语之汝二三。子既颇有知，盍识之大雅，云"无念尔祖，聿脩厥德，惟汝小子深识之。"诸子侍侧，闻之皆战慄。支子宝适敦匠事，少休趋而请曰："是匪直昭，吾先人之德实足为吾后人之规。"因命纪之，以为墓表。

嘉靖十九年三月上吉，孙贤贞、宝赛，曾孙希泉、希濂、希涑、希渭、希沺、希夔、希汶、希汤、希泗，玄孙建年、建辰等百拜立石。

西侧石碑碑文记述了墓主黄彦瑜上下五世的家谱，及墓葬改迁建事宜（图八），碑文如下：

改葬太父太母墓志

嘉靖庚子春三月，太父太母新墓成，不肖孙宝衷痛无文直志其事，且补旧之略也。黄氏高太父讳福兴，号高岗，居俞村。曾太父讳溥，号

图八　M1西侧挂榜石碑拓片

西溪，迁蓝田。太父讳彦瑜，号槐菴，西溪之长子也，娶安人谭氏，有子长曰逊，配欧阳氏，生贤贞。次曰达，配黎氏，生宝寅，达以伦序继栢堂公后。季曰远，配萧氏，生宝赛；次女曰洁，适袁村刘山，生桧、梓、桐、栩。太父有侧室梁氏，生长女曰申，适柯木迳黎万莊；季女曰已，适白岗李缘昌。维梁先卒，葬石硖白马，太父太母则先后合葬本山，秋坟完备，历久圮坏。迨嘉靖丁酉岁饥盗起，安人塚土不幸被发，呜呼痛哉嗟！彼愚盗岂知予家教夙昔，不用簪珥以为殓也。仓卒补葺，痛恨靡宁。宝赛大惧，震惊无以安体，寅谋欲维新，告诸兄贤、贞、金谓曰，弟力为之，予当共事。乃延顺德　峰胡子卜今宅去旧址右三丈许，择己亥十一月二十七日丑时改葬。先期具砖灰，利器用，戒工匠，通力合作，历四阅月而功成，茔圹一新。尚祈先人永永安矣，宝惟仰思太父平生德业，足贻后昆，祠堂之建，大有光裕。太母素贤，多赖赞襄，无疆之福，当身自享之。而所遭若此，天耶人耶，无乃宝嗣后者之过也。然传世渐远，朝夕瞻望为歉，董以原立祭。田内阴土，名古塘寒峒，田租二拾石，给佃仃专守护。而时思展省，则子孙之事也。诗曰"永言孝思、孝思维则"，岂俱曰立垅云乎哉？是故刻石，以垂鉴。

山手保存状况一般，墙面可见版筑层理，层厚约0.1米；墙壁顶部多不存，东墙保存略好，依稀可见仿屋檐顶部。山手墙残高0.6~1.5米，厚0.4~0.6米。山手前端之间设对称栏墙一道，仅存底部，其内外壁塑有花纹图案，残长约2、高约0.4米（图九）。

27

山手之间形成两级平台。一级平台位于墓葬南部，平面呈长方形，东西长7、南北宽3.4米。二级平台位于一级平台北部，北接享堂，高出一级平台0.1米。平面呈长方形，东西长4.9、南北宽3.1米；北部正中部有盗洞，呈不规则形，长2.1、宽1.4、深1.2米。

主墓前地表有长12.4、宽约0.37米的灰砂面，但未延伸到M2、M3前。

图九　M1东侧栏墙（南—北）　　　　图十　M1盗洞（南—北）

2. 墓穴和棺室

位于享堂灰砂面正下方，为保护墓葬，未向下进行发掘。墓葬已遭严重盗扰，清理盗洞后，由洞口朝里观察，墓穴内可见灰砂椁室，之间有砖砌隔墙，为双棺，南部椁壁被破坏。灰砂椁内积满红褐色淤泥，应是椁室被打破后渗入的，推测棺室已被盗空。在清理盗洞回填土时，采集到3枚铜钱，已腐蚀不可辨识，推测为墓内随葬品，盗掘时由墓内掏出抛弃于盗洞内（图十）。

（二）M2

M2位于主墓西侧，灰砂版筑交椅墓，仅有地上建筑，未见墓穴和棺室。地上建筑由环垄、享堂、拜台、山手、平台组成。东西宽4.2、南北进深4.8米，总面积约14平方米（图十一）。

环垄保存较好，呈"Ω"形，顶部仿屋檐，壁厚约0.17米。

图十一　M2全景（南—北）

图十二　M2享堂及盗洞（北—南）

享堂位于墓葬北部，平面呈圆形，直径约2米。底中北部起台，高于南部约0.25米；享堂中部碑座和石碑皆残毁不存，仅可见碑座痕迹，平面近方形（前后为直边，侧边外弧），前（南）大后（北）小，南北长1.3、东西宽1.3~1.45米。中部有一东西向不规则形盗洞，长约2、宽约0.6米（图十二）。

拜台已不存。山手基本保存完整，灰砂版筑，顶部仿屋檐，高约1.6米。山手间围成长方形平台，长约3.2、宽2米，灰砂地面已损毁，南侧西段有一层灰砖墙。西侧山手南端西部，有灰砂版筑挡墙，并用青灰砖修补，向西延伸呈曲尺形，与M3东部曲尺形砖墙对称分布（图十三）。

该墓被盗，盗洞打破生土，享堂灰砂面下未见墓穴和棺椁痕迹；在享堂北部开挖探沟解剖地层也未见墓室迹象（图十四）。

图十三　M2西部挡土墙（东—西）

图十四　M2北部解剖沟（北—南）

（三）M3

M3位于主墓东侧，灰砂版筑交椅墓，形制、规模与M2相当，较主墓M1小。仅有地上建筑，未见墓穴和棺室。地上建筑由环垄、享堂、拜台、山手、平台组成。东西宽4.5、南北进深4.8米，总面积约16.3平方米（图十五）。

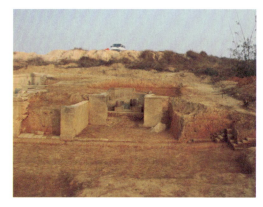 

图十五　M3全景（南—北）　　　图十六　M3享堂及盗洞（北—南）

环垄保存较好，呈"Ω"形，顶部仿屋檐，大多不存，壁厚约0.15米。

享堂位于墓葬北部，平面呈圆形，直径约2.3米（图十六）。底中北部起台，高于南部约0.25米；中部台面置一方端石石碑，底座为灰砂版筑，平面近方形（前后为直边，侧边外弧），前（南）大后（北）小，南北长1.2，东西宽1.1~1.5米，原应有碑龛，上部已毁，残高0.6米。碑座中部有盗洞。石碑置于碑座前端，仅存底部，残高0.47、宽0.3米，中部可见"梁氏墓"（已转为简体，下同）三字，碑文如下（图十七）：

上，残存部分可辨识文字计24字，主要记述梁氏生卒年：

　　……□也，生于正统八年癸……辛亥十一月二十九日，……□于□靖二十四年乙……

下，残存部分可辨识文字计15字：

　　……集力命，曾孙……孙，永世奕业……等，顿首立石。

图十七　M3墓碑拓片

拜台和灰砂面已毁不存；西侧山手保存较好，残高约1.1米，墙壁厚约0.3米，东侧山手已破坏不存；平台呈长方形，东西长3.6、南北宽约2.4米，底部灰砂已不存。M3与M1山手之间残存一层灰砖挡土墙；M3东侧有灰砖砌筑呈曲尺形挡土墙，仅存底部，与M2西部曲尺形砖墙对称分布。

享堂之下未见墓穴和棺室痕迹，北部经解剖也未见墓室迹象。

三、结语

通过本次清理发掘，基本摸清了大庄坟明代灰砂墓的地面建筑布局结构及墓主身份。根据勘查清理情况和碑文记载，可确定M1为黄彦瑜与正室谭氏迁葬合葬墓。黄彦瑜生于明永乐庚子年（1420年），卒于弘治丁巳年（1497年）；其正室谭氏生于永乐甲辰年（1424年），先黄公卒于弘治壬子年（1492年），并于弘治癸丑年（1493年）葬于本乡土名茅峒，黄公死后于弘治戊午年（1498年）与黄公合葬，墓碑由二人所生第三子黄远所立。嘉靖丁酉年（1537年）因墓被盗，其孙辈黄贤贞、宝赛、宝寅等主持另择地（去旧址右三丈许）改葬，并于次年嘉靖己亥年（1538年）落成，延用原墓碑。M1墓室虽未发掘，但根据盗洞观察内有双棺，故此推定，M1为黄彦瑜与正室谭氏迁葬合葬墓，始建年代为嘉靖丁酉年（1537年）。另据碑文记载，墓主黄彦瑜曾担任乡饮正宾；主墓碑文的撰写者何淡为明代天顺元年进士，广东顺德人，历任山东滨州知州、工部员外郎、汉阳知府、贵州左参政等职，据此可知黄彦瑜生前在当地享有一定声誉，社会地位较高。

M3根据勘查清理情况和碑文记载，推定为黄彦瑜侧室梁氏迁葬墓。根据梁氏墓残碑记载，梁氏生于正统八年（1443年），卒于弘治四年（1491年，残碑见"辛亥"纪年，又居于正统和嘉靖之间，推定为弘治四年），先葬于石硖白马（据M1西侧挂榜碑文），而碑文上的嘉靖二十四年（1545年）则可能是梁氏迁葬于此的日期（立碑者自称曾孙，当是营建M1的黄宝赛等人，故推测梁氏亦是其迁葬于此）。故此推定M3为黄彦瑜侧室梁氏迁葬墓，但经清理和解剖试掘未见棺室，推测遗骸并未迁葬于此。

M2墓碑已毁，且经清理试掘亦未发现墓穴和棺室迹象，仅能结合现有证据对其墓主身份作一推测。M1始建年代最早，M3墓主梁氏作为侧室于M1落成7年后迁葬于其东侧；M2形制、规模与M3相当，营造方式亦相同，那M2墓主身份很可能与梁氏相近，但是M1墓碑和挂榜碑文并未记录黄彦瑜还有除谭、梁之外的其他妻妾。经查询从化黄氏族谱，相关记载仅到黄彦瑜，其妻妾及直系后人的记载已散逸。现有证据尚无法判断M2墓主身份，但应是与墓主黄彦瑜关系密切的近亲属。

主墓M1西侧挂榜碑文记载了黄彦瑜上下五世的族谱，其中黄彦瑜祖父福兴、父西溪可与现代从化城区黄氏家族族谱记载相印证（图十八、十九）。族谱记载西溪生黄彦瑜兄弟四人（彦瑜、彦宣、彦琳、彦瓒），仅有彦宣（二房）、彦瓒（四房）有延续下来，当地黄氏聚居地团星村民皆追认为上述两支后裔。四房彦瓒开松柏堂，有子一人为万良（号达鉴），M1西侧挂榜榜文载黄彦瑜次子达过继给了柏堂公（即彦瓒），达鉴应即是达，且名字有误或改名；二房彦宣开南山楼，传二子（东洋、东崖），东崖传五子（希尹、希龙、希颢、希颉、希颙），但根据M1西侧挂榜所记谱系，"希"字辈为黄彦瑜曾孙，故族谱内二房彦宣一支有漏载。M1碑文的发现可补充当地黄氏族谱对黄彦瑜一支的记载，并校正黄氏家族谱系中的一些错漏，为探究黄氏家族在从化地区移民和发展具有重要的意义。明弘治二年（1489年），从化设县，该墓的清理为研究从化建县前后的葬俗葬制、社会风俗、历史地理等地方史提供了实物资料。鉴于水坑村大庄坟明代灰砂墓规模较大，保存状况较好，具有重要的历史、艺术和科学价值，从化市文化局将墓葬迁移至附近的象山公墓进行异地保护（图二十）。

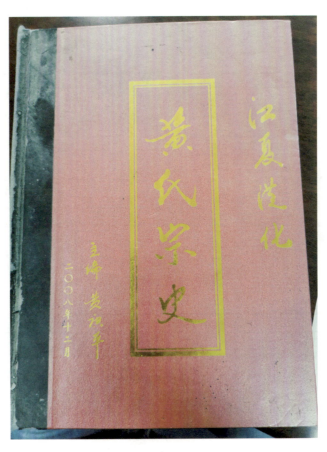

图十八　《江夏从化黄氏宗史》（2008年编纂，由团星村黄氏后人提供）

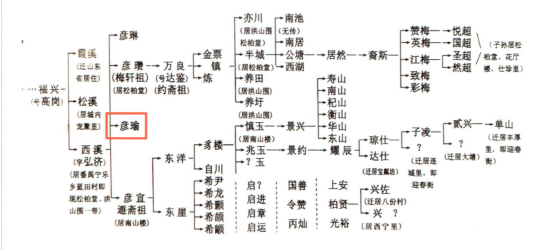

图十九　西溪系黄氏谱系表（摘自《江夏从化黄氏宗史》）

图二十　墓葬异地迁移保护现状

附记：勘查清理项目负责人为张金国，参与人员有张金国、关舜甫、胡荣生、梁志伟、曾凡华、韩继普等，现场摄影关舜甫，绘图曾凡华，碑刻拓片韩继普，执笔曹耀文。感谢广州市文物考古研究院张强禄先生、南越王博物院刘业沣先生在资料整理和报告编写中给予的宝贵意见。

中国现代考古百年之始与开拓名胜先导的生态文明考古学

孟宪民

"我们的实践创新必须建立在历史发展规律之上，必须行进在历史正确方向之上。"习近平总书记论述考古，把"各级党委（党组）和领导干部应该尽可能多地学习和掌握一些我国历史知识"的重要性，提至空前的高度。实践创新，必守正，所以"考古学是一门十分重要的学科"。考古学自身更须如此。

论述细化"加强考古工作"意义：让博物馆的文物、广阔大地的遗产、古籍的文字都活起来，"丰富全社会历史文化滋养"。对做好考古工作的论述也富新意。第一项提到"考古资源调查和政策需求调研"，令我想起文物局前辈的教诲：从事行业管理要研究政策。第二项指出挖掘、整理、阐释需"会同"的多领域，有生态。第三项提到"考古遗迹和历史文物是历史的见证"，突出"考古遗迹"以往少见，世纪之交宿白教授发表《现代城市中古代城址的初步考查》说："要了解城市发展史，最重要、也是最实在的手段，是考古遗迹的辨认。"第四项是加强能力建设和学科建设，提醒"要积极培养壮大考古队伍"。论述最后强调各级党委和政府落实，提到要"积极提供人力、物力、财力等方面的支持"。考古人力问题，新中国初期主政考古的郑振铎先生曾辛勤策划解决，感慨"比起浩浩荡荡的基建队伍来，那简直是'沧海之一粟'"（《郑振铎文博文集》）。

"人少成不了大气候。"苏秉琦先生1994年为《华人·龙的传人·中国人——考古寻根记》文集自序道：考古是人民的事业，不是少数专业工作者的事业，我们的任务正是要做好把少数变为多数的转化工作；考古是科学，真正的科学需要的是"其大无外，其小无内"，是大学问，不是小常识，没有广大人民群众参加也不成。"人民大众的、真正科学的中国考古等待我们开拓。"

纪念百年，祭祀先贤，中国考古的开拓，无须再等待。本文正是对此的思索。

一、由"中国考古学"定义说起

这概念有定论。夏鼐、王仲殊先生《考古学》文（《中国大百科全书·考古学》1986）介绍考古学分支时写道：

> 各种主要的分支以外，考古学还可以按地区的不同而分为"欧洲考古学"、"埃及考古学"、"中国考古学"和"日本考古学"等各分支，而各地区的考古学则又可按时代等的不同而分为"古典考古学"（希腊罗马考古学）、"商周考古学"等等许多分支。

复杂些的是理解"考古学"。前文自当细读。世界著名考古人类学家张光直先生，生长于北京，在《考古学专题六讲》（1986）讲得实在：

> 现代的考古学基本上是实地研究与实地发掘地上材料与地下材料的学科。这门学科一方面是发掘新材料，一方面又是研究新、旧材料的。考古学是什么，看起来最要紧的是要看它所发掘和研究的是什么样的材料。

考古学所处理的材料复杂而多面，对属不属于这门学科范围的问题，他说："应当有一套有系统、有秩序、合逻辑的答案，而不能根据自己的工作面或历来的习惯"回答"我们一向如此。""从这个观点看来，考古有广义的有狭义的，有有史时代的，有史前时代的。这两分法是比较有道理的，但不是百分之百清楚的。"今认知考古学仍须注意这些分辨。

讨论考古学的重要概念：资料、技术、方法及理论，张认为这些"在西方考古学著作中经常提到，但常常混淆了它们之间的含义"。他解释："资料是研究历史的客观基础；技术是取得资料的手段；方法是研究资料的手段；理论是研究人类历史的规律性的总结，并反过来指导具体的研究工作。"对理解这些概念，其《台湾考古何处去》（1992）文有进一步建议，如"资料优先"：

> 在考古工作量很多，但人力不够时，从事考古工作者对各种工作先作后作的问题，面临困难的抉择。在这一点上，全世界考古工作者都有同病相怜的感觉，而他们作抉择的标准一般也都是一致的，即以资料的保存为优先考虑。这个问题在经济开发加速前进的台湾尤其严重：筑

路、建造房屋、修水坝等等工事都不免引导到古代遗址的破坏与遗迹的湮灭。但"抢救考古学"有时也会导致重要的发现……

该文还提出"理论多元化、方法系统化、技术国际化"并作说明：国际化是指"采取资料需使用国际上最先进的技术"，"同时这也要求考古家与有关科学家的合作要自田野工作一开始便开始"；"如何加以研究的方法，各个考古工作者可以各有巧妙不同，但求各人的方法明白清楚，可以解释出来，可以自圆其说的系统，所根据的理论，更不求统一，用大陆习用的说法来说，任其'百花齐放'，彼此竞赛便是"。中国考古学以马克思主义理论为总指导，与理论多元化，并不相悖，或正应如此。然而，人们引述"三化"说往往忽略了他已前置"资料的保存为优先"。资料保存优先，正表明：现代考古学要包括保护管理。

细想，早年抉择发掘巨鹿城、殷墟也属于资料保存优先，时曾抢救明清档案；"人力不够"是当年郑振铎、夏鼐不同意发掘明陵的第一原因。

以下探讨，将令我们感到，中国最开始考古的一代先贤，已具备了的保护管理的先进思想。这十分难得，值得珍惜，是需要特别注意并加彰显的。

二、仰韶村发掘与丁文江的推动力

中国"史前时代"考古的开端，是1921年10月仰韶村遗址发掘，由瑞典学者安特生主持，组织者时农商部地质调查所，丁文江先生为创建者和领导人。即使以1926年西阴村遗址发掘为开端，第一推动力仍来自丁文江。我这样看，是因了解新郑李家楼遗址1923年发掘，重读李济《新郑的骨》（《李济文集》）："10月2日，中国考古学会秘书长丁文江先生邀请我在此遗址作进一步的研究，目的主要是寻找该地区内是否有任何新石器时代的遗存。"新郑传说为黄帝故都。啊，中华文明探源的第一启动者，原是丁文江！当时亲临新郑的学者不少，丁去后鼓励资助李济前往，由此促成他发掘西阴村，后又发掘殷墟，最终成就中国考古学之父。所以丁文江称得考古学在中国诞生的为首和最有力的促进者。纪念考古百年，重要的是了解他何以使然，有无更大影响？

"中国现代考古学科从酝酿到建立经历了一个复杂过程，其最明显的源头就是地质学。从19世纪70年代起，通过地质学著作的译介传播，古人类遗存及发掘等知识进入中国学者的视野，并逐渐成为史家知识资源的一部分。"2008年中山大学博士查晓英《地质学与现代考古学知识在中国的传播》文提供了信息："安特生也说自己从地质研究转向考古调查，丁文江与翁文灏的决定有举足轻重的作用。"该文使我注意到仰韶村发掘当事人袁复礼先生在1923年1月发表的《记新发现的石器时代的文化》（《国学季刊》第1卷第1期）：

> 按说这次发现的事，是从地质调查所方面办的。所以这篇先期的报告，虽有新闻性质，论科学家的发现法律，亦应让地质汇报方面先登。不过地质调查所丁文江翁文灏两所长，对于从地质方面去研究文化史，极为赞成。安特生博士亦将他的所有底稿给我读过。所以他们三人允许我将这事在这里先简略发表，作一个介绍的文。

袁是安特生发掘的合作者，也是李济发掘西阴村的合作者，其文简略却有长篇结语：

> 我将这篇写完，后来又想到读者或尚有无疑问，或有看见了这件事而自己愿意到各处去发现的。所以我要将去冬阅历所得的结果，略述说一回：
>
> （一）这样的文化遗址是不常见的。就是发现以后，掘挖的法子亦应有科学家的指导，方能有效。不然地层混乱了，器具就不能分清。要说时代就更不能定了。
>
> （二）这次的发现除对于文化史有贡献外，对于农业田亩沟壑之变迁，天气之转徙，森林之胜衰，潜水之升降，河沙之增减，均有考据。所以与平常为古董去掘挖者不同。
>
> （三）这次所得的器具，都是残缺不完的。不过这个新闻发表后，恐怕为金钱的古董商人亦想去掘。那么，对于科学的用意就错了。可惜的是北京现在只有一个小小的历史博物馆，经济困难，不能去作些有秩序的科学研究。如是国内热心的把这个历史博物馆扩张起来，在北京作一个集中点，此种考古学问方能有发达的余地呢。

这是丁、翁和安特生甚至胡适的共识。胡作为编辑部主任为该文加有按语。袁似乎了解"河沙"埋没的巨鹿城，其发掘成果正在历博陈列。他对管理、生态和传播的重视足以警醒当今。李济和他在发掘西阴村前曾拟《山西省历史文物发掘管理办法》，首条即："不得破坏坟墓或纪念性遗迹遗物；对历史文物的报道应着眼于保护。"

丁邀请李济去新郑的背景，查文交代颇详：

> 约在1923年春，梁启超、朱启钤等人与地质学会的丁文江、章鸿钊、翁文灏组织了古物研究会，其主旨在于与地质调查所合作研究史前古物，预定次年秋季于河南和山西搜集研究对象，然后在地质调查所展览，研究结果发表于《中国古生物志》。同年9月，当河南新郑县出土大宗古器物的消息传出后，靳云鹏、丁文江受梁、朱之托请潘复介绍会员罗君美、罗圆觉和地质调查所的谭锡畴前往研究……丁文江又与天津博物院的李详者前往参观。次月初，丁与古物研究社协商，再次派谭锡畴与南开大学教授李济同至郑州"择地采集"。

"中国考古学会"该就是这研究会，会长应是梁启超。梁的学生周传儒《回忆梁启超》说：梁与丁文江"感情最好"（《广东文史资料》第三十八辑）。梁对丁影响很大，他们同行欧洲，使丁由地学专家成了跨领域的公共知识分子。丁对梁推力更大，曾直言与梁："任公个性仁厚，太重感情，很难做一个好的政治家。任公的优势在于分析能力极强，如果以科学的方法研究历史，不难成不朽之著作。"而梁竟听从规劝，终身不再返回政坛（纪彭：《民国干才：丁文江传》）。由此，才有了下文梁任公不朽之大局观。

丁文江是中国少有的既能做学问又能做事情的一流人才。榜样力量无穷，丁文江的推动力甚至波及新中国文物局的组建及作为。

长期供职地质调查所的裴文中先生，也是既能做学问又能做事的一流人才。他1929年在殷墟测量（李济：《现代考古学与殷墟发掘》），在周口店发掘；1948年成书的《中国史前时期之研究》，"是中国考古学史上第一本用现代考古学的眼光所作的中国史前史的综合叙述"（张光直：《裴文中先生与我》）。他1949年由郑振铎局长邀至文物局工作，是唯一的正职处长，参与起草法令，主持全国文物调查、考古发掘和博物馆工作，并致力教育培训。很多前辈考古学家如宿白、博物馆学家如甄朔南都尊他为师，尤在田野调查方面。

郑振铎也致力推动考古学在中国"发达"，著"有史之前"《近百年古城古墓发掘史》。其序文《古迹的发现与其影响》1929年发表，已概括发掘重要性：一将失去的古代重现；二使我们直接与史迹面对面，不必依靠传述失真的记载；三证明古代著作、神话、传说，向来以为虚无缥缈不值一顾者，实未尝无真实成分在内，有时可知其构成原因。他疾呼：

> 为了我们的学问界计，我们应该赶快联合起来，做有系统的，有意义的，有方法的发掘工作，万不能依赖了百难一易的偶然的发见，而一天天的因循过去。

看来，对疑古信古问题，先生也早有解答。他1958年牺牲，夏鼐说他"九年来全力从事，辛勤策划，取得了巨大的成绩"。郑振铎更是既能为学又能做事且有大成的人。

先贤们的推动力，今仍急需。尤不能忘袁复礼的仰韶"新闻发表"，其初心仍有指导意义，并惠及本文"生态文明考古学"主题。

三、巨鹿城发掘与梁启超的大局观

以发掘日期先后论，中国考古其实是由"有史时代"考古开端的：1921年7月国立历史博物馆在巨鹿进行了发掘。近有赵怀波《巨鹿宋城 待雕璞玉》（邢台文明网）文称：法国学者伯希和1923年在世界著名汉学杂志《通报》介绍巨鹿发掘，"通过科学的考古知识正确识别古代遗址，开启了中国历史研究的一个新时代"。由巨鹿宋城文化（公众号）"《蚊雷》杂志1930年刊发：巨鹿发现瓷器之年代考"文看，这段译文（商/译）有不同，为："然则巨鹿古物之发现，实开中国考古学上之新局面也。其可忽哉？"但其全文未提及历史博物馆，故所说发掘也未必是该馆进行的，仅称："考古家王义克先生曾一度至其地，亲见发掘埋没土中古屋，携归屋瓦一片见示。""发掘之情形，王义克先生以草有图略与记载。"

　　了解巨鹿发掘，必读《钜鹿宋代故城发掘记略》及《国立历史博物馆丛刊》。有些细节很重要，与后传说法不同。"因农会公地为三明寺故址"，《记略》说："初冀寻觅该寺遗迹，藉考宋代庙宇之建筑，以资研究。乃掘未半，忽得宋代古宅一，再掘，又得古宅一。"可见时对古建筑发掘已重视。这正说明中国考古学有另一重要源头：古典考古学。相比史前考古，庞贝城19世纪中叶由"挖宝"转为科学考古，应更为人知。《记略》附录的"符九铭先生梦云室丛谈 钜鹿故城"，较正文多有对地层的交代，并比巨鹿为庞贝：

　　　　厥土分三层，最上层为地面之浮土，中层为褐色土，最下层为黑焦土。门窗户扇虽倒败，其破片犹有存者……今均陈于历史博物馆中……政府必将发钜帑以发掘保存，如意大利之滂沛城，使千年前状况历历在人耳目间，岂不美哉。

　　该文刊布应很早。所以，梁任公才把巨鹿写入《中国历史研究法》（1922），伯希和才有如上说。符九铭即符鼎升，1920至1925年为历史博物馆主任，《丛刊》1926年发行已易为徐协贞。他们当与袁复礼同有"热心"：以"有秩序的科学研究"扩张历博。

　　历博发掘，职责使然。《丛刊》发刊词有该馆职责"四义"：一曰保文物以存国性，二曰辑史料以供研究，三曰重实验以正虚诬，四曰整旧说以成学术。第三义有：

　　　　是知图说所得，验之实物，不合尚多。故本馆除搜集古物外，特注意发掘调查模制之三事。于以得前人未明之义，正先儒说解之失。庶古制日明，而学术风气亦由凭臆空谈，而渐趋于实验。此则随有所得即行刊布，以谋就正于时贤者也。

　　甚是高明啊，保文物就是存国性，后三义都关乎研究。将发掘、调查、模制归为实验，指向现代考古、博物馆活动的科学本质，也说明二者是相通的。

　　博物馆，主要指地志类，何以要发掘？今人多不理解。"博物馆事业应该为科学研究服务"，所以郑振铎认为博物馆有"辩证关系"的各项任务中科学研究最重要。他在1956年全国博物馆工作会议主张：

　　　　以中国之大，不宜过分集中……发挥每个博物馆的积极性与创造性。让地方博物馆有更大的"自治权"。中央不要抓得太紧，扣得太死，譬如，考古发掘工作，对有条件的馆，根据"条例"应该鼓励其积极进行。

"博物馆是一个为社会及其发展服务的、向公众开放的非营利性常设机构，为教育、研究、欣赏的目的征集、保护、研究、传播并展出人类及人类环境的物质及非物质遗产。"今国际博协定义博物馆，仍一句话出现两次"研究"，不足以证明郑先生正确么！

梁任公1926年演讲《中国考古学之过去及将来》，再论及巨鹿，展现的已是考古的大局观。这权可归为三方面：

（一）考古与地理

该文列出宋代八种"很有名的著述"，不仅金石学的，还有王象之《舆地记胜》。梁解释："这是一部地理书。一地方之后，附录舆地碑目，对于石刻所在的地方，载得很详细，为后来分地研究古物的先导。"本文"名胜先导"源于此。

考古学将来的"第一个方向是发掘"，梁的建议"分地"为先：新疆，一个古城极容易被风沙湮没下去；黄河上游，湮没下去的城市，庐舍人畜定不少；黄河下游，常有溃决的祸患，沿河两岸湮没的地方不少，最大的证据，在钜鹿地方，发现一所古城，位于今城下面。他说的几乎都是古城。

梁对李济的学问应有了解，尽管其博士论文《中国民族的形成》尚未出版。用地方志所记古城，李研究历史上中国人口规模演变，该文提供的数字至今最精确："记载中的城垣有4478座。但这些并非就是中国人修建过的全部城垣。""所有这些只能靠考古发掘才能重见天日。"几年前我曾发议论：从众多城址出发，李济可做民族研究，今人探索城镇化与生态文明建设问题，绝非难不可及（《北仑文博》2013）。

（二）考古与建筑

更不同凡响，梁讲的宋代著述有李诫《营造法式》，就一句话："是当时一种建筑术，不过对于古代的宫室考据得很详。"这也非一时之兴。由1927年"致孩子们"信可知，他认为梁氏兄弟（图一）所学建筑、考古是一路学问，都将贡献于文化史：

思成和思永同走一条路，将来互得联络观摩之益，真是最好没有了。思成来信问有用无用之别，这问题很容易解答，试问唐开元、天宝间李白、杜甫与姚崇、宋璟比较，其贡献于国家孰多？为中国文化史及全世界文化史起见，姚、宋之有无，算不得什么事。

图一　梁氏兄弟在殷墟

43

图二　殷墟第六次发掘，用版筑盖休息室（前右一为李济）

李济开始似不同意《营造法式》属于考古，《李济传》（岱峻2007）刊出的照片却显示他对建筑遗迹已展开实验考古学研究："1932年春，河南安阳殷墟第六次发掘（小屯），李济（图二右一）带领工人试验打板筑的情形（李光谟）。"该照片2018年澎湃新闻网刊出时说明引："B100甲之筑土，用版筑盖休息室。"看来这"模制"品有编号又很实用。1959年为《殷墟建筑遗存》序，李济明示："殷墟的发掘，就现代考古学的立场说，最基本的贡献实为殷商时代建筑之发现；亦即夯土遗迹之辨别，追寻与复原之工作。"

重要的是李济1943年发表在中央日报的科普论文《古物》。"什么叫做古物？"他介绍："指与考古学、历史学、古生物学及其他文化有关之一切古物而言"。古物的一类："建筑包括城郭、关塞、宫殿、衙署、学校、第宅、园林、寺塔、祠庙、陵墓、桥梁、堤闸及一切遗址等。"可见他已认为建筑与遗址研究均属考古学，不应割裂。向来对"文化"解释纷纭，用学问、学科来打通、定义、启发文化，界说古物，甚是高明，而"有关之一切"的观念，则为不断扩充保存及研究范围奠定了根基。

（三）考古与教育

考古学将来的"第二个方向，是方法的进步"，梁"希望将来，全国高等教育机关，要设考古专科"。这希望，李济1934年《中国考古学之过去与将来》文表达更充分：若是认定地下古物是宝贵的历史材料，有保存及研究的必要，我们至少应有几个基本的认识。这种认识并不是以见于国家法令为止，应该成为一种一切公民必须有的基本训练。看来这位中国考古学之父要开创的，实为"保存及研究"的、使法令有效的考古学。

"就各大学之设立考古学系"是基本认识之一，他补充道：中国现在治历史的人，往往太缺乏自然知识的预备，考古工作的人必须要有这种训练，对所治题目才有正确认识。尤其要紧的，应有一种人格训练。最少限度，他们能拒绝从"考古家"变成"收藏家"的这个魔鬼似的诱惑。这般强调系因立场。"在对于现代考古学的立场上"，李济回顾当年："董先生、梁思永先生和我都有一个同样的信仰、同样的看法"，"就是我们不能、也不应该把我们研究的对象，当作古玩或古董看待"（《南阳董作宾先生与近代考古学》1964）。李济如此注重现代考古教育，应与早年学习心理学、社会学经历和长期主政古物保管、博物馆事业有关，他果真成为中国第一个考古学系的主任，1949年在台湾大学。

"希望在将来的中国有很多人走这条路，希望各大学有考古学系"，多年后，张光直传达的已是裴文中1948年著作的见解。因读该书，张投在李济门下学习，考古终生。

先贤们的大局观，仍须守持。现代考古学确该融入公民教育体系。有关行业如不以正确教育使其成为考古力量，从业者不修考古学，对考古资源的破坏将更厉害，其自身也难以守正创新。使这种必要成为可行，很难，需积累实际行为，名胜考古可为一途。

四、"广大人民群众参加"的名胜考古旅游学

名胜释义见《现代汉语词典》："有古迹或优美风景的著名的地方。"地名到处有，不著名的古迹和景观太多，是否名胜？需要考古学。名胜多因旅行、游览发生，其考古也需旅游的学问。名胜为对象的考古学，吸收旅游的科学做法，可称"名胜考古旅游学"。该考古学新分支创设，有依据和需求，由此也才能解决"人少成不了大气候"的问题。

（一）历史深处的依据

得益先贤的推动力和大局观，新中国伊始便颁布了《为规定古迹、珍贵文物、图书及稀有生物保护办法，并颁发"古文化遗址及古墓葬之调查发掘暂行办法"》法令。其开首之句大气磅礴：

> 查我国所有名胜古迹，及藏于地下，流散各处的有关革命、历史、艺术的一切文物图书，皆为我民族文化遗产。今后对文化遗产的保管工作，为经常的文化建设工作之一。

《宪法》规定"国家保护名胜古迹、珍贵文物和其他重要历史文化遗产"该就是这表述的延续。所以我国"文化遗产"作为实体的保管工作，非后来申报世界遗产才开始，不过早就出现变故，又被淡忘。今强调"保护第一"，系就"之一"而言，确为重大发展：保护遗产应是第一位的文化建设。

名胜何以为先导，开法令之首？郑振铎在1953年科普大会讲座有说明：差不多每一个地方都有它的名胜古迹，十景、八景几乎到处都有。布拉格一商业区，看见正发掘约当我们明代的教堂。考古所就是明代"东厂"故址。名胜先导，应也与苏秉琦有关，他1948年成书的《斗鸡台沟东区墓葬》"绪论"堪称典范。其首段深情描述的竟是考古学自己的名胜：

> 乘陇海铁路火车，由西安到宝鸡，在未抵达目的地之前，经过最后一个小站，不远便看到一个隧道。在隧道洞口的上方，有一横额，曰"斗鸡台"，即北平研究院曾经发掘过的遗址所在。因本院的发掘，事在铁路未通之前，据说，该隧道的穿凿，乃出于路局主管人保护古迹的

美意，而非工程上的必需。因此，此一横额刻石，亦可说是本院在此发掘的一个纪念。

从"陕西的一般地形"说起，苏公阐明"斗鸡台"名从何来、范围何指。"一个遗址，譬如一座舞台。"他细讲故事之前先有申明：

> 我们之所以要将此二故事在此提出者，其目的有二：一、我们想籍此故事来说明遗址的一部分历史背景。此点对于我们发掘材料的理解甚为重要。二、古陈宝祠或古陈仓城的遗迹，虽非发掘寻找的惟一对象，但在发掘计划尚未决定之前，类此历两千余年，尚保存不坠的古迹，与其动人的特征，对于此一遗址之中选，其间自有若干影响。籍此亦可说明我们何以最先发掘此遗址的一部分动机。

绪论最后一句很坚决："所以此址尚须大规模的发掘，无待伸论。"这篇绪论，时主政者定了然于心，学界也能理解，后苏公举为北京大学历史系考古专业主任，实至名归。

名胜与考古的关系，经苏公点化，确有深究必要，也颇可举一反三。穿行阿房宫遗址东部村庄，我曾见石立像。《郑振铎日记全编》1957年记："归途经阿房宫，登其上，一望皆绿，均是农田。保护得尚好。似佛像的石雕像尚在。其背上似有字（嘉字可认出），应仔细清理一下。"由网上老照片可知，那里本无村庄，地形也不同今。名胜或非名胜的建造物往往坐落于古遗址，至少其动土作业的影响是不能忽略的。

"古城村"或叫类似名字的地方都需注意，夏鼐《考古调查的目标和方法》（1956）文说："它们往往确是古城的遗址。"二里头遗址不远处有古城村，得名似存二说：隋的偃师县城，李密在码头设的屯粮城。"头"是否指码头也值得查究。

八景、十景，地方志特重视，多附卷一疆舆志形胜部分。如《光绪□霞县续志》，知县为八景图画题诗，艺文志"附闺秀八景诗"，辑"方山十景诗并叙"是要"愈疾"八景之"方山晚市"："其中名胜颇多，而邑书只载山市，致使奇闻壮观埋没於荒烟蔓草。"广汉三星堆遗址所在"三星伴月堆"，记于《汉州全志》山川卷，虽非八景之一，当也属名胜。

地方志为重要"考古资源"。"山东省人民委员会公布第一批省级文物保护单位，共1629处。这批保护单位主要是依据地方志的记载及省文物管理委员会的调查确定的。经过复查后，1977年12月重新公布第一批省级文物保护单位为146处。"《中华人民共和国文物博物馆事业纪事》1956年条，委曲文字为记，可见史有诉求。

文物保护单位体制，公布"名单"与管理，1956年确立。为发挥人民爱护乡土积极性，使其成为广泛的群众性工作，郑振铎直抒目的："我希望人人能像保护自己的眼睛一样来保护地面和地下的文化宝藏，这不仅仅是为了学习遗产推陈出新的需要，还要为后代的子子孙孙保存文化遗产，作为对他们进行爱国爱乡教育的力证。"这概括仍可启迪当今：保存及研究大地遗产，让当代及代际的创新力凝聚力结合起来，才能从根本上维系发展。

（二）乡村振兴有需求

今春有济南市长清区张夏街道领导人问计乡村振兴。其提供的《张夏——千年古镇》文道："这个拥有众多名胜古迹、名山大川、名人名事的千年古镇的存在，驱动着当今新一代党委政府一班人的心"，以政治远见"策划出了这个具有长久历史意义的资料典籍"。时还在"十六大精神鼓舞下"，早该再进步。"各级党委和政府"最基层，应如何对待最高领导人论考古，从事"正确方向"的实践创新？成为必答题。

"张夏镇原名清国、景兹、茌县、山茌、张下，因在张山（汉留侯张良在此隐居故名）之下而得名"，但我一听"张夏"便想到秦末陈胜的"张楚"国，此地或更"有种"！长清有张夏，重要在"清"，可为中国最后王朝"大清国"定名聊备一说：美名如"夏"，历代用尽，"后金"超"大明"只剩它。真有这可能。查《影印古籍资料》网"伐□及清"共13条，最早文献《左传》，正为清初《钦定古今图书集成》所载。古籍文字提出课题，但古清国是否在今张夏境却不一定，而长清故县城遗址也确当发掘。

张夏街道，第一名胜为四禅寺，在车箱峪土屋村。在此出家的义净，取经译经的业绩实超玄奘，唐咸亨二年（671年）行至广府出发入印度，证圣元年（695年）返洛阳受到则天帝亲驾迎接，中宗李显为他撰写《大唐中兴三藏圣教

图三　张夏街道土屋村义静塔前南望车厢峪
近为土屋村与四禅寺遗址，远为车厢村、莲台山

图四　在四禅寺后殿台基南望
远为莲台山，近为偏殿、古柏、前殿台基及残留教室

序》。到该址时，村民热情引领，问是否要把庙建起来？我说不可，"考古遗迹"就值得敬畏：南北主轴线健在葱郁古柏二棵，传隋唐所植；东西相对宋代经幢、钟亭，全为石构；除却大殿石基上残破的教室，将风光尽显。苏辙有诗《游太山四首 四禅寺》："山蹊客车箱，深入遂有得。古寺依岩根，连峰转相揖。"可知"车箱峪"得名早于宋。那么谁的车箱？或唐高宗和武后的，传说义净接待过他们；或隋文帝来过，开皇十四年（594年）曾诏几个儿子为这一带寺院施舍。该名胜现已更名"四禅寺遗址"，升级为济南市文物保护单位，是进步，还远不够。

更大难题在"众多名胜"怎么办？它们或许仅有地方性意义，但如缺失中国历史也将不完整。大多数名胜，才是乡愁所依、振兴所系，全国考古"人少"情况下，基层只能以自力更生为主，创建本土的名胜考古旅游学，融入乡村振兴与城市更新。

前述先贤的点化，已提示路径参照，尚需落地的措施，如：循名求实，加强考古调查，结合全域旅游、研学旅行，一个历史地名也不放过；进一步分析名胜所处境遇，及不同的政策需求，处理好研究、保护与旅游的辩证关系；任何动土作业，都可能有本土意义的发现，要"盯住"，主动争取实行"抢救考古学"；最要紧的，是尽快形成基层自己的专业与业余结合的队伍，使工作持续，而与院校合作，教学相长，利于方法不断进步。

名胜考古旅游学，叩问乡愁，科学复兴传统，任何有历史有传说之地，无论城乡，都可实践创新。而以此为先导，解决"人少"问题，考古学就可以去追求更远大的目标。

五、"面向世界，面向未来"的生态文明考古学

远大目标者，实践创新生态文明考古学，构建人类命运共同体。党的十八大报告说：必须"把生态文明建设放在突出地位，融入经济建设、政治建设、文化建设、社会建设各方面和全过程"。这说法有意思。考古学"研究古代人类的社会、经济、日常生活等各方面情况和它们的演化过程"（夏鼐《中国考古学和中

国科技史》1984），从事我国"五位一体"研究，有优势，责无旁贷，不该缺席。

文明探源，自百年启动，到苏公1997年成书《中国文明起源新探》是阶段性总结："中国考古学文化区系类型学说的建立、中华文明起源和国家形成系统概念的形成，不仅使重建中的中国古史逐渐清晰起来，而且进一步提出了中国考古学与世界考古学接轨、古与今接轨的新课题。""面向世界，面向未来的中国考古学"，他认为"要思考人类正面临的根本问题，如人与自然的关系问题"：

> 中国是文明古国，人口众多，破坏自然较早也较为严重。而人类在
> 破坏自然的同时，也能改造自然，使之更适于人类的生存，重建人类与
> 自然的协调关系。中国拥有在这方面的完整材料，我们也有能力用考古
> 学材料来回答这个问题，这将有利于世界各国重建人类与自然的协调关系。

理解"考古学材料"，《发现我们的过去：简明考古学导论》（2007）值得一读：文化遗物（Artifacts）是经过人类活动改良或创造的便于移动的物件；迹象（Features）是不便移动的人造遗迹；生态遗物（Ecofact）是非人造、与文化有关的自然遗迹；遗址（Sites）是文化遗物、迹象和生态遗物的空间集合；地区（Regions）是考古资料中最庞大最无定型的空间集合，主要是地理概念，定义考古学地区还常常涉及生态学和文化因素。该书还介绍了考古学新分支：文化资源管理，也是环境（自然、文化资源）保护一部分，在考古学领域发展最迅速；社区考古学、本土考古学，是世界范围令人激动的发展。

"文明古国"人与自然关系为研究对象的考古学分支，即生态文明考古学。借鉴李济的古物界说，生态文明建设既然是门新的学问，有关一切遗产可称"生态文明遗产"。反过来也可说，生态文明考古学就是实地研究、发掘地上、地下生态文明遗产的学科。

生态文明考古学的课题，依"资料优先"原则，可循人类遗产尤其濒危者寻找，如：

（一）城乡水系遗产亟待发掘与恢复

这类遗产有些还活着，如广州六脉渠，对现代生态有直接或间接作用。大兴地下建筑之前，水系破坏多填埋所致，很难"荡然无存"。从长计议，到寿命的建筑应退出占地，还城乡水系，乡村振兴、城市更新又是大好时机。

（二）远古文明遗产应调整研究重点

这类遗产研究已有成绩，须将生态演化研究作为重点。文明起源是人类大规模利用改造自然的开始。国家起源研究最终目的，实为世界大同。各国共同善待自然才有未来。何况，研究生态变迁，先贤已主张百年。

（三）隋以来城市遗产须大力调查发掘

"沿用到现代的隋唐以来的创建的城市要注意文化遗产的保护"，宿白之说终得回应：习近平总书记2014年发出"要像爱惜自己的生命一样保护好城市历史文化遗产"的时代强音。城市是人类文明的集中体现，其生态文明的考古学研究不可或缺。先生启示，对隋创建的城市更要关注，所以下面多说几句感触。

隋文帝杨坚重视命名，国号"隋"，一说改"随"而创新字，意决不随波逐流；也重视生态，改行州县制，裁掉的郡多达数百，于是首次命名很多州县，取名多自山水，如苏州、光山县、潮州、泉州、长清县。"隋立国后，陆续拓建新建了很多城市，均为里坊制，有一坊、四坊、九坊、十六坊、二十五坊等不同规模。"傅熹年院士《隋、唐长安、洛阳城规划手法的探讨》文也是提醒。所以隋的地方城市建设很可能存在讲究生态的"标准化"，需加力研究。文帝开皇二年建新京大兴城，速度奇快，转年就住了进去，面积80多平方公里，世界第一大，又特规整，对地方应极有感召力。凡行署建在北部、前为丁字街的城池或都属于新京直接影响的结果，如循州（惠州）、永州、管州（郑州）、即墨县。开皇十六年（596年）新建的即墨城，水系通达，状若京城东西横长，周四里相当一小坊，可能是设计县、州城的模块。大致形态，行署、重要宗教建筑所在坊为丁字街，其余坊为十字街或因地制宜。隋新置州县的城市，因文献几无营建记录，都须重新审视。隋只建行署，山水代垣，土垣极简，都有可能。如管州，明清地方志记唐代筑垣，不确，其南、西、东城墙，考古证实是沿用商代的，隋置州城当然不会不利用。文帝州县制，不只是换个叫法，如开凿"广通渠"启动了大运河建设，当有实质性超跃。东京洛阳，大城贯大河，一次规划建成，堪称古代世界生态文明的巅峰之作。其背后故事、波及所至还奥妙无穷。值得重视的是大业七（或九）年（611年或613年）所建丰利县，命名也有趣，隋立国后打的第一个胜仗就在青海的丰利山。该城址在河北省文安县城区，城中村正待改造，如启动考古发掘更有多重意义。

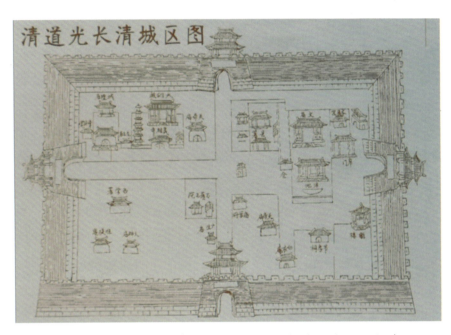

图五　张夏街道属长清区。隋开皇十四年（594）始置长清县

图六　即墨县衙旧址

《中国文物地图集》称：隋开皇十六年始建。远为大堂建筑

"隋文新意"是宋人对大兴城的认知，宿白《隋唐长安城和洛阳城》文引：《长安志》卷七记"自两汉以后至于晋齐梁陈，并有人家在宫阙之间，隋文帝以为不便于民（《唐两京城坊考》卷一改"民"为"事"），于是皇城之内，惟列府寺，不使杂居止，公私有辨，风俗齐肃，实隋文新意也"。但宋人未说透。大兴城的最大创新是"天子守边"（原指明永乐定都北京），一反《考工记》宫城居中的传统布局，帝王连同官衙远离城中心。东京洛阳城更是天子把角。杨广（炀帝）早说透隋文新意的本质："宫室之制本以便生"（《隋书》，但《北史》多一字，为"便生人"）。隋大兴与洛阳，对后世城市影响深远，都城如元上都、大都，地方城市则很多。行署不居中的城市，官员出入方便不扰民，也符合建设规律，领导者总要先驻扎再展开局面，既便于快速建设，又利于统筹生态及未来发展。这与今天需求类似。犹如清流，便民便事便生便人的隋文新意，注入人类生态文明史，亟待深入探讨，及转化、发展。

六、余论：考古无下限无限力

"考古"一词，北魏《水经注》出现最早，共5处，后续"知今""推地""有""非""无"等词（《古今图谱》网检索）。该书由当时溯及先秦，详细记载了一千多条大小河流及有关历史遗迹，计各类地名约2万处，计大小城邑近3000座，还有诸多水利、交通等设施。《水经注》已用作重要考古资源，今对生态文明考古学开拓，意义将更加非凡。

我国隋文以来城市遗产的考古调查发掘，为何少之又少？《法国文化遗产普查的原则、方法和实施》（译林出版社2013）称："公元400年的上限，是为了与考古学学科的普查地图工作做出区别：通常意义上认为公元400年以前的遗迹属于考古学的研究范围。"看来有些国家已意识到考古学自身有不足，要设法解决。以名胜考古为先导，创设考古学新分支——生态文明考古学，我国可解决"人少"等难题，还能为世界做贡献。

考古下限，莫衷一是。国际《考古遗产保护与管理宪章》值得参考："考古遗产"是根据考古方法提供资料的实物遗产，包括人类生存的各种遗存，由与人类活动有关的地点、各种各样的遗迹以及可移动的文化资料所组成。由此看，确定考古工作、考古资源和考古学研究的范围，成事由人为，关键在方法。

广州黄埔军校旧址1996年的全面发掘，就是证明。原址重建因此成功，还展示了考古遗迹和发掘过程。我有幸参加竣工典礼，听麦英豪先生兴奋地说：我们发掘出了"黄埔三叠层"。为中国考古的开拓，这类发掘实在是早该广加倡导的。

现代沿用也须研究，宿白先生早已点题《现代城市中古代城址的初步考查》。他知道这很难做到，所以呼吁："希望各级领导积极支持、督导考古工作者要更多更快地进行这项工作，如再迟缓，现代的城市正在快速建设时期，很可能有些今天尚存的古代重要文化遗产就被铲平毁废了。"现在考古工作有最高领导人"支持、督导"，先生乃至诸位先贤的在天之灵定感欣慰。

希望，在巨鹿城发掘百年之后，让我们终于在一座城市看到了。新华社专访文化和旅游部副部长、国家文物局局长李群，在众多关于泉州申遗的报道中脱颖而出：围绕本次申遗工作，国家文物局指导地方加强泉州考古和历史文化遗产保护，填补了泉州古城考古的空白。开展泉州城市考古、历史研究、价值阐释、规划管理等工作，获得世界遗产委员会和国际古迹遗址理事会的认可。按照国际组织的建议，我们将整个泉州古城范围纳入世界遗产的缓冲区范围，下一步，我们将指导泉州市按照世界遗产委员会决议的要求，持续加强古城考古研究和历史文化遗产保护。祭祀中国考古百年之始，这才是最高尚的献礼，给全中国也给全世界。

作者信息：孟宪民（生于1949-），北京大学历史系考古专业1982年毕业，曾任国家文物局流散文物处处长、文物保护司副司长兼考古管理处处长、博物馆司司长。

"何以广州"的考古学观察

张强禄

内容提要：

2021是年中国共产党建党100周年，也是中国现代考古学诞生100周年，同时还是广州建市100周年。回望来时路，经过几代考古人的持续努力，考古发现和相关研究越来越丰富，从史前到秦定岭南这段历史的发展脉络亦愈加明晰，使得重建广州先秦史的构想变为可能。本文粗略地梳理了广州从新石器时代到战国晚期的重要考古发现，以玉石礼器、几何印纹陶和原始瓷、青铜礼器为着眼点，探寻两千多年来作为岭南文化中心地的广州，如何从蛮荒之地发展成南海郡郡治所在地的，借此也回答 "何以广州"的历史命题。

引 言

2021年是中国共产党建党100周年，也是现代意义上的中国考古学诞生100周年，同时还是广州建市100周年，如此重要的年份，一定是要做一些总结和纪念的。广州市文博学会全洪会长嘱我以广州地区史前到南越国阶段的考古发现为切入点，谈谈以广州为中心的珠江三角洲从新石器时代晚期到西汉早期的历史发展脉络，重点讲讲作为中华文明"重瓣花朵"最南边的岭南，在多元一统的社会历程中如何完成中国化进程的。

关于早期岭南中国化进程的问题，一直是从事或关注岭南尤其是广州上古历史的学者们思考和探索的问题。还记得1998年5月初，我和金志伟同学回北大拜见严文明先生时，严先生就高屋建瓴地指出，你在广州工作，需要认真思考和最终回答广州作为秦汉以来岭南文化中心地的先秦基础是什么。虽然愚钝且才疏学浅，先生的教诲却一直不敢忘怀，这也是我跟广东省文物考古研究所李岩学长等近些年来讨论比较多的问题。随着进入21世纪以来，珠江三角洲地区尤其是广州地区众多考古发现的陆续面世，让关乎"何以广州""何以南越国"的答案逐渐明朗起来。

但说起来容易，要动笔成文形成较为系统的阐述，笔者觉得时机还不成熟，考古材料的公布和自身的知识储备还远远不足，怕写出来的东西经不起推敲。然而值一百周年的重要时间节点，全洪会长和李岩学长两位前辈的指命又不便推脱。好在是自新世纪以来广州很多史前和先秦的考古项目本人都参与或主持过，材料相对熟悉。另外李岩学长的大作《从石峡到珠三角：中国南方史前先秦考古研究》[1]也刊印出版，学习研读的基础上也增加了些许撰写此文的信心。草就此文，也算是向中国考古学100周年致敬了。

一、回望来时路

回望广州考古发展的历程，几乎都是伴随着中国考古学的历程发展和成长的，尤其是20世纪前半叶的广州考古，在全国来说都算是独树一帜的，对此有不少学者做过梳理，[2]这里不赘述了。仅提及几个重要的事件，一则纪念中国考古学100年和广州建市100年，二则也在回顾广州乃至广东考古学发展历程的基础上，更深刻理解考古学科和考古学人的历史使命和责任担当。

《广东考古世纪回顾》中把1916年广州东山龟岗西汉初年木椁墓的发现名为广东考古的肇始，[3]随后的一、二十年间，得时局之便的广州，在高校和专业学

[1] 李岩《从石峡到珠三角：中国南方史前先秦考古研究》，北京：科学出版社，2020年。

[2] 徐坚《黄花考古学院和"前象岗时代"的早期南越考古学：被湮没的田野考古学传统》，《暗流——1949年之前安阳之外的中国考古学传统》，北京：科学出版社，2012年，第110-141页；丁蕾《历史关怀与考古定性：民国时期广州南越王墓的发掘》，《河南大学学报（社会科学版）》2011年第1期；丁蕾《中国早期的考古团体——"中华考古学会"在广州》，《大众考古》2014年10期；全洪《重识龟岗汉家——广州东山龟岗南越木椁墓年代及墓主问题》，香港历史博物馆编《"岭南印记：粤港澳考古成果展"国际学术研讨会论文集》，2014年，第84-95页；张强禄《抗战之前的广州考古》，《广州文博·玖》，北京：文物出版社，2016年，第386-400页。

[3] 广东省文物考古研究所《广东考古世纪回顾》，《考古》2000年第6期，第1页。

术机构的层面上，有中山大学史语所和中研院史语所的相继成立；在地方古物古迹保护的层面上，有民间考古团体——中华考古学会，和官方文博机构——广州市立博物院的成立，随后依托广州市立博物院又成立了中国最早的地方职业考古学团体——黄花考古学院。一时间人才机构荟萃，成果瞩目，"广州是中国近现代意义的田野考古学的策源地之一"[1]的评价实非溢美之词。

1928年10月史语所创立地的广州东山柏园，作为时代的见证物常常被同道之人慕名瞻仰。1931年在"中华考古学会"基础上成立的黄花考古学院，于第二年就出版了中国最早的考古学期刊——《考古学杂志》创刊号，不仅是蔡元培撰写刊名（图一，左），还有国民党元老张继"预知中华民族之精神 当向祖先之骨髓里去寻"的题词（图一，右），由此可见创办《考古学杂志》初心之高。中华考古学会主席谢英伯在其上发表的《黄花考古学院的组织和使命》更是指出："我们中国文化的策源地，为黄河流域，扬子江流域，和西江流域三地望。……惟西江流域，包含不同血系、不同文化系的民族甚多。形成今日之所谓西南民族，其分布的地域极广。又此等西南民族，多属于汉族和其他民族的混血儿。其固有的本族文化，和汉族的移殖的文化，由接触而混合，复由混合而演化，二千年间，已形成了一种新文化，陆离光怪，璀璨于五岭之南，广州便为其结晶地。"[2]所以说"中国考古学家一开始就肩负着重建早期中国历史的使命"。[3]

苏秉琦先生指出考古学必须正确回答"中国文化起源、中华民族的形成、统一多民族国家的形成和发展"诸问题，"考古工作也要为国家的统一和民族的团结服务，要从历史的角度、实证的角度阐释中华文化、中华民族、中国的发展脉络及演进过程"[4]。正如习近平总书记在中央政治局第二十三次集体学习时提到的："百万年的人类起源史和上万年的人类史前文明史，主要依靠考古成果来构建。即使是有文字记载以后的文明史，也需要通过考古工作来参考、印证、丰富、完善。"[5]在秦定岭南之后才被纳入大一统版图内的广州，直到西汉王朝建

[1] 徐坚著《暗流——1949年之前安阳之外的中国考古学传统》，北京：科学出版社，2012年，第111页。
[2] 谢英伯《黄花考古学院的组织和使命》，《考古学杂志》创刊号，1932年1月。
[3] 严文明《重建早期中国的历史》，"考古研史"官方微信2021年3月3日。
[4] 孙庆伟《苏秉琦："为历史而考古"的学科缔造人》，《读书》2014年第4期。
[5] 习近平《建设中国特色中国风格中国气派的考古学，更好认识源远流长博大精深的中华文明》，《求是》2020年第23期。

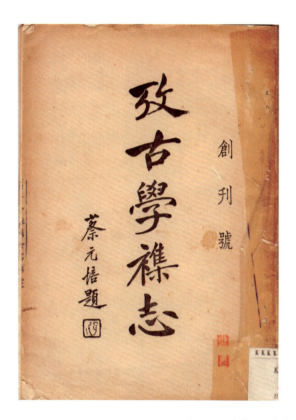
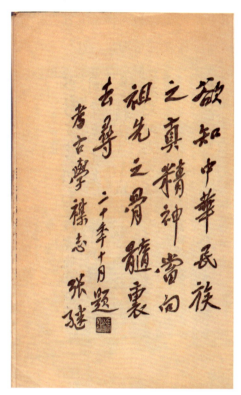

图一 《考古学杂志》创刊号

立以后成书的《淮南子》《史记》里面才出现并不多的、相对可信的记载，从新石器时代晚期到秦定岭南的漫长历史完全是要通过考古发现来构建的。探索未知，揭示本源，重建早期中国历史的历程中，广州考古从未缺席。

二、"玉"渐岭南——史前到商周之际

认识广州以及以广州为腹心的珠江三角洲的历史发展脉络，至少要把它置于岭南这一面向南太平洋的广阔区域里去理解。"岭南"是指北倚五岭，南临南海，历史上含今广东、海南全部，广西大部和越南北部的这个相对独立的地理单元，是先秦百越族群的主要活动区域之一。岭南河流众多，由东至西有韩江、珠江两大水系，以及漠阳江、鉴江、南北流江等独流入海的河流。珠江是中国境内

第三长河流，为西江、北江、东江和珠江三角洲诸河的总称，通过八大口门注入南海。珠江三角洲是西江、北江共同冲积成的大三角洲与东江冲积成的小三角洲的总称，是放射形汊道的三角洲复合体，大致在距今6000年前后开始形成，当时海侵的岸线北达清远盆地、西达肇庆盆地，东达博罗盆地，海蚀崖及海蚀平台还可见到这种海岸地形（图二）。[1] 广州基本上位于珠江三角洲的腹心位置，三江

图二　珠三角古地理图（距今约6000年）

---

[1] 中国科学院南海海洋研究地质室地下肥水调查组《珠江三角洲全新世沉积概述》，《南海海岸地貌论文集》第一辑，1975年。插图由《秦代造船工场遗址两次试掘综述》"图一六"清绘。麦英豪、黎金、陈伟汉《秦代造船工场遗址两次试掘综述》，广州市文化局编《广州秦汉考古三大发现》，广州：广州出版社，1999年，第19页。

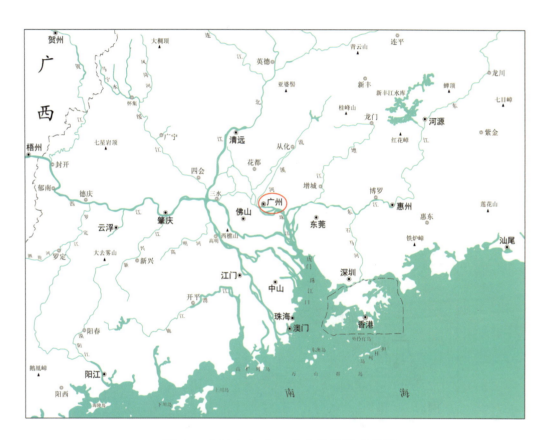

图三　广州在大珠三角地区位置示意图

汇总之地，一方面依托三角洲平原可以掌控较为丰富的物产资源，另一方面又是北往、西联、南下的重要交通枢纽，是连接华南和东南亚的重要桥梁，具有得天独厚的区位优势（图三）。

广州地区史前和先秦的遗址主要分布于流溪河流域、增江流域以及珠江口西岸的南沙岛三大片区（图四）。

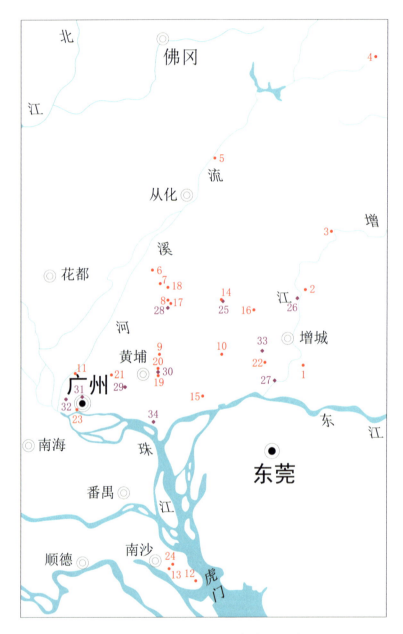

图四　广州重要史前和先秦遗址分布图

1.金兰寺　2.浮扶岭　3.猪头山　4.狮象　5.横岭　6.马头庄　7.陂头岭　8.茶岭和甘草岭
9.烧瓦窑　10.松丁山　11.葵涌　12.鹿颈　13.金洲山　14.乌石岭　15.大岗M1　16.墨依山
17.沙岭　18.榄园岭　19.隔田山　20.大公山-来峰岗　21.飞鹅岭　22.围岭　23.大佛寺
24.鸡公山　25.大岭顶-担水坳　26.庙岭　27.天麻山　28.大岭　29.暹岗
30.马窟岗-龟岗-锥林岗　31.太和岗　32.广雅中学　33.西瓜岭窑址　34.庙头涌

目前所知年代最早的是位于增江下游的增城金兰寺第一期遗存，发现的遗迹有柱洞、窖穴等，出土陶器有夹粗砂的红陶片和黑陶片，泥质的磨光红陶片和彩陶片，彩陶为赭红色的条形、宽带或叶脉状图案。[1] 金兰寺第一期遗存的年代约在距今6000~5500年，大致相当于卜工先生在《环珠江口新石器时代晚期考古学遗存的编年与谱系中》划分的以东莞万福庵、中山龙穴90T3③层等遗存为代表的第五年代组。[2] 彩陶虽然数量不多，却明显看出来自长江中游洞庭湖地区大溪文化的影响，连同在距今7000~5500年这个时间段在环珠江口区域诸多遗址发现的白陶和彩陶，显示出新石器时代晚期前段珠江三角洲与长江中游尤其是洞庭湖地区和沅水中上游流域有着较为密切的联系。[3] 而白陶和彩陶这类数量少、特征鲜明、制作精美的器物应该也同后期出现的玉器一样，具有礼仪方面的功用，更具传播与交流的便捷性和渗透力。

粤北曲江石峡遗址的分期对广东地区新石器时代晚期遗存的相对年代具有标尺意义。《石峡遗址》发掘报告将石峡遗址分为四期，其中第一期文化遗存，年代属新石器时代晚期前段。李岩先生在《石峡文化墓地研究》中把石峡第一期文化分为前后两段，前段时间约在距今5500~5000年之间，与以高明古椰贝丘遗址[4]命名的古椰文化有较高的相似度；后段时间约在距今5000~4600年之间，其陶器属于以从化横岭遗址墓葬材料为代表的横岭类型。[5] 广州地区目前还没有发现古椰文化时期的遗存，或者发现了还没有辨识出来。但进入到距今5000~4000年的新石器时代晚期后段，广州地区史前遗址的数量和规模都大大增加，呈现出一派蓬勃

---

[1] 广东省博物馆《广东考古调查发掘的新收获》，《考古》1962年第12期；莫稚等《广东珠江三角洲贝丘遗址》，《南粤文物考古集》，文物出版社，2003年，第180-238页；曹耀文《广东广州金兰寺贝丘遗址》，《大众考古》2021年第8期。

[2] 卜工《环珠江口新石器时代晚期考古学遗存的编年与谱系》，《文物》1999年第11期。

[3] 邱立诚《史前时期珠江三角洲地区的彩陶器》，尹建顺《洞庭湖区新石器文化及其影响》，广东省文物局、东莞市文化广电新闻出版局、东莞蚝岗博物馆编《东莞蚝岗遗址博物馆》，广州：岭南美术出版社，2007年，第130-143页、第182-192页。

[4] 崔勇《广东高明古椰贝丘遗址发掘取得重要成果》，《中国文物报》2007年1月12日第2版；李岩《古椰贝丘遗存初识——兼谈香港沙下等相关遗存》，《从石峡到珠三角：中国南方史前先秦考古研究》，北京：科学出版社，2020年，第165-185页。

[5] 李岩《石峡文化墓地研究》，《从石峡到珠三角：中国南方史前先秦考古研究》，北京：科学出版社，2020年，第1-80页。

发展的态势，文化面貌呈现出与长江下游环太湖平原有密切交流的特点，突出地表现在琮、钺、镯环等玉石礼器方面。首先要看的是横岭遗址，[1] 横岭遗址共发现51座新石器时代晚期墓葬（图五），随葬陶器有直领矮圈足罐、圜底的釜或罐、鼎、豆、纺轮等，石器有锛、镞、凿、环等，玉器有镯和环，墓底或填土中多见随葬残陶器或陶片的现象，当属"碎物葬"的习俗，也说明可能流行二次葬。墓葬的大小和随葬品的丰俭已有不同，暗示贫富差别和等级分化已经开始出现。陶器以圜底器最多，其次是圈足器和三足器，不见平底器和凹底器（图六）。除了豆器身素面外，其他陶器均拍印纹饰，以斜向条纹最常见，其次是交错条纹、曲折纹和附加堆纹，有少量叶脉纹（又或称梯格纹）和涡纹（又或称圆圈纹）等。有些罐、釜口沿内外壁有刻划符号，以内壁多见，还有少量圈足罐的器表或口沿内外壁有黑彩线绘。李岩先生根据横岭遗址墓葬材料提出一个"横岭类型"的命名。[2]

图五　横岭遗址Ⅲ区墓地发掘现场

[1] 张强禄《广东从化横岭新石器时代墓地》，《大众考古》2014年第6期；韩维龙、许永杰主编《广州从化流溪河流域考古调查报告》，广州：广州出版社，2017年，第562–672页。

[2] 李岩《广东印纹陶及原始瓷发展脉络》，《珠江三角洲新石器晚期及夏商阶段遗存编年及文化关系再研讨》，《从石峡到珠三角：中国南方史前先秦考古研究》，北京：科学出版社，2020年，第275–299页，第219–274页。

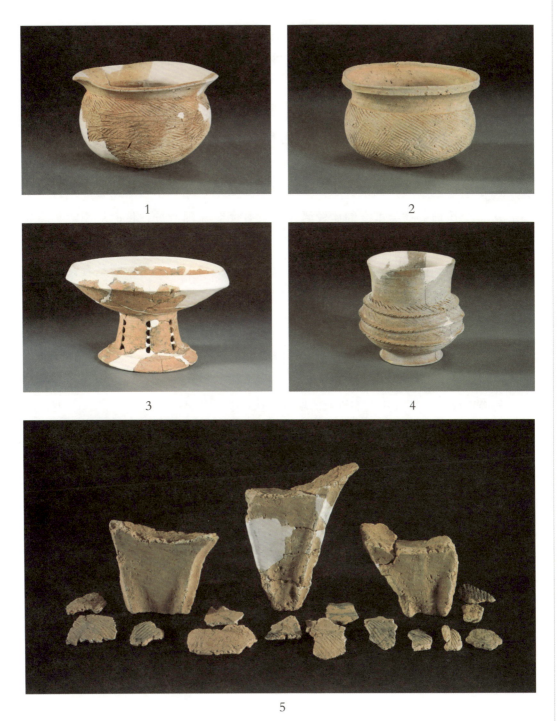

图六　横岭遗址M49出土陶器

1.圜底罐（M49:1）　2.圜底罐（M49:4）　3.豆（M49:6）　4.圈足罐（M49:2）　5.鼎残片（M49:5）

横岭遗址没有理想的测年数据，以出土单位和共存关系明确的墓葬随葬品来看，横岭遗址中的直领矮圈足罐明显与粤东的虎头埔文化有关，鼎和豆当与粤北石峡文化有关，圜底的釜和罐则更多是珠三角本地的文化因素。李岩先生在珠江三角洲新石器晚期遗存的编年排序中将"横岭类型"排在第三期，年代推定为距今5000~4600年前后，认为其开始的年代大体在崧泽文化与良渚文化之交，比较多的文化因素源自环太湖地区的崧泽—良渚文化系统。

由于横岭遗址的发掘报告还在整理和编写当中，笔者作为发掘者和报告编写者，对整个遗址器物类型学的比较研究还没有完全梳理清楚，目前对横岭类型文化内涵和大致年代的认识基本赞同李岩先生的观点。如果把地层和灰坑出土的陶器也考虑进去，以斜边微凹或折边、大致扁平呈倒梯形足的鼎，圈足有镂孔间弦纹、豆盘外壁有突棱的黑皮豆，以及拍印条纹、叶脉纹、曲折纹等的圜底釜罐和矮圈足罐等作为横岭类型的典型陶器，把起止时间笼统地放在距今5000~4000年之间，广州地区这个时期重要的遗址还有流溪河上游流域的从化狮象遗址[1]、中下游流域的黄埔马头庄遗址（第一期遗存）[2]、陂头岭遗址（第一期早段遗存）[3]、白云区龟岗遗址[4]，增江中上游流域的增城浮扶岭遗址（第一期遗存）[5]，下游流域的增城金兰寺遗址（第二期遗存）、松丁山遗址（第一期遗存）[6]，黄埔茶岭和甘草

[1] 广州市文物考古研究所编《铢积寸累：广州考古十年出土文物选萃》，北京：文物出版社，2005年，第258-263页；广州市文物考古研究所编《广州考古六十年》，广州：广东人民出版社，2013年，第10-11页。

[2] 广州市文物考古研究院《广州市马头庄遗址先秦墓葬》，《文博学刊》2022年第1期；广州市文物考古研究院编《广州考古2020》第2-10页，内刊资料。器物照片笔者摄于南汉二陵博物馆"寻迹羊城——2020广州考古新发现"展厅。

[3] 黄碧雄《广州黄埔陂头岭遗址发现新石器时代晚期窖穴和战国中晚期至南越国时期高等级越人墓地》，《中国文物报》2021年12月17日8版。

[4] 陈伟汉、黄兆强《广州新市葵涌贝丘遗址的试掘》，广州市文物考古研究所编《广州文物考古集：广州考古五十年文选》，广州：广州出版社，2003年，第333-338页。

[5] 广州市文物考古研究所、增城博物馆《广东增城浮扶岭墓地》，中国文物报社编《中国文化遗产·2011年增刊：中国考古新发现年度记录2010》，第468-469页。

[6] 广州市文物考古研究院《广州市增城区松丁山遗址先秦时期遗存发掘简报》，《四川文物》2022年第1期。

岭[1]、沙岭遗址第一期遗存[2]等（图七）。增城猪头山遗址[3]和黄埔烧瓦窑第一期遗存[4]虽然出土遗物不多，但从泥质灰陶直领矮圈足罐的残片来看无疑也是属于这个时期。

珠江口西岸的南沙鹿颈遗址[5]第一期遗存的年代应该与横岭类型大致相当，但遗址类型和文化面貌与广州北部山岗丘陵型遗址不同，鹿颈一期遗存属于沙丘遗址，不见有鼎的出现，夹砂红褐陶贝划纹和凸弦纹的釜、罐等为其典型器物（图八），文化内涵与珠海宝镜湾遗址第一期遗存[6]似接近，估计年代相近，文化来源或与西江流域的古椰文化有关。

新石器时代晚期后段到夏商之际，相当于石峡文化至石峡遗址第三期遗存这个阶段，广州地区发现的遗址数量更多，陶器上反映的总体文化面貌与横岭类型差别不是很大，最典型的特征是拍印曲折、叶脉、长方格、方格交叉线、方格交叉线加凸点等纹饰的夹砂或泥质的圜底釜、罐，以及曲折纹、条纹、交错条纹、附加堆纹的直领矮圈足泥质罐，前者多认为是继承古椰文化圜底釜罐的传统，是珠三角的本地文化特色，后者多认为是粤东虎头埔文化的典型陶器之一，但孰早孰晚、谁影响谁的发展脉络目前还不是很清楚。这个时期广州地区的重要遗址有从化横岭遗址第二期遗存、黄埔陂头岭遗址第一期晚段遗存、黄埔茶岭遗址和甘草岭遗址第二期遗存、增城猪头山遗址、黄埔烧瓦窑遗址第一期遗存、南沙鹿颈

[1] 张强禄等《广东广州黄埔茶岭新石器时代遗址》，国家文物局主编《2018中国重要考古发现》，北京：文物出版社，2019年，第31-35页；张强禄等《广州黄埔甘草岭遗址发现良渚文化玉琮》，《中国文物报》2018年6月1日8版；邓聪、张强禄、邓学文《良渚文化玉器向南界限初探——珠江三角洲考古新发现的琮、镯、钺》，《南方文物》2019年第2期。

[2] 张强禄等《广州黄埔沙岭发现春秋时期越人墓地》，《中国文物报》2018年7月13日8版。

[3] 张强禄《增城市猪头山新石器时代遗址》，《中国考古学年鉴·2009》，北京：文物出版社，2010年，第356-357页。

[4] 广州市文物考古研究院编《广州考古2020》第15-21页，内刊资料。器物照片笔者摄于南汉二陵博物馆"寻迹羊城——2020广州考古新发现"展厅。

[5] 广州市文物考古研究所《广州南沙鹿颈遗址的发掘》，广州市文物考古研究所编《广州文物考古集：广州考古五十年文选》，广州：广州出版社，2003年，第339-359页；广州市文物考古研究所《番禺南沙鹿颈村先秦遗址的发掘》，广州市文化局编《广州文物保护五年：1996~2000》，广州：广州出版社，2001年，第45-58页。

[6] 广东省文物考古研究所、珠海市博物馆编著《珠海宝镜湾——海岛型史前文化遗址发掘报告》，北京：科学出版社，2004年。

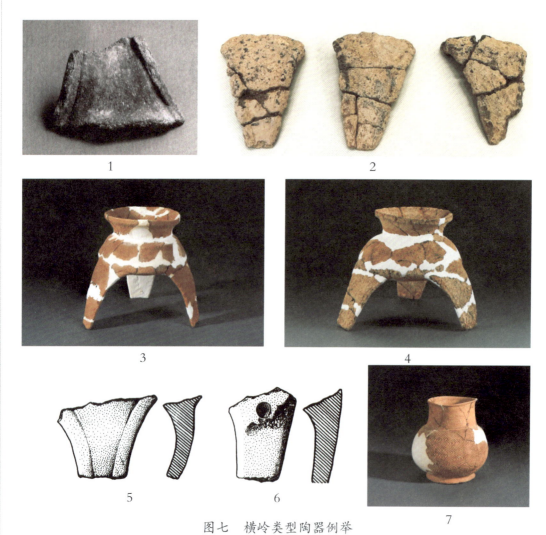

图七　横岭类型陶器例举

1.鼎足（葵涌）　2.鼎足（马头庄M4）　3.鼎（浮扶岭M223:3）　4.鼎（茶岭M64:1）
5、6.鼎足（金兰寺）7.圈足罐（浮扶岭M223:2）

图八　鹿颈遗址第一期遗存陶釜

1.T2417②C:7　2.T2418⑥:66　3.T2218⑤:102

遗址第二期遗存、南沙金洲山遗址[1]等，文化内涵与时代与珠海宝镜湾遗址第二期遗存、香港涌浪遗址晚期遗存[2]等接近。

近年来，广州市文物考古研究院对流溪河流域和增江流域做过比较细致的区域性考古调查工作，调查成果显示距今约5000~3600年相当于岭南新石器时代晚期到末期的遗址或遗物点还有不少。[3]广州北部的从化流溪河流域、东北部的增城增江流域，以及二者之间的黄埔区九佛–萝岗一带，是这时期遗存分布比较集中的区域。继金兰寺第一期遗存之后的横岭类型阶段是广州地区史前文化大发展的开始时期，但资料充实、序列明晰的考古学文化谱系的建立还有待时日。

横岭类型和石峡文化时期文化面貌中一个突出的现象是大量玉石礼器的涌现，这与石峡文化甚至良渚文化的南渐有关，更早的源头或许能追溯到崧泽文化晚期。与新石器时代中期涌现于环珠江口地区的白陶和彩陶不同，以玉石的琮、环镯、钺、圭等为代表的文化因素显然是来自长江下游的环太湖地区，虽然材质、造型、精美程度等有地方化"山寨版"之嫌，但良渚文化的印记却是很明显的（图九），少量玦饰甚至可以追溯到崧泽文化。如果把陶器的因素考虑进来，可以说以广州为腹心的珠江三角洲，距今5000年以来文化面貌与长江下游地区的趋同性超过了之前的长江中游地区，"自交趾至会稽七八千里，百越杂处，各有种姓"（《汉书·地理志》注引臣瓒曰）的"百越"文化圈的形成应该是从这个时期开始的。

珠江三角洲至少要到夏商之际才算是社会发展阶段意义上的新石器时代的完结和青铜时代的到来。相当于中原地区夏到晚商这个阶段，李岩先生在《珠江三角洲新石器晚期及夏商阶段遗存编年及文化关系再研讨》（以下简称《珠三角编年》）的编年谱系中将其排在第五~八期，对应陶器的排序为第八~十一段。他主要以东莞村头遗址的材料为标尺构建了珠三角新石器时代晚期至晚商阶段的考古学

[1] 广州市文物考古研究所《广州南沙经济技术开发区考古调查》，广东省文物考古研究所、广州市文物考古研究所、深圳博物馆编《华南考古1》，北京：文物出版社，2004年，第196–198页。

[2] 香港古物古迹办事处《香港涌浪新石器时代遗址发掘简报》，《考古》1997年第6期。

[3] 韩维龙、许永杰主编《广州从化流溪河流域考古调查报告》，广州：广州出版社，2017年；韩维龙、金志伟主编《广州增城增江流域考古调查报告》，北京：文物出版社，待刊。

图九　横岭、茶岭、甘草岭遗址出土玉石器

1.3.玉镯（横岭M19:1，茶岭M56:1）　2.石环（横岭M18:2）　4.玉琮残件（甘草岭）

5.玉锛（茶岭M51:1）　6.石圭（茶岭M22:1）

文化谱系，笔者也参照此序列，粗略梳理一下广州地区夏商时期的重要文化遗存。

鹿颈遗址第三期遗存属于贝丘形态的堆积，是鹿颈遗址分布范围最广、出土遗物最为丰富的遗存，它的时代相当于《珠三角编年》中的第五期和第六期前段，李岩先生通过三水银洲遗址的材料判断第六期九段有细分两段的可能，就鹿颈遗址第三期遗存的文化内涵来看也应如此。鹿颈M1是第三期遗存最晚的遗迹，随葬4件完整陶器，均为夹砂陶，有灰陶圈足罐、红褐陶圜底釜、红陶杯等（图十）。[1]鹿颈遗址夏商时期遗存均为圜底器和圈足器，不见三足、平底和凹底

---

[1] 插图引自广州市文物考古研究所编《铢积寸累：广州考古十年出土文物选萃》"图274、277、278、284"，

北京：文物出版社，2005年，第280、283、284、290页。

图十　鹿颈遗址M1全景及随葬陶器

器，也不见高圈足器，与《珠三角编年》中的第六期后段和第七期的绝大多数陶器特征有别。年代推测大致在夏纪年后半段到早商之间，与村头一期和村头二期前段相当。

晚于鹿颈第三期遗存与村头二期后段及三、四期大致相当、处于《珠三角编年》第六期后段和第七期的典型遗存，目前在广州地区发现或辨识出来的不多，能够确认的一个是黄埔隔田山遗址第一期遗存，一个是增城大岗M1。隔田山东部岗顶位置清理出3座长方形浅穴土坑墓，墓口已遭破坏，随葬品均为陶器，有高圈足的泥质浅身盘、圈足罐和夹砂的大口盆形圜底釜等（图十一）。[1]大岗M1，墓口已遭破坏，东西向长方形浅穴土坑墓，残存高圈足盘、豆、罐、釜、支座、纺轮等陶器11件，型式特征显示与村头遗址第三期同时。[2]

[1] 张强禄《广州市隔田山商周时期及南宋明代遗址》，《中国考古学年鉴2007》，北京：文物出版社，2008年，第363–364页；郭凡、丁巍主编《萝岗风物》，广州：广东人民出版社，2011年，第16–20页。

[2] 李岩《珠江三角洲新石器晚期及夏商阶段遗存编年及文化关系再研讨》，《从石峡到珠三角：中国南方史前先秦考古研究》，北京：科学出版社，2020年，第251页。

图十一　隔田山遗址商时期墓葬及出土陶器

1.隔田山商时期墓葬全景　2.高把豆（M1:4）　3宽把豆（M2:1）　4.盉形釜（M3:1）

5.圜底罐（M2:3）　6.圈足罐（M3:2）

隔田山M1-M3、大岗M1的年代约在早中商之间，紧接其后的应该是增城墨依山墓地。墓葬主要分布于墨依山中部山顶和南坡山腰，均为长方形竖穴土坑墓，个别墓坑一端有龛，龛内放大口尊1件。随葬器物多寡不一，多者10件（套），少者1件，2~3件普遍。以泥质陶为主，器形有大口尊、小口折肩罐、小罐、钵、高柄豆、盂形豆等；夹砂陶较少，有釜、支座等。器类以凹底器多见，圜底器、平底器和圈足器少见，陶器和玉石器具有明显浮滨文化的特征，这是粤东浮滨文化向西扩张、文化因素最为集中体现的墓地。其中M66和M70应是等级最高的2座墓葬，随葬器物多达10件（套），都有大口尊（图十二），且随葬有玉牙璋和有领环。[1]就墓葬形制和典型陶器的特征来看，墨依山墓地的年代上限能接隔田山M1-M3、大岗M1，约在早商偏晚阶段，下限约在中晚商之间，资料刊布比较详细的M66和M70时代可定在中商前后。

广州地区时代比较明确的晚商遗址是增城围岭遗址，H10、H18、H19、H21、H22、M6等单位出土的釉陶壶、豆、大口尊和陶簋、釜罐、大口尊、壶、器座等器物，属晚商阶段。[2]李岩先生认为："围岭的尊、折腹釜以及其较浅的曲折纹、复线菱格纹等显然是珠三角本地因素的延续和演变，条纹及釉陶器则来自浮滨文化的影响。"[3]围岭遗址所见晚商阶段的黄绿色釉陶为探索珠三角原始青瓷的来源提供了重要线索。

属于商时期的比较重要的遗址还有增城老虎岭遗址[4]、下背岭—排墩岭—鲤鱼岗遗址群[5]、乌石岭遗址[6]、天河区飞鹅岭遗址等。位于华南植物园内的飞鹅

[1] 张希、朱海仁《广东广州增城区墨依山先秦遗址》，国家文物局主编《2017中国重要考古发现》，文物出版社，2018年，第40-43页；广州市文物考古研究院《广州增城墨依山遗址两座出土玉牙璋的商代墓葬》，《东南文化》2018年第3期。

[2] 广州市文物考古研究所、增城市博物馆《增城石滩围岭遗址发掘简报》，广州市文物考古研究所编《羊城考古发现与研究》，北京：文物出版社，2005年，第1-31页。

[3] 李岩《珠江三角洲新石器晚期及夏商阶段遗存编年及文化关系再研讨》，《从石峡到珠三角：中国南方史前先秦考古研究》，北京：科学出版社，2020年，第246页。

[4] 广州市文物考古研究所2005年发掘资料。

[5] 广州市文物考古研究所2011-2012年勘探发掘资料。

[6] 广州市文物考古研究院2016年发掘资料。

图十二　墨依山墓地M15和M66

1.M15发掘完全景　2.M15随葬大口尊　3.M66发掘完全景　4.M66壁龛内折肩罐

出土先秦时期陶片的地层

图十三　大佛寺遗址出土商时期陶片地层

岭遗址是距离广州城区最近的一处先秦遗址，发现有夹粗砂灰陶、红陶和泥质印纹硬陶片，以及锛、斧、凿、砺石等石器，以有肩石锛数量最多。[1]飞鹅岭遗址群年代跨度比较大，从刊布的资料来看，上限能到新石器时代末期，以拍印曲折纹或交错条纹的泥质灰陶矮圈足罐残片为代表，下限能到南越国前期，以米字纹和方格纹陶器为代表。其中夔纹陶类型的遗存数量最多，相当于西周春秋时期。

广州城区范围内夏商时期的遗存目前只见于越秀区大佛寺遗址，探方最下层的河相淤积层中发现有夹砂灰陶和泥质灰陶片（图十三），纹饰以绳纹为主，其次有圆圈纹、重圈纹、指甲纹、戳印涡纹等，器形为圜底器和圈足器，器类有釜、罐、豆、尊、壶等。[2]其堆积应非原生，估计是原珠江北岸禹山丘陵上冲积下来的，从陶片的时代特征判断应属夏至早商时期。说明早在夏商时期，越秀山前到珠江北岸已有人类活动。

---

[1] 麦英豪《广州东郊古遗址调查试掘记》，《考古通讯》1957年第5期；李始文《广州东郊飞鹅岭地区新石器时代遗址调查探掘报告》，《中山大学学报（自然科学）》1959年第4期；广东省文物工作队队长 莫稚：《广州新石器时代原始居民的文化遗址又有发现》，《理论与实践》1958年第1期；中山大学人类学系博物馆、广州市天河区博物馆编《飞鹅岭先秦遗物图录》，岭南美术出版社，2015年。

[2] 张金国《广州市大佛寺佛教文化中心工地先秦及汉六朝唐宋时期遗址》，《中国考古学年鉴2010》，北京：文物出版社，2011年，第341–342页；广州市文物考古研究所编，广州：《广州考古六十年》，广州：广东人民出版社，2013年，第18页。

就广东来说，夏商时期是几何印纹陶发展成长的时期，也是孕育原始瓷的重要时期。而玉石礼器方面，随着长江下游良渚文化的消亡和礼玉影响力的衰退，再加上中原地区夏商文明的强势崛起、夏商王朝的建立，以玉石的戈、牙璋、有领环等为代表的夏商礼玉文化也渐次通过长江中游地区影响到珠江三角洲，并可能以此为中转站传播到桂南和越北红河三角洲地区。[1] 以中原为核心的高度发达的夏商文明主要是通过玉石礼器而不是青铜器影响岭南的，岭南在这个时期依旧发扬光大其"百越"传统的几何印纹陶，并发展出了原始瓷。

总结一下，以广州为腹心的珠江三角洲尤其是环珠江口地区，在新石器时代晚期前段主要是以彩陶和白陶为代表显现出与长江中游地区的联系；新石器时代晚期后段随着崧泽—良渚文化的兴盛，以玉石礼器为纽带建立起与长江下游地区的紧密联系；夏商时期，一方面继承并发扬其几何印纹陶、有肩有段石器的"百越"文化传统，另一方面经由长江中游地区主要通过玉石礼器穿针引线建立起与中原夏商文明的联系，正式开启了早期岭南中国化的进程。

三、"印"入华夏——两周时期的几何印纹陶与原始瓷

西周春秋阶段是珠江三角洲几何印纹陶和原始瓷高速发展的时期，这是广东考古界通常所说的"夔纹陶时期"，社会发展阶段已进入"古国"的时代。就目前的考古发现来看，博罗西部和增城东部的东江下游流域应为这个"夔纹陶古国"的中心区域，而博罗横岭山墓地[2]当为其最高等级的代表。而增江中游东岸的浮扶岭墓地则是广州地区规模最大、墓葬数量最多且分布最密、出土器物最为丰富的墓地，清理出近500座西周至春秋时期的墓葬，均为窄长方形竖穴土坑墓，墓穴较深，多数有不规则生土二层台。绝大多数都是东西向排列，少数为南北向，但均顺山势走向排列（图十四）。随葬器物有方格纹、夔纹的硬陶瓮罐、夔

---

[1] 张强禄《从华南所见有领璧环看夏商礼制南渐》，《古代文明·第13卷》，上海：上海古籍出版社，2019年，第57-91页。

[2] 广东省文物考古研究所编著《博罗横岭山——商周时期墓地2000年发掘报告》，北京：科学出版社，2005年。

纹原始瓷罐、素面陶豆、弦纹及弦纹加篦点纹的原始瓷豆或盘、陶纺轮、玉玦或水晶玦、砺石，青铜的斧、凿、镞等，未见青铜容器，且基本上青铜兵器或工具与陶纺轮不同出。随葬品多寡不一，墓穴不见随葬品的数量很少，墓口及墓室上部填土普遍见有灰土坑，多出有大中型的硬陶瓮残片，也有完整或残的陶豆或原始瓷豆（图十五）。覆压墓口之上的文化层中出土的陶片多为大中型硬陶瓮罐残片，与墓穴内随葬品明显有别，多成片密集堆积，且可复原器不少，似使用后有意打破散落于墓葬地表周围，可能与墓祭活动有关。

经过历年的工作，尤其是流溪河流域和增江流域的区域考古调查，以夔纹硬陶瓮罐和原始瓷豆盘为代表的遗存在广州地区发现很多，比较集中的是增江中下游流域、流溪河上游的吕田盆地、灌村盆地，增江和流溪河之间的白云区钟落潭—太和镇一带、黄埔区北部和天河区龙洞一带的山岗丘陵地区。[1]不仅遗址或遗物点的数量大大增加，经勘探发掘确认的单个遗址的面积也比夏商时期的大很多，说明人口规模和社会组织结构都有很大的发展。这个时期经考古发掘的墓地不少，除了浮扶岭，还有增城大岭顶和担水坳[2]，黄埔马头庄、榄园岭[3]、沙岭、来峰岗[4]，越秀区太和岗[5]等；生活居住类遗址有增城金兰寺遗址第三期遗存、围岭遗址第二期遗存，黄埔烧瓦窑第二期遗存、隔田山遗址第二期遗存、马窿岗和龟岗遗址[6]、锥林岗遗址[7]，天河区飞鹅岭遗址第三期遗存等。

[1] 广州市文化局、广州市地方志办公室、广州市文物考古研究所编《广州文物志》"战国东北郊文化遗存"，广州：广州出版社，2000年，第19页。

[2] 广州市文物考古研究院2016年发掘资料。

[3] 广州市文物考古研究院2015年发掘资料。

[4] 广州市文物考古研究院2013年发掘资料。广州市文物考古研究所编《广州考古六十年》，广州：广东人民出版社，2013年，第16–18页。

[5] 广州市文物考古研究所《广东广州太和岗春秋汉唐五代墓葬》，中国文物报社编《中国文化遗产·2009年增刊：中国考古新发现年度记录2009》，北京画中画印刷有限公司，第282–285页；广州市文物考古研究所编《广州考古六十年》，广州：广东人民出版社，2013年，第18–19页。

[6] 广州市文物考古研究所《萝岗北二环高速公路古遗址和古墓葬》，广州市文化局编《广州文物保护五年：1996～2000》，广州：广州出版社，2001年，第64–73页。

[7] 广州市文物考古研究所《萝岗北二环高速公路古遗址和古墓葬》，广州市文化局编《广州文物保护五年：1996～2000》，广州：广州出版社，2001年，第64–73页。

图十四　浮扶岭脊部墓葬分布（东→西）

图十五　浮扶岭M94墓口灰土坑及墓底随葬原始瓷豆

广州古城东北郊的太和岗春秋墓葬是目前在广州城区考古发现的唯一一处夔纹陶遗存，有2座春秋时期土坑墓，随葬陶折腹豆和铜器，还在1座西汉土坑墓和1座唐墓填土中发现了夔纹陶片。说明白云山南麓的低矮岗丘在夔纹陶阶段还是有先民活动的，虽然人口规模并不大，社会等级也比较低。历年来，无论是广州城市考古中的遗址还是古城近郊汉–唐墓葬的发掘过程中，都极少发现夔纹陶时期的几何印纹陶片和原始瓷片，说明生活在这一带的南越先民族群本身规模就不大，聚落等级也比较低，这不仅仅是因为现代化城市建设频密导致原有的先秦文化遗存多遭破坏的缘故。

从考古发现揭露的情况来看，夔纹陶遗存文化面貌的共性非常强，无论是出土遗物的器形特征，还是墓葬的排列方向、形制、丧葬习俗等，无疑不显示出与横岭山墓地的高度趋同性。但与横岭山及浮扶岭墓地不同的是，从增江以东区域一路向西南方向的广州城区发展，墓葬数量和分布密度、随葬品的数量和精美程度等都逐次在降低，包括墓穴中不见随葬器物的"空墓"数量也越来越多，像榄园岭和沙岭墓地"空墓"占比高达30%以上。就墓葬材料来说，聚落等级至少可以划分出以横岭山—浮扶岭—沙岭—太和岗墓地为代表的四个层级，大致呈现出从中心→边缘的聚落等级分化的金字塔结构。

结合整个广东和桂南地区夔纹陶遗存的分布情况和文化面貌特征，足以说明进入西周以后，以夔纹+方格纹的硬陶罐瓮或原始瓷罐、素面陶豆或弦纹+篦点纹的原始瓷豆为代表，珠江三角洲首次真正意义上确立了其作为岭南经济文化中心的引擎地位。占据金字塔尖的目前所见非横岭山莫属，不仅是单体墓葬规模大、随葬器物数量相对较多，而且是目前唯一明确出土鼎、甬钟等青铜礼器的墓地，足见其规格之高。横岭山墓地出土的这些青铜礼器，不仅是其作为"夔纹陶古国"中心聚落甚或国都的象征，更重要的是中原西周王朝"钟鼎鸣食"的青铜礼器通过长江中游地区传播到了岭南，虽非成套成建制地原样照搬，但只出于高等级墓葬中的稀缺性表明，这些中原青铜文明中的"国之重器"在岭南也备受推崇。随着商周革命的时代变迁，它们取代了夏商时期的玉石牙璋、有领环、戈等，成为沟通岭南与中原礼制思想的媒介。

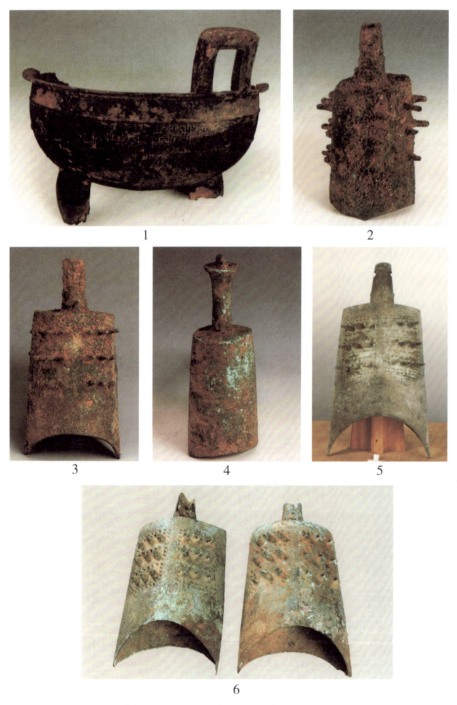

图十六 庙岭、汤村、天麻山出土青铜器

1.鼎（庙岭） 2、 3.甬钟（庙岭） 4.铎（庙岭） 5.甬钟（汤村） 6.甬钟（天麻山）

广州境内西周春秋时期的青铜礼器只见于三个地点，都属增江流域：一是增城庙岭（图十六，1-4），[1]一是黄埔大岭（图十六，6），[2]一是增城天麻山（图十六，5），[3]均非考古发掘出土，原始埋藏环境不详，推测非墓葬所出。庙岭出土2件甬钟、1件鼎、1件钲等4件青铜器，汤村出土甬钟1件，天麻山出土甬钟3件，大小相递。因为都没有明确伴出的陶器，这批铜器年代都被粗略定为战国。但根据器型和花纹特征，尤其是参照肇庆松山M1[4]和越秀区广雅中学莲韬馆复建工地M1[5]所出甬钟，这批青铜礼器年代应不晚于春秋，而且很可能是出自窖藏，属于岭南越人山川祭祀的埋藏，是中原青铜礼制本地"越化"的体现。

进入战国以后，一直持续到西汉早期，也就是南越国前期，广东全境、广西大部和海南部分地区都发现有拍印的"米"字纹硬陶为代表的遗存，通称"米字纹陶遗存"，其分布范围和密度、典型遗址或墓地的规模都大大超过夔纹陶遗存，陶器、原始瓷器、青铜器和玉器等造型特征上反映出的同一性愈加明显，表明岭南的"夏商周"发展到这个时候，其内部的整合也在加速度地进行，逐渐形成了南越、西瓯、骆越为主的三大族群，而聚居于广东大部、以珠三角为主要分布区的南越似乎是领跑者，并最终成为秦定岭南后岭南三郡中的首郡——南海郡。

这个时期广州地界最值得关注的依旧是东北方向的增城和黄埔北部，考古发

[1] 增城博物馆编纂委员会《增城博物馆馆藏集》第90页，2009年，内刊资料；吕良波《广东增城庙岭出土四件先秦铜器的科学分析》，《南方文物》2018年第3期。插图引自增城博物馆编《增城区可移动文物精品图录·综合卷》第43-45页，内刊资料。

[2] 张维《广州市增城县出土一件青铜甬钟》，《文物》1992年第12期。

[3] 《广州市文物志》编委会编著《广州市文物志》，广州：岭南美术出版社，1990年，第264页。插图引自广州博物馆编《广州历史陈列图册》第11页，北京：文物出版社，2009年。

[4] 广东省博物馆、肇庆市文化局《广东肇庆市北岭松山古墓发掘简报》，《文物》1974年第11期；广东省博物馆、香港中文大学文物馆《广东出土先秦文物》，香港：香港明爱印刷训练中心，1984年，第83页。

[5] 广州市文物考古研究院编《广州考古2020》第57-58页，内刊资料。器物照片笔者摄于南汉二陵博物馆"寻迹羊城——2020广州考古新发现"展厅。

现重点要提的有增城浮扶岭M511、黄埔陂头岭墓地、园岗山M1[1],以及增城西瓜岭窑址[2]、黄埔庙头涌遗址[3]等。

浮扶岭M511,是岭南地区目前所见规模最大的越人石床墓,形制为呈带缓平斜坡墓道的"凸"字形竖穴土坑木椁墓,顺山势东西向分布,椁外和椁顶有使用黄膏泥填埋的迹象。由于遭后期扰乱破坏,仅残留陶、原始瓷、玉器等24件(套)随葬器物,年代在战国末至西汉初期[4]。

陂头岭发现战国中晚期至西汉早期(南越国时期)的墓葬60座(图十七)。墓葬形制有带墓道的"凸"字形竖穴土坑和不带墓道的长方形竖穴土坑两类,遍布陂头岭现存区域,排列有序,尤其大中型墓葬。由于地表封土保存相对较好,地表标识明显,所以多被盗扰。陂头岭可能是目前岭南地区发现的数量最多、规模最大、封土保存最为完整的同时期墓地。地表有相对高大的封土、墓葬顺山势排列、墓穴埋深较浅、墓坑底铺石床等具有明显江浙土墩墓的遗风,反映出强烈的越文化的族属特征。而由部分大中型墓葬的棺椁设置可看到岭北楚文化的影响,反映出楚越交融的态势。

园岗M1坐落于岗顶中部,独占园岗山(图十八),为狭长方形的浅竖穴土坑石椁墓,南北向,墓向可能朝北,椁内铺有石床,残存随葬器物31件,主要是几何印纹陶罐和原始瓷杯等,从时代特征判断墓葬年代在战国末到西汉南越国前期。

西瓜岭窑址出土器物以拍印"米"字纹的硬陶瓮、罐为主,年代约在战国中晚期,是广州地区考古发现的唯一一处先秦窑址。东去不远的博罗县发现两处烧制几何印纹陶和原始瓷的窑址,即梅花墩[5]和银岗窑址[6]。结合夔纹陶时期的考

---

[1] 广州市文物考古研究所《广州市萝岗区园岗山越人墓发掘简报》,广州市文物考古研究所、广东省文物考古研究所、深圳市文物考古鉴定所编《华南考古2》,北京:文物出版社,2008年,第254-262页。

[2] 广东省文物管理委员会等《广东增城、始兴的战国遗址》,《考古》1964年第3期。

[3] 广州市文物考古研究所、黄埔区文化广电新闻出版局编著《南海神庙古遗址古码头》,广州:广州出版社,2006年,第46、48页。

[4] 广州市文物考古研究所《增城浮扶岭M511发掘简报》,《文物》2015年第7期。

[5] 广东省文物考古研究所、博罗县博物馆《广东博罗县园洲梅花墩窑址的发掘》,《考古》1998年第7期。

[6] 广东省文物考古研究所《广东博罗银岗遗址发掘简报》,《文物》1998年第7期;广东省文物考古研究所《广东博罗银岗遗址第二次发掘》,《文物》2000年第6期。

图十七　陂头岭遗址2020—2021年度发掘现场（西南→东北）

园岗山

荔枝山

小坑村

图十八　园岗M1所在位置示意图

83

古发现，广州东北方向的博罗西部到增城东部一带，直至战国晚期都依旧是珠三角经济文化中心，或与传说中的"缚娄国"有关系。不仅有横岭山、浮扶岭这样大型的墓地和高等级的墓葬，还有陶瓷制造中心。同时期居住生活类的大型遗址甚或城址的寻找与确认是将来考古工作的重点。

庙头涌的南越国时期文化层中发现不少米字纹陶罐残片，有重方格的变形米字纹和单线方格的典型米字纹两种（图十九），前者也称"复线方格或复线菱格对角线纹"，[1] 年代约在战国中晚期，要早于单线方格的典型米字纹，遗存年代从战国晚期延续到南越国前期。

除了广州东部这些重要的战国晚期至南越国前期的遗存，广州境内需要特别提到还有两个点：一是广州北部的花都龟岭遗址，一是广州古城西郊的广雅中学战国墓地。龟岭遗址年代约为战国末到南越国时期。[2] 这是花都区目前所知年代最早的遗存，说明战国晚期伊始以米字纹陶为代表的遗存在岭南的扩张不仅范围更广，密度更大，而且向现广州城区辐辏的态势也更强。广雅中学战国墓地的重要性不仅体现在它是距离广州古城最近、时代最为明确的战国遗存（图二十），而且从青铜甬钟、腰坑葬俗等可以看到更多的来自湘南越人的文化因素。而广州东北方向，是以随葬几何印纹陶、原始瓷、青铜兵器和工具为主，墓底铺石床但不设腰坑，墓葬形制具有土墩墓遗风等浙闽越墓的典型特征。

云山珠水间的广州古城与近郊，这个时期的文化面貌显现出东西汇流的态势，作为区域中心的基础正在形成。这一方面与战国初期发生在五岭以北的"楚灭越，越以此散"和楚悼王吴起"南平百越，席卷沅湘"的历史大背景有关，另一方面也应与距今2500年前后珠江三角洲地形地貌基本成型有关，广州"三江汇总"之地的区位优势由此显现出来，岭南都会的文化基础和地理因素都具备了。华夏文明"重瓣花朵"最南边的岭南，到战国晚期阶段内部基本整合成一个以"米字纹陶"为主要特征的文化圈，走完了自己的"夏商周"历程。秦始皇统一

[1] 李岩《广东印纹陶及原始瓷发展脉络》，《从石峡到珠三角：中国南方史前先秦考古研究》，北京：科学出版社，2020年，第293页。

[2] 广州市文物考古研究院、中山大学人类学系、花都区博物馆编《广州市花都区地下文物资源考古调查报告》，第44—48页，2016年，内刊资料。

图十九 庙头涌遗址出土米字纹陶片
1、2.复线方格米字纹 3、4.单线方格米字纹

图二十　广雅中学M1和松山M1出土甬钟

岭南后，设南海、桂林、象等三郡，不设郡守，由南海尉统制三郡，南海郡郡治番禺（今广州），由此确定了广州两千年以来作为华南政治文化经济中心的基调。

结 语

"广东之地介于岭、海间。北负雄、韶，足以临吴、楚；东肩潮、惠，可以制瓯闽；西固高、廉，扼交、邑之噤吭；南环琼岛，控黎夷之门户。广州一郡，屹为中枢，山川绵邈，环拱千里，足为都会矣。"[1] 从史前到战国晚期，沧海桑田的历史变迁，珠江三角洲地形地貌发展定型，同时在长江中游、长江下游乃至中原地区先进文化的长期浸润和影响下，岭南大地多样性的考古学文化和"百越"族群也像滚雪球般不断整合，大致到了夔纹陶阶段的西周中期，岭南地区就形成了以珠江三角洲为"引擎"的发展格局。而最终随着秦定岭南，纳入帝国时代统治框架中的广州，乘天时、地利、人和之便，进一步成为这个"引擎"的中心。南平百越和北逐匈奴是秦始皇统一六国战争的延续，也是"抚有蛮夷""以属诸夏"（《左传·襄公十三年》）天下观的实践，但相较于北逐匈奴、固边移民的丰功伟绩，南平百越、设置郡县的战略意义更伟大，"重瓣花朵"文明圈最南边的岭南由此正式纳入中华帝国的政治版图，续写更精彩的篇章。

附记：本文部分插图由广州市文物考古研究院胡丽华清绘，部分器物照片由关舜甫拍摄，特表谢忱！

（作者单位：广州市文物考古研究院）

---

[1] （清）顾祖禹撰、贺次君施和金点校《读史方舆纪要·卷一百·广东》，北京：中华书局，2005年，第4590页。

关于玉带饰的两点认识

张 亮

内容提要：

通过对《中国出土玉器全集》一书中第14卷第182页陕西长安唐窦皦墓出土的"玉梁金筐宝钿真珠装蹀躞带"和该书中第6卷第177页安徽休宁县城关南宋朱晞颜墓出土的玉带分析，断定前者不是蹀躞带，而是一套装饰性极强的礼仪性玉带；后者也不是文字说明中的"大小铊尾带"，而是宋代符合朝臣身份的"方团带"，其中前人学者所谓的"小铊尾"代表着方团带中"团銙"的样式。

本文拟结合史籍、考古出土实物，对《中国出土玉器全集》第14卷第182页陕西长安唐窦皦墓出土的"玉梁金筐宝钿真珠装蹀躞带"和该书中第6卷第177页安徽休宁县城关南宋朱晞颜墓出土的玉带进行分析，就与前人认识不同之处展开讨论。

一、陕西长安唐窦皦墓出土的玉带解析

（一）陕西长安唐窦皦墓出土的玉带介绍

陕西长安唐窦皦墓出土了一副玉带，它结构完整，形制独特（图一）[1]，以多种材质多种工艺结合而成。所有构件都以青白玉为边框，玉质晶莹鲜润。玉表框在唐代文献中称为"玉梁"。在玉梁内嵌入金片，在金片上焊接宝钿，在宝钿

---

[1] 古方《中国出土玉器全集》第14卷，北京：科学出版社，2005年，第182页。

图一　陕西长安窦皦墓出土的唐玉梁金筐宝钿真珠带

内镶嵌彩色玻璃和珍珠，并在其余空白处焊接小金珠，最后将玉框与带銙后所衬铜板铆固在一起。这种工艺，在陕西扶风法门寺唐代地宫出土的物账碑中被称为"金筐宝钿真珠装"。该玉带材质珍贵，制作考究，豪华富丽，工艺精湛，是目前为止考古发掘最奢华的一套玉带饰，具有很高的艺术价值。《新唐书·车服志》记载"唐代起梁带之制：三品以上，玉梁宝钿，五品以上，金梁宝钿，六品以上，金饰隐起而已"。[1]窦皦的官职为上柱国左卫府中郎将，正三品，使用玉梁宝钿带与其身份相符。墓葬年代为贞观元年（627年）。

[1]许嘉璐等译《二十四史全译·新唐书》第一册，上海：汉语大词典出版社，2004年，第424页。

这套玉带饰在《中国出土玉器全集》第14卷第182页中被称为"玉梁金筐宝钿真珠装蹀躞带"，笔者认为称其为"玉梁金筐宝钿真珠装"是没有异议的，但称其为"蹀躞带"则值得商榷。

（二）玉蹀躞带形制分析

"蹀躞"一词本意是指"小步走"。蹀躞带之名最早见于沈括《梦溪笔谈》："中国衣冠，自北齐以来，乃全用胡服。窄袖、绯绿短衣、长靿靴、蹀躞带，皆胡服也。……带衣所垂蹀躞，盖欲佩弓剑、帉帨、算囊、刀砺之类。自后虽去蹀躞，而犹存其环，环之所以衔蹀躞，如马之鞦根，即今之带銙也。"[1]由此得知，蹀躞带为胡服的组成部分，北齐时传入中原，显示了中原蹀躞带的来源；蹀躞是垂挂弓剑、帉帨、算囊、刀砺等物件的带子，显示了蹀躞带的功能；蹀躞带在演化过程中逐渐去掉带子而保留了环，显示了蹀躞带的形制；蹀躞带源于马鞍具上垂下的装饰皮条，显示了蹀躞带的渊源。这段话中显示了蹀躞带的形制是附环。

根据《蹀躞带——契丹文化中的突厥因素》，蹀躞带起源于俄国阿尔泰地区，早在公元前5世纪的巴泽雷克2号墓中就有出土，在尤斯坦特第六XII号地点的26号墓中也有出土，在突厥时期（公元6～10世纪）迅速发达起来，随着突厥汗国的强盛而广为传播。[2]这些蹀躞带均是带銙上开古眼，古眼是指带銙上的穿孔形似古字，这是蹀躞带的第二种形制。

这些蹀躞带有金质的、银质的、铜质的，没有特指玉质的。但玉质的也要遵从蹀躞带的形制。从目前考古发掘的实物看，玉蹀躞带的形制有三种，第一种是带銙下附环，第二种是带銙上开古眼，第三种是集合前面两种形式，部分带銙下附环，部分带銙面开古眼。

北周武帝时的重臣骠骑大将军若干云墓出土的玉蹀躞带（图二）[3]是迄今所知最早的完整的玉带饰实物。这套玉带包含8件附环方銙、9件偏心孔环。9件偏心

[1]沈括著，胡道静校证《梦溪笔谈校证》，上海：上海古籍出版社，1987年，第23页。

[2]冯恩学《蹀躞带——契丹文化中的突厥因素》，《文物季刊》1998年第1期。

[3]古方《中国出土玉器全集》第14卷，北京：科学出版社，2005年，第176页。

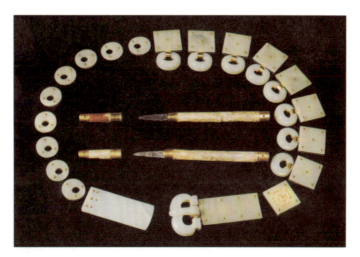

图二 北周若干云墓出土的玉蹀躞带

图三 学者复原的晋武帝像

91

孔环的功能值得讨论。（图三）是学者根据《历代帝王图》复原的晋武帝画像[1]，晋武帝腰间的带鞓上有很多偏心孔环，带扣的扣针正好插进其中的一件，说明偏心孔环是扣眼，不能将其误作古眼带銙。8件附环方銙是这套玉蹀躞带的中心部件，也正是其被称为"蹀躞带"的重要依据。方銙所附的环是为了引出蹀躞带，而引出的蹀躞带又可以佩物。最重要的一点是出土实物中有两件悬挂在带环上的带鞘刺锥，有力证明蹀躞带的功能是佩物。《新唐书》卷九十三列传第十八《李靖》："靖破萧铣时，（李渊）所赐于田玉带十三銙，七方六祒（同圆），銙各附环，以金固之，所以佩物者。又有火鉴、大觿、算囊等物，常佩于带者。"[2]从中看出李渊赐给李靖的玉带也是附环的蹀躞带，蹀躞带上都佩有物件。这是蹀躞带的第一种形制。

玉蹀躞带的第二种形制是銙带古眼。陈国公主与驸马合葬墓中出土的的玉銙丝鞓蹀躞带就含有带古眼的方銙[3]，佩物的蹀躞带正是从古眼中引出。这套玉带悬挂着两件包丝面皮囊。证明这是一种带古眼銙的蹀躞带。内蒙古科左中旗小努日木辽墓出土的玉带也是这种形制的蹀躞带[4]，不同的是陈国公主墓中的玉带饰是在方銙上开古眼，小努日木墓中的玉带饰是在团銙上开古眼。《辽史·仪卫志二·国服条》："臣僚……服紫窄袍，系蹀躞带，以黄红色绦裹革为之，用金玉、水晶、靛石缀饰，谓之'盘紫'。太宗更以锦袍、金带。会同元年，群臣高年有爵秩者，皆赐之。"[5]可见蹀躞带在辽代贵族中广泛使用。从目前考古发掘出土的资料看，辽代佩物带的形制均为带古眼銙。对照史籍和实物，确证这是蹀躞带的第二种形制。

以上是两种常见的玉蹀躞带形式，还有一种是既有附环銙又有古眼銙。陕西省何家村窖藏发现的白玉九环蹀躞带就集合了前面两种形制（图四）[6]。此玉带

[1] 周锡保《中国古代服饰史》，北京：中国戏剧出版社，2002年，封面。

[2] 许嘉璐等译《二十四史全译·新唐书》第四册，上海：汉语大词典出版社，2004年，第2480页。

[3] 吴沫《中国玉器通史·宋辽金元卷》，深圳：海天出版社，2014年，第305页。

[4] 吴沫《中国玉器通史·宋辽金元卷》，深圳：海天出版社，2014年，第306页。

[5]《辽史》卷五六，北京：中华书局，1974年，第906页。

[6] 古方《中国出土玉器全集》第14卷，北京：科学出版社，2005年，第183页。

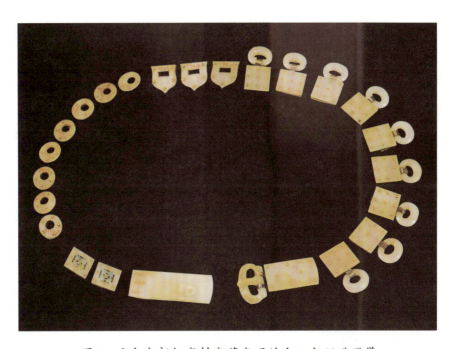

图四 西安南郊何家村窖藏发现的白玉九环蹀躞带

包含的9件附环方銙和3件带古眼尖拱形銙都可以引出蹀躞带。同北周若干云墓出土的八环蹀躞玉带比较，它增加了1件附环方銙、3件带古眼尖拱形銙以及1件透雕柿蒂纹方銙，其余玉带构件的形制与结构特征都与若干云墓玉带相同。这是迄今为止发现的唐代唯一的九环蹀躞玉带，这种集合附环带銙与古眼带銙于一体的玉带饰在隋炀帝墓中也有发现。[1] 不同的是，隋炀帝玉带饰的附环方銙和偏心孔环都是13件，数量较何家村窖藏发现的九环多，这跟当时的舆服制度有关。《旧唐书·舆服志》曰：“隋代帝王贵臣，多服黄文绫袍，乌纱帽，九环带，乌皮六合靴……天子朝服亦如之，惟带加十三环以为差异”。[2] 按照礼仪制度，天子之带有十三环，朝臣之带有九环，以示天子与朝臣身份差别。根据目前的考古发掘资料，带古眼尖拱形銙在隋大业六年（610年）的姬威墓中[3]也有出土。该考古发掘

---

[1] 刘思哲《隋炀帝墓发现的十三环蹀躞金玉带及相关问题研究》，《考古与文物》2015年第5期。

[2]《旧唐书》卷四五，北京：中华书局，1995年，第1951页。

[3]陕西省文物管理委具会《西安郭家滩隋姬威墓清理简报》，《文物》1959年第8期。

报告中将出土玉器构件统称为玉饰片，其实它们分为佩饰和带饰。该墓早年被盗扰，剩下的玉带不完整，在残存的玉带构件中，有6件方銙、2件偏心孔环、1件带扣、1件柿蒂纹方銙、1件有孔尖拱形銙和7件环。除了柿蒂纹方銙，其余构件均光素无纹。这些构件的形制、材质、制作工艺与何家村窖藏发现的白玉九环蹀躞带、隋炀帝墓出土的十三环玉蹀躞带都十分接近，因此断定这也是一套既有附环銙又有古眼銙的玉蹀躞带。据出土墓志铭文，姬威出身显赫，官至从二品金紫光禄大夫，因此，与其身份相符的是九环玉蹀躞带。如果这座墓没有被盗扰，方銙和环应该组合在一起构成附环方銙，附环方銙的数量应为9件。

（三）忍冬纹玉带构件功能分析

有的学者认为忍冬纹玉带构件担负着蹀躞带的功能，实际上它是一件样式奇异的铊尾，与一般的圆首矩形铊尾形制不一样。它由上下两节组成，中间有转轴，除了采用"玉梁金筐宝钿真珠装"的工艺，还采用镂空雕的技法雕出忍冬纹的花、叶、枝梗，其中镂空的间隙很小，不足以引出蹀躞。这种形制的铊尾在河南洛阳北魏永宁寺遗址出土影塑立像中也有发现。[1]立像中人物（头部残）腰带上可辨识的构件有方形带銙、圆形带銙、偏心孔环，腰带长出来的部分在前腰穿过带鞓，再垂直而下，带鞓的末端就是这种形制的铊尾。铊尾中间有转轴连接，上下两部分基本对称。这一塑像有力说明这一构件是铊尾而非古眼带銙。塑像上带饰的形制与窦皦墓出土的这套玉带的很相似，说明这种带式是有渊源的。陕西咸阳北周武帝孝陵出土的鎏金铜带具、陕西邮电学校北朝墓出土的铜带具[2]、西安硫酸厂唐墓出主的鎏金铜带具[3]也都有这种形制的铊尾，说明这种铊尾的出现不是偶然的。

（四）该玉带功能解析

就这套玉带的外观看来，非常华丽，它的主要功能应为满足封建统治秩序的礼仪功能，次要功能为装饰功能。至于佩物的实用功能，以主人的财力当用其他

[1] 宋丙玲《北朝带具考》，《服饰导刊》2016年第5期。

[2] 綦高华《隋唐时期带具的考古学研究》，硕士学位论文，西北大学考古学系，2016年，第60页。

[3] 綦高华《隋唐时期带具的考古学研究》，硕士学位论文，西北大学考古学系，2016年，第12页。

的带饰代替。从何家村窖藏发现的玉带看来，一个唐代贵族有多套玉带，这些玉带形制不一，主人可以根据实际需要选择装饰性玉带还是实用性玉带。况且它采用多种珍贵材质多种工艺镶接而成，如果佩物难以经受摩擦损伤。唐代玉带饰的一个重要特点是正面面积小于背面，由此导致侧面是斜向下而不是垂直向下，这是为了方便不用的时候收卷盘曲，避免磕碰损伤，说明贵族很爱惜玉带。如此看来，墓主人窦皦应该也很珍视这套玉带，应该舍不得用它佩物。因此，这是一套装饰性很强的礼仪性玉带。

（五）结论

综上所述，蹀躞带在形制上要求"附环""带古眼"，功能上要求能佩物。而窦皦墓出土的玉带，既没有附环，也没带古眼。该玉带中唯一一件有孔的圆形玉銙，参照北周若干云墓出土的玉蹀躞带，确定其功能是带鞓扣眼。所以这套玉带与"蹀躞带"的形制不符，不能称为"蹀躞带"，而是一套装饰性很强的礼仪性玉带。

二、安徽休宁县城关南宋朱晞颜墓出土的玉带解析

（一）安徽休宁县城关南宋朱晞颜墓出土的玉带介绍

安徽休宁县城关南宋朱晞颜墓出土的玉带（图五），在《中国出土玉器全集》第6卷第177页被介绍为"共8件，由带环、长方銙、大小铊尾组成……"。[1] 笔者认为"由大小铊尾组成"这种说法值得商榷。

（二）双铊尾带形制分析

玉带按照带扣、铊尾的数量多少可以分为单带扣单铊尾带、双带扣单铊尾带以及双带扣双铊尾带。孙机先生在《中国古代的带具》一文中指出，除单带扣单铊尾带以外，唐代还有双带扣双铊尾带。它最早出现在穿甲的武士身上。敦煌莫高窟154窟南壁中唐壁画昆沙门天王像，已在襟部用很短的双铊尾带联接。再晚一

---

[1] 古方《中国出土玉器全集》第6卷，北京：科学出版社，2005年，第177页。

图五 安徽休宁县城关南宋朱晞颜墓出土的玉带

些，遂出现了系于腰部的双铊尾带。[1]双铊尾玉带在明朝大量流行。明方以智《通雅》卷三七说："今时革带，前合口曰三台，左右各排三圆桃。排方左右曰鱼尾，有辅弼二小方。后七枚，前大小十三枚。"[2]上述鱼尾即铊尾，可见双铊尾带的使用时间比较长。目前辽代墓葬中出土过较为完整可辨明形制的双带扣双铊尾带。宋代与辽代南北对峙，有可能那时南北文化交流融合，借鉴了辽代的双铊尾带。但从目前公开发表的图像资料和出土的实物看来，双铊尾的尺寸大小是一样的。而本套玉带中的圆首矩形銙，1件大、2件小，如果把这3件全部视为铊尾，一是它们的尺寸大小不一样，与史籍、出土实物不符；二是超出了双铊尾带规定的铊尾数量，所以这3件圆首矩形銙并不都是铊尾。

---

[1] 孙机《中国古舆服论丛》，北京：文物出版社，2001年，第276、277页。

[2] 孙机《中国古舆服论丛》，北京：文物出版社，2001年，第283页。

（三）宋朝玉带形制分析

孙机先生在《中国古代的带具》一文中指出，宋代推重金带，所以玉带不常见，但等级却很高。这时皇帝用排方玉带，亲贵勋旧如受赐玉带，则将銙琢成方、团两形，以示与御用有别。宋朝叶梦得《石林燕语》卷七："国朝亲王皆服金带。元丰中官制行，上欲宠嘉、岐二王，乃诏赐方团玉带，着为朝仪。先是，乘舆玉带皆排方，故以方团别之。"[1]由此可见，帝王用排方玉带，朝臣用方团玉带，如果朝臣受赐获得排方玉带，则将其改成方团玉带，以此区别身份高低。排方带和方团带是汉族地区流行的带式，与北方少数民族流行的蹀躞带属于两大不同的带式系统。

到目前为止，考古发掘出土品中没有宋代排方玉带。但这种带式在唐代何家村窖藏[2]、五代时期的四川省成都市前蜀永陵王建墓[3]中均有发现。何家村窖藏发现的狮纹玉带銙，除了扣柄和铊尾为圆首矩形，其余13件均为正方形，方銙正面尺寸为3.4厘米，这是一副单带扣单铊尾排方玉带。五代永陵王建墓出土的这套玉带，由7件长方形銙和1件圆首矩形铊尾组成，带銙、铊尾上均雕有龙纹，带銙长8.2厘米，宽7.4厘米。同时出土的还有两件银带扣，根据同墓出土的王建造像复原，确定这是一副双带扣单铊尾排方玉带，7件长方形带銙位于腰后。这两副玉带比起来，五代的玉带构件数量少，尺寸大。安徽休宁县城关南宋朱晞颜墓出土的玉带构件数量也是8件，说明朱晞颜的这套玉带继承了五代的形制。五代玉带上的龙纹形态、雕刻技法也都具有上承唐代、下启宋代的特点，因此判定五代这套玉带深刻影响了宋代玉带，五代这套是单铊尾带，确定南宋这套也是单铊尾带。

宋代朝臣用方团带，方团带最早的历史可以追溯到初唐。《新唐书·李靖传》说："靖破萧铣时，（李渊）所赐于田玉带十三銙，七方六邠（同圆），銙各附环，以金固之。"[4]唐代韦端符在《卫公故物记》中详细描述了这副玉带：

---

[1] 孙机《中国古舆服论丛》，北京：文物出版社，2001年，第280页。

[2] 古方《中国出土玉器全集》第14卷，北京：科学出版社，2005年，第186页。

[3] 古方《中国出土玉器全集》第13卷，北京：科学出版社，2005年，第175页。

[4] 许嘉璐等译《二十四史全译·新唐书》第四册，上海：汉语大词典出版社，2004年，第2480页。

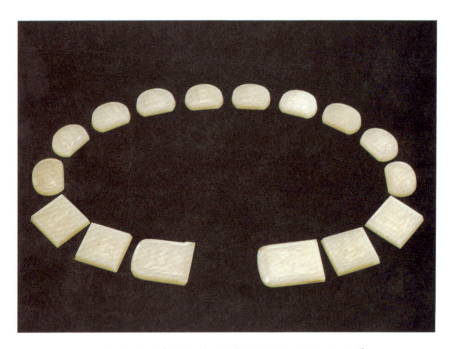

图六 西安南郊何家村窖藏发现的唐碾文白玉带

"有玉带一，首末为玉十有三，方者七，挫两隅者六……"[1]据此推测，李靖玉带中的"祁"銙就是把方銙的两个边角磨去，磨去两个边角的也就是圆首矩形，与朱晞颜玉带中的"大小铊尾"的形制一样。不一样的是李渊赐给李靖的玉带带銙下附环，这还是蹀躞带。也许在以后的发展演变中，去除附环保留带銙就成了汉式方团带，这种团銙也就成了朱晞颜墓玉带中团銙的先祖。在出土实物中，唐代西安南郊何家村窖藏发现的玉带中，就有由方銙、圆銙组成的。只不过这里的圆銙既不是正圆也不是椭圆，是比半圆大比整圆小的六分之五圆（图六）。[2]《中国出土玉器全集第14卷》收录的何家村窖藏中出土的这种形制的玉带有6套，可见当时社会大量流行这种形制的带銙，这就是与排方带相对的另一种带式"方团带"。

---

[1]《全唐文》卷七三三，北京：中华书局影印，1983年，第7559页。

[2] 古方《中国出土玉器全集》第14卷，北京：科学出版社，2005年，第184页。

宋代遗留下来的玉带不多，只能从零星的资料中管窥。江西上饶南宋建炎四年（1130年）赵仲湮墓所出人物纹玉带共9件，包括方銙7件，有孔的桃形銙1件，铊尾1件。这套带板，背面刻数字。最大数字为10，因而现存者不完整[1]。据出土墓志铭文，赵仲湮系宋高宗叔祖，官至明州观察使，因此赵仲湮的身份是朝臣。按照宋代礼仪制度，朝臣只能佩"方团带"，该玉带中的素面桃形带銙正是"方团带"中的"团"形带銙，否则就不符合当时的礼仪制度和墓主人的身份。

四川省广汉市和兴乡联合村出土一件螭纹玉带銙[2]，桃形，中部有一椭圆形孔，器身雕刻首尾相接的大小二螭。可惜，这套玉带饰的其他部件遗失了。这件桃形銙和赵仲湮墓中的桃形銙一样，都是团銙。

从前面的分析看出，方团銙中的团銙没有固定的样式，任何带弧形的带銙都能算作团銙。

（四）结论

综前所述，这是一套单铊尾方团带，1件大尺寸的圆首矩形銙为铊尾，2件小尺寸的圆首矩形銙，因为样式与方銙不同且带有弧形，应该算作"团銙"。结合墓主人朱晞颜生平，墓主人为官40余年，官至工部侍郎兼实录院同修撰，兼知临安府。其身份为朝臣，与之相符的是方团带，否则不符合当时的礼仪制度和墓主人的身份。因为目前出土的宋代玉带数量很少，只能推断至此，更深入的研究有待于更多的考古学材料发现。

（作者单位：广东省文物鉴定站）

---

[1] 吴沫《中国玉器通史·宋辽金元卷》，深圳：海天出版社，2014年，第77页。

[2] 古方《中国出土玉器全集》第13卷，北京：科学出版社，2005年，第185页。

"越王剑"浅探

穆 乐

内容提要：

越王剑是青铜剑的代表，国内各地博物馆收藏的越王剑具有较高的历史、艺术、文物保护和科学研究价值。目前，河南周口、湖北江陵望山、藤店、上海博物馆、浙江省博物馆均出土或收藏有越王剑。越国青铜剑冶铸选用不同的铜、锡配比，工艺精湛，具有很高的实战价值，也是贵族的权力地位、身份等级的象征。

国内各地先后出土多把"越王剑"，对研究春秋战国时期青铜剑的铸造技术、冶金工艺、镶嵌技巧、大国争霸、国与国之间错综复杂的关系、连绵不断的兼并战争以及古越历史的演变、古越先民的聪明才智等，都是很好的考古资料。笔者不揣冒昧，试就各地出土的"越王剑"的时代、来历及其他状况作粗浅的探讨。

一、越王剑的出土与发现

（一）河南周口先后发现四把越王剑

新中国成立后，在地处豫东平原，春秋时为陈国、战国时为楚地的河南省周口市先后发现了四把"越王剑"。周口市博物馆"宛丘之上"基本陈列中的错金"越王"剑是其中之一，被视为镇馆之宝。这把战国越王剑长59.9厘米，宽5.4厘米，圆首，圆筒形茎，菱形格，扁平脊，前锷收狭，剑格和剑首上有用错金工艺镶嵌的鸟篆体"越王"铭文，至今锋芒犹在（图一）。

图一　战国错金越王剑（周口市博物馆藏）

　　据推测，这把越王剑应属于越王诸咎以后的晚期越王所用。该剑是在1983年，国家有关部门从淮阳县平粮台附近盗墓犯罪分子手中收缴的珍贵文物之一。

　　另一件错银越王剑于1979年出土于淮阳县大连乡平粮台楚墓之中，此剑长57.9厘米，宽5.1厘米，剑锋尖锐，脊呈直线，两从均平，薄格较宽，圆茎无箍。格正背两面和首上均有错银鸟篆体铭文（图二）。这把剑现收藏于淮阳县博物馆。

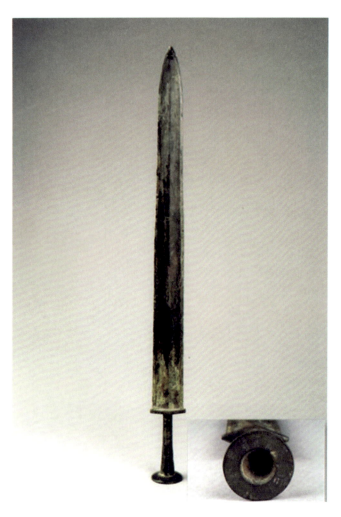

图二　战国错银越王剑（淮阳县博物馆藏）

还有两件越王剑从群众中征集，保存完整。其一剑长57.9厘米，正面有"王戍（越）戍王"四字，背面有"佳（惟）匠尺佳匠尺"六字，剑首有"其丙率尺七之其丙率尺七之"十二字；其二剑长61厘米，铭文形制与上剑基本相同。

（二）湖北江陵望山、藤店先后出土的越王剑

现藏于湖北省博物馆的"越王勾践剑"，是目前众多先秦青铜剑中最为精美的一件，它于1965年12月出土于湖北江陵望山一号楚墓。该剑全长55.6厘米，剑身长45.6厘米，宽4.6厘米，茎长7.9厘米，首茎4.3厘米。近格处有两行鸟篆铭文：

"越王勾践自作用剑"，字体为鸟虫书。剑首外翻卷成圆箍形，内铸有间隔只有0.2毫米的11道同心圆，圆茎空心，近首处略粗大，近格处较细小。剑格正面镶蓝色玻璃，背面镶嵌绿松石，组成美丽的几何图案花纹，剑身较宽，中脊起棱，无从，两锷垂末微弧。剑身布满规则的黑色菱形暗格花纹，出土时整体保存完好，制作工艺十分精细，虽时隔两千多年，仍完整如新（图三）。

望山一号楚墓出土有大批竹简，记载了墓主为昭固。昭固即邵滑，音韵上固、滑两字相通。[1]邵滑是楚怀王时的大贵族，是楚国派到越国的"奸细"，最后被封为越王。《徼季杂著》记载："四十五年楚怀王使召滑之越，以谋其国。"并说："四十九年，越用召滑，国内大乱，楚遂举兵袭之，大败越师，杀王无疆，遂取江淮南故吴地至浙江。"[2]楚怀王派邵滑使越的目的是图谋其国，

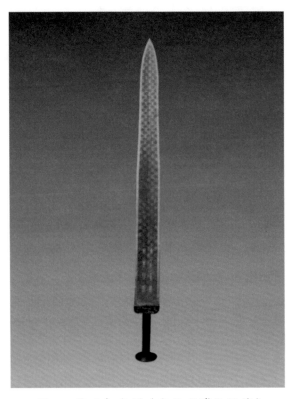

图三　越王勾践剑（湖北省博物馆藏）

[1] 吕荣芳《望山1号墓与越王剑的关系》，《厦门大学学报》（哲学社会科学报版）1997年第4期。

[2] 吕荣芳《望山1号墓与越王剑的关系》，《厦门大学学报》（哲学社会科学报版）1997年第4期。

结果令越国大乱，楚趁机举兵袭越，五年后灭越，封邵滑为越王，越王剑作为战利品赏赐于邵滑，最终随主人归葬楚地。这也就为越王剑屡屡在楚地发现提供了合理的答案：战争缴获和赏赐。

继1965年望山一号墓出土越王勾践剑之后，1973年3月，湖北省博物馆又在湖北江陵藤店一号墓出土了一件越王州句剑，剑长56.2厘米。剑茎上满缠丝绳，有两道箍，首作圆形。剑身正格处，有两行错金鸟书铭文八字"戉（越）王州（朱）句（勾）自乍（作）用金（剑）"，刃部十分锋利，漆鞘长47厘米，近末端处缠有丝带。该剑保存完好，现藏于湖北省博物馆。

（三）上海博物馆馆藏的越王剑

现藏于上海博物馆的越王剑，剑残长60.3厘米，剑格宽5.1厘米，剑茎长9.5厘米，剑首直径4厘米。铭文鸟书错金，除剑首上个别字有损伤外，其余皆完整。剑体虽有较多的残伤并已断为四截，然形制大体完全，仍不失为诸越王剑中的珍品。

剑的铭文合计三十二字，字数之多为传世越王剑之冠。铭文分铸于剑格剑首两处，剑格正面有"古北丌王戉（越）戉（越）王丌北古"10字，剑格背面有"自用（作）乍自自乍（作）用自"10字，剑首有"戉（越）王丌北自乍（作）元之用之敛（剑）"12字。

越王丌北古就是越王盲姑。盲姑即不寿，他是勾践的孙子，鼫与或与夷的儿子。按丌北同属之部韵，韵尾相同，连读时易省去一个音，即只剩北字音，文献及金文中这种省称的例子是很多的。[1]

（四）浙江省博物馆入藏的越王剑

浙江省博物馆入藏的"越王者旨於睗剑"，铸造精细，保存良好，虽经二千四百余年，仍完整无损，光亮如新。此剑作斜宽从厚格式，通长52.4厘米。剑身宽长，双刃近锋处收窄呈弧开，中脊起线，两从斜弧，厚格作倒凹字形，圆茎为实心，近首处渐粗，呈喇叭形，茎上有两道突起的箍，上饰变形夔纹。首部作圆盘状，饰同心圆环五首。剑格两面铸有双钩鸟书铭文，共八字："戉（越）戉

---

[1] 马承源《越王剑、永康元年群神禽兽镜（上海博物馆藏）》，《文物》1962年第12期。

（越）王者旨於赐。"字间皆镶嵌有绿松石，绿松石薄如蝉翼。剑柄部保留了原始的形状，茎上有缠缑，用丝带卷绕，丝带之下有多层丝织品缠裹及木制品垫底。这对研究古代剑茎缠缑及越国桑蚕丝绸生产技艺提供了难得的资料。

越王者旨於赐，应属越王勾践之子，曾在位六年（前464至前459年）。《史记·越世家》载："句践卒，子王鼫与立。"越王勾践之子鼫与，即越王者旨於赐。[2]

更值得一提的是，此剑曾长期流失在外，1995年10月，浙江省博物馆在上海博物馆的协助下，由杭州钢铁集团公司出资106万元人民币从香港购回，入藏于浙江省博物馆，成为镇馆之宝。此举受到广泛关注，无不为之赞叹。

二、越王剑的起源与工艺

越王剑是青铜剑的代表。剑作为兵器，具体起源年代已不可考，但受到重视并被广泛应用，是在西周时期。考古发现西周晚期和春秋早期的青铜剑，都是柱脊剑，也就是由圆柱体的茎，向前伸延成剑身的凸脊，且剑身较短，更像是匕首，所以也被称为"直兵"，是一种近身自卫的兵器，或作为贵族的配饰。那个时期战争形式主要是车战，远则弓矢相射，近则戈戟格斗，长不过30、40厘米的剑发挥不了大的作用。

越王剑之所以有这么高的知名度，主要是因为越国地处江南水乡，河网纵横，林莽丛生，中原地区车战的战争形式，在这里无法有效运用。越军的主力是步兵，长于近身格斗，短兵器以其灵活便利而得到重视和发展。到了战国初期，越国国力日渐强盛，以铸剑为代表的兵器制作工艺迅速提升。在这个过程中，越国青铜剑剑身变长，柱脊多为棱脊，截面凹弧，前锷收狭，提高了杀伤力，成为越国军队制胜的利器。

而越国宝剑除了外形变化，其材质与工艺也有很大改进。越国铸剑工匠了解选用不同的铜、锡配比，可使青铜器物表现出不同的使用功效。成书于战国初期

---

[1] 李缙云《记浙江省博物馆新入藏的越王者旨於赐剑》，《收藏家》1996年第4期。

的《考工记》中，出现了世界上最早关于青铜合金配比的记载："金有六齐，六分其金而锡居一，谓之钟鼎之齐；五分其金而锡居一，谓之斧斤之齐；四分其金而锡居一，谓之戈戟之齐；三分其金而锡居一，谓之大刀之齐；五分其金而锡居二，谓之削杀矢之齐；金锡半，谓之鉴燧之齐。"[1]这里所说的"金"即为青铜或纯铜，"六齐"即为铜、锡的六种不同混合冶炼比例的铸造工艺。《考工记》是齐国的文献，但经考古发现，这种"六齐"的工艺在当时中原、楚地、吴越等都已得到运用，而吴越铸剑技术尤为成熟，成为春秋战国时期青铜兵器的代表。

三、越王剑的年代

根据《汉书·古今人表》和《史记》记载，越国相继称王者依序有：允常、勾践、鼫与、不寿（盲姑）、朱句（州勾）、翳、诸咎、错枝、无余之、无颛、无疆。《吴越春秋》和《越绝书》都记载越王无疆之后还有越王玉、越王尊、越王亲。从越王允常至越王亲，时间长达二百多年。带有"王名"的越王剑的时代可依上序列加以确定（这个时代，一般应在称王以后与卒亡之前的这个阶段）。那么，湖北江陵望山1号越王勾践剑应在春秋末期或战国早期（前496年至前464年），浙江省博物馆收藏的越王者旨於睗（鼫与）剑应在战国早期（前464年至前459年），上海博物馆馆藏的越王盲姑剑亦应在战国早期（前458年至前448年），湖北江陵藤店出土的越王州句剑应在战国中期（前448年至前411年）。淮阳出土的越王剑不带"王名"，不能依以上方式确定时代，但可以通过文字、形制的不同与镌刻有"王名"的越王剑相互比较。一般来说，早期的越王剑，剑上的鸟虫书笔道繁多，象形性强；时代愈晚，字体愈省简。就此诸剑而言，我们认为带有"王名"的剑早于不带"王名"的剑之时代。通过李伯谦先生在其《中原地区东周铜剑源试探》[2]一文中，对铜剑的形制分析中可以看出：淮阳四号墓出土的越

---

[1] 关增建译注《考工记—翻译与评注》，上海：上海交通大学出版社，2014年，第15页。

[2] 李伯谦《中原地区东周铜剑渊源试探》，《文物》1982年第1期。

王剑之年代晚于上海博物馆馆藏的越王盲姑剑；淮阳征集的一号、二号越王剑的时代均晚于湖北江陵藤店一号墓及望山一号墓出土的越王剑；张志华先生在其所著《周口文物与考古研究》一书中，更确切地认为两剑的时代应在越王诸咎与越王无疆之间（即前376年至前333年）。[1]

四、越王剑何以出土于千里之外

东周时越国地处今浙江一隅，都城在会稽（今绍兴），越王剑却在远隔千里之外的河南淮阳、湖北江陵等地出土，以淮阳出土的越王剑为例，笔者认为，原因可能是：战国时期，越国渐衰，楚国渐强，楚以强击弱，多次攻越，越最终臣服于楚。稀世珍品越王剑自然成为楚的战利品或越附楚后的贡品。公元前278年，秦国名将白起攻楚，破楚都郢（今湖北江陵纪南城），楚顷襄王迁都于陈（今淮阳）。公元前263年，楚顷襄王病逝，其子楚考烈王继之，仍定陈为国都。公元前241年，楚考烈王为避秦，迁都于寿春。楚都陈38年之久，这期间不少楚国贵族葬于陈（淮阳），珍品越王剑很可能就是陪伴主人殉葬墓中了。

出土于湖北江陵的越王剑有以下推测：根据史书和竹简记载，楚越之间的关系在楚威王之前甚为密切，两国之间一度互为盟友，楚昭王曾娶越王勾践之女为妃，而勾践将其青铜宝剑作为嫁女之器流入楚，楚王后来又把剑赐于邵滑等有功之臣，最终剑随主人葬于墓中。有人研究认为，越王勾践剑也有可能是越国王子奔楚国，客死郢都的随葬品。已故著名考古学家夏鼎先生认为：春秋末年，晋联吴以抗楚，楚联越以图吴，互相报聘，故吴物入晋，而越器亦出土于楚都，勾践灭吴以后，越楚接壤，更有交流互赠之可能也。概而言之，越王剑会在千里迢迢的异乡出土，大多是交往、馈赠、联姻、出亡、战争、贡品、赏赐等原因。

---

[1] 张志华《周口文物与考古研究》，北京：中国文史出版社，2003年，第32页。

五、越王剑的历史影响

越王剑是战国时代青铜兵器中最为精良的一类，直接影响着战争胜负、国家存亡。越王勾践在春秋战国争霸的历史进程中，能忍辱负重，奋发图强，最终大败吴国，成就辉煌一时的春秋霸业，必然十分重视精良的武器。从西周至春秋，步兵和骑兵相继兴起，青铜剑因其携之轻便，用之迅捷并适应当时、当地的地形、地理条件而日益引起重视，逐步取代青铜戈，成为步兵作战的主要兵器。自古吴越出名剑，越王剑更以其冶铸精良、工艺精湛而闻名天下。越王剑无论其外形研制，还是质料、搭配，都是中国短兵器中罕见的珍品，是中国战国时期短兵器铸造的杰出代表，它展示了我国古越先民的聪明和智慧。湖北江陵望山1号墓出土的越王剑，虽经2400多年，仍光洁如新，试之以十几层白纸，一划而破，其精良锋利让世人震惊。越王勾践不仅收集青铜名剑，还令能工巧匠研制更满意的绝世宝剑精品，这样不仅传承了前辈青铜器先进的铸造技术和高超的制作工艺，还将该技艺推向了炉火纯青的境界。

古人佩带名剑也象征贵族的权力地位、身份等级。《考工记·桃氏》载，士阶层的人，所佩剑长短重量不同，称之上制、中制、下制，而身份分别为上士、中士、下士。[1]越王剑在当时被列国竞相求索，成为王侯将相、文士侠客、商贾庶民所追捧的珍品。

越王剑也因其具有较高的历史、艺术和科学研究价值等，而为世人关注。

（作者单位：周口市博物馆）

---

[1] 关增建译注《考工记：翻译与评注》，上海：上海交通大学出版社，2014年，第18页。

赫章可乐"套头葬"略论

熊 喜

内容提要：

"套头葬"本是在考古发掘中于贵州省赫章县可乐镇发现的一种独特葬俗，贯之以铜鼓、铜釜或铁釜套于死者头部，故名之。因地处黔西北，与滇东北接壤，历史地理位置较为特殊，其文化内涵、墓主人身份、族属等历来备受争议，拙文结合已发掘之实际，对诸争议点试作分析，资以浅见。

赫章县地处黔西北，与滇东北毗邻，可乐镇位于县城西北约60公里处，地势海拔较高，墓地即分布于可乐镇的两级阶梯上，报告称这类墓为乙类墓，"套头葬"则是乙类墓中特有的一种葬俗体现。据悉，"套头葬"是将金属葬具盖于死者头部，较殊者套于脚部，多以铜鼓、铜斧或铁釜呈现，因葬式的特殊性为国内仅有，引起学术界广泛关注并纷纷对其进行探讨，此外，该葬式亦有学者称为"釜鼓葬"[1]，诸多见解，莫衷一是。关于"套头葬"的葬俗来源，由于史籍未见记载，加上资料的局限性，亦尚无定论，欲对其展开系统分析，需更多材料的支撑。可乐墓地经两次发掘，所获资料颇丰，报告公布之初，众多学者便展开研究探讨，由于各方所限，结论终难成一家之言，主要有如下观点。

席克定先生曾于其文提出，"套头葬"是一种原始崇拜的反映，是人们对灵魂和器物崇拜的一种方式，[2]并认为"套头葬"是"沟通人与神灵世界"的观点，仍有待商榷。[3]张合荣先生于《夜郎"套头葬"试析》一文中，以墓葬所反

---

[1] 张合荣《"釜鼓葬"内涵试析》，《中国历史博物馆馆刊》1997年第1期。

[2] 席克定《灵魂安息的地方》，贵阳：贵州人民出版社，1990年，第47页。

[3] 席克定《赫章可乐"套头葬"俗试释——对"套头葬"是"沟通人与神灵世界"说的商榷》，《贵州民族考古论丛》，贵阳：贵州民族出版社，2009年，第70页。

映的族属与文化内涵为出发点，认为"套头葬"是夜郎民族祖先崇拜的体现；[1]在其文《赫章可乐"套头葬"再探讨》中，结合系列新资料，从器物组合特征及对比研究入手，把"套头葬"的演变逻辑，基本厘清。[2]余宏模先生以史料为依据，认为"套头葬"系夜郎夷人葬俗，并具有原始信仰的功能。[3]梁太鹤先生的观点与余宏模的观点近似，亦认为"套头葬"是一种原始宗教信仰的反映，区别在于，"套头葬"的使用者是该族内具有特殊宗教能力的巫师成员。[4]吴小华先生则以墓主人身份为视角，通过对墓内随葬器物的种类及风格分析，认为"套头葬"墓主人极可能是军官或武士的身份，与宗教并无太大关系。[5]以上即为探讨"套头葬"之主要观点，其他诸多见解，此不赘述。

一、墓葬发现概况

赫章可乐已发掘的墓葬材料主要分为两类，经证实，一类与中原地区汉式墓葬类似，报告称为甲类墓，另一类为带有浓烈地方风格的土著墓葬，与中原地区迥异，是战国秦汉时期的一种地方民族墓葬，报告称之为乙类墓，本文主要探讨乙类墓中的"套头葬"，故甲类墓诸材料，鲜有涉及。

经统计，1977年至1978年清理乙类墓168座，[6]错落分布于可乐祖家老包、罗德成地、锅落包三地，有20座墓为确为"套头葬"，7座墓葬性质存疑，据随葬器物特点，下文将其中6座墓葬归为套头一类。2000年共清理乙类墓葬108座，[7]除一座位于锅落包外，余均位于罗德成地，根据出土器物及"套头葬"特征，将其

---

[1] 张合荣《夜郎"套头葬"试探》，《贵州民族研究》1994年第4期。

[2] 张合荣《赫章可乐"套头葬"再探讨》，《考古与文物》2012年第5期。

[3] 余宏模《可乐套头葬俗与南夷原始信仰试析》，《贵州民族研究》2005年第1期。

[4] 梁太鹤《赫章可乐墓地套头葬研究》，《考古》2009年第12期。

[5] 吴小华《贵州赫章县可乐套头葬主人身份试析》，《四川文物》2014年第3期。

[6] 贵州省博物馆考古组、贵州省赫章县文化馆《赫章可乐发掘报告》，《考古学报》1986年第2期。

[7] 贵州省文物考古研究所《赫章可乐2000年发掘报告》，北京：文物出版社，2008年。

中5座墓葬归为"套头葬"一类。除此外，其中3座葬俗较为特殊，以铜洗作垫头或覆面用，或以铜戈插于死者头侧地面，因葬俗与"套头葬"存有差别，故不计入"套头葬"之列。2012年，于可乐祖家老包发掘清理2座墓葬，[1]为乙类墓，其中一座墓（M373）为"套头葬"。综上，共清理的278座乙类墓中，有32座为"套头葬"，约占两次发掘乙类墓总数的11.5%，比例之大，足以说明该葬式的重要性。以上即为"套头葬"已发掘资料之基本情况，更多细微描述，报告中已予以细说，此处不复赘述。此外，32座"套头葬"是笔者基于已有资料总结得出，与原报告及其他学者存有出入，仅作参考。

赫章可乐套头墓葬统计表

墓号	墓底长宽深比（米）	墓葬形制、葬式	葬俗	出土器物
M25	2.2×1—0.5	竖穴土坑墓	铜釜套头	铜釜、铜柄铁剑、铜铺首、铜发钗、残漆器
M 30	2.35×1—0.5	竖穴土坑墓	疑为铁釜套头	铁削、残铁釜、漆器
M 31	2.45×1.3—0.4	竖穴土坑墓	疑为铜釜套头	残铜洗、铜镯、铜釜、铁削、半两钱、五铢钱等
M 37	2.24×0.95—0.5	竖穴土坑墓	疑为铁釜套头	残铁釜、铁刀
M39	1.5×1—0.3	竖穴土坑墓	铜釜套头	陶器、铜釜、铁剑、铁削、铜带钩、竹席
M 44	2.1×1—1.5	竖穴土坑墓	铁釜套头	铁釜、铁削
M 45	2.37×0.9—0.3	竖穴土坑墓	铁釜套头	铁釜、铜泡钉、残铜洗
M 55	2.4×0.8—0.7	竖穴土坑墓	铁釜套头	铁刀、铁釜、铜发钗、漆器
M 58	2.4×0.8—0.7	竖穴土坑墓 仰身直肢	铜釜套头 铁釜套足	铜釜、铁釜、铜柄铁剑、残铜洗、铜泡钉、扣饰

[8] 贵州省文物考古研究所、赫章县文物局《贵州赫章县可乐墓地两座汉代墓葬的发掘》，《考古》2015年第2期。

续表

M 67	2.2×1—0.7	竖穴土坑墓	铁釜套头	铁釜、铁柄短剑、铁削、铜发钗、残漆器
M74	2.4×0.9—0.3	竖穴土坑墓	铜釜套头	铜釜、铁剑、铜镯、残漆器
M91	2.4×1.4—0.5	竖穴土坑墓	铜釜套头	铜釜、骨镯、陶珠、铁削、
M104	2.8×1.4—0.3	竖穴土坑墓	铁釜套头	铁剑、铁削、铁釜、铜镯
M137	3.1×1.8—0.3	竖穴土坑墓	疑为铁釜套头	陶罐、铁杆、铁釜、残漆器
M144	2.2×0.8—0.4	竖穴土坑墓	铜釜套头	铁剑、铜釜、玉饰、木梳
M146	2.5×1.1—0.4	竖穴土坑墓	疑为铜釜套头	铁剑、铜釜、鎏金铜鍪耳
M153	2.85×1.2—0.8	竖穴土坑墓	铜鼓套头	铜鼓、铁刀、铁铧、铁舌、铜带钩、铁削
M160	3.7×1.7—0.8	竖穴土坑墓	铜釜套头	铜釜、铁剑、铁削、五铢钱、铜带钩、陶罐
M161	2.4×1.1—0.8	竖穴土坑墓	铜釜套头	铜釜、铁刀、铁削、铁杆
M170	2.4×1.2—1.8	竖穴土坑墓	铁釜套头	铁釜、铁剑、铁削、铜带钩、残铜饰、残陶器
M187	2×0.9—0.4	竖穴土坑墓	铜釜套头	铜釜、铁削、铜镯、铜铃、铜扣饰、玉片、料珠等
M190	2×0.9—0.4	竖穴土坑墓	铜釜套头	铜釜、铁剑
M194	2.2×1.1—0.8	竖穴土坑墓	铜釜套头	铜釜、带钩、铁剑、铁削
M198	2.5×1—0.45	竖穴土坑墓	铜釜套头	铜釜、铁刀
M208	2.45×1.1—0.4	竖穴土坑墓	铜釜套头	铜釜、铁剑、漆器、竹席
M213	2.9×2—0.5	竖穴土坑墓	疑为铜釜套头	铜釜、残陶器、五铢钱、铁削、锅桩石

续表

M264	1.26×0.9—1.1	竖穴土坑墓 仰身,下直上屈	铜釜套头	铜釜、铜发钗、铜手镯、铁削
M272	2.65×0.8—0.7	竖穴土坑墓 仰身直肢	铜釜套头	铜釜
M273	2.62×2.7—1.5	竖穴土坑墓 仰身,下直上屈	铜釜套头 铜洗垫足	铜釜、铜洗、铜柄铁剑、铁削
M274	2.76×1.3—0.7	竖穴土坑墓 仰身,下直上屈	铜釜套头 铜釜套足	铜釜、铜洗、铜发钗、骨耳饰、铁戈
M277	2.6×0.72—0.8	竖穴土坑墓 仰身,下直上屈	铜釜套头	铜釜、铜鍪、铜发钗、铜剑、铁削、铜戈、铜柲冒
M373	2.5×1	竖穴土坑墓 仰身直肢	铜釜套头	铜釜、铜鍪、铜发钗、铜铃、铜人面扣饰、铁削、海贝

资料来源:张合荣《夜郎文明的考古学观察——滇东黔西先秦至两汉时期遗存研究》,北京:科学出版社,2014年。贵州省文物考古研究所、赫章县文物局《贵州赫章县可乐墓地两座汉代墓葬的发掘》,《考古》2015年第2期。

二、墓葬形式及分组

(一)墓葬形式

1977年至1978年清理的乙类墓中,墓葬整体规模小于甲类墓,墓葬形制均为竖穴土坑墓,报告将其细分为狭长方形土坑墓和长方形土坑墓两型,且无墓道。上文已提到,此次发掘清理的乙类墓中,26座确为"套头葬"墓,编号分别为M25、M 30、M31、M 37、M39、M 44、M 45、M 55、M58、M 67、M74、M91、M 104、M 137、M144、M146、M153、M160、M161、M 170、M187、M190、M194、M198、M208、M213,无明显打破关系。2000年发掘的108座乙类墓葬中,墓葬形制均为竖穴土坑墓,属"套头葬"墓共计5座,分别为M264、M272、M273、

M274、M277，在打破关系上，唯M272打破M273，除此外，无明显打破关系。2012年清理的两座墓中，M373为"套头葬"。上述32座墓中，按葬式不同进行划分，可将其划分为仰身直肢葬、仰身直肢屈上肢葬和不明葬式三型。

Ⅰ型，仰身直肢葬，共计3座。

墓坑呈狭长形，分别为M58、M272、M373，以M58为典型（图一），墓坑长约2.4米，宽约0.87米，深0.7米。M58出土有铜釜一件，铁釜2件，铜柄铁剑、铜洗、铜泡各一件，剑置于腰部左侧，于死者颈部置一绿松石饰品，铜釜与铁釜倒置于墓坑两侧，二器口部相对。M272出土铜釜一件，未见其他遗物。M373出土遗物颇丰，有铜釜、铜鉴、铜发钗、铁削、铜人面扣饰、铁三叉形器各一件，骨玦7件，绿松石数十件。

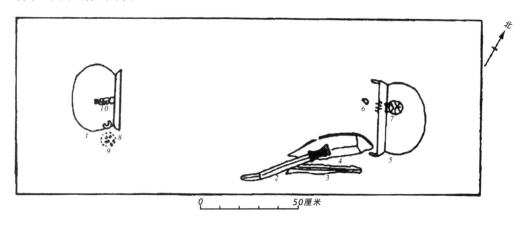

图一　M58平面图
（采自《赫章可乐发掘报告》，图三一，第230页）

Ⅱ型，仰身直肢屈上肢葬，共计4座。

墓坑整体狭长，墓葬编号分别为M264、M273、M274、M277。与Ⅰ型相比，该型尤为特殊，M273、M274墓坑整体呈哑铃形，均用铜釜套头，纹饰为辫索纹，区别在于，M273以铜洗垫足（图二），M274以铜釜套足（图三），这是所有"套头葬"中较为罕见的一种葬俗。M273出土铜釜、铁削刀、铜柄铁剑各一件，铜洗2件，残骸数枚；M274出土铜洗4件，铜印一枚，铜发钗、铁戈、铜秘冒各一件，铜釜、铁削刀、铁刮刀、铜铃、骨玦各2件，串饰数十件。

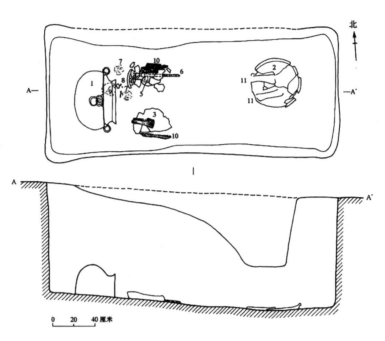

图二 M273平、剖面图
（采自《赫章可乐二〇〇〇发掘报告》，图八一，第282页）

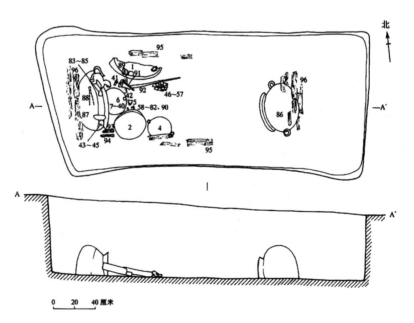

图三 M274平、剖面图
（采自《赫章可乐二〇〇〇发掘报告》，图八三，第285页）

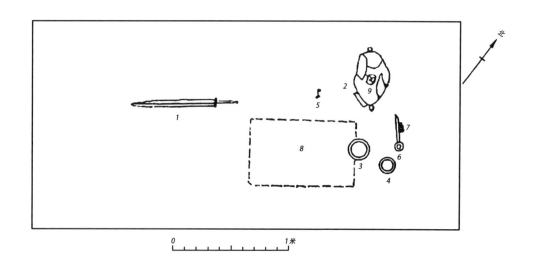

图四　M160平面图
（采自《赫章可乐发掘报告》，图三二，第231页）

Ⅲ型，葬式不明，共计25座。

葬式皆不明，墓葬均呈长方形，最长者可达3.7米，以M160为典型（图四）。出土器物有铁剑、铜釜、铜带钩、铁刀各一件，陶罐2件，五铢钱、残骸数枚，铁削置于铜釜左侧，据出土器物分析，M160疑为铜釜套头，除葬式不明外，余与同期清理的墓葬无异。

（二）分组

对"套头葬"的分组，张合荣先生对确为"套头葬"的29座墓曾进行细分[1]，由于数量存有出入，现拟据套头器物及方式不同将上述32座"套头葬"分为以下几组：

A组：铜釜套头。共22座（M25、M31、M39、M58、M74、M91、M144、M146、M160、M161、M187、M190、M194、M198、M208、M213、M264、M272、M273、M274、M277、M373），根据足部套用器物的不同，可分为四个亚组。

AⅠ组，铜釜套头，铁釜套足。1座（M58）。M58出土有铜釜、铜洗各一件，

---

[1] 张合荣《赫章可乐"套头葬"再探讨》，《考古与文物》2012年第5期。

铁釜2件，铜釜与铁釜倒置于墓坑两侧，二器口部相对。报告中此铜釜为A型，内发现有头部残骸和牙齿，铁釜内发现有人脚骨，据此可推测器物使用关系为铜釜套头，铜釜套足。

AⅡ组，铜釜套头，铜洗垫足。1座（M273）。M273为长方形竖穴土坑墓，属仰身直肢屈上肢葬，墓坑整体呈哑铃形，墓底存有棺木痕迹，且北端打破M272。主要出土器物有铜釜和铜洗各一，报告中此铜釜为D型，耳部饰辫索纹，内残存头骸骨，系套头用；铜洗上端遗有趾骨残骸，应系垫足用。

AⅢ组，铜釜套头套足，铜洗覆面。1座（M274）。M274墓坑形制及葬式与M273同，且墓底存有棺木痕迹，主要出土器物有铜釜2件、铜洗1件、铜印1枚，铜釜均为报告中的D型釜。铜釜耳部均饰辫索纹，相向而立，分别套于死者头部及足部，并遗有残骸；铜洗用以遮脸，寓意尚不详。

AⅣ组，仅铜釜套头。数量最多，计26座。以M277为例，M277墓坑亦称哑铃形，为仰身直肢葬，主要出土器物有铜釜、铜鍪、铜剑、铜戈、铁削刀各一件，铜釜呈鼓形，为报告中的B型釜，颇不整洁，器内遗有死者头部残骸及牙齿，系用以套头无疑。

B组：铁釜套头。9座。该组墓葬形制与前述无异，唯套头器物质地有别，且出土器物整体以铁器为主，辅以几件铜饰件，未见铜釜及青铜兵器，唯M45出土铜洗一件，已残。较之A组，该组颇为单调，铁釜形状整体呈侈口、束颈、圜底状，肩部置二对立环耳，形制与同地域汉式墓葬出土铁釜无异，年代大致在西汉前期。

C组：铜鼓套头。1座（M153）。系可乐墓地乙类墓中唯一一座用铜鼓套头的墓葬，墓内遗有朽木及漆皮，说明棺为木制。出土有铁铧、铁锸、铁刀、铜带钩等器物，鼓内遗有头骨残骸，使用方式与铜釜、铁釜无异，报告将其定为石寨山型铜鼓，[1]有学者认为可能系源于滇池地区。[2]

---

[1] 贵州省博物馆考古组、贵州省赫章县文化馆《赫章可乐发掘报告》，《考古学报》1986年第2期。

[2] 张合荣《夜郎文明的考古学观察——滇东黔西先秦至两汉时期遗存研究》，北京：科学出版社，2014年，第170页。

综上，结合报告结论，32座墓葬中，按早晚关系可将其划分几个不同时段：战国中晚期：AⅣ组，战国晚期至西汉前期：AⅡ组、AⅢ组，西汉前期至西汉晚期：AⅠ组、B组、C组。在此次发掘中器物整体使用年代大致在西汉前期，说明在年代上，铁釜套头的墓葬整体上比铜釜套头或铜釜、铁釜套头混用要晚。

三、文化内涵及族属分析

迄今，"套头葬"除现赫章可乐有发现外，国内其他考古遗存中尚未见此特殊葬俗，对其研究所得结论略带有学者的主观成分，鉴于此，下文在已有资料的基础上，拟从民族学及人类学入手，以期取得零星客观结论。

（一）文化内涵分析

关于两次发掘的乙类墓中，据上文统计，可得出一个结论，即以器物套头、套足或覆面的墓葬在规格上整体较其他墓要高，加之M274出土铜印一枚，挂饰数件，由此看来，这并非普通平民所有，应是具有一定经济及地位的官宦及贵族所有，更加证实该观点的可靠性。值得注意的是，属套头类墓葬出土器物固然丰富，但并不代表在所有乙类墓中，皆以此为尊，仍有几座非套头类墓葬出土器物多达30件，而套头类墓葬出土器物有不达15件者，这是其不及之处。这说明非套头类墓葬仍有经济地位较高者，可与"套头葬"墓主人相媲美。

承上分析，可得如下结论，在整个乙类墓中，存在不同阶层，以经济的多寡衡量经济地位的高低，但仍以套头类墓主人随葬品多者为尊。由上可知，套头类墓葬出土器物有较寡者，虽权力有限，但"在经济地位层面不构成部族中的单独等级"。[1] 由此可推测，同类套头墓葬中经济地位也存有显著差异，随葬器物的多寡是最好的例证，亦可推测，在整个族群发展过程中，由少量套头类墓主人与少量非套头类墓主人共同管控经济及群体。

出土器物的多寡、性质可一定程度上反映出墓主人的社会地位。在所有乙类

---

[1] 梁太鹤《赫章可乐墓地套头葬研究》，《考古》2009年第12期。

墓中，M274出土器物最为丰富，多达95件，铜器占31件，约为总数的30％，已然超过其他墓葬出土器物的总量。出土铜器中2件为铜釜，均为D型，铸造精细，器壁匀整，其中一件肩部饰一对虎雕，相对而立，气势凌然。此外，出土有虎形挂饰、镂空牌形茎首铜柄铁剑和铁戈各一件，亦饰有虎形雕饰，应为墓主人威望与权力的象征。所出铜印置于死者颈部，印面呈方形，书篆文"敬事"二字，朱文（亦称阳文），为典型汉式印章，或为信物赠送，抑或为他法所取，应与汉武帝通西南夷后置吏政策有关，由此可窥见墓主人身份及社会地位的与众不同。《赫章可乐二〇〇〇发掘报告》中认为"套头葬"墓主人身份为部族群体中具有宗教和社会特殊地位的成员。[1]

在所有乙类墓中，M274虽为出土器物最丰者，但亦有套头类墓葬出土器物较少者，如M44、M45、M74、M198等，多达15座，约占套头类墓葬总数的50％，据此可知，这类人在族群中应不是实际掌权者。从乙类墓整体布局来看，套头类墓葬除整体规模比非套头类墓葬宽大外，并无明显界限，互相散布，错落而葬，看不出社会地位上的不平等。有学者推测，二者不存在明显的奴役关系，套头类墓主人的特殊性主要体现在社会职能上。[2]

关于以器物套头、覆面、套足的用意，有学者曾对其进行系统论述。杨淑荣先生认为，该葬俗"可能与当地先民重在保护头颅的特殊宗教观念有关"，[3]在乙类墓中，以器物套头并非普遍现象，起不到保护面部的作用（大多露面部），且仍有垫足或套足现象，这与保护头颅的宗教观念不符。前文已提到，套头器物外附有烟炱，说明这类器具曾为炊具使用，因此，该类实用器具与祖先崇拜[4]、保护灵魂自由出入之说[5]，仍有待商榷。

[1] 贵州省文物考古研究所《赫章可乐二□□□发掘报告》，北京：文物出版社，2008年，第135页。

[2] 梁太鹤《赫章可乐墓地套头葬研究》，《考古》2009年第12期。

[3] 杨淑荣《中国各民族原始宗教资料集成·考古卷》，北京：中国社会科学出版社，1996年，第578页。

[4] 张合荣《夜郎"套头葬"试探》，《贵州民族研究》1994年第4期。

[5] 余宏模《可乐套头葬俗与南夷原始信仰试析》，《贵州民族研究》2005年第1期。

对套头葬具用途含义的探讨，需结合当时社会实际情况及出土器物的功能去分析，不能主观臆想，一言蔽之。在对考古遗存进行系统分析时，意外发现出土残瓦当，有铭"四年""尖""建始"等字样。[1]"建始"为成帝年号，为西汉晚期，可知这一时期在该地已有相当规模汉式建筑，距西汉武帝于此置汉阳县已逾百年。据《史记·西南夷列传》载，武帝派唐蒙通夜郎，"将千人，食重万馀人，从巴蜀笮关入，遂见夜郎侯多同。蒙厚赐，喻威德，约为置吏，使其子为令"。[2]可见汉王朝是以和平方式通西南夷的，这种状态直至夜郎王被诛前，但武帝至成帝时期，仍是整个西南夷地区的社会"转型"期，是当地土著豪民抵触"汉化"与汉王朝强行置吏的碰撞时期。据上文可知，AⅢ组墓葬出土器物最为丰富，墓葬大致年代为战国晚期至西汉前期，AⅠ组、B组、C组大致年代为西汉前期至西汉晚期，出土器物较前者少，这与整个社会背景不无关系。依"套头葬"出土器物和社会大背景来看，铜器、铁器类皆为贵重器物，如铜釜、铜鼓、铁釜类器物，均为日常炊食所需，铜洗为盛洗之用，都是墓主人生前所需之物，故在笔者看来，特殊的套头葬俗应是社会背景的反映与缩影，是墓主人财富所有权的象征。

（二）族属分析

对"套头葬"墓主人的族属分析，是进一步研究夜郎文化及民族属性的关键一步，由于资料的局限性，所得结论亦众说纷纭，笔者拟结合民族迁徙相关知识对其族属进行分析。

据《后汉书·氐羌传》载："（氐羌）畏秦之威，将其种人附落而南，出赐支河西数千里，与众羌绝远，不复交通。其后子孙分别，各自为种，任随所之。或为牦牛种，越巂羌是也；或为白马种，广汉羌是也；或为参狼种，武都羌是也。"[3]可知，氐羌在此过程中，又分为几个不同支系，而较南者，已至金沙江流域，这与安志敏先生所说较为契合。[4]从文献记载来看，氐羌族南迁，大致位

---

[1] 张元《贵州赫章可乐粮管所遗址出土的西汉纪年铭文瓦当》，《文物》，2008年第8期。

[2]《史记》卷一百一十六《西南夷列传》，北京：中华书局，1959年，第2994页。

[3]《后汉书》卷八十七《西羌传》，北京：中华书局，1965年，第2876页。

[4] 安志敏《略论我国新石器时代文化的年代问题》，《考古》1972年第6期。

置已至今川西北；从考古发现来看，甘青地区至川南、岷江上游地区再到滇西北地区，发现有代表氐羌文化的石棺葬遗存，[1]说明氐羌族南下范围已达今滇池地区，导致该区域大部分原居族群被迫向东移，具体反映在墓葬及出土器物上，如滇西、滇西北石棺墓较多，滇东至黔西有零星发现，滇池区域出土器物带有明显游牧民族风格，滇池以东则渐渐淡化。由此可推测，该现象应与北方游牧民族南下有关，这在云南考古发现中已得到很好反映，如在昆明羊甫头遗址及其他滇文化遗存中，发现有明显的北方氐羌文化因素的文物。[2]

上文已提及，今滇东黔西地区的考古遗存，除少数石棺葬与游牧民族有关外，大多为滇池区域族群被迫东迁所遗，故而成为"靡莫之属"的一部分。《史记·西南夷列传》载："西南夷君长以什数，夜郎最大；其西靡莫之属以什数，滇最大；自滇以北君长以什数，邛都最大。此皆魋结，耕田，有邑聚……"[3]可知夜郎在今滇池以东，今滇东黔西一带，为夜郎大致范围，中心地区应在今安顺、毕节、六盘水地区；据乙类墓出土铜发钗、铜锄、铁臿、铁铧等装饰品及农耕用具来看，与"此皆魋结，耕田，有邑聚……"相符。套头类墓葬除M274稍宽大外，整体上无中原地区高规模的墓葬和固定的器物搭配使用关系，且在黔西、黔西北往西至滇池、滇西北区域，尚未发现套头类墓葬，由此可推测，两次共发掘的278座乙类墓中，套头类墓葬应为当土著民族无疑，而非套头类墓葬既能与套头类墓葬同地而葬，应亦为当地土著，这也从侧面印证了"敬事"铜印的来处。关于乙类墓的族属问题，1977至1978年报告认为系濮系民族，该观点亦为诸多西南民族史学者所认同，[4]其结论自有其合理之处，可作一说供后续研究，此不复述。

[1] 阿坝藏族羌族自治州文物管理所、成都市文物考古研究所《中国西南地区石棺葬文化调查与发掘（1938-2008）》，成都：四川大学出版社，2009年，第3-224页。
[2] 云南省考古研究所、昆明市博物馆等《昆明羊甫头墓地·卷2》，北京：科学出版社，2005年，第719页。
[3]《史记》卷一百一十六《西南夷列传》，北京：中华书局，1959年第2991页。
[4] 贵州省博物馆考古组、贵州省赫章县文化馆《赫章可乐发掘报告》，《考古学报》1986年第2期。

四、余论

多家学者对黔北地区"套头葬"的讨论研究，皆是以现有考古材料与史料相结合得出些许结论，尚未达成一家之言。上述对"套头葬"的研究，是基于现有考古材料的分析探讨，故结论尚有疏漏。据已有发掘资料来看，"套头葬"于国内仅发现于赫章可乐，流行范围属夜郎族的大致活动范围，且墓葬年代恰与夜郎一族活动范围及时代相佐，今黔北、黔西乃至滇东北一带，属夜郎遗存尚多，既存有相同文化因素，也有个别差异，故对"套头葬"的推理论断，仍存有疑。套头墓葬内尚出土有汉式器物，故在汉武帝未通西南夷前，是否有微量汉文化因素传入，传入的路径或意图如何，尚有讨论余地。再如，汉武帝曾授夜郎王印，考古调查至今无果，因此不能草率将"套头葬"与夜郎民族文化建立联系，既无史料记载，也无确切考古资料佐证，对夜郎文化的考古研究，有待更多田野考古资料的发现，方能建立完整的文化体系，由此，对"套头葬"的研究探讨，亦能百尺竿头更进一步。

（作者单位：云南大学历史与档案学院）

关于弥生时代—古坟时代的木制履鞋

[日]本村充保　施梵 译

内容提要：

木制履鞋[1]最早被归入服饰是在古坟时代中期木屐[2]出现之后。一方面，被纳入农具的种田木屐[3]，在弥生时代前期就已存在。木制履鞋的出现最少可以追溯到弥生时代。

本稿通过梳理"板状履鞋"的出土事例，探讨其在日本履鞋史上的价值。根据日本全国资料汇总的结果，已有29处遗址42例的事例被确认。根据这些研究可以判明，"板状履鞋"存在于弥生时代前期–古坟时代后期，分布在关东–北部九州。"板状履鞋"的形态可分为9种型式，北部九州和其他地区的主体型式不相同。关于用途，有观点认为"板状履鞋"是种田木屐的一种，然而根据北九州的事例，"板状履鞋"大多和其他农具共同被发现，其他地区则和祭祀遗物一起出土，可见不应该分为农具、祭祀具。"板状履鞋"明显残留有使用的痕迹，可以推断并非祭祀时供奉的神灵替代物，而是实用品，不是伴随祭祀行为的装束的一部分。

一、前　言

　　木制履鞋在日本被归入服饰，通常认为其出现晚于源自古坟时代中期的木

---

[1] 译者注：原文为"木製履物"，本文译为"木制履鞋"。"履鞋"一词出自[宋]孟元老撰，李士彪注《东京梦华录》卷第十·三·车驾宿大庆殿："中单环佩，云头履鞋。"济南：山东友谊出版社，2001年，第97页。

[2] 译者注：原文为"下駄"，本文参照上海译文出版社、讲谈社出版的《日汉大辞典》译为"木屐"。

[3] 译者注：原文为"田下駄"，本文参照上海译文出版社、讲谈社出版的《日汉大辞典》译为"种田木屐"。

屐。[1]关于弥生时代，根据《魏志·倭人传》中可见"皆徒跣"的记载，[2]通常理解为基本裸足。事实上，考古资料没有报告古坟时代前期以前木制履鞋作为服饰的事例。

然而，这并不意味着古坟时代前期的木制履鞋并不存在。说起这类木制履鞋，通常会想到种田木屐。种田木屐是在农具中分类出来的履鞋，在弥生时代前期以后随着稻作从大陆传来。种田木屐作为考古资料出土的事例很多，和锄、锹一并，作为日本代表的农具之一被熟知。但是本稿所研究的"木制履鞋"不属于种田木屐，[3]这种"木制履鞋"的出土事例非常少，地域分布上也集中在北部九州，故而难以知晓，具体的情况也有很多疑点。用途方面，虽然有学者认为"木制履鞋"属于种田木屐的一种，但无法定论。

因此，本稿试图从"木制履鞋"在日本履鞋史中的所处的位置入手来探讨弥生时代–古坟时代"木制履鞋"的情况。

二、以往对木制履鞋的评价

本稿以弥生时代–古坟时代的"木制履鞋"为研究对象。"木制履鞋"这个词，正如其汉字所示，通常的用法是把"用木制作的鞋"作为一般名词来使用，用做指代特定遗物的用语并不恰当。本稿所指的"木制履鞋"，是基于"木制的履鞋"这个意思，和"木屐"或者"木沓"等一起作为木制履鞋的一种来说。但是，由于"木屐"或"木沓"使用的时期和作为履鞋的构造等并不相同，故而有必要使用能明确区别的用语。本稿所及"木制履鞋"，虽有若干的形态差异，但都有板状的底板,且缘部有小的突起。此外，大多带有可能用来穿绳的小孔。这样的特征在结构上与木屐和种田木屐开放式履鞋相似，都没有被甲部，而不同于木

---

[1] [日]本村充保《遺跡出土下駄の編年及び地域性抽出に関する基礎的研究》，《考古学論攷》第29册，奈良：奈良县立橿原考古学研究所，2006年。

[2] [日]藤堂明保、竹田晃、影山辉国翻译注释《倭国伝》，东京：讲谈社，2011年。

[3] 关于种田木屐，别稿准备详细论述，本稿仅对必要之处进行简单介绍。

沓这样的带有被甲部的包裹性履鞋。因此本稿中重视开放式履鞋的一种这个点，尝试称之为"板状履鞋"。但是，这个名称是作为形态特征的依据，像"木屐"或"种田木屐""木沓"一样，不可否认和一般所知的履鞋的名称比起来性质不同。因此，只不过是作为一时的称呼来使用，将来考虑希望变更为适切的名称。

板状履鞋出土事例非常少，且集中在北部九州，受到资料的局限，几乎没有文章能全面论述其具体的情况和意义。在这种情况下，比佐阳一郎的《木制履鞋杂考》[1] 可以说是唯一的论考。比佐氏的论考中，除了从作为考古资料的板状履鞋来分析其形态的特征和时间、空间的倾向，尝试援用民用资料、用途的复原等之外，关于最初需要明确的各个课题花精力展开论述，作为基础性研究受到很高的评价。虽然篇幅略长，但此处还是介绍一下比佐氏的观点，看看同时期的板状履鞋处在什么位置。[2]

比佐氏把板状履鞋的形态、结构的特征定义为"足形平面围有一圈厚大的板材，侧面有为穿绳而开的洞眼，而且与地面接触的面稍微施有防滑加工。没有像木屐那样的鼻绳带或高齿。另外也没有覆盖脚尖的部分，和后期所见的'沓'构造不同"。[3] 由于出土事例很少，呈现出"一个体一型式"的状况，无法得出明确的评价。但是，根据其没有脚尖包裹和鼻绳带，可以判定板状履鞋不是用于日常行走，而是用于劳作，有观点认为板状履鞋是种田木屐的一种。

比佐氏的论文，不可否认存在绝对资料不足的情况，通过考古学、民族学的研究得出结论，作为基础的研究具有重大的意义。但是从整体来看，要掌握充足的资料才能使"板状履鞋=农具（种田木屐）"这一前提成立。这是在尝试对板状履鞋的型式进行分类时，分类的方案和结论没有任何关系这一点体现出来的。而且，"板状履鞋=农具（种田木屐）"的前提仍存在几处疑点。这些问题后面会进行论述，但至少关于这个结论有必要重新探讨。

---

[1] [日]比佐阳一郎《木製履物雑考》，《九州考古学》第72号，九州考古学会，1997年。

[2] 比佐氏也对本稿所述板状履鞋应如何表述进行探讨，但最终也没有想出适切的用语，故称之为"木制履鞋"。比佐氏的论文已有介绍，也许应当使用这一用语，但是为了避免同一遗物采用两种用语的混乱，统一称为"板状履鞋"。

[3] [日]比佐阳一郎《木製履物雑考》第1页、右起第10行至第16行。

三、各地板状履鞋出土情况

比佐氏的论文发表二十年来，出土事例大幅增加。管见所限，板状履鞋的出土事例，仅29处遗址就达42例。以下将介绍全部的事例（图一至图三、表一）。[1]并且，所有的时期都记载在报告中。"另外，关于出土履鞋的尺寸，不带括号的数值为外径，带括号的数值为内径，如遇残值的情况，则只记录外径值（本文由于篇幅所限，数值未在正文列出，详见表一）。"

（一）福冈县辻田遗址[2]

大沟出土，为弥生时代后期。大量的木制品出土，其中有不少锹类等农具。

平面为圆形，侧面及底面无法确认有穿绳的洞眼。外底面的前部残存有2个钉子状的突起。材质为栗子木。虽然报告书中认定为盘，但比佐氏认为很可能是履鞋。本事例不判断究竟是盘还是履鞋，仅遵从比佐氏的见解。

（二）福冈县拾六町筑地遗址[3]

3号墓下层出土，为弥生时代前期后半—末。有大量的木制品出土，其中有不少锹类等农具。遗构的性质为水利设施。

平面为圆形，左侧面有3孔，右侧面有2孔为洞眼。侧面的洞眼没有对齐。外底面没有加工。材质为樟木。

（三）福冈县那珂久平遗址[4]

8号堰出土，为弥生时代后叶—终末。大量的木制品出土，其中有不少锹类等农具。

（四）福冈县雀居遗址[5]

出土自环濠，为弥生时代后期后半。出土大量的木制品，可看出有较多锹类

---

[1] 此外，报告书中没有记载的，部分资料的计量值、形态特征、树种等出自比佐氏的论文。

[2] [日]福冈县教育委员会《山阳新干线关系埋藏文化财调查报告第12集》，1979年。

[3] [日]福冈市教育委员会《拾六町ツイジ遗跡》，1983年。

[4] [日]福冈市教育委员会《那珂久平遗跡Ⅱ》，1987年。

[5] [日]福冈市教育委员会《雀居遗跡3》，1995年。

等农具的倾向。

　　侧面有一组1孔一对的洞眼。外底面有12条隆起带。材质为阔叶木。

（五）福冈县那珂君休遗址 [1]

　　出土自SD20内的SX31井堰，为弥生时代末—古坟时代初头。出土大量的木制品，其中有不少锹类等农具。

　　为接近方形的圆形，侧面有1孔一对的一组洞眼。与洞眼对应的侧面带有舌状的突起。外底面有5个钉子状的突起。根据突起的状况，有可能为2列三对的突起，左前方的突起无法确认。材质为栗子木。

（六）福冈县下月隈C遗址 [2]

　　沟SD104出土2件，为弥生时代后期后半—古坟时代前期初头。大量的木制品出土，可看出有较多锹类等农具的倾向。

　　6-1，平面形为圆形，侧面有一组1孔一对的洞眼。外底面有7条豁口。材质为阔叶木。

　　6-2，平面形为圆形。侧面及底面无法确认是否有洞眼，但呈现出来的特征和6-1极其相似，故认为本来有1孔一对的洞眼。外底面有7条豁口。材质为阔叶木。

（七）福冈县今宿五郎江遗址 [3]

　　环濠SD-01出土5件，为弥生时代后期。出土大量的木制品，其中有不少锹类等农具。

　　7-1，平面为接近方形的圆形，侧面及地面无法确认有洞眼。外底面没有经过加工。材质为樟木属。

　　7-2，平面为接近方形的圆形。左侧面残存1孔的洞眼。本来1孔一对的洞眼应为一组洞眼。外底面没有经过加工。材质为红楠木属。

[1] [日]福冈市教育委员会《那珂君休遗跡Ⅶ》，1998年。

[2] [日]福冈市教育委员会《下月隈C遗跡Ⅳ 本文编》，2004年。

[3] [日]福冈市教育委员会《今宿五郎江8》，2010年。

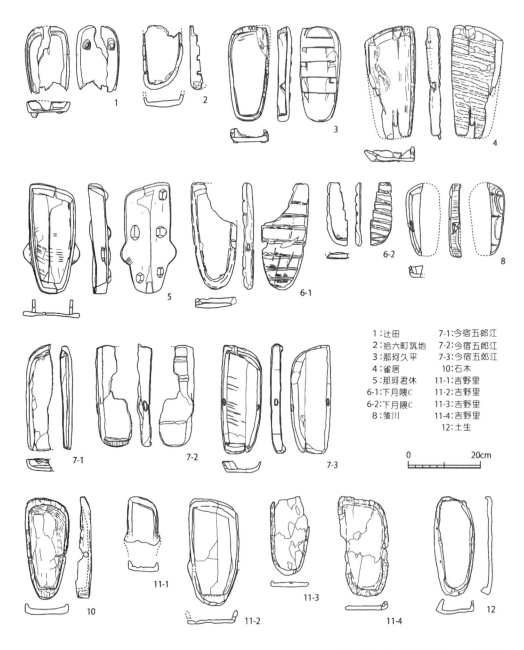

1：辻田　　　　　7-1：今宿五郎江
2：拾六町筑地　　7-2：今宿五郎江
3：那珂久平　　　7-3：今宿五郎江
4：雀居　　　　　10：石木
5：那珂君休　　　11-1：吉野里
6-1：下月隈C　　11-2：吉野里
6-2：下月隈C　　11-3：吉野里
8：雛川　　　　　11-4：吉野里
　　　　　　　　　12：土生

0　　　　　　20cm

※图的出典在本文末一同揭载

图一　北部九州的事例

7-3，由于报告书图中的W072和W073连在一起记载，因此显示为为合成数值。为接近方形的圆形，侧面有一组1孔一对的洞眼。外底面无法看到有加工（的痕迹）。材质为米槠木。

7-4，详情不明。材质为红楠木属。

7-5，详情不明。材质为樟木。

（八）福冈县雏川遗址[1]

Sx001出土，弥生时代后期—古坟时代前期。出土大量木制品，其中有不少锹类等农具。

平面为圆形，左侧面残存1个洞眼。1孔一对的穿孔当为一组洞眼。外底面有3条刻纹。材质为阔叶树。

（九）福冈县惣利遗址[2]

残值参见表一。平面为圆形，侧面残存1个洞眼。1孔一对的穿孔当为一组洞眼。此外，可以确认有部分舌状的突起。外底面没有经过加工。材质为阔叶木。

（十）佐贺县石木遗址[3]

堰迹SX006出土，属古坟时代后期[4]。出土大量木制品，但同时也有土制及石制的祭祀具出土，推定或为祭祀场所。

平面为圆形，侧面为1孔一对的一组洞眼。外底面没有经过加工。材质为阔叶树。

（十一）佐贺县吉野里遗址[5]

2件出土自SD0105环濠迹、297区1件、1件出自SX0001共计4件，前2者为弥生时代后期，后2者为弥生时代中期后半—后期前半。从SD0105出土大量的木制品，除了锹类等农具，也包含祭祀具。

11-1，平面为圆形，侧面及底面的洞眼无法确认，但侧面有一对舌状的突起。呈现出与11-2很相似的特征，可能本来1孔一对的穿孔为一组洞眼。外底面没

[1] [日]太宰府市教育委员会《太宰府·佐野地区遗跡群Ⅵ》，1996年。

[2] [日]夜须町教育委员会《惣利遗跡Ⅰ》，1997年。

[3] [日]佐贺县教育委员会《石木遗跡》，1976年。

[4] 本事例为古坟时代后期的资料，从形态的特征来看是与板状履物的系谱由关联的履物，故而此处进行介绍。

[5] [日]佐贺县教育委员会《吉野ヶ里遗跡（第1分册）》，2015年。

有经过加工。材质为米槠木。

11-2，平面为圆形，左侧面残存1孔的洞眼。本来可能有1孔一对的一组洞眼。洞眼对应的左侧面残存舌状的突起。底面无洞眼。外底面没有经过加工。材质为米槠木。

11-3，平面为圆形，侧面及底面的洞眼无法确认。外底面没有经过加工。材质为樟木。

11-4，平面形为圆形，侧面有1组1孔一对的洞眼。外底面没有经过加工。材质为樟木。

（十二）佐贺县木生遗址[1]

出土自河川迹SD14，属弥生时代中期前半。虽然有几处出土木制品，但看不到特别的倾向。

平面为圆形，侧面有2组1孔一对的洞眼。踵部也有1个洞眼，共计有5处洞眼。外底面没有经过加工。材质为樟木。

（十三）鸟取县桂见遗址[1]

出土自包含层，属弥生时代中期末—古坟时代前期。出土大量木制品，其中包括祭祀具，详情不明。

平面为方形，左侧面残存2孔洞眼。本来应为二组1孔一对的洞眼。外底面没有经过加工。

（十四）鸟取县青谷上寺地遗址[1]

14-1出土自SD20，属弥生时代后期初头-后叶。14-2出土自V2层，属弥生时代前期后叶—中期。从SD20出土大量的木制品，其中包含祭祀具，但详细不明。

14-1，平面为方形，侧面有二组1孔一对的洞眼。外底面没有经过加工。由于洞眼的上端面有绳子的痕迹，应有实际使用过。

14-2，平面为圆形，侧面有二组1孔一对的洞眼。外底面刻有3条沟。材质为杉木。

[1] [日]三日月町教育委员会《戊赤司赤司东深川南土生》，2005年。

[2] [日]鸟取县教育文化财团《桂见遗跡—ハッ割地区·堤谷东地区·堤谷西地区》，1996年。

[3] [日]鸟取县埋藏文化财中心《青谷上寺地遗跡3》，2001年；[日]鸟取县埋藏文化财中心《青谷上寺地遗跡4》，2002年。

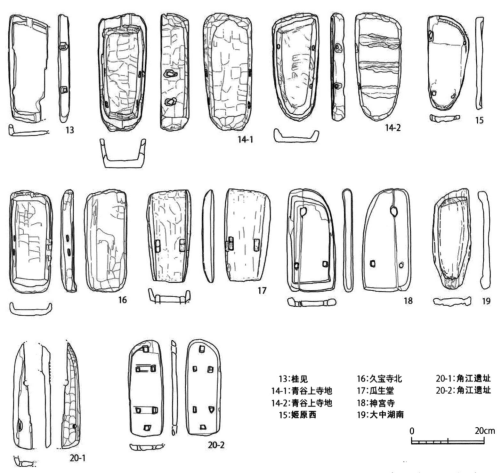

13:桂见　　　16:久宝寺北　　20-1:角江遗址
14-1:青谷上寺地　17:瓜生堂　　20-2:角江遗址
14-2:青谷上寺地　18:神宫寺
15:姬原西　　　19:大中湖南

0　　　　20cm

※图的出典在文末一同揭载

图二　山阴888、近畿888、东海888的事例

[1] 译者注：山阴指的是日本本州西南部中国山地的北斜面，即鸟取、岛根两县。
[2] 译者注：近畿地区，也称近畿地方，是日本地域中的一个大区域概念。位于日本本州中西部，京都府、大阪府、滋贺县、奈良县、三重县、和歌山县、兵库县等2府5县。
[3] 译者注：东海道指本州太平洋侧中部的行政区划。相当于三重县至茨城县间的太平洋沿岸地方。

131

（十五）岛根县姬原西遗址[1]

自然河道10c层出土，属弥生时代后期—古坟时代前期。出土大量木制品，值得注意的是其中出土的祭祀具有个别特殊的情况。特别是从弩形木制品和琴板、木制三棱镞等可以看出当时中国的阴阳思想和相关文物大量流入日本，可作为推定出现新的祭祀形态的资料。[2]

平面为方形，底面有二组1孔一对的洞眼，但侧面没有洞眼。外底面没有经过加工。材质为杉木。

（十六）大阪府九宝寺北遗址[3]

出土自NR4002，属古坟时代前期。伴随有木制品出土，但看不到特别的倾向。根据报告，加工很精细，有可能是盖子，但从形态特征来看很可能是板状履鞋。

平面形为方形，两侧面有一组2孔一对的洞眼。外底面没有经过加工。

（十七）大阪府瓜生堂遗址[4]

出土自祭祀场，属弥生时代中期—后期。和其他的祭祀具一同出土，很可能用于某种祭祀行为。

平面为方形，底面有一组1孔一对的洞眼，但侧面没有洞眼。外底面没有经过加工。材质为朴木。表面有足迹，也就是说有使用过的痕迹，内面和侧面边上可看到使用时摩擦的痕迹，应当为实际使用之物。报告中定为木屐的一种。

（十八）滋贺县神宫寺遗址[5]

出土自SR01，属古坟时代后期。出土大量木制品，有祭祀具集中出土。平面为圆形，底面相当于木屐鼻绳孔的位置有洞眼，但侧面没有洞眼。外底面没有经过加工。报告中虽没有界定为种田木屐，但从形态特征来看很可能是板状履鞋。

---

[1] [日]岛根县埋藏文化财调查中心《姬原西遗跡》，1999年。

[2] 在山阴地区，弥生时代后期成为以往的青铜器祭祀终结、新的祭祀形态出现的时期。笔者在此没有论述其对错。

[3] [日]大阪文化财中心《久宝寺北（その1-3）本文编》，1987年。

[4] [日]东大阪市教育委员会《瓜生堂遗跡第46、47-1·2次发掘调查报告书》，2002年。

[5] [日]长浜市教育委员会《神宫寺遗跡（1992年）》，2004年。

（十九）滋贺县能登川高校所藏品[1]

出土遗址等详细情况不明。但是其他木制品中有大量湖南遗址的器物，很可能是同一处遗址出土的。此外根据遗址的主要时期和所藏土器的造型来判断，很可能属于弥生时代中期前后。

平面为圆形，底面和侧面没有洞眼。外底面没有经过加工。由于没有完全成型，未见洞眼，可能是半成品。报告书中定为容器，但根据形态特征很可能是板状履鞋。

（二十）静冈县角江遗址[2]

8层上部水田有2处出土，属弥生时代后期。出土大量木制品，其中有不少锹类等农具。

20-1，由于仅存小片，形态、构造的详情况。材质为日本扁柏木。

20-2，平面为为近似方形的圆形，底面有二组1孔一对的洞眼，两小口中也能看到1孔一对的洞眼。像木屐这样的履鞋，也许重新穿上就能扭转乾坤吧。材质为日本铁杉木。

（二十一）福井县上河北遗址[3]

旧河道出土，属古坟时代。大量木制品出土，祭祀具集中出土。

平面为圆形，底面和木屐带孔的相同位置有洞眼，但侧面没有洞眼。外底面没有经过加工。报告中定为木屐，但根据形态特征很可能是板状履鞋。和木屐共伴，结合榎田遗址的事例，可以说具有重要意义。

（二十二）富山县下佐野遗址[4]

Sd201出土，属弥生时代后期—古坟时代前期。看不到木制品共伴的特别倾向。

---

[1] [日]东近江市埋藏文化财中心《能登川町埋藏文化财调查报告书第61集》，2006年。

[2] [日]静冈县埋藏文化遗产调查研究所《角江遗跡Ⅱ遗物编2（木製品）》，1996年。

[3] [日]福井县教育委员会《北陆自動車道関係遗跡调查报告书第15集上河北遗址》，1978年。

[4] [日]富山县文化振兴财团埋藏文化财调查事务所《下黑田遗跡・下佐野遗跡・諏访遗跡・藏野町東遗跡・藏野町遗跡・驹方南遗跡発掘调查报告》，2013年。

平面为圆形，侧面有一组1孔一对的洞眼。外底面没有经过加工。材质为杉木。报告中定为容器，但根据形态的特征很可能是板状履鞋。

（二十三）石川县畝田·寺中遗址[1]

Sd16出土，属古坟时代中期—后期。未见木制品共伴的特别倾向。

侧面有2组1孔一对的洞眼。外底面没有经过加工。

（二十四）石川县梅田B遗址[2]

Sd130出土，属弥生时代后期后半—古坟时代前期初头。

为接近方形的圆形，底面和侧面没有洞眼。外底面没有经过加工。材质为杉木。报告定为种田木屐，但根据形态的特征很可能是板状履鞋。

（二十五）石川县大友西遗址[3]

东SD01出土，属弥生时代终末期，没见木制品共伴的特别倾向。

平面为圆形，侧面有三组1孔一对的洞眼。外底面没有经过加工。材质为桧木。报告中定为容器，但根据形态的特征很可能是板状履鞋。

（二十六）石川县直江BONNOSIRO遗址[4]

Sd03出土，属弥生时代中期—古坟时代前期。

平面为方形，侧面有一组1孔一对的洞眼。外底面没有经过加工。

（二十七）石川县八日市地方遗址[5]

埋积浅谷出土，属弥生时代中期前叶—中期后叶。出土大量遗物。在分类上属于祭祀具的遗物，很多出土自埋积浅谷的器物，举行过某种祭祀行为的可能性很高。

平面为圆形，侧面残存2孔的洞眼，本来应有二组1孔一对的洞眼。外底面没有经过加工。材质为杉木。

---

[1] [日]石川县埋藏文化财中心《金泽市畝田西遗跡群Ⅳ》，2006年。

[2] [日]石川县埋藏文化财中心《金泽市梅田B遗跡Ⅲ》，2006年。

[3] [日]金泽市埋藏文化财中心《大友西遗跡Ⅱ》，2002年。

[4] [日]金泽市埋藏文化财中心《石川县金泽市 直江南遗跡·直江ボンノシロ遗跡·直江二シヤ遗跡·直江西遗跡》，2012年。

[5] [日]小松市教育委员会《八日市地方遗跡Ⅰ（第一分册遗物报告编）》，2003年。

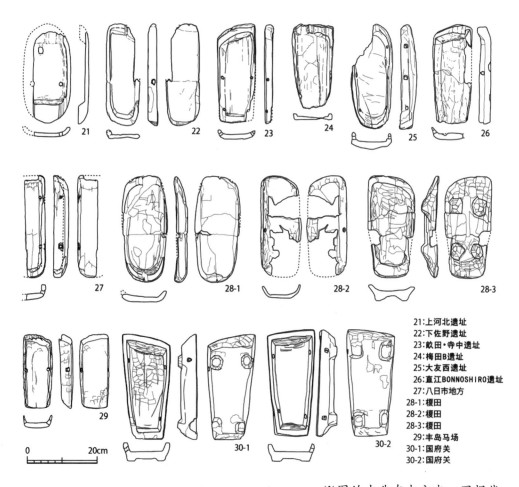

21:上河北遗址
22:下佐野遗址
23:畝田·寺中遗址
24:梅田B遗址
25:大友西遗址
26:直江BONNOSHIRO遗址
27:八日市地方
28-1:榎田
28-2:榎田
28-3:榎田
29:丰岛马场
30-1:国府关
30-2:国府关

0   20cm

※图的出典在本文末一同揭载

图三　北陆·关东信越的事例

（二十八）长野县榎田遗址[1]

Sg3出土3件，属古坟时代中期。[2]

28-1，平面为圆形，侧面有一组1孔一对的洞眼。外底面没有经过加工。材质为橡木。

---

[1] [日]长野县埋藏文化财中心《上信越自動車道埋蔵文化財発掘調査報告書12第3分册（遺物図版）》，1999年。

[2] 本事例为古坟时代中期的资料，从形态的特征来看为与板状鞋的系谱相关联的履鞋，故而此处进行介绍。

28-2，平面为圆形，侧面有一组1孔一对的洞眼。外底面未见加工。材质为枫木。

（二十九）东京都丰岛马场遗址[1]

附属SH124[2]的土坑出土，属弥生时代末—古坟时代初头。木制品集中出土，但未见特别的倾向。

平面为方形，侧面有一组1孔一对的洞眼。外底面没有经过加工。材质为枹栎木。

（三十）千叶县国府关遗址[3]

自然流路出土2件，属弥生时代末—古坟时代初头。木制品全部出土自自然流路，与生产工具、建筑材料一同出土的，还有祭祀具。未见特定用途的器物集中在一起的倾向。

30-1，平面为方形，侧面有二组1孔一对的洞眼。外底面有4处钉子状的突起。再者，整体的加工痕迹保存完好，突起的摩擦损耗也不显著，说明使用的机会并不多。材质为木兰属。

30-2，平面为方形，侧面有二组1孔一对的洞眼。外底面有4处钉子状的突起。材质为木兰属。

四、出土物探讨

（一）分布状况（图四）

北部九州（12遗址20例）、山阴（3遗址4例）、近畿（4遗址4例）、北陆（7遗址7例）、东海、中部（2遗址5例）、关东（2遗址2例），关东以西广泛分

---

[1] [日]东京都北区教育委员会《豊島馬場遺跡Ⅱ》，1999年。

[2] SH124在报告书中定为"方形周沟墓"，但也指出并非"方形周沟墓"，而很可能是"属于周沟的建筑遗迹"（及川良彦2005"墓与住所的谬误"椙山林继·山岸良二编《方形周溝墓研究》雄山阁），故关于遗构的性质无法确定。

[3] [日]长生郡市文化财中心《千葉県茂原市国府関遺跡群》，1993年。

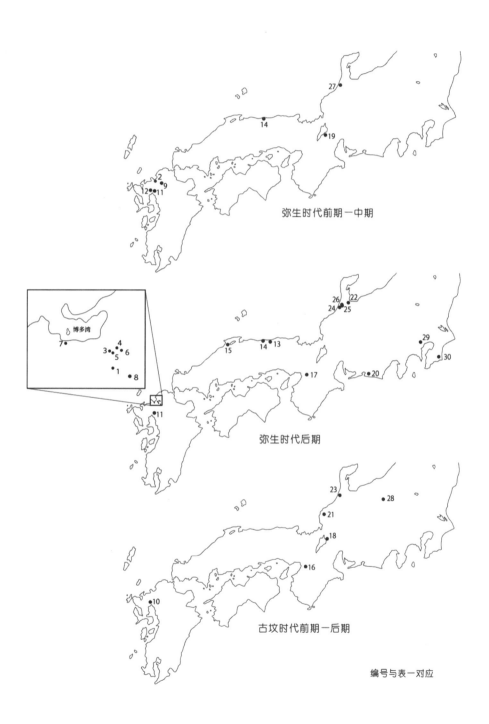

图四　各时期板状履鞋分布图

137

布。[1]这样看来很明显有在北部九州集中分布的倾向。

关于分布状况，中国地方值得关注。具体来说，山阴的事例可以确认，但山阳完全无法确认。[2]此外，由于熊本、大分以南南部九州的事例也无法确认，因此可以认为板状履物分布并非以同心圆状从中心地北部九州向外扩散。北部九州以东的事例，从北部九州到东部的传播这个角度来看，很难说明其存在的意义。但是以北部九州为首的日本海沿岸地区集中了大约3/4的事例。板状履鞋可能是从大陆传来的，其传入的窗口可能不限于北部九州。

（二）时代变迁

最早的事例是弥生时代前期后半至末期的拾六町筑地遗址（2），也可能追溯到弥生时代前期后叶至中期的青谷上寺地遗址（14-1）之前。由于事例过少无法断定，但是板状履鞋的出现期应为前期后半以降，无法追溯到前期前半。这不单明确了板状履鞋的出现期，而且可印证板状履鞋并非与稻作一同传来之物。弥生时代中期的事例相比此前有所增加。此后还有弥生时代中期前半的惣利遗址（9）、土生遗址（12）、弥生时代中期前叶—中期后叶的八日市地方遗址（27），弥生时代中期后叶—后期前叶的吉野里遗址（11-3、11-4）、能登川高校所藏品（19）也可能归属于弥生时代中期。这样一来，随着事例的增加分布的地域也在扩大。到了中期，北部九州的事例有集中的倾向，但并不明显。板状履鞋在弥生时代后期—末最为盛行。

---

[1] 国府关遗址出土2件，因为是一对（一足），此处记为1件。

[2] 本稿中没有详述关于种田木屐也可见同样的倾向。山阴（鸟取）在弥生时代前期以来、出土事例接连被确认，而山阳（山口、广岛、冈山）则几乎没有出土事例被确认。在接受板状履鞋这一点表现出对照的倾向，其意义受到重视。

表一 各地区板状履鞋一览

序号	遗址名	都道府县	遗构	时期	型式	长外	长内	宽外	宽内	高	长/宽外	长/宽内	树种	备注
1	田遗址	福冈县	大沟	弥生后期	—	(17.8)	(16.0)	12.2	9.6	4.5	—	—	栗子树	外底面有2处钉状突起
2	拾六町筑地遗址	福冈县	第3号土壤下层	弥生前期后半-末	e	(17.5)	(16.1)	11.5	9.6	3.6	—	—	樟树	左侧面有1孔、有侧面有3孔的洞眼
3	那珂久平遗址	福冈县	8号堰	弥生后-终末	a	25,。8	22.5	11.5	7.0	3.3	2.2	3.2	阔叶树	外底有5列段。两侧面有1孔一对的洞眼
4	雀居遗址	福冈县	沟	弥生后期后半	f	30.4	26.7	14.2	9.7	4.1	2.1	2.8	阔叶树	外底有12条隆起带。两侧面有1孔一对的洞眼
5	那珂君休遗址	福冈县	SD20	弥生末-古坟初	b	30.2	23.2	13.2	10.4	4.4	2.3	2.2	栗子树	外底有5处钉状突起。两侧面有1孔一对的洞眼和鳍状突起
6-1	下月隈C遗址	福冈县	沟SD104	弥生后期后半-古坟前期初头	a	29.1	23.4	(13.0)	9.6	3.1	—	—	阔叶树	外底切入7条沟。两侧面有1孔一对的洞眼
6-2	下月隈C遗址	福冈县	沟SD104	弥生后期后半—古坟前期初头	—	(17.6)	(15.0)	(7.0)	(4.4)	—	—	—	阔叶树	外底有切入沟
7-1	今宿五郎江遗址	福冈县	环濠SD-01	弥生后期	c	(29.0)	(25.6)	(7.6)	(5.6)	3.7	—	—	红楠木属	侧面有1孔一对的洞眼
7-2	今宿五郎江遗址	福冈县	环濠SD-01	弥生后期	c	27.5	25.2	(10.0)	(7.2)	4.4	—	—	红楠木属	侧面有1孔一对的洞眼
7-3	今宿五郎江遗址	福冈县	环濠SD-01	弥生后期	c	29.4	25.6	(7.2)	(5.6)	4.1	—	—	米槠	侧面有1孔一对的洞眼
7-4	今宿五郎江遗址	福冈县	环濠SD-01	弥生后期	—	(22.2)	(20.4)	(10.8)	(8.0)	5.3	—	—	红楠木属	
7-5	今宿五郎江遗址	福冈县	环濠SD-01	弥生后期	—	(19.7)	(17.2)	(5.8)	(2.8)	5.6	—	—	樟科	
8	雏川遗址	福冈县	SX001	弥生后期古坟前期	a	(19.7)	—	(4.9)	—	3.4	—	—	阔叶树	外底有3条刻纹。左侧面有1个洞眼
9	利遗址	福冈县	不明	弥生中期前半	c	(20.6)	—	(5.4)	—	3.6	—	—	阔叶树	只有照片。可能不是木杳
10	石木遗址	佐贺县	SX006	古坟后期	c	27.6	22.5	12.2	10.1	4.2	2.3	2.2	阔叶树	两侧面有洞眼
11-1	吉野里遗址	佐贺县	SD0105环濠迹	弥生后期	c	(13.4)	(10.4)	8.8	6.4	2.4	—	—	米槠	两侧面有一对舌状的突起
11-2	吉野里遗址	佐贺县	SD0105环濠迹	弥生后期	c	29.2	22.0	13.6	10.1	3.6	2.1	2.2	米槠	左侧面有舌状突起、洞眼残存。本来应为一对的洞眼

139

续表

11-3	吉野里遗址	佐贺县	297区	弥生中期后半-后期前半	—	(21.4)	(20.0)	10.8	8.4	1.6	—	—	樟树	
11-4	吉野里遗址	佐贺县	SX0001	弥生中期后半-后期前半	c	27.0	22.4	14.2	10.4	2.2	1.9	2.2	樟树	侧面有1孔一对的洞眼
12	土生遗迹	佐贺县	SD14	弥生中期前半	e	27.3	23.8	11.1	7.6	4.1	2.5	3.1	樟树	侧面有1孔一对、踵部1孔、共计有5处洞眼
13	桂见遗址	鸟取县	包含层	弥生中期末-古坟前期	i	28.5	22.0	(10.5)	(9.0)	3.1	—	—		左侧面有1孔洞眼
14-1	青谷上寺地遗址	鸟取县	V2层	弥生前期后半-中期	d	31.4	21.5	13.1	9.2	7.6	2.4	2.3		两侧面有1孔一对的洞眼。里面刻入3条沟
14-2	青谷上寺地遗址	鸟取县	SD20	弥生后期初头-后叶	e	28.8	21.0	12.9	8.0	3.8	2.2	2.6	杉树	台两侧面有1孔一对的洞眼
15	姬原西遗址	鸟取县	10C层	弥生后期-古坟前期	e	25.2	21.8	11.4	9.2	2.0	2.2	2.4	杉树	内底两侧面有1孔一对的洞眼
16	久宝寺北遗址	大阪府	NR4002	古坟前期	I	27.3	20.8	11.5	8.5	3.6	2.4	2.4		台两侧面有1孔一对的洞眼
17	瓜生堂遗址	大阪府	祭祀场	弥生中期-后期	g	24.4	24.°4	11.0	8.4	3.1	2.1	2.9	朴树属	表面似有足迹，有使用的痕迹。底面有2处洞眼。孔中残留栓状的填充物
18	神宫寺遗址	滋贺县	SR01	古坟后期	—	27.1	21.4	13.5	9.8	2.2	2.0	—		缘部有木履状立起
19	能登川高校所藏品	滋贺县	不明	弥生中期	—	26.6	19.2	10.6	6.6	2.8	2.5	2.9		报告书中记载为容器（皿）。无洞眼，据其形状有可能是木杏
20-1	角江遗址	静冈县	8层上部水田	弥生后期	—	(28.2)	—	(5.2)	—	2.2	—	—	日本扁柏	台侧面、底板有洞眼
20-2	角江遗址	静冈县	8层上部水田	弥生后期	—	25.7	24.4	9.6	8.0	1.5	2.7	3.1	日本铁杉属	底板有2处1孔一对的洞眼。底板两侧也有1孔一对的洞眼
21	上河北遗址	福井县	旧河道	古坟	—	(25.2)	(16.0)	(10.6)	(8.0)	3.2	—	—		报告书中定为木履。洞眼的形态等与其他的板状履鞋相异
22	下佐野遗址	富山县	SD201	弥生后期-古坟前期	c	(28.0)	(27.2)	(9.2)	(5.6)	2.4	—	—	杉树	台侧面有1孔一对的洞眼

续表

23	畝田·寺中遗址	石川县	SD16	古坟中-后期	g	27.5	21.2	11.0	7.4	1.4	2.5	2.9	侧柏	台侧面有2处1孔一对的洞眼
24	梅田B遗址	石川县	SD130	弥生后期后半-古坟前期初	—	23.8	20.7	12.0	8.7	1.9	2.0	2.4	杉树	报告书定为种田木屐?
25	大友西遗址	石川县	东SD130	弥生终末期	e	29.1	24.0	11.6	8.4	4.7	2.5	2.9	日本扁柏	报告书记载为容器。台侧面有3处1孔一对的洞眼
26	直江BONNOSIRO遗址	石川县	SD03	弥生中–古坟前	g	27.4	23.4	11.0	6.9	3.0	2.5	3.4		
27	八日市地方遗址	石川县	埋积浅谷	弥生中期前叶——中期后叶	I	(28.4)	(24.4)	(5.6)	(4.0)	4.2	—	—	杉树	台侧面有1孔一对的洞眼
28-1	榎田遗址	长野县	SG3	5c第2四半期	c	29.6	28.6	12.5	9.0	2.8	2.4	3.2	日本七叶树	台两侧面有1孔一对的洞眼
28-2	榎田遗址	长野县	SG3	5c第1四半期	c	(27.5)	—	11.5	6.0	4.0	—	—	槭树属	左侧面有1孔的洞眼
28-3	榎田遗址	长野县	SG3	5c第1四半期	b	28.8	22.2	13.4	11.4	4.9	2.1	1.9	柳树属	台两侧面有1孔一对的洞眼。外底有4处钉状的突起
29	丰岛马场遗址	东京都	SH124	弥生末–古坟初	g	20.2	19.2	8.4	5.8	3.6	2.4	3.3	枹栎属	台两侧面有1孔一对的洞眼
30-1	国府关遗址	千叶县	自然流路	弥生末–古坟初	h	29.3	22.8	13.2	9.2	5.2	2.2	2.5	木兰属	台两侧面有1孔一对的洞眼。外底面有4处钉状的突起
30-2	国府关遗址	千叶县	自然流路	弥生末–古坟初	h	29.6	24.0	13.6	9.8	5.6	2.2	2.4	木兰属	台两侧面有1孔一对的洞眼。外底面有4处钉状的突起

资料来源：本稿"三、各地板状履鞋出土情况"中所注发掘报告

到了古坟时代，出土事例分散且数量急速减少。除了石木遗址，余者皆为北部九州以外的地区之物，北部九州的板状履鞋，严格来讲不属于古坟时代。

这样一来，虽然最古老的事例在北部九州，但是到弥生时代中期为止的状况并不一定比其他地区优越。到了后期，北部九州的事例数量压倒其他地区，这个时期可以进行断代分期。由于分布地域也随之扩大，可以认为位于北部九州的板状履鞋的盛行对其他地区产生影响。但是北部九州盛行板状履鞋也是在弥生时代后期，很难认为包括关东在内广大地区板状履鞋的出现是受北部九州的影响。

（三）结构特征

按照平面形、洞眼、外底面这3个要素进行分类。

平面形

Ⅰ类：圆形

Ⅱ类：方形

洞眼的构造[1]

A类：侧面没有洞眼，底面有1孔一对一组开口

B类：同样1孔一对二组（三组）开口

外底面的加工

1类：横向施有沟、段等之物

2类：附带钉子状的突起之物

3类：平整没有加工之物

基于这个分类，结合实际出土的资料进行对照组合，可以分成以下9种型式。

a型：ⅠA1类（3·6−1·8）

b型：ⅠA2类（5·28−3）

c型：ⅠA3类（7−1·7−2·7−3·9·10·11−1·11−2·11−4·22·28−1·28−2）

d型：ⅠB1类（14−1）

e型：ⅠB3类（2·12·14−2·15·25）

f型：ⅡA1类（4）

g型：ⅡA3类（17·23·26·29）

h型：ⅡB2类（29−1·29−2）

i型：ⅡB3类（13·16·26）

整体来看，c型最多，有11例，e型5例，g型4例。从这个状况来看，占主体的有3类，可以知道外底面没有加工。反过来说，包含a型，外底面施有沟、段等加工的1类事例，除了青谷上寺地遗址（14−1）之外，只有北部九州没有相关事例，可以说是局部地区的特征。这个倾向也可以说是和平面形相关。北部九州的事例基本上属于Ⅰ类，只有雀居遗址（4）属于Ⅱ类。于此相对的，其他地区的事例超过半数属于Ⅱ类，与北部九州的状况完全不同。

---

[1] 洞眼对应位置附有舌状的突起物，可以进一步细分。但是由于事例不多，本稿无法采用作为分类的基准。

因此，很难考量北部九州的板状履鞋对其他地区板状履鞋的影响。而且通过时代变迁也无法窥探出和上述各个型式有明确的关系；形式则不同，不是形式编年纵向组合排列的关系，而是地域性表征的横向关系。

（四）树种

可以判明树种的事例有29件。杉木最多有5件，樟木次之有4件，米槠、红楠木各3件，栗子木、桧木、木兰属各2件，枥木、鼠子木、枫属、柳树属、朴树属、枹栎、日本铁杉属各1件，除此之外，有7件阔叶树无法明确其具体的树种。杉树作为单个树种的数量最多，但看不到偏重特定的树种的倾向。但是，关于树种各种材质都有使用，除了针叶树的杉树以外，其他都是阔叶树，可以认为是有意识地选择使用阔叶树。[1]

五、板状履鞋的用途

此处想对板状履鞋的用途进行探讨。关于这一点比佐氏进行过具体的论述，认为是种田木屐的一种。总结如下。

a：从脚尖的覆盖和没有鼻绳带的构造来看，并非作为步行的辅助工具，应该另有用途。

b：初现期的资料集中在北部九州，可以得到关于稻作的证据。

c：从形态和分布状况等的特殊性来看，有作为祭祀具的可能性，也有和祭祀遗物共伴的事例。但是也有紧急调用的事例，使用结实的阔叶树，细节加工精细，很难认为全部都是神灵替代物，作为实用品的可能性很高。

d：民具类似难波的形态特征，而且出土品也有同样形态的种田木屐，说明用途也有共通的可能性。

根据分布状况和事例数很难认为板状履鞋是用于日常行走，应该有别的用

---

[1] 据高桥敦氏的观点，在日本海沿岸，可见杉树多有作为木制品用材的倾向。实际上，出土杉木制板状履物的青谷上寺地遗址、姬原西遗址、八日町地方遗址都是位于日本海沿岸的遗址。因此，杉木作为用材具有呈现出地域倾向的可能性，树种不同的起因何在，有必要进一步探讨。

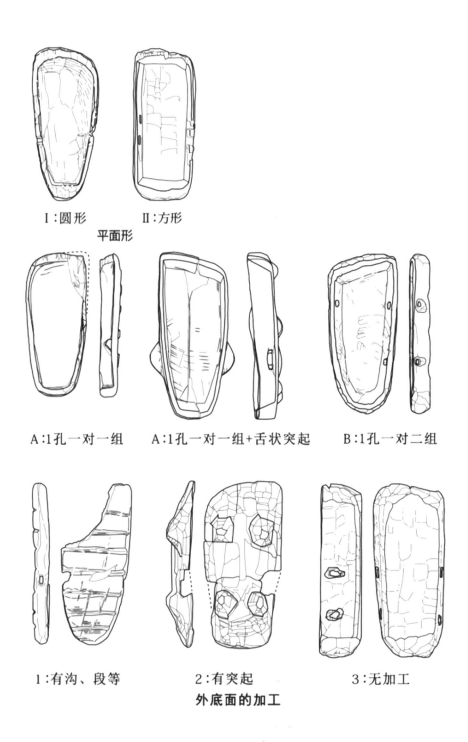

Ⅰ:圆形　　　　Ⅱ:方形
平面形

A:1孔一对一组　　　A:1孔一对一组+舌状突起　　　B:1孔一对二组

1:有沟、段等　　　2:有突起　　　3:无加工
外底面的加工

图五 分类一览

途。首先，即使不是作为步行用具，作为劳作用具的结论也为时过早，也应当考虑作为祭祀具的可能性。此外，时代变迁也能明确，初现期的事例只能追溯到弥生时代前期后半，并非一定偏在北部九州。最后，从民具和难波的形态的相似性来看，板状履鞋和种田木屐在用材选择上明显不同，板状履鞋作为种田木屐的一种，种田木屐主要用针叶树，而板状履鞋主要使用阔叶树。

如上所述，板状履鞋是否属于种田木屐有待商榷。以下尝试就板状履鞋的用途进行分析。

根据板状履物用途的推定，最为重要的根据是共伴遗物的存在。由于板状履鞋的资料不足，难以探讨其单独的用途和性格等问题。

北部九州的事例多与农具共伴，难以推定是农具以外的用途。其他地区的事例则多见与祭祀遗物共伴的倾向。此外，北部九州的事例课件外底面施有沟、段等加工，但其他地区的事例，青谷上寺地遗址以外的都没有等等，各种各样的状况课件明确的差别。因此，北部九州和其他地区的板状履鞋可以用途不同。再者，关于履鞋的祭祀性，木屐也可看到同样的倾向。从古坟出土的木屐的石制模造品[1]自不必说，初现期的木屐也多有与祭祀遗物共伴的事例，有学者指出可能是用于某种祭祀行为，[2]笔者自身也持同样的观点。[3]初现期的木屐重要特点之一是作为祭祀具，板状履鞋可能也带有同样的特点。由于缺乏有力的证据，只能进行模糊的想象，但木屐继承了板状履鞋祭祀的机能，从种田木屐衍生过来。带有屐齿的履鞋具有更高的清净性，与木屐的出现、发展相呼应，板状履鞋迎来了生命的末期。最后，关于树种，选择针叶树的原因是容易确保用材以及地域性，但针叶树在使用时不合适或许也是要因之一。考虑到有可以确认有显著的使用痕迹的事例，可以得出供给祭祀这样特殊的场合的非日常的实用品的结论。

---

[1] [日]野毛大塚古坟调查会《野毛大塚古坟》其他，1999年。此外，石制模造品的外底面带有钉状的突起等，可见与板状履物在形态上有共通之处。再者，分布也集中在近畿、关东等，可见与板状履物有共通的倾向，其关系值得重视。

[2] [日]秋田裕毅《下駄》，东京：法政大学出版局，2002年。

[3] [日]本村充保《古代における近畿地方の下駄の様相》，《古代文化》第66卷第4号，京都：古代学协会，2015年。

六、总 结

本稿关于弥生时代—古坟时代的板状履鞋，基于29处遗址42例的出土事例，通过对分布、时代变迁、构造特征、树种分析等方面进行探讨。

以往的观点认为板状履鞋可见集中在北部九州的倾向，总是限定在弥生时代后期，弥生时代前期—中期很明显看不到这样的倾向。毋宁说前期—中期的事例多数分布在日本海沿岸地区，从作为分布的中心地的北部九州向其他地区扩散的构图无法成立。这是因为从北部九州的板状履鞋的构造特征来看，很难看到对其他地区的板状履鞋的影响。

关于板状履物的用途，过去认为其并非种田木屐的一种，很可能是祭祀具。其一，出土时多与其他祭祀遗物共伴。其二，与多数使用针叶树的种田木屐和木屐不同，选择使用阔叶树等，可以作为考量用材选择时对象征性的重视多于实用性的根据。

最后就板状履鞋的发源地进行简要论述。板状履鞋为外来品，并非源自日本。从早期的事例分布在日本海沿岸地区来看，这种可能性很高。只是由于无法全面论述关于和大陆（中国）的关系，因此可以认为是受到朝鲜半岛的影响。但是，管见所限，半岛木制履鞋的初现期是在5世纪前半前后，而且其形态与日本的木屐的基本构造相似。[1]因此可以得出板状履鞋是外来品的结论，应该探求其源头是大陆（中国），但无法承认半岛的影响。在中国，木制履鞋被称为木屐，大约5300年前的慈湖遗址就有出土木制履鞋，三国时代的武将朱然墓等也有出土木屐，虽然数量不多，但在各地都有发现。据此，木屐作为雨天使用的履鞋被广泛普及。[2]从这点来看，板状履鞋从大陆直接传来也好，抑或是经由半岛，但没有在半岛被普及，直接传来日本。

---

[1] [日]本村充保《古代の履物の様相—日韩の履物文化の比较—》，《靴の医学》Vol.25，东京：日本靴医学会，2011年。

[2] 王志高、贾维勇《南京颜料坊出土东晋、南朝木屐考》，《文物》2012年第3期。

日本的木制履鞋从种田木屐的存在来看，可以追溯到弥生时代前期前半。板状履鞋在此之后的前期后半出现。种田木屐和板状履鞋出土量的云泥之别使二者无法同日而语，但笔者想指出二者都具有较早时期作业和祭祀的两面性。再者，板状履鞋的终结和木屐出现几乎在同一时期，或许木屐继承了板状履鞋的祭祀属性。[1] 其是与非暂且不论，所谓板状履鞋是祭祀具，表明日本的木制履鞋从初现期就是带有祭祀属性的重要遗物。

原载于奈良县立橿原考古学研究所编《考古学论考》第41册，2018年，第52-64页。经东京明治大学政治经济学部兼任讲师石黑HISAKO女士征得奈良县立橿原考古学研究所指导研究员本村充保先生同意，授予翻译权利。特此鸣谢！

（作者单位：奈良县立橿原考古学研究所，译者单位：南越王博物院）

插图出典

图一

1：注8文献第70图—125

2：注9文献第28图—46

3：注10文献Fig189—W117

4：注4文献第2图

5：注12文献第33图—124

6-1·6-2：注13文献Fig106—30124·30125

7-1～7-3：注14文献Fig70—W070～W073
（W072·W073在图上接合）

8：注15文献第70图—496

10注17文献第7图—13

11-1·11-2：注19文献图31—103·104

12：注20文献图50—150

图二

13：注21文献的插图254—W278

14-1·14-2注22文献3第162图—175·文献4第273图—184

15：注23文献第130图—4

16：注25文献第164图W5

17：注26文献第131图—47

18：注27文献的图版69—366

19：注28文献第17图—43

20-1·20-2：注29文献第70图—394·395

图三

21：注30文献第61图—8

22：注31文献第89图—419

23：注32文献第258图W244

24：注33文献第48图-260

25：注34为文献第167图—6

26：注35文献第70图—28

27：注36文献第331图—3

28-1～28-3：注37文献的图版327-121～123

29：注39文献图第85—64

30-1·30-2注40文献第191图—482·483

※关于图四，因与图一至三重复故而省略。此外，图已全部重新描摹，部分有改动。

---

[1] 在榎田遗址，板状履鞋和木屐共伴。包括上河北遗址在内全日本仅有二例，换言之，两者虽无法建立起联系，但也可以说是意义重大的事例。

粤西出土唐许夫人及冯氏墓志相关史事考略

陈鸿钧

内容提要：

粤西茂名唐墓出土之顺正郡主许夫人，据考为唐初宰相许敬宗之女，许氏为贪念财货权势而将其女远嫁岭南酋帅冯氏家族，为一桩典型的政治联姻，也可反观唐初岭南豪强冯氏家族攀附朝廷权贵的心理与行动。冯氏墓主即是被分封粤西某州刺史的冯盎诸子之一，该冯氏墓位处许夫人墓附近，均在电白县良德霞峒墟晏山南坡，极可能是唐初冯氏家族墓地，又与冼夫人家族关系密切，该二墓志是研究隋唐粤西家族社会政治的可贵资料。

1987年，广东省博物馆与茂名市博物馆、电白县博物馆在广东电白县霞峒镇坡田乡狮子岭（又名晏宫岭）发掘唐砖室墓一座，出土墓志一方曰《唐故顺政郡君许夫人墓志铭并序》（以下简称"许夫人墓志"）[1]（图一），志文云：

> 唐故顺政郡君许夫人墓志铭并序
>
> 顺政郡君许夫人者，中书令之子、内史侍郎之孙，宫历二朝，家传万石。扬眉俛晒，早识人情；观雪听琴，见推神悟。年十有四，归于冯氏潘州刺史顺政公其人焉。中馈足供，外言无间，阮德如之嫁妹，妇德尤遍；张京兆之待妻，时议未许。夫人闺房□□，风气独高，加以习训礼闱，数游文圃，翰墨尤善，盘悦必书，班姬之团扇入怀，徐淑之宝钗曜首，辞甚哀怨，义切风霜，以今望古，将无愧色。显庆三年初蒙邑

---

[1] 广东省博物馆、茂名市博物馆、电白县博物馆《广东电白唐代许夫人墓》，《文物》1990年7期。陈尚君辑校《全唐文补编》辑录此墓志文，北京：中华书局，2005年，第236页。

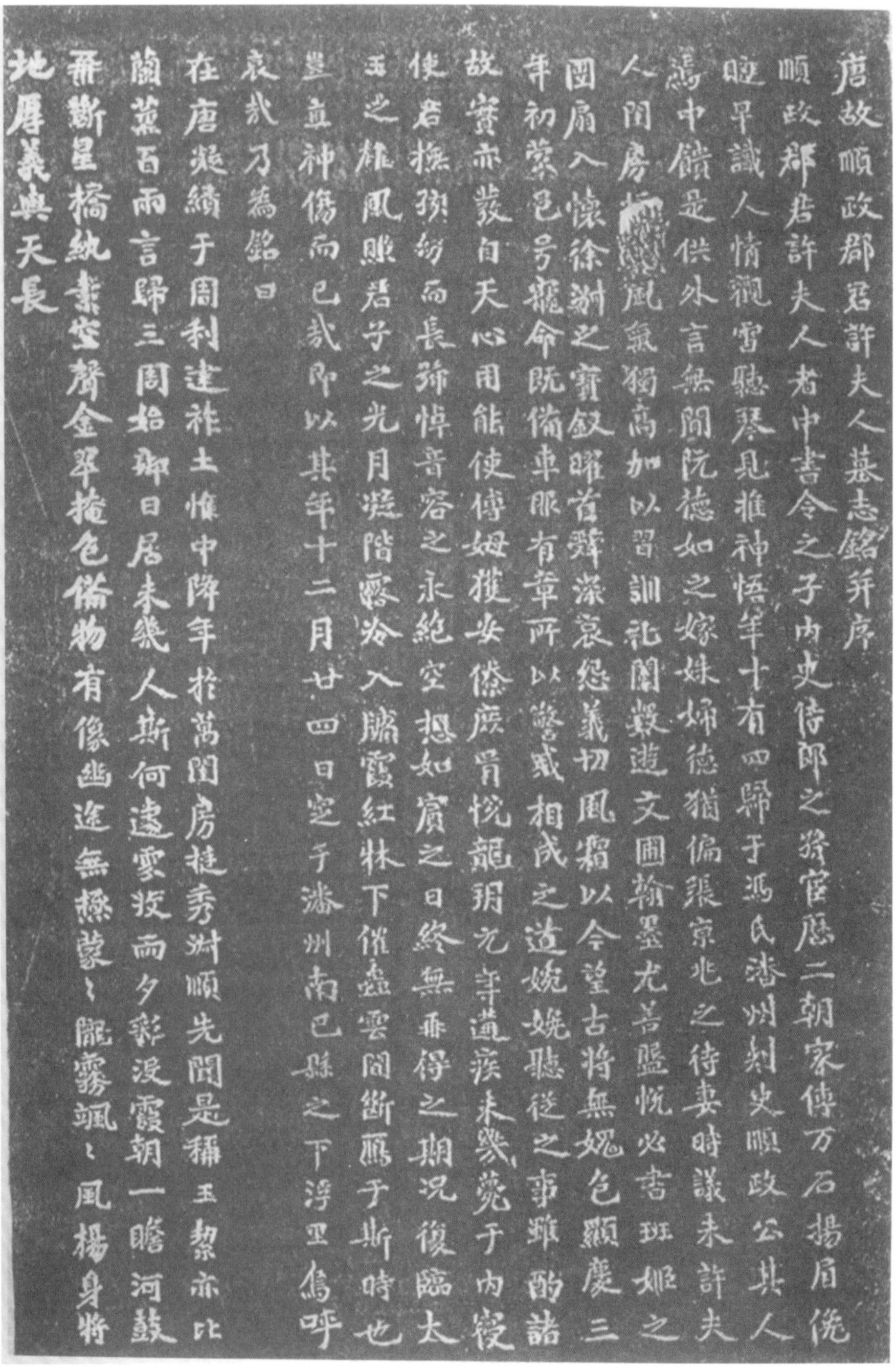

唐故順政郡君許夫人墓志銘并序

順政郡君許夫人者中書令之子內史侍郎之孫宦歷二朝家傳萬石揚眉俶

儻早識人情窺霄聰瑟見雅神悟年十有四歸于馮氏潘州刺史順政公共人

馮中饋是供外言無閒阮德如之嫁妹婦德猶偏張京兆之侍妻時謙未許夫

人聞房帷氣獨高加以習訓乱闈毀遺文圖翰墨悅必昔班姬之

故資亦敦自天心用能使傅姆安儀廢骨悅龍朗尤辛蓮疾未幾党于內寢

年初縈邑號寵命既備車服有章所以警威相戒之道婉娩聽從之事雖酌諧

圓扇入懷徐淅之寶釵首聲溪衰怨義切風霜以今望古將無媿色顯慶三

使君撫琬紛而長篩悍容之永絕空想如寶之日終無再得之期況復臨太

玉之雄鳳眺君子之光月濕階露冷入贐霞紅林下催盡雲間断雁于斯時也

豐壹神僑而已貳卯以其年十二月廿四日空于潘州南巳縣之下浮亞為呼

哀哉乃為銘曰

在唐誕緒于周利達祧土惟中降年扵萬閒房挺秀淅順先聞是稱玉黎亦比

顏蔬百雨言歸三周始御日居未幾人斯何遠雲扱而夕彩沒霞朝一瞻河鼓

舁斲星橋納素管譽金翠掩色儲物有像幽逵無樑蒙~朧霧颯~風楊身將

地厝義與天長

图一　唐许夫人墓志搨本

149

号，宠命既备，车服有章，所以禁戒相成之道，婉娩听从之事，虽酌诸故实，亦发自天心，用能使傅姆获安，僚庶肯悦。龙朔元年遘疾，未几薨于内寝，使君抚孩幼而长号，悼音容之永绝；空想如宾之日，终无再得之期。况复临太玉之雄风，照君子之光月。凝阶露冷，入牖霞红，床下催虫，云间断雁。于斯时也，岂直伤神而已哉。即以其年十二月廿四日窆于潘州南巴县之下浮里。呜呼哀哉！乃为铭曰：

在唐凝绩	于周利达	祚土惟中	降年于万
闺房挺秀	淑顺先闻	是称玉洁	亦比兰薰
百两言归	三周始□	日居未几	人斯何遽
云收雨夕	彩没霞朝	一瞻河鼓	再断星桥
纨素空声	金翠掩色	备物有像	幽途无极
蒙蒙陇雾	飒飒风杨	身将地厚	义与天长

1984年秋，广东省博物馆与电白县文化局在上述唐许夫人墓南约30米处发掘清理了一座唐墓，出土墓志一方（以下简称"冯氏墓志"），[1] 残损严重，不能卒读，仅可释读出以下文字：

公讳□思字□恩州□□人□□□□冯□□□□□□州高□二郡太守高□□□□陈□起家拜本州高□郡太守同三司右光禄大夫本郡太守封越国公祖知戴左骁骑大国公父子游光禄大夫本州刺史封□□郡开国公公□降□□其符□□海深其器量幼□□惠演水上之浮□□□□祖□授□承□□州诸军事潘州刺史分符远寄州县冯□□剖竹□□□□□□以□公非独光哉□□特表□□□□□□移□郡□州□□之□起□授恩州诸军事恩州刺史□□□□□□□□□千衣卸□□□捐馆舍神功元年十二月廿六日□□□□私第□□四下□福禄夫贵册封雷阳县君马□□□□幽明睿感西城情深符竹□□□□□十二月二□改□公土贞石式□之弥□神四河□□□

---

[1] 广东省博物馆、电白县文化局《广东电白县霞洞墟唐墓简报》，《考古》1986年1期，第48页。

据《许夫人墓志》文，知该墓建于唐高宗龙朔元年（661年），墓主许夫人，为"中书令之子、内史侍郎之孙"，按《隋书》、新旧《唐书》等记载，可确定其祖父为隋臣许善心，其父为唐初名宦许敬宗。

许敬宗（592—672年），字务本，杭州新城人，为隋代礼部侍郎许善心之子。大业十四年（618年）许善心为宇文化及所害，其子许敬宗流转投于李密。入唐，历任著作郎、中书舍人、礼部尚书、侍中、中书令，"任遇之重，当朝莫比。"[1]墓主确为隋唐名宦之裔，生于显贵之家。

志文称许氏"年十有四归于冯氏"，封顺正郡主（唐代封四品官之妻为郡君，母为郡太君），其丈夫冯氏顺政公官潘州刺史，推测应该是唐初岭南高州总管耿国公冯盎子侄辈中的某位。冯盎子侄有多位在粤西一带任刺史者，按《新唐书·冯盎传》称："武德五年（622年），始以地降，……授（冯）盎上柱国、高州总管，封越国公。拜其子（冯）智戴为春州（今广东阳春）刺史，智彧为东合州（今广东雷州）刺史。"又按《元和郡县志》卷三·高州："贞观二十三年（649年），（冯）盎卒，……永徽元年（650年），敕遣太常丞薛宝积析高州所管县为恩、潘二州，分盎诸子为刺史，以抚其人。"[2]又《全唐文》载《唐故开府仪同三司赠扬州大都督高公神道碑》（简称《高力士碑》）称："（冯盎）子智戣为高州刺史，智戴为恩州刺史，智玳为潘州刺史。"[3]后世《高州府志》亦载冯智玳任过潘州刺史、恩州刺史，与墓志合。可以明确许夫人丈夫为冯盎之子、冼夫人之曾孙冯智玳。[4]

许敬宗嫁女与岭南冯氏家族之事，见载《旧唐书·许敬宗传》："高宗嗣位，（许敬宗）代于志宁为礼部尚书。敬宗嫁女与蛮酋冯盎之子，多纳金宝，为

---

[1] 《新唐书·许敬宗传》，北京：中华书局，1977年，第1231页。

[2] [唐]李吉甫《元和郡县志》，北京：中华书局，1983年，第167页。

[3] 《全唐文》载《唐故开府仪同三司赠扬州大都督高公神道碑》记载冯氏家族谱系，转引郁贤皓《唐刺史考全编》，合肥：安徽大学出版社，2000年，第604页。

[4] 20世纪60年代初，广东省雷州师范学校教师王兴瑞广蒐粤西资料，撰写《冼夫人与冯氏家族》一书，书中列"冯氏世系表"，未有冯智玳其人，因当时作者未及见此墓志故也，兹可据以补之。该书于1984年由北京中华书局出版。

有司所劾，左授郑州刺史。永徽三年，入为卫尉卿，加弘学馆学士，兼修国史。"[1] 与志文合。《新唐书·许敬宗传》载："敬宗饕逯，遂以女嫁蛮酋冯盎子，多私所聘。有司劾举，下除郑州刺史。"[2]《资治通鉴》又称："敬宗尝奏流其子昂于岭南，又以女嫁蛮酋冯盎之子，多纳其货，故（袁）思古议及之。"[3] 看来宰相许敬宗嫁女蛮酋冯氏家族之事曾引起朝臣激烈反应，以致被弹劾降官。

许敬宗其人素具文名（曾为秦府十八学士之一），富才干，颇受太宗、高宗及武则天赏器，官爵屡擢，以至宰相。但其为人做事曲直不正、贪财好色也属实情。史载许氏不仅嫁女与蛮酋冯氏，还曾嫁女与左监门将军钱九陇，钱九陇本来是皇家的奴隶，敬宗贪图财物与他联姻，于是为钱九陇作传，曲意陈述其家世门阀，妄加功绩，并把他提升到与刘文静、长孙无忌同眷。敬宗为其子娶尉迟宝琳的孙女为妻，得到很多贿物，到做纂写尉迟宝琳的父亲尉迟敬德的传时，完全为他隐去各种过失罪过，其曲笔迎阿如此。正因为许氏生前的诸种曲行，导致他亡后商议赠谥时，引起了朝臣的激烈争议，差点落了个"缪"（含义为"名与实爽"）的恶谥，辛亏唐高宗维护偏袒他，诏令在朝五品以上官员公议，再三议论，才给许敬宗上了一个"恭"的谥号，意思是"既过能改"。[4]

从冯氏家族角度而言，交结朝廷权贵以提高自己家族的声望和门第，也是其努力且乐意所为之事。

《唐会要》记载广州都督萧龄之"受左智远及冯盎妻等金银、奴婢等"。[5] 此正唐太宗《安抚岭南敕》所云"在官之徒，多犯宪法，刑法淫滥，货赂公行"之谓也。

高凉冯氏家族试图与唐朝皇室国亲贵戚结成婚姻关系。唐高宗永徽年间

[1]《旧唐书·许敬宗传》，北京：中华书局，1977年，第1134页。

[2]《新唐书·许敬宗传》，北京：中华书局，1977年，第1134页。

[3]《资治通鉴》卷二〇二"唐高宗咸亨三年"条，北京：中华书局，1956年，第2013页。

[4]《旧唐书·许敬宗传》，北京：中华书局，1977年，第1135页。

[5]《唐会要》卷三九《议刑轻重》，转引王承文《唐代环南海开发与地域社会变迁研究》第一章《唐代岭南南部"溪洞社会"的重大变迁论考》，北京：中华书局，2018年，第107页。

（650—655年），太宗第五子吴王李恪被杀，其四子"并流岭表"。据近年出土的《大唐故朗陵郡王李玮墓志铭并序》记载，李玮，字彦英，其先陇西成纪人，为"太宗之孙，高宗之犹子，睿宗之兄，今上之伯，吴国大王之第三子也"，"昔吴王，帝之爱子，朝望攸归，虽魏武怜才，方之多愧；汉皇许善，对我何阶？然优宠特殊，各萌私构，逸人发于左戚，妬衅兆于中台。桂折小三，兰枯长坂。王衔破家之痛，□覆巢之祸。号诉不达于天门，投俾遂居于海裔。安时委命，与物同尘。琚书瑶琴，日夜清音，金鼎玉粒，岁月忘形。诗穷大雅之篇，礼获中庸之美。嗟嗟！留落南越，吾何东周？永淳元年（682年）二月廿一日，薨于广州南海县，时年卅有六。属少康继续，光武兴邦，茅土宠于玄泉，简书流于紫禁。神龙二年（706年），追封朗陵郡王，礼也。妃长乐冯氏，唐故大将军耿国公盎之曾孙，有贤明之德，有婉淑之容，行合母师，礼成归道，桃李含秀，兰芷扬芬，归我朗陵，克主中馈，清风远穆，……铭曰：吴国不造，台阶兆妬，我王投窜荒裔，遥遥九天，叫尽百□，谁悯沉弃南越，谁用东周心则。"[1]可见，大将军耿国公冯盎曾孙冯氏嫁给了流放岭南的唐太宗之子吴王李恪的第三子李玮。

高凉冯氏作为中古时期岭南西部最大的地方豪族之一，其家族源籍河北，曾建立过北燕政权，后在北魏的侵迫下，于南朝宋初年辗转移居岭南南部沿海高凉地区。《隋书》记载曰：

（冯）融本北燕苗裔。初，冯弘之投高丽也，遣（冯）融大父（冯）业以三百人浮海归宋，因留于新会。自业及融，三世为守牧。[1]

然而由于"他乡羁旅，号令不行"，冯融于是与高凉土著首领冼氏家族结成政治姻亲关系，为其子高凉太守冯宝聘冼夫人为妻。此后，冼夫人"诫约本宗，使从民礼。每共（冯）宝参决词讼，首领有犯法者，虽是亲族，无所舍纵。自此政令有序，人莫敢违"。[3]可见冯、冼联姻是一桩典型的政治婚姻。

[1] 齐运通《洛阳新获七朝墓志》，北京：中华书局，2012年。转引王承文《唐代环南海开发与地域社会变迁研究》第一章《唐代岭南南部"溪洞社会"的重大变迁论考》，北京：中华书局，2018年，第120页。
[2]《隋书》卷八十《谯国夫人传》，北京：中华书局，1977年，第2213页。
[3]《隋书》卷八十《谯国夫人传》，北京：中华书局，1977年，第2213页。

自古有华夷之辩，尊华夏而卑四夷，自不待言，唐代亦然。高凉冯氏本是北地贵胄，辗转迁移而至岭南粤西地区为宦作使，与当地俚酋冼氏联姻，逐渐壮大，成为一方豪族权宦，虽然本身并不是夷人部族，但在皇室宗亲及中原士族眼里，仍然不过是"峒溪蛮夷"和"俚汉帅渠"。《旧唐书·冯盎传》："冯盎，高州良德人也，累代为本部大首领。"[1]将其归属于土著蛮夷。《旧唐书·冯盎传》记载武德四年（621年），"盎以南越之众降，高祖以其地为罗、春、白、崖、儋、林等八州，仍授盎上柱国、高罗总管，封吴国公，寻改封越国公，拜其子（冯）智戴为春州刺史，智彧东合州刺史，徙封盎耿国公"。[2]还是以蛮夷政策对待。《资治通鉴》记载隋文帝仁寿元年（601年），"潮、成等五州獠反，高州酋长冯盎驰诣京师，请讨之。帝敕杨素与盎论贼形势，素叹曰：不意蛮夷中有如是人！"[3]而《新唐书·诸夷蕃将传》即是将冯盎与阿史那社尔、执朱思力、契苾何力、黑齿常之等著名蕃将并列。

贞观八年（634年）三月，唐太宗宴群臣，其父太上皇李渊命臣服于唐的突厥颉利可汗起舞助兴，"又遣南越酋长冯智戴咏诗，既而笑曰：'胡、越一家，自古未之有也。'"[4]冯盎之子冯智戴能咏诗，证明其具有较高的汉文化修养，但在唐高祖、唐太祖眼里他仍然是蛮夷"越人"。林宝《元和姓纂》是唐代现存最重要的一部姓氏著作，其在记载岭南冯姓时称："高州都督、耿公冯盎，代为酋领。"又称："窦州刺史、合浦公冯士翙，代为酋领。"[5]可见已明确将其族属归为蛮夷酋领。

至于自南朝至唐初盘踞岭南西部的冯氏家族，自然不甘以蛮夷自居，于是以其富豪，交通王侯，借以扩展势力并提高声望，甚或自恃武力，叛服无常，威胁

---

[1] 《旧唐书·冯盎传》，北京：中华书局，1977年，第1911页。

[2] 《旧唐书·冯盎传》，北京：中华书局，1977年，第1911页。

[3] 《资治通鉴》卷一七九"隋文帝仁寿元年"条，北京：中华书局，1956年，第1877页。

[4] 《旧唐书》卷一《高祖纪》，北京：中华书局，1977年，第102页。《资治通鉴》卷一九四"唐太宗贞观八年"条，北京：中华书局，1956年，第165页。

[5] [唐]林宝《元和姓纂》，转引王承文《唐代环南海开发与地域社会变迁研究》第一章《唐代岭南南部"溪洞社会"的重大变迁论考》，北京：中华书局，2018年，第112页。

朝廷加封晋爵等情，皆可以理解。

志文称许夫人"窆于潘州南巴县之下浮里"。按《旧唐书·地理志》载："潘州下，隋合浦郡之定川县，武德四年置南宕州。……（贞观）八年（634年）改为潘州。"[1]领茂名、南巴、潘水三县，均属今茂名市地区。

据考古发掘简报称此许夫人墓早年被盗，破坏严重，仅剩余有少量金饰、铜镜及瓷器，俱呈唐代风格。

冯氏墓志文漶损过甚，仅辨得墓主为"冯□思"，武后时任恩州刺史，祖父冯知戴（按"知"同"智"），父子游（按史籍作"子猷"）。神功元年（697年）即武则天年号，应是墓主人卒亡时间。

知戴，新旧《唐书》和方志均有记载，写作智戴（"智"与"知"同），是唐越国公冯盎之子、冼夫人之曾孙。贞观二年（628年），冯智戴由其任高州总管的父亲冯盎送入长安为人质，以表示冯家效忠唐王朝。冯盎死后，冯智戴继续统领南越各酋帅，累官至左武卫将军，死后封赠洪州都督。父子游，《高力士碑》及府志载其曾任潘州刺史，与志文合。据墓志辨认，墓主曾任潘州刺史、恩州刺史，此于史无记。

《全唐文》卷二三一·张说《赠潘州刺史冯君（君衡）墓志铭》："祖盎，持节总管高州都督、耿国公，薨，赠左骁卫大将军、荆州大都督。恩命分府为三州，授君三子，子智戣高州刺史，子智玳恩州刺史，犹子子猷潘州刺史。公荆州之孙，恩州之子。"按冯智玳为潘州刺史，非恩州刺史（恩州刺史、春州刺史为冯智戴）。[2]

又按《元和郡县志》卷三·高州："贞观二十三年，盎卒……永徽元年，敕遣太常丞薛宝积析高州所管县为恩、潘二州，分盎诸子为刺史，以抚其人。"[3]很可能墓主即是此际被分封某州刺史的冯盎诸子之一。

[1]《唐书·地理志》，北京：中华书局，1977年，第1187页。

[2] 郁贤皓《唐刺史考全编》，合肥：安徽大学出版社，2000年，第356页。张说《故潘州冯府君墓志铭》又见辑于《隋唐五代墓志汇编》陕西卷第一册，第92页。

[3] [唐]李吉甫《元和郡县志》，北京：中华书局，1983年，第124页。

该冯氏墓位处许夫人墓附近，均在电白县良德霞峒墟晏山南坡，极可能是唐初冯氏家族墓地。这与《电白县志》"冯盎唐时家于良德霞峒堡地"之记载相合。[1]潘州为隋唐高凉郡治所，是冼夫人与冯氏家族统治势力范围。又据清代地方官私文献记载，冼夫人出生地为高州府电白县山兜乡丁村，即在当时电白县城北十里，今电白县电城镇附近的山兜村。该墓志及上述许夫人墓志是研究隋唐粤西家族社会政治的可贵资料。

（作者单位：广州博物馆）

---

[4] 广东省博物馆、电白县文化局《广东电白县霞洞墟唐墓简报》，《考古》1986年1期，第47页。

印尼沉船出水文物反映中外文化交流的案例举隅[1]

全 洪 李颖明

内容提要：

近20年来，南海海上丝绸之路上陆续发现的沉船遗址、出水文物为中西交流研究提供了新的材料，很好地弥补文献记载的缺失。本文首先介绍20世纪90年代在印尼爪哇海域出水的勿里洞沉船（黑石号）、印坦沉船及井里汶沉船的基本概况，这些沉船以丰富的文物展现了9—10世纪时中西之间南海航线的繁盛，充分展现了当时中国海外贸易的国际性。其次以长沙窑贴花装饰中波斯枣纹样、伊斯兰玻璃瓶中常见的宽平折沿长颈瓶为切入点，讨论西亚制品的器形、纹样等文化因素通过南方海路贸易传来中国，从而被接受、被演化、被融合，以至对中国一些著名窑口所生产的产品产生深刻影响。在中西交流的研究中，通过具体器物比较研究的案例，更有助于拓展研究深度。考古出土和沉船出水的遗物是研究古代中西交通史的重要内容。

古代中西交通分为陆路与海路二途。陆上的西域研究受中外学者关注已久，研究成果非常丰富，相较之下，海上的南海研究虽也得到不少学者的注意，但可供进一步研究的问题仍然不少。由于中国古代文献偏重记载海外交往国的国名、王号及其贡献品名等内容，对商品、日常用品、生活习惯、文化等内容记载很少，因此南海中西交通研究缺乏足够的文献记载，也缺少出土文字和图像等材料支撑，造成文化交流方面的研究不够深入和系统。随着现代考古工作的发展，沉船遗址、出水文物等资料的发现对中西交流研究提供不少新的材料，这正可弥补

---

[1]《广州大典》与广州历史文化专题研究重点课题"从文物资料看南汉与三佛齐海上交通贸易"（2014GZZ04）。

文献记载的缺失。近年来印度尼西亚海域先后清理了几艘公元9—10世纪的沉船，出水了大量来自世界各地的不同种类的文物，充分显示唐五代时期中西文化交流的多样性。

一、印尼沉船概况

20世纪90年代，在印尼爪哇海域附近出水三艘沉船，分别为勿里洞、印坦及井里汶沉船，这些沉船以丰富的文物展现了9—10世纪时中西之间南海航线的繁盛，充分展现了当时中国海外贸易的国际性。

1998年，在印尼勿里洞岛（Belitung）西岸海底打捞了一艘沉船，因附近有黑色礁石，而命名为"黑石号"。[1]这艘船是以缝合的工艺将船板拼接，没有使用榫的结构或金属铆钉，船板木材经化验来自于非洲地区。澳大利亚水下考古学家弗莱克（Michael Flecker）认为这是一艘阿拉伯商船，极有可能是在阿曼、也门或伊朗等地建造。[2]从船上装载有大量中国陶瓷器、金银器等物品来看，这艘船应该是以波斯湾为目的地。

黑石号上出水较完整的瓷器有6万余件，考古学家估计原船上应运载有7万余件瓷器。[3]其中长沙窑的釉下彩瓷器占了5.5万余件，[4]瓷器被精心地包装过，叠放在大瓷瓮里，有填充物防止瓷器相互碰撞而破碎。[5]出水的长沙窑瓷器中，有一件带铭款"宝历二年七月十六日"，即说明这件瓷器在826年烧制。黑石号上出水了两百多枚唐代铜钱，其中大部分是621年始铸的"开元通宝"，另有9枚是758年铸造的"乾元重宝"，[6]但不见会昌五年（845年）开始铸造的钱背增添地名的

[1] Edited by Regina Krah, *Shipwrecked: Tang Treasures and Monsoon Winds.* Arthur M. Sackler Gallery, Smithsonian Institution,2010.

[2] Michael Flecker, "A Ninth-Century Arab Shipwreck in Indonesia: The First Archaeological Evidence of Direct Trade with China", Shipwrecked: Tang Treasures and Monsoon Winds, P117.

[3] 思鉴著，刘歆益、庄奕杰译《公元九到十世纪唐与黑衣大食间的印度洋贸易：需求、距离与收益》，《国家航海》第八辑，2014年，第103页。

[4] Shipwrecked: Tang Treasures and Monsoon Winds, p56.

[5] Michael Flecker, Shipwrecked: Tang Treasures and Monsoon Winds, p110.

[6] Shipwrecked: Tang Treasures and Monsoon Winds, p38.

"会昌开元"。由"宝历二年"铭款的瓷器及不见会昌开元钱可进一步将黑石号的年份限定在826—845年。

黑石号及其出水的大批文物，生动地展现了唐末的中西贸易状况，印证了贾耽所记录的"广州通海夷道"上商船往来的情景，也显示了阿拉伯人在9世纪时中西贸易中扮演的重要角色。

1997年在印尼爪哇海的西北部水域发掘的"印坦沉船"（Intan Shipwreck）及2003年在印尼爪哇岛中部的北岸井里汶（Criebon）港外发现的沉船，均约长31米，宽10米。印坦沉船的工艺显示这是一艘印度尼西亚构造的帆船，井里汶沉船的木材品种只在苏门答腊和加里曼丹岛西部有所发现，因此井里汶沉船也应是一艘东南亚制造的船只。

印坦沉船在发掘过程中，共记录6154件非陶瓷器文物和7309件陶瓷器。遗物有铜、铅、银、铁、锡、金、玻璃、陶瓷、石材和有机物等，产地可能来自中国、马来西亚、泰国、印度尼西亚和中东地区。[1] 七千多件陶瓷器中以中国瓷器为主，其中4855件为广东产的一种青黄釉小罐，剩余的器物则以越窑为主。这种数量的瓷器比起黑石号或井里汶沉船都相差甚远，极有可能在某个港口卸货或进行过交易。另有一批总重量达70公斤的南汉"桂阳监"银铤，铸造时间在951—964年，[2] 应是南汉用成批的银铤去购买蕃货。还有137枚南汉"乾亨重宝"铅钱，因其量少，不易断定其保留之缘由，但可肯定该船舶主最后必是与南汉互市。而同船共存大量中国货物，亦可表明其在广州从南汉境离岸。

井里汶沉船出水的中国瓷器数量非常惊人，约205000件瓷器被记录在案，其中绝大部分都是来自越窑等我国东南部的窑口，约有4000件来自北方窑口，如邢窑等。其中一件越窑瓷器上有"戊辰徐记烧"的铭文，结合同船出水的约7000枚南汉"乾亨重宝"铅钱，可推断戊辰或为968年。井里汶沉船上还有大量可能是来自阿富汗地区的未加工青金石原料，以及可能来自印度地区的大量宝石材料。[3] 有学者

---

[1] Michael Flecker, The Archaeological Excavation of the 10th Century: Intan Shipwreck, Archaeopress, England, 2002.

[2] 杜希德、思鉴《沉船遗宝：一艘十世纪沉船上的中国银铤》，荣新江主编《唐研究》第十卷，北京：北京大学出版社，2004年。全洪、李颖明《印尼沉船出水银铤为南汉桂阳监制造》，《湖南博物馆馆刊》2014年第十一辑。

[3] 秦大树《拾遗南海、补阙中土——谈井里汶沉船的出水瓷器》；Adi Agung Tirtamarta, M.M；辛光灿译，袁腱校《井里汶海底十世纪沉船打捞纪实》，俱见《故宫博物馆院刊》2007年第6期。

认为沉船上"来源复杂的物资并不代表她们曲折的国际航程,只说明以东南亚为中心的亚洲贸易网络在十世纪已达到惊人的成熟"。[1]

笔者认为井里汶沉船上的货物来源复杂,显示其贸易地点及货主的多样性。船货以中国越窑瓷器为大宗,还有其他窑品的产品,说明这是一艘在中国采购瓷器贩运至三佛齐或西亚的货船。井里汶沉船出水数以万计的南汉"乾亨重宝"铅钱,明确昭示此船的舶主与印坦沉船的舶主一样,是在中国以"乾亨重宝"作结算的,是在南汉境内贸易,采办中国瓷器。所以这艘船是从广州出发,装载瓷器西行,在靠近三佛齐的西爪哇途中失事。至于船上的其他货物繁杂,以目前所知的材料不足解释。至少存在两种可能,一是此商船在中国与西亚往返时沿途采办各经行地的货物,如阿富汗地区青金石原料,一大批西亚伊斯兰玻璃器,印度化的铜器诸如密宗仪器等,由于某种不明的原因未能销出而仍留在船上。

916年阿拉伯人阿布·赛义德(Abu Zayd Hasan)整理9世纪中期的大食商人游记《中国印度见闻录》[2],记述唐末广州的情状,提及因唐末黄巢之乱的打击,中国与阿拉伯之间的商路中断。但从这两艘沉船可知,黄巢之乱的恶劣影响应该是短暂的。10世纪下半叶南海贸易依然繁盛,五代期间东南亚的商船持续与南汉通商。

考诸中国史籍,这三艘沉船所处位置在8世纪时为室利佛逝、10世纪时当为三佛齐所在,其政权中心当在今巨港(Palembang,原称旧港,又称巴邻旁)。其国因得天独厚的地理位置,控制着马六甲海峡和巽他群岛之间的制海权,主宰了波斯湾到南中国的航道,掌握着南海贸易。贾耽记"广州通海夷道"提及佛逝国在马六甲海峡南岸,周去非《岭外代答》记载:

> 三佛齐国,在南海之中,诸蕃水道之要冲也。东自阇婆诸国,西自
> 大食、故临诸国,无不由其境而入中国者。……蕃舶过境,有不入其国
> 者,必出师尽杀之,以故其国富犀象,珠玑,香药。[3]

---

[1]李旻《十世纪爪哇海上的世界舞台——对井里汶沉船上金属物资的观察》,《故宫博物馆院刊》2007年第6期,第87页。

[2]穆根来、汶江、黄倬汉译《中国印度见闻录》,北京:中华书局,1983年。

[3][宋]周去非著,杨武泉校注《岭外代答校注》,北京:中华书局,1999年,正文第86页。

其时苏门答腊、爪哇和马来半岛上的许多政权，都向三佛齐称臣，成为其附属国。附属国的进贡，使得大批奢侈品，如犀角、象牙、珍珠、香药都汇集在此，再转运中国等地。但从两艘沉船上的货物，无法判断其最终目的地是止于三佛齐，还是经此而往西亚。但可以肯定的是，在五代十国时期，这条自唐以来趋于鼎盛的南海海上丝绸之路，并没有因中国内陆陷于战乱分裂而中断。印坦沉船上铸印"桂阳监"字样的银铤、两艘沉船上均发现的南汉"乾亨重宝"铅钱，都十分明确地将贸易对象指向南汉。

唐宋时期南海航路多以广州出发，中国内陆各地的货物多汇集于广州，然后途经苏门答腊、爪哇、斯里兰卡、印度等地，直接航行至波斯湾地区，频繁的商贸同时对沿途所经国家和地区的文化带来影响。本文仅就其中两个例子谈一点粗浅看法。

二、波斯枣纹样

长沙窑窑址的研究自20世纪50年代以来，至今也已累积了丰富的研究成果。"黑石号"沉船出水的5万多件长沙窑瓷器，为长沙窑的研究提供了重要素材，甚至被认为是长沙窑进入"繁荣期"的标志。[1]沉船所出的大批瓷器为长沙窑作为唐时外销窑系的代表提供了生动的注脚，也展现了一幅唐代晚期中西贸易的壮阔景象。

长沙窑的工艺被认为是融合北方瓷艺及三彩工艺，其瓷胎的加工方法很可能受河南地区影响，在底足的处理上也与北方的邢窑、巩县窑相似。在装饰手法上，较多采用釉彩和贴花等工艺，其中模印贴花则最为常见，特别是在贴花上饰以褐斑，目前仅见于长沙窑。模印贴花工艺是西亚地区陶器及玻璃器的常见装饰手法，唐代时这种装饰手法影响到中国北方的窑场，不少学者认为长沙窑的贴花装饰应是受北方窑场的影响，[2]如邢窑和巩县窑。

---

[1]北京艺术博物馆编：《中国古瓷窑大全——中国长沙窑》，北京：中国华侨出版社，2016年，第4页。
[2]同上引，前言第14页。

贴花装饰是长沙窑的一大特色，其题材丰富多彩，包括人物、动物和植物等，其中多有西亚、南亚文化色彩，如胡人形象、椰枣纹、娑罗树、对鸟、联珠纹等等，均甚具异域特色。这种域外因素的传入，同样被认为是通过北方地区窑口而来。

诚然，长沙窑受北方窑口的影响甚深，西亚特色自陆上丝绸之路传入当然是重要途径，但笔者认为，应同时重视南方海路带来的影响。本文所讨论的长沙窑瓷器中的椰枣纹，恰能印证海路传播的可能性（图一、二）。

椰枣树自古生长在波斯南部海滨，是阿拉伯地区特有的植物，与阿拉伯人的生活息息相关，因此阿拉伯世界中常有椰枣纹的出现。中国古代文献中最早在《魏书·西域传》中提到波斯国的物产，[1]当中即有"千年枣"，后来的《周书》《隋书》提及波斯物产时也有"千年枣"的记载。但这些史书都没有记载这种枣传入中国的情况，仅仅是听说波斯有这种物产而已。美国学者劳费尔（Berthold Laufer）提出这种"千年枣"也就是《酉阳杂俎》所记载的"波斯枣"，这种植物非中国土生，而对于其较为详细的知识则始自唐朝，中国人也试图移植，使其适应中国的水土气候。[2]晚唐段成式《酉阳杂俎》这样记载"波斯枣"：

> 波斯枣，出波斯国，波斯国呼为窟莽。树长三四丈，围五六尺，叶似土藤，不凋。二月生花，状如蕉花，有两甲，渐渐开罅，中有十余房。子长二寸，黄白色，有核，熟则子黑，状类乾枣，味甘如饧，可食。[3]

由于椰枣树生长所需要的气候与土壤等原因，中国北方是无法种植的。《册府元龟》记载："（唐玄宗天宝）五载闰十月，陀拔斯单国王忽鲁汗遣使献千年枣。"[4]美国学者薛爱华对此提出疑问："但是我们还不清楚，这位使臣带来的究竟是枣椰树呢？还是保存下来的枣椰树的果实？"按外国来使献异物的习惯，

---

[1] [北齐]魏收：《魏书·西域传》，卷一百零二列传第九十。

[2] [美]劳费尔著，林筠因译《中国伊朗编》，商务印书馆，2015年，第226页。

[3] [唐]段成式：《酉阳杂俎》，卷十八。

[4] [宋]王钦若等编修：《册府元龟》，卷九百七十一。

图一　黑石号出水长沙窑瓷壶
（采自Shipwrecked Tang Treasures and Monsoon Winds.）

图二　印度尼西亚征集长沙窑瓷壶
（采自《中国长沙窑》，第236页）

这位使臣带来的肯定是果实而非果树。其实薛爱华也很清楚，椰枣树在唐代长安的气候环境中是无法生存的，"但是我们有足够的证据说明，9世纪时在广州已经种植了椰枣树"。[1]薛爱华提到的证据，是指刘恂《岭表录异》明确记载当时广州城内有种植这种"波斯枣"：

> 波斯枣，广州郭内见其树，树身无间枝，直耸三四十尺，及树顶四
> 向，共生十余枝叶，如海椶广州所种者。或三五年一番，结子亦似北中
> 青枣，但小耳。自青及黄，叶已尽，朵朵著子，每朵约三二十颗。恂曾
> 于番酋家，食本国将来者，色类沙糖，皮肉软烂，饵之，乃火烁水蒸之
> 味也。其核与北中枣殊异，两头不尖，双卷而圆，如小块紫矿。[2]

椰枣树虽在唐时已传入广州并能种植成功，但确实数量很少。《中国印度见闻录》记载："中国没有多少椰枣树，除非某些家庭偶尔种植一两株外，一般是很少见的。"[3]根据上述这些文献的记载，可知这种非本土的椰枣树，在唐代传入中国后也仅在广州所处的岭南地区能种植成功，湖南长沙一带地区根本不可能有椰枣树，且国人对这种植物所知甚少。

杜甫诗《海棕行》就提到当时四川一带有"海棕树"：

> 左绵公馆清江濆，海棕一株高入云。
> 龙鳞犀甲相错落，苍棱白皮十抱文。
> 自是众木乱纷纷，海棕焉知身出群。
> 移栽北辰不可得，时有西域胡僧识。

从其描述中可知这种"海棕树"确与椰枣树比较相似，但是否即椰枣树，仍有待考证。但至少可说明，其时国人对这种外形的植物几乎是一无所知的，只是"时有西域胡僧识"，且更是"移栽北辰不可得"。"北辰"指的是北极星，借指皇宫，则可知当时长安一带当是无法栽种。因此仅就长沙窑器中的"椰枣纹"而言，笔者认为经南海航路到广州，再经岭南入湘一途，应更为合理。

---

[1] [美]薛爱华著、吴玉贵译《唐代的外来文明》，北京：中国社会科学出版社，1995年，第269–270页。

[2] [唐]刘恂《岭表录异》，卷中。

[3] 穆根来、汶江、黄倬汉译《中国印度见闻录》，正文第11页。

有学者专文探讨有关"椰枣纹"，[1]将长沙窑器上的椰枣纹形态分为三个类型，即片状、团状和树状。其中树状椰枣纹样通常外形是整株的椰枣树，常伴随树下的围栏或树上对鸟的出现。更有学者认为这种椰枣树对鸟纹具有粟特式风格。[2]专家们认为这长沙窑器中的椰枣纹"可能是阿拉伯商人给长沙窑作坊提供的样式"。还进一步认为当时长沙窑内可能有少数胡商或胡人陶工参与了生产。[3]但事实上，在讨论胡人在长沙窑寓居时最常用的证据依然是陈寅恪先生引用杜甫诗作的观点：杜甫在谭洲所作《清明二首》中有"胡童结束还难有，楚女腰枝亦可怜"句，陈寅恪认为"胡童"或确为胡人之儿童，或为汉儿以胡人打扮示人，皆可知当时当地必有胡族居住。[4]

唐代大量波斯人、西域胡人聚居长安、洛阳等北方地市，南方的扬州、洪州等地当然也有，但仍以广州数量为最多。蕃商世代居住于广州城西的珠江岸边，形成"蕃坊"。长沙地区虽有胡人居住，但并未形成如广州"蕃坊"一类的聚居点，也未有留下更多关于胡人聚居的史料或考古遗迹。胡商在长沙可能只是流动性聚集，而不是滞留聚落殖民。[5]尤其是从南海商路而来的胡商蕃客及其后裔，以广州为贸易据点，沿当时南北通道北上至长沙一带进行经商，采办货物，在其他地方逗留寓居，与各地经营者交往。

长沙是北方及中原地区进入岭南的必经之道，沿大运河进入长江，转洞庭湖，过湘江、沅水、资水，越过南岭，由西江、北江到达广州。开元四年（716年）韶关人张九龄奏请开辟通往中原的大庾岭新路，以充分利用岭南对海外交通的优势。张氏《开大庾岭路记》称："海外诸国，日以通商，齿革羽毛之殷，鱼盐蜃蛤之利，上足以备府库之用，下足以赡江淮之求。"[6]此路辟通之后，确实

---

[1]陈锐《异域来风——唐长沙窑瓷上的椰枣纹装饰》，《收藏》2016年01期。

[2]任志录《长沙窑瓷器上的粟特因素》，《中国古瓷窑大全——中国长沙窑》，第286页。

[3]李建毛、陈锐《再议长沙窑》，转引自《中国古瓷窑大全——中国长沙窑》，正文第319页。张兴国：《樊家孟子的丝绸漂流——记"黑石号"中的长沙窑瓷碗》，《中国文物报·文物考古周刊》2017年6月2日第5版。

[4]陈寅恪《刘复愚遗文中年代及其不祀祖问题》，《金明馆丛稿初编》，台北：里仁书局，1981年，第325–326页。

[5]葛承雍《湖湘地域出土唐代胡俑的艺术特色》，《美术研究》2018年第四期，第15页。

[6][唐]张九龄《开大庾岭路记》，《全唐文》卷二百九十一。

极大地促进了岭南与中原的联系，重塑了岭南的商路。商品沿着这条通道在南北市场之间流转，各式人等也沿着这条通道南来北往，官员、文人墨客、商人、工匠等自广州为湖湘地区带来海外文化的信息。不少传世的诗文均记述了唐时文人墨客往来于岭南与中原间的情况。

《元和郡县图志》记载自隋炀帝开通济渠后，"自扬、益、湘南至交、广、闽中等州，公家运漕，私行商旅，舳舻相继"。可见南北之间的实有交流之大势，一旦道路畅通，这种交流即愈见繁盛。

初唐诗人宋之问在神龙元年（705年）被贬岭南时，留有诗作《题大庾岭北驿》《度大庾岭》记述陆路至岭南的情况。其中《度大庾岭》诗首句"度岭方辞国，停轺一望家"将越过大庾岭视作"辞国"，可见唐初在张九龄开大庾岭路前，来往岭南之不易。8世纪以后，文人墨客通过大庾岭来往岭南与湖湘一带逐渐增多。刘长卿诗《江楼送太康郭主簿赴岭南》云："驿路南随桂水流，猿声不绝到炎州。"元稹诗《和乐天送客游岭南二十韵》云："我自离乡久，君那度岭频。……骑田回北顾，铜柱指南邻。"张籍诗《送郑尚书出镇南海》云："画角天边月，寒关岭上梅。"而9世纪以后，李群玉《石渚》一诗记述了当时长沙窑的盛况，成为后来者研究唐代长沙窑兴起的重要材料。李群玉亦有诗作记述其来往岭南的情状，其《将游罗浮登广陵楞伽台别羽客》云："竭来罗浮巅，披云炼琼液。"也有一些官员被贬谪至岭南，留下记述的诗篇，如晚唐时李德裕诗作《谪岭南道中作》云："岭水争分路转迷，桄榔椰叶暗蛮溪。"唐代文人、官员周游各地，其见识比其他普通国人当要为高，遂成为促进各地文化交流的一股重要力量。

长沙窑域在8世纪末、9世纪初成为专门的外销瓷窑厂，有赖于南北两途传入的域外信息，让长沙窑更了解西亚市场的需求和偏好，从而生产出独一无二的外销瓷器。

三、宽平折沿长颈瓶

公元8世纪以来，随着南海航路的日益发展，中国与阿拉伯世界之间的交往及贸易也更加兴盛。《大唐西域求法高僧传》《新唐书·地理志》《宋史·大食传》《岭外代答》等史书中都有明确记载中国与波斯、大食之间的交通路线，贾耽所记的"广州通海夷道"更是详细记录了广州至波斯湾的路线。正是这条南海海上丝绸之路的不断发展，各式各样的西亚商品源源不断地输入中国。其中值得一提的器物是伊斯兰玻璃器，无论是玻璃器本身还是其对中国瓷器的影响都应被更加重视。

伊斯兰玻璃器在世界范围内有着举足轻重的地位，但囿于阿拉伯文献对玻璃记载的局限，未能得到与其所具有的重要性十分相称的充分研究。20世纪以来，陆续在世界各地考古遗址、沉船遗址发现的伊斯兰玻璃器，极大地促进了伊斯兰玻璃器的研究。如阿拔斯王朝萨拉森帝国的首都之一萨马腊（Samarra）遗址、叙利亚哈玛（Hama）遗址、伊朗高原内沙布尔（Nishapur）遗址、埃及福斯塔特（Fustat）遗址、伊朗港口斯拉夫（Siraf）以及叙利亚拉卡（Raqqa）遗址的相继发掘，为了解伊斯兰玻璃的产地、制造过程等提供了丰富的考古依据。美国康宁博物馆、科威特国家博物馆的伊斯兰玻璃藏品为其他地区发现的同类型器物提供了很好的分析依据。印尼海域的印坦沉船、井里汶沉船、广州康陵、南越国宫署遗址唐五代地层，以及中国其他地区先后出土的伊斯兰玻璃器，也为追溯伊斯兰玻璃器的贸易路线提供了有效的研究材料。

本文关注的主要是伊斯兰玻璃器中一种较常见的器形——宽平折沿长颈瓶（图三），其对我国宋代部分官窑瓷器的造型产生深刻影响。这种长颈瓶在印坦及井里汶沉船均有发现。印坦沉船至少出水了144件大片的玻璃残件，只有一件玻璃瓶和三件玻璃勺子比较完整，这件较完整的玻璃瓶就是这种长颈瓶。[1]井里汶沉船发现了20件基本保存完好的伊斯兰玻璃器或大片的玻璃器物残块。[2]这批玻璃器包括了几种伊斯兰玻璃器的典型器形，法国学者克劳德·吉洛（Claude Gulliot）对这批玻璃器有较为详细的分析。[3]总括来说，这批伊斯兰玻璃器大多具有长颈的

---

[1] Michael Flecker, The Archaeological Excavation of the 10th Century: Intan Shipwreck, Archaeopress, England, 2002.

[2] [英]思鉴著，刘歆益、庄奕杰译《公元九到十世纪唐与黑衣大食间的印度洋贸易：需求、距离与收益》，《国家航海》第八辑，第115页。

[3] Claude Guillot, Épave de Cirebon, http://cirebon.musee-mariemont.be/studies-and-bibliography.htm?lng=en

图三　伊斯兰玻璃瓶
（采自 Glass from Islamic Lands，P.216.）

特征，虽然口沿部、颈部、腹部的具体形态会略有差别，但这种长颈瓶在我国辽宋墓葬与寺塔地宫中都有过类似器物的发现。

较为典型的长颈瓶一般为宽平折沿、长颈、折肩，印坦和井里汶沉船中均有出水，国内所出器物与之类似的有天津市蓟县独乐寺辽白塔上层塔室（建于1058年）[1]、内蒙古自治区通辽市奈曼旗青龙山镇辽陈国公主与驸马合葬墓（建于1018年）[2]、南京大报恩寺遗址塔基中北宋时期的玻璃器[3]。国外所出类似器物则有德黑兰考古博物馆现存尼沙布尔（Nishapur）出土的10世纪玻璃瓶[4]、科威特国家博物馆也藏有类似藏品，被认为是产自伊朗的9—11世纪的玻璃器。[5]

浙江瑞安宋慧光塔（仙岩寺塔）基（建于1034年）所出的刻花玻璃瓶则除了具有上述特征外，瓶底还带圈足。[6]井里汶沉船上也有出水带圈足的造型，但带有典型的萨珊时期圆盘形的装饰，这种器形科威特国家博物馆也有（图四），被认为是8—10世纪生产于伊朗地区。[7]

井里汶沉船上另有一种短颈瓶同样具有折肩的特点，但口沿一般不外翻，呈直口无折沿状。国内遗址所出类似器物的遗址有河北定县发掘北宋时期静志寺真身舍利塔塔基（五号塔基，建于977年）、[8]安徽无为舍利塔基（建于1036年）。[9]科威特国家博物馆藏这种器形的玻璃器三件，但玻璃为素面无装饰。[10]

而长直颈、腹部呈卵状、带圈足的玻璃瓶在井里汶沉船上至少发现有四件，吉洛认为这可能是一种更为常见的球形长直颈瓶的变体。这类器形目前在中国境

---

[1]天津市历史博物馆考古队、蓟县文物保管所《天津蓟县独乐寺塔》，《考古学报》1989年第1期。

[2]安家瑶《试探中国近年出土的伊斯兰早期玻璃器》，《考古》1990年第12期。

[3]于宁、宋燕、杨益民、马清林、王昌燧《南京大报恩寺北宋地宫出土玻璃器的研究》，《中国科学：技术科学》2012年第42卷第8期。

[4]安家瑶《中国的早期玻璃器皿》，《考古学报》1984年第4期。

[5]Stefano Carboni, Glass from Islamic Lands, New york: Thames & Hudson Inc., 2001. Cat.55, P217; Cat.25a, P95.

[6]齐东方《玻璃料与八卦镜——井里汶沉船文物札记》，《故宫博物院院刊》2007年第6期，第127页图七。

[7]Stefano Carboni, 2001, Cat.9b, P35.

[8]定县博物馆《河北定县发现两座宋代塔基》，《文物》1972年第8期。

[9]安家瑶《玲珑澄澈缤纷东西：中国考古发现的国产玻璃和进口玻璃》，《文明》2014年第11期。

[10]Stefano Carboni, 2001, Cat.28a–c, P101.

图四 伊斯兰玻璃瓶
（采自 Glass from Islamic Lands， P.32.）

内还没有出土完全一致的器物，科威特国家博物馆则有类似藏品。[1]

精美的伊斯兰玻璃器通常被作为珍品上贡王室或是送入佛寺供奉。《资治通鉴》记载唐代宗得路嗣恭所贡"琉璃盘"，"以为至宝"。[2]陕西扶风法门寺地宫所出的玻璃盘为唐僖宗于咸通十五年（874年）正月入藏地宫的供奉品。[3]都说明伊斯兰玻璃器在传入之时，已是异常珍贵之物。考古发现所出的器物多在贵族墓与佛寺地宫，原因也在于此。但正因如此，在确定玻璃器的年代方面，中国所出器物大多只能提供年代下限，不可避免地会出现出土年代较实际生产年代要晚的情况。

这种伊斯兰玻璃器的长颈瓶传到中国以后，引起了宋代各名窑的争相模仿（图五、六）。已有中国和日本学者对此有所研究，如陈玉秀等对台北故宫北宋汝窑器的介绍[4]，蔡玫芬对定窑、汝窑官方瓷器的研究[5]，山田正树之对伊斯兰玻璃器的传入和这种长颈瓶之间关系的研究[6]，以及谢明良对台北故宫所藏两件汝窑瓷瓶的研究[7]等。然而由于目前中国所发现的伊斯兰长颈瓶，最早出自建于977年河北定县静志寺真身舍利塔塔基，其余多在11世纪。因此学界对这种典型伊斯兰玻璃器形传入中国后对瓷器所产生的影响也多从北宋初年谈起。如陈玉秀即认为器形类似玻璃长颈瓶的宋代瓷器以12世纪的汝窑器最早见，因此这种仿制西亚玻璃器的器形应自北宋起。

然而爪哇海域发现的印坦、井里汶沉船上出水这类玻璃长颈瓶，由这两艘沉船上发现南汉铜钱和南汉银铤可知，在五代南汉时期，成批的玻璃器经由南海航

[1] Stefano Carboni, 2001, Cat.2.35, P132.

[2]（宋）司马光《资治通鉴》，卷二百二十五，"唐纪"四十一唐代宗大历十三年戊午冬十二月。

[3] 任新来《法门寺地宫出土伊斯兰琉璃器之研究》，《文博》2011年第1期。

[4] 陈玉秀等《台北故宫十一件北宋汝窑欣赏与分解》，http://www.sohu.com/a/216498860_759548。

[5] 蔡玫芬《论"定州白瓷器，有芒不堪用"句的真确性及十二世纪官方瓷器之诸问题》，《故宫学术季刊》15卷2期。

[6] 山田正树之《关于10-11世纪中国伊斯兰玻璃的流入和宋代陶瓷长颈瓶》，《GLASS》47（2004）。

[7] 谢明良《台湾故宫博物院藏两件汝窑纸槌瓶及相关问题》，《陶瓷手记：陶瓷史思索和操作的轨迹》，上海：上海古籍出版社，2013年。

图五　龙泉窑折肩长颈瓷瓶

（采自《梅子初青——龙泉窑青瓷图集》，图84）

图六　龙泉窑圈足长颈瓶

（采自《梅子初青——龙泉窑青瓷图集》，图98）

173

路进入广州，再辗转到达内陆，这种玻璃器的传播方式甚至从唐末已有亦不足为怪。因此，笔者认为这种伊斯兰玻璃器的器形对中国瓷器的影响应从10世纪中期，甚至更早就已开始。

限于资料，伊斯兰玻璃瓶器形的变化序列难以明确，但存世的宋代瓷器中相似的器形则是有迹可循。鼎盛于唐、五代时期的越窑并未见这种平展沿、细长颈、折肩平底瓶的造型，仅见肩、腹部起棱的技法。晚唐陕西扶风法门寺地宫出土的越窑青瓷八棱瓶就与日本存世的一件伊斯兰玻璃瓶器形相同。被北宋确定为官窑的定窑已见有类似伊斯兰长颈玻璃瓶的器形出现，台湾故宫博物院中有一件器形为细长直颈、窄平折沿，与南京大报恩寺遗址塔基中北宋时期的玻璃器器形比较类似。汝窑中这种长颈瓶较为著名的有台湾故宫博物院中所藏的两件，口沿部皆没有折沿，其中一件镶有金属扣，谢明良对此有非常详细的研究。谢明良还提及河南省宝丰清凉寺遗址、河南省汝州市张公巷也有出现类似器形，但有平折沿，因此认为台北的两件汝窑器的口沿可能曾经损坏，后经修复。则谢氏也认为这种长颈瓶本应有折沿。[1]至南宋官窑及龙泉窑则越来越多类似各种伊斯兰玻璃长颈瓶的瓷器，器形各部分也会有一些变化。口沿有宽平折、窄平折，也有直口或口沿镶有金属扣；颈部有长有短；腹部有上下一致的圆筒状，也会有如球型一样的圆腹；底部有平底也有圈足或假圈足。[2]总的来说，在中国国内出土各种类型的伊斯兰长颈瓶器形，在南宋时期的官窑产品中都能找到类似的器物。可见，这种伊斯兰玻璃器自海上而来，经由岭南地区进入中国，自唐末起即影响中国各地名窑的生产。至北宋时定窑、汝窑等官窑大量生产这种器形的瓷器，后期更逐步添加一些中国元素，如在颈部添饰双耳、口沿镶金，至龙泉窑时在颈部贴塑凤鸟或摩羯鱼等装饰，则是对中国瓷器的发展产生了深远的影响。

当代学人或有以明人笔记中的"纸槌瓶"称呼这种器形。但是我们不知宋人对这种器形的称法，目前似不宜将宋代制作的这种长颈瓶称为"纸槌瓶"。这种长颈瓷瓶应该是受伊斯兰玻璃器的影响而产生，且这种器物的传入以南海航路一

---

[1]同上引，第3页，图1、图2；第7页，图12、图13。

[2]叶英挺编著《梅子初青——龙泉窑青瓷图集》，杭州：西泠印社出版社，2005年，图84、图98。

途为要，其中广州更是扮演了十分重要的中转角色。

日本僧人圆珍《入唐求法目录》记载，唐大中年间（846—859年），日本僧人田圆觉从广州寄送"天竺贝多柱杖一枚，广州班藤柱杖一枚，白芥子一斤，璃琉瓶子一口"回国。[1]此处琉璃瓶子当为玻璃器，且明确为自广州获取并寄出。

五代时期，作为南汉都城的广州，依然保持着其在海外贸易上的重要地位。据《旧五代史》记载，南汉刘岩在称帝之前，曾向梁太祖进贡五次之多，其中所贡多为"奇宝名药""龙脑、腰带、珍珠枕、玳瑁、香药""犀玉"及"舶上蔷薇水"。这些都是来自海外的异域奇珍。此处所记蔷薇水一般皆以玻璃瓶装盛。《宋史》中多次记载大食使者将装在琉璃瓶中的蔷薇水进贡的史事。

因此伊斯兰玻璃器在唐宋时期沿南海航线经广州传入中国内陆，应是其中重要的途径。而精美的玻璃器深受上层人士的喜爱，其独特的造型影响了以官窑为首的各地窑口，从而催生出新的瓷器造型，更成为宋代瓷器中常见的样式。

四、结语

古代中西之间的交流，最初与最大的动力都是商贸的发展。商人开辟商路，商品在世界各地流转，在这个过程中实际上达到了文化交流的效果。那些来自不同地区的植物、动物，乃至器物的形状、装饰的主题，通过国际贸易传播到世界的另一端，对另一个地区发生影响。而这种文化的传播并非单向的，文化元素的影响总是双向的，甚至是多向的。

正如本文所讨论伊斯兰玻璃长颈瓶，其器形影响了中国瓷器，而在发展过程中也逐渐融合了中国固有特色，以至后世出现一个完全中国化的名称。通过一些具体器物，或是不同器物之间的相互比较研究，更有助于理解中西之间文化交流的深度。因此，考古出土的遗址文物、沉船出水的文物等都应被更加重视。除了流传下来的文献资料，实物资料也是古代中西交通史中不可忽视的重要部分。

---

[1][日]比丘圆珍《入唐求法目录》，《大藏经》事汇部·外交部·目录部，第2172部。

本论文为《广州大典》与广州历史文化专题研究重点课题"从文物资料看南汉与三佛齐海上交通贸易"项目（编号2014GZZ04）资助成果。在2018年11月在上海由上海交通大学人文艺术研究院、中国华夏文化遗产基金会主办，上海交通大学艺术考古与文化遗产研究中心承办的"2018'全球视野的文化遗产'国际论坛"宣读。

（作者单位：广州市文物考古研究院；南越王博物院）

南汉国一号宫殿发掘与初步复原

胡 建

一、南汉国一号宫殿的发现

2000年南越国宫署遗址试掘时发现南汉国宫殿（编号F14），受限的面积内有10个磉墩，并且对7号磉墩进行解剖[1]。

2003年正式发掘南越国宫署遗址时，共发现了南汉国宫殿24个磉墩，实际应该是26个，其中2个位于邻居院墙内未发掘；正式将原号F14更名为南汉国一号宫殿，宫殿的地面基本毁坏，仅有的磉墩分布是东西6列，南北6排。由磉墩的分布和排列可知南汉国一号宫殿为一个平面略近方形的大型台基式建筑，面阔和进深均为5间。在该宫殿南侧发现南北2列相对较小的磉墩，东西两侧各列4个，对称分布于宫殿前中轴线[2]。

2004年又发掘了南汉国一号宫殿南侧的一组前殿建筑，在宫殿台基上共发掘24个磉墩，分别是东西6列、南北4排，台基高约1米，构成面阔5间、进深3间的前殿建筑。同时还有后殿建筑，磉墩发现有22个，分别是东西6列、南北4排，形成面阔5间、进深3间的建筑[2]。因东部跨入邻院未发掘，实际推测应为面阔7间，平面图使用虚线标出。

---

[1] 中国社会科学院考古研究所、广州市文物考古研究所、南越王宫博物馆筹建处《广州南越国宫署遗址2000年发掘报告》，《考古学报》2002年第4期，第247–248页。

[2] 中国社会科学院考古研究所、广州市文物考古研究所、南越王宫博物馆筹建处《广州南越国宫署遗址2003年发掘简报》，《考古》2007年第3期，第23–24页。

1997年的南越国宫署遗址抢救性发掘过程中，曾发现了曲尺形建筑基址（编号F4），位于宫苑遗址区的西北部，初步推测属于南汉国时期[2]。近年后期延续发掘出东侧包边墙基和磉墩，该建筑推测为南门庑，分布磉墩42个，东西14列、南北3排。另外在2007年南越王宫博物馆建馆前，陆续清理出东厢廊庑南北长43、东西宽8.3米，磉墩18个，东西3列、南北6排；西厢廊庑南北长46、东西宽7米，磉墩24个，东西2列、南北12排[3]。

经过数年间的考古发掘，初步搞清了南汉国一号宫殿是一组大型台基式建筑，坐北朝南，基址中轴线方向北偏西2°，由前、中、后三进厅院组成，殿堂之间有廊道连接，形成"工"字形建筑格局。

第一进建筑为前殿，平面呈东西向长方形，台基用砖包砌，构成一座面阔5间、进深3间的殿堂；东西长32.8、南北宽18.9米，面积约620平方米。前殿南部为殿前广场，平面呈东西向长方形，东西长16.1、南北宽7.1米。广场北高南低，方砖铺地，外侧用两排侧立砖镶边。广场东南部有一排水渠（图一）。

图一　南汉国一号宫殿第一进前殿

[1] 中共广州市委宣传部、广州市文化局编《海上丝绸之路广州文化遗产考古发现卷》，北京：文物出版社，2008年，第194–198页。

[2] 南越王宫博物馆筹建处、广州市文物考古研究所《南越国宫苑遗址1995、1997年考古发掘报告（下）》，北京：文物出版社，2008年，第214–219页。

[3] 南越王宫博物馆编《南越宫署遗址——岭南两千年中心地》，广州：广东人民出版社，2010年，第119页–121页。凡引此处资料，以下均不注明出处。

第二进建筑是主殿，平面接近方形，构成一座面阔与进深均为5间的大型殿堂；东西长33.3、南北宽28.3米，面积约943平方米。前殿和中殿之间构筑南北向中轴廊道，南北长19.15、东西宽8.4米（图二）。

图二　南汉国一号宫殿第二进主殿

第三进建筑为后殿，平面呈东西向长方形，构成一座面阔7间、进深3间的殿堂；东西长28、南北宽11.2米，面积近313.6平方米。后殿和中殿之间有廊道联接，南北长10.5、东西宽8米。

南越国一号宫殿周边构筑廊庑通道，南门廊庑东西46、宽约8.1米，南北长15.8、宽8.3米；东厢廊庑南北推测长46、东西宽8.3米；西厢廊庑南北长46、东西宽7米。南廊庑与前殿之间有开阔的庭院，南北距离约31.5米。东、西两厢与主殿距离不等，分别是3.5米和7.2米[1]。

---

[1] 中共广州市委宣传部、广州市文化局编《海上丝绸之路广州文化遗产考古发现卷》，北京：文物出版社，2008年，第194–198页。本文于后殿、廊庑的尺寸部分有调整。

二、由磉墩到柱础

（一）磉墩的构筑

南越国宫署遗址的地层剖面观察中可以发现南汉国宫殿建筑台基磉墩占据了很大面积，发掘过程中考虑到遗址博物馆的展示需要，磉墩未向下清理予以保留。古代建筑术语"磉墩"出现在唐代文献中，但未提及构筑方法，而编修于北宋绍圣四年（1097年）的《营造法式》"壕寨制度·筑基"中有夯基的内容："凡开基址，须相视地脉虚实，其深不过一丈，浅止于五尺或四尺，并用碎砖瓦石扎等，每土三分内添碎砖瓦等一分"。南汉一号宫殿主殿大磉墩剖面略呈斗形，口大底小，各墩的口部边长2.15～3.62米，口部向下磉墩的边长往往扩大3.1～2.3米。磉墩的深度经过解剖为2.6米，估计原始深度要超过这个尺寸，按照唐尺（29.4厘米）计算接近9尺，符合构筑宫殿开基址的标准。临近的致美斋工地南汉宫殿磉墩解剖的深度达到了3.4米，按照唐尺计算为11.5尺。

《营造法式》规定："筑基之制，每方一尺，用土二担，隔层用碎砖瓦及石扎等，亦二担。每次布土厚五寸，先打六杵，次打四杵，次打两杵，以上并各打平土头，然后碎用杵辗蹙令平，再攒杵扇扑，重细辗蹙，每布土厚五寸，筑实厚三寸，每布碎砖瓦及石扎等厚三寸，筑实厚一寸五分。"南汉国宫殿磉墩部分经过解剖，夯土分细土夯和沙土掺杂碎石、砖瓦几种，夯层结构致密。南汉国一号宫殿解剖的主殿大磉墩，共分13层，第1～7层，宽2.88～2.96米，8层向下宽2.4米，向下各层逐渐缩小，最低部宽1.9米。磉墩的每层以砖、瓦、石碎块掺杂黄土、沙夯筑，夯层厚度不一，瓦、砖、石碎块掺杂沙的厚度略薄于掺黄土的厚度，掺杂沙约6～14厘米，掺杂黄土约10～20厘米，石块杂砖瓦的厚度达74厘米；约合唐尺分别是2～5寸、3～7寸、2尺5寸。临近的致美斋工地解剖南汉宫殿磉墩平面正方形，边长2～2.2米，磉墩深度达到3.4米，掺杂碎石渣深1.8米，又分上、下层，底部是粗石块渣0.6米，上部细石块渣1.2米，石渣层上是红褐色夯土层，没有掺杂砖瓦等包含物，夯层簿约15厘米，厚者为30厘米。磉墩周边发现了桩孔，方形孔边长20厘米、长方形孔长25、宽20厘米，深度约15厘米[1]。南汉国一号宫殿外围廊道磉墩尺寸略小于宫殿，夯筑过程细致，以褐色土、红黄黏土杂碎瓦块分隔层夯打而成，底层为了防潮增加青灰色石粉，最下层为大石块、碎砖瓦块和石粉夯筑[2]。解剖中发现使用黄泥和沙土掺杂砖瓦碎块和碎石块，布土掺杂分布、木杵夯实的方式与文献记载一致，唯有最下层的石块杂砖瓦不尽相符，估计与检验地下的土质松软和密集程度，来确定磉墩的厚度和夯筑的密度有关[3]。南汉国一号宫殿在发掘解剖磉墩过程中还统计了重量，因坑内地下水位较高，夯层的土、沙未统计在内，最下层的石块杂砖瓦的重量约330公斤，再夹杂30公斤的沙土。《营造法式》记载了每方一尺使用沙土和碎石、砖瓦的重量关系，因解剖过程中仅统计出碎砖、瓦、石的重量，估计与现实情况有出入。沈括的《梦溪笔谈》卷三记载："凡石者以九十二斤半为法，乃汉秤三百四十一斤也。"宋代1市斤是640克，宋代1石合92.5宋斤；换算1石约为现60公斤，共用6担，约为三方尺，基本符合坑底的体积重量[4]。

（二）柱础石

南汉国宫殿磉墩发现分布于主体和廊庑建筑的基础，每一座建筑的磉墩之上的柱础石发现较少，尤其在主殿的磉墩与柱础石组合一体的更少。这种现象与晚期建筑处理房基时以基址的虚实取平地基有关，宋代建房时将南汉国宫殿地层面的础石清理掉后筑基。1995年在中山四路西段北侧商铺下发现的南汉国特大柱础石，用整块青灰岩石雕凿16个狮子，可惜未找到类似的雕刻大础石。1958年考古发掘的唐长安大明宫麟德殿的过程中，清理殿堂的柱础南北17排，东西10排(部分回

---

[1] 广州市文物考古研究所《广州市中山四路致美斋南汉与宋代建筑遗址》，广州市文物考古研究所编《羊城考古发现与研究（一）》，北京：文物出版社，2005年，第246-247页。

[2] 南越王宫博物馆筹建处、广州市文物考古研究所《南越国宫苑遗址1995、1997年考古发掘报告（下）》，北京：文物出版社，2008年，第215-217页。

[3] 梁思成《营造法式注释》，《梁思成全集（第七卷）》，北京：中国建筑工业出版社，2001年，第46-47页。凡引此处资料，以下均不注明出处。

[4] 中国社会科学院考古研究所、广州市文物考古研究所、南越王宫博物馆筹建处《广州南越国宫署遗址2000年发掘报告》，《考古学报》2002年第2期，第247-250页。

廊的柱础未计在内），共164个，完整未动的覆盆式柱础只有1个，石周边残缺被火烧过已破裂，长、宽各约1.2米，覆盆直径不详，底中部凿有直径0.15米的圆形棒眼[1]。唐代大明宫是唐代皇帝的朝寝之殿，唐代二十二代皇帝中有十七位在内执政，建筑的规模、功能和礼仪代表了当时的最高等级。南越国宫署遗址是南越和南汉王宫，以及历代官署建筑所在地。南越国宫殿整石的柱础发现数量不多，且边缘不作修饰。唐代的柱础石已经非常成熟，考古出土的唐代大明宫柱础有整石雕制的方形柱础、覆盆柱础，具有浑厚大气风格；稍晚一些的南汉国宫殿出土柱础石样式与中原风格如出一辙，雕工精细，其在宫殿建筑的功能也相当一致（见表）。

表一　唐代大明宫与南汉国宫殿柱础石对比表

唐代大明宫遗址			南汉国一号宫殿遗址		
名称	尺寸	图片	名称	尺寸	图片
浮雕葡萄纹覆盆柱础	通高28厘米		浅雕狮覆盆柱础	高56厘米，上层直径60厘米，高度18.5厘米，中层高13厘米；下层边长112×112厘米，高24.5厘米	
圆雕宝珠莲花多层柱础	通高40厘米。上部外径50厘米，高5厘米。下层外径65厘米，高5厘米。柱窝直径8.5厘米		覆盆柱础石	高14.8厘米，下方座边长91×89厘米、高8厘米；直径82.5厘米、高6.8厘米	
线刻覆盆多层柱础	通高31厘米。上覆盆直径41厘米，厚6厘米。中部边长47厘米，厚9厘米。下层边长63厘米，厚14厘米。顶柱窝径14厘米		青灰石覆莲纹柱础石	高9.2厘米，方形座边长37×39.8厘米，内方框边长11.5厘米，顶径23厘米	

[1]中国科学院考古研究所编著《唐长安大明宫》，北京：科学出版社，1959年，第34页。

续表一

线刻覆盆柱础	通高40厘米。方座长75厘米，宽70厘米		青灰石柱础	底座边长43厘米厚8厘米	
方形柱础	边长62厘米，宽59厘米。厚24厘米		方形石柱础	55×56厘米	

对比唐代大明宫和南汉国宫殿的柱础石，虽然两地宫殿时间要相差百余年，但两地的建筑传承是一脉相通的；唐代大明宫和南汉宫殿均使用覆盆式柱础，外雕刻动物和植物纹饰，规格等级较高，殿宇的大小、等级不同，表现的柱径也不同；殿宇和廊庑地面使用方形的柱础，个别或使用隔墙内的暗础[1]。唐宋时期，岭南地区传承中原的宫殿、寺庙建筑柱础构筑方式，最主要的缺陷是石柱础高度太矮，不适用于当地湿热多雨的气候条件，无法更好地保护木柱柱脚[2]。

三、柱网布局

南汉国一号宫殿磉墩单个面积约7~9平方米，制作非常规范，为了保证磉墩上立柱的稳定性，最小面积要达5平方米。该宫殿被揭露后，依据纵横的磉墩中心点，测量了互相之间的距离，分析各个位置的联系，以探明建筑面阔、进深和各间的距离，现按照营造唐尺（1尺＝29.4厘米）计算，大殿明间中心点距离可依照唐整尺数计算列表如下。

---

[1]邹林《唐大明宫遗址柱础探析》，《收藏》2017年第6期，第104–108页。

[2]陈丹、程建军《广府传统建筑柱础样式的起源与演变》，《建筑学报》2017年第4期，第116–120页。

表二　南汉国一号宫殿前、主殿平面尺寸统计

平面		面　阔						进　深					
开　间		尽间	次间	明间	次间	尽间	总面阔	尽间	次间	明间	次间	尽间	总进深
前殿	米	5.0	6.8	6.8	6.8	5.0	32.8	5.0		6.3		5.0	18.9
	尺	17	23	23	23	17	111	17		21		17	64
主殿	米	5.0	6.8	6.8	6.8	5.0	33.3	5.0	5.0	6.3	5.0	5.0	28.3
	尺	17	23	23	23	17	113	17	17	21	17	17	96

南汉国一号宫殿以外的同时期建筑中，因为受到发掘面积的限制，部分磉墩布局不明确，现仅有南汉康陵地面建筑的陵门和陵前建筑磉墩分布较为详尽，分布是面阔十三间和三间，进深二间，以下列表尺寸部分以发表平面图推测得出[1]。

表三　康陵地面陵前建筑和山门平面尺寸统计

开间		面　阔（唐尺 1 尺＝29.4 厘米）	总面阔	进深	总进深
陵前建筑	米	4.6+4.6+4.8+4.8+4.8+5.5+5.5+5.5+4.8+4.8+4.8+4.6+4.6	66	4+4	10
	尺	15.6+15.6+16.3+16.3+16.3+19+19+19+16.3+16.3+16.3+15.6+15.6	224	14+14	34
陵门	米	5+5.5+5	16.4	4+4	10
	尺	19+19+19	56	14+14	34

---

[1] 广州市文物考古研究所《广州南汉德陵、康陵发掘简报》，《文物》2006年第7期，第9—13页。

　　柱网布局的营造按照整数唐尺测量，南汉国一号宫殿的前殿和主殿东西开敞，面阔的明间、次间和尽间通畅，距离相当，仅尽间较窄；南北明间与次间进深距离相等，明间距宽，尽间窄，东西向明次间略大于南北明间，总面阔前殿略少于主殿。后殿的体量明显小于主殿和前殿，平面中心点尺寸大致与围廊内接近，构筑年代略晚于前殿和主殿（图三）。康陵地面建筑的明间、次间和尽间空间递减不明显，进深距离相同。

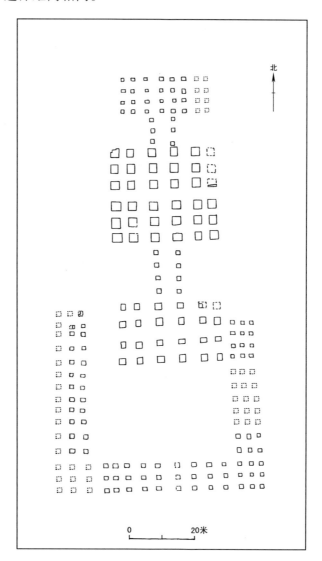

图三　南汉国一号宫殿柱网布局复原图

185

此外，我们以岭南之北的唐代大明宫含元殿及麟德殿的殿堂遗址作为参考，该建筑是唐朝官式营造的最高标准（见表）。唐营造尺沿用隋朝旧制，《唐六典》卷三记载："凡度以并方秬黍中者，一黍之广为分，十分为寸，十寸为尺，一尺二寸为大尺，十尺为丈。"可知唐代营造尺分大、小二尺，日常使用为大尺，长29.4厘米，大尺合小尺为一尺二寸，小尺为乐尺。唐大明宫麟德殿前殿遗址规模、营造时间与含元殿相同，前、后殿遗址面阔十一间、进深四间；含元殿十一面阔中九间相等，二梢间和进深四间相当；麟德殿十一间面阔均等，进深梢间相等，两明间距离不同。两个殿副阶未统计在内[1]。

唐代晚期现存建筑实例较少，北方山西有四处，南方福建一处，现取二处的平面尺度对比，见列表。山西五台山佛光寺东大殿构建于唐大中十一年（857年），面阔七间，进深四间，单檐庑殿顶。福州华林寺大殿始建于五代吴越乾德二年（964年），面阔三间，进深四间，平面近方形[2]。

表四　佛光寺南大殿与华林寺大殿平面尺寸统计

开间		面　阔（唐尺1尺＝29.4厘米）	总面阔	进　深	总进深
佛光寺	米	4.4+5.04+5.04+5.04+5.04+5.04+4.4	34	4.4+4.4+4.4+4.4	17.66
	尺	15+17+17+17+17+17+15	115	15+15+15+15	60
华林寺	米	4.58+6.48+4.58	15.64	3.85+3.44+3.44+3.85	14.58
	尺	16+22.5+16	54.5	13.2+12+12+13.2	50.4

岭南建筑以广州光孝寺发掘资料和现大雄宝殿为实例，光孝寺建筑始建于东晋隆安元年至五年(397—401年)，1999年底曾发掘一处五代建筑基址（F7），磉墩柱网为面阔和进深各三间，平面长方形，见列表[3]现存正殿于南宋绍兴年间大

[1] 张十庆《古代建筑的尺度构成探析(一)——唐代建筑的尺度构成及其比较》，《古建园林技术》1991年第2期，第30–33页。

[2] 孙闯、刘畅、王雪莹《福州华林寺大殿大木结构实测数据解读》，《中国建筑史论汇刊》第叁辑，2010年，第213页。

[3] 广东省文物考古研究所《广州光孝寺五代两宋建筑基址》，《华南考古·1》，北京：文物出版社，2004年，第265–271页。

修，现仍为宋代建筑风格，大殿东西阔七间，南北深六间，原殿面阔五间，清顺治十一年（1654年）扩至七间，重檐歇山顶。建筑开间布局的心间略大于次间，次间大于梢间，梢间又大于尽间，现分别依营造唐尺（1尺＝29.4厘米）和大尺（1尺＝31.45厘米）计算，若普通尺尽间是整尺数，大尺则心间尺是整尺数，余则有半尺尾数[1]。

表五　1999年发掘光孝寺五代建筑基址（F7）平面尺寸统计

开间	面　阔				进　深			
	次间	心间	次间	总面阔	第一进	第二进	第三进	总进深
米	4	5	4	13	3	4.25	3	10.25
尺（29.4厘米）	13.6	17	13.6	44	10	14.4	10	35

南汉国一号宫殿平面布局与唐代考古发掘和晚唐建筑实物对比，其正殿比例关系为近正方形；与时代相近的光孝寺五代建筑基址（F7）和略晚的福建华林寺大殿接近。从磉墩的规模来看，前殿和正殿的明间、次间尺幅一致，两者的建筑的时代也相同。

四、南汉国一号宫殿正殿立面复原

（一）平面复原（图四）

---

[4] 程建军《广州光孝寺大雄宝殿大木结构研究》，《华南理工大学学报（自然科学版）》1997年第1期，第102—108页。

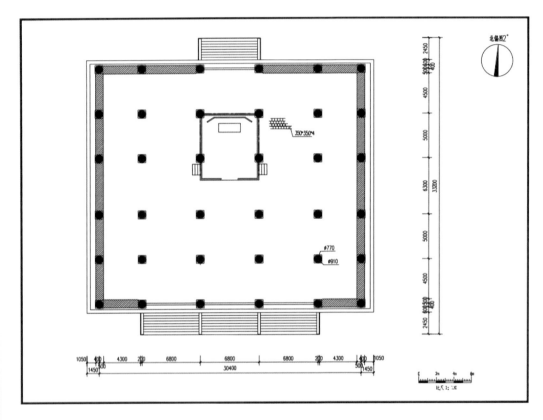

图四　南汉国一号宫殿正殿平面图

　　"南汉国一号宫殿"台基残破，其方位为北偏西2°，南北和东西各六列礤墩，计36个。如复原图所示的柱网为东西面阔五间，中心柱距离宽30.4米；南北进深五间，距离长26.3米。柱内面积799.52平方米。正殿的柱网密布，中央没有减柱的双槽形式，与同时期的山西镇国寺万佛殿、河北正定文庙大成殿，以及略晚的福州华林寺、广州光孝寺大雄宝殿立柱金箱斗底槽有差别。殿内不减少立柱的作用是能够使立面构架稳固增高，和承受殿顶的荷重。从残存台基包砖来看，每一块条砖约长35×20×3.4厘米，采取层层垒砌磨砖对缝做法，围绕台基边缘砌筑。复原台基包边砖的尺度，以柱中心计算东、西两侧各约增加1.45米，殿面总宽

---

[1] 郭庆《试析唐、五代至宋山西地区木构建筑的传承与演变》，硕士论文，太原理工大学，2013年，第28-37页。
[2] 林秀珍《河北正定县文庙大成殿》，《文物春秋》1995年第1期，第64-67页。

33.3米；南、北两边各约增加1米，殿面总长28.3米。大殿台基总面积约942.39平方米，未包括南北踏道。

正殿台基平面砌筑情况看，台基朝南的踏道，正对当心是三间，依东西长度是20.4米，南北2.45米。台基北的踏道，位于北当心间正中，东西6.8米，南北2.45米。台基南北两侧增加踏道进深后，宽33.2米。大殿南、北开门，殿外均发现廊道的小磉墩，应该是大殿基本完工后加的前、后两殿之间通道，东西两侧未发现廊道痕迹，因而没有慢道遗迹。

此殿堂废弃堆积层清理中，正殿的中心部位发现覆莲状残基，或为坛座，边界不清晰，以柱网的距离推断范围约为深7.5米、宽6.8米。近莲状残基处有方砖铺地面，范围有限，推测大面积的方砖铺地面被晚期损坏。大殿以外还有莲花方砖、兽面瓦当、板瓦、吻、垂兽碎块片等出土。

（二）侧立面复原（图五）

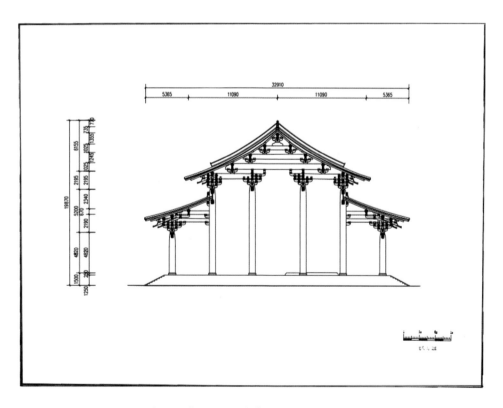

图五　南汉国一号宫殿正殿侧立面图

一号宫殿台基高度以发掘剖面为准，南汉国与唐代地层的深度平均约0.5米，最深0.7米，参照南汉国二号宫殿残存1.14米高度来推测，大殿台基完工的高度距离散水地面约1.5米，础石高约0.25米，石上立粗状直柱，直径约60厘米，柱两端略有卷杀，类似岭南的广州光孝寺和广东德庆学宫建筑[1]。

一号宫殿纵深五间用6柱19架橼结构，纵深外槽前后檐二柱，柱高4.82米，柱头斗栱双下昂高约2.19米，前檐斗栱至外檐橼伸展外的尺寸约与踏道边散水接近为3.45米。殿内槽立4柱13架橼结构，柱高10.02米，双下昂斗栱高2.195米，檐橼至脊槫的垂直距离为6.155米，脊槫顶至殿面为18.37米，至散水面19.87米。宫殿上下重檐伸展舒缓，下柱与柱头支撑斗栱承接明栿，上檐由内柱斗栱承起橼栿至脊槫。大殿总体由南进北，内槽柱进深三间、宽约22.18米；外槽深二间，前柱达至后柱的深度约为32.91米，略少于台基的进深宽度。殿内外柱高低有差别，内柱高于外柱，斗栱撑起梁架，彻上露明造，无平棊遮盖，相互间由散斗、驼峰等架构起六橼栿、四橼栿和平梁，顶部斗栱状叉手托脊槫形成稳定的抬梁结构，与福州华林寺、肇庆梅庵大木构架接近[2]。

（三）正立面复原（图六）

南汉国一号宫殿大殿的正立面阔五间，明间三开门，次间檐柱上半部为窗，下为砖砌围墙。大殿斗栱的形态是由柱头上向外挑出的方木，在方木的端头安置一斗三升斗栱，沿袭唐代以来斗栱层叠构架，分别于柱头、补间和转角安置斗栱。下檐柱头斗栱五铺作双抄双下昂，檐柱补间阑额也用一斗三升栱。檐柱额枋承放于栌斗，乳栿插栱出跳，进深内檐柱的栌斗栱之上支撑构架纵梁。前檐向外出跳，散斗凹槽上置橼檐枋，檐内散斗、拖脚支撑平橼。上檐柱斗栱五铺作单抄双下昂，栌斗上承托檐枋，横木上置垂直斗栱，前檐向外出跳华栱，梁头乳栿伸出后，增加了殿宇出檐的深远。一号宫殿属于大木作结构重檐歇山顶，层层斗栱的后尾与梁结合，作用是承托起檐檩至顶部纵梁的建材重量，使外悬出跳减力。

大殿的设计高度19.87米，与德庆学宫大成殿相近，高于光孝寺大殿。建筑装

[1] 吴庆州《德庆学宫大成殿建筑研究》，《中国建筑史论汇刊》第壹拾玖辑，2020年，第181-207页。
[2] 袁艺峰《肇庆梅庵大殿大木作研究》，硕士学位论文，广州大学，2013年，第28-68页。

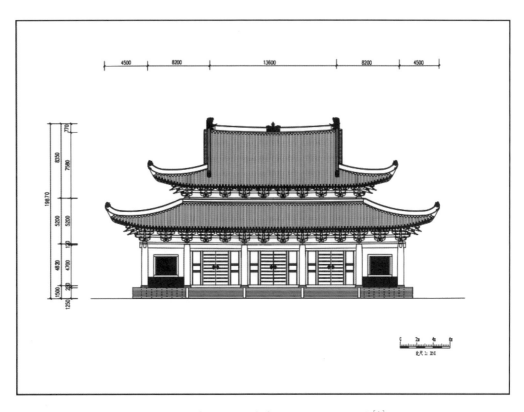

图六　南汉国一号宫殿主殿正立面图[1]

修殿顶以筒、板瓦扣合，上下前后檐盖板、木椽利用筒瓦和滴水遮盖，殿顶部条形正脊和塔形宝刹，两侧为"凸"字形鸱尾，垂脊外掩饰兽面瓦。从规模和外表形式看，整体高耸宏伟，外檐轻盈四面舒展，重檐悬起峻拔。

五、南汉国宫殿的文献依据

南越国宫署遗址的发现的南汉文化层较厚，地层划分为第8、第9层，重要发现有南汉王宫的宫殿、廊庑、砖铺走道和池苑等建筑遗迹，遗物有施青釉、绿釉、黄釉的砖瓦，以及"乾亨重宝"铅钱等。根据文献记载，南汉高祖乾亨元年

[1] 南汉国一号宫殿复原设计图由山西省古建筑设计人员徐磊先生制作，在此表示鸣谢。

（917年）始铸"乾亨重宝"铜钱。乾亨二年，铸铅钱，规定城内用铅，城外用铜，"十当铜钱一"。乾亨是南汉的年号，"梁贞明三年八月，陟乃僭号于广州，国号大汉，伪改元为乾亨。明年，僭行郊礼，赦其境内，及改名岩。陟僭位之后，广聚南海珠玑，西通黔、蜀，得其珍玩，穷奢极侈，娱僭一方"[1]。另外发现"大有十☐"文字瓦片、残长8.3厘米，"大有"是南汉高祖刘岩（后改名龑）的年号，前后共15年；瓦上的文字存在残缺，估计是大有十年至十五年（937—942年）中某年的纪年。

《唐大和尚东征记》记载了唐代广州有"州城三重"的城市构造[2]，这段历史记载来源于鉴真和尚的故事。天宝七载(748年)十一月初，鉴真东渡第五次海上受阻，船队到达振州（广东崖县），以后辗转至广州、梧州（今属广西）、端州（广东肇庆）、韶州（广东韶关市）、虔州（江西赣州市）、吉州（江西吉安）、江州（江西九江）等地，又乘船沿江东下至江宁（江苏南京市属），历时两年。关于唐代广州"州城三重"的解释，地理学家徐俊鸣主张"即以广府城为一，文溪以东的古越城东半残垒为一，其他一可能是蕃坊"。地理学家曾昭璇则以为："南城、子城及官城三重，似更雄壮，即自珠江岸上陆，穿过南城区，入清海军楼城内，再入南越王宫的官衙区（即今广东省财政厅处），也有三重城区，且皆繁华壮丽之区，气魄雄伟。因今财政厅为隋、唐时的刺史署，后为南汉宫殿区。而清海军门位于番禺二山间，形势险要，而门外市瘗，直至江边乃是商业中心区[3]"。

南汉帝王有兴筑之嗜好，"暴政之外，惟治土木,皆极瓌丽"[4]。刘隐死后，其弟刘岩继任节度使，随后称帝广州，建元乾亨，国号大越，翌年（918年），改国号为汉，史称南汉。南汉定都广州，称兴王府。刘岩按照唐的都城制度营建兴王府，"仿唐上京之制，置左右街使"。南汉兴王府的营建以唐代京城帝制来规划，使唐代广州"州城三重"基础上扩展广州的城建，将唐节度使府改建为兴王

[1]《旧五代史》卷一三五《僭伪列传第二》，北京：中华书局，1976年，第1808页。

[2] [日]真人元开著、汪向荣校注《唐大和上东征传》，北京：中华书局，1979年，第74页。

[3] 曾昭璇《广州历史地理》，广州：广东人民出版社，1991年，第233—234页。

[4] 梁廷楠《南汉书》，广州：广东人民出版社，1981年，第13—53页，凡引此处资料，以下均不注明出处。

府。城区中心北部为皇帝施政和皇家起居之内宫，往南中区为统治机构所在地的皇城，即中北部为宫殿园林区，为政权中枢所在。南汉王宫位于今中山四路以北的财厅前儿童公园一带，是西汉南越国以来的广州城市中心地，文献记载的宫殿名称有乾和殿、昭阳殿、文德殿、万政殿、集贤殿、南薰殿，以及秀华宫、景福宫、景阳宫、思元官、定圣宫、列圣宫、玩华宫、龙德宫、万华宫等。宫殿之南为皇城，设左右街使，既是仿唐上京之制，大体以今中山路以南、西湖路以北的北京路为中轴，设置中央行政机构与事务机关。

刘晟“建乾和殿，铸柱十有二，周七尺五寸、高丈二尺”。青铜铸造宫殿的立柱是南汉政权的首创，铸十二柱的开间是十一间，青铜柱应作为外檐柱使用，每柱的周长七尺五寸按照唐尺29.4厘米换算，约为2.2米，直径为68厘米，与考古发现的雕刻16个狮子柱础石的柱径相若。晚唐的佛光寺大殿柱径实测为60厘米，略小于南汉宫殿立柱。光孝寺外檐柱中部最大直径51.9厘米，柱顶直径40厘米，柱底直径44.5厘米，最大柱径恰好位于柱子的中部。该柱高以一丈二尺约为3.6米，若以地面测算檐柱高度应接近4米。

六、结语

（一）为了保证建筑基础的稳重，南汉宫殿的磉墩制作工艺严谨，考古解剖过程中发现每一层夯土的尺寸、包含物基本按照程序操作；磉墩深度平均达到唐尺的一丈，确保地下渗水不会对建筑造成塌陷的影响。磉墩的平面地表尺寸没有固定性，大殿最大，前殿次之，廊庑最小，磉墩面积的大小取决于建筑础石的尺寸和重量。

（二）南汉国一号宫殿平面布局与唐代考古发掘和晚唐建筑实物对比，其正殿比例关系为近正方形，与通常的通面阔约为通进深的2倍有别，和气候环境多雨和潮湿的福建华林寺大殿接近，光孝寺发掘的五代遗址平面也为近方形。南汉国一号宫殿的前后殿平面布局符合通常的$\sqrt{2}$、$\sqrt{3}$之比例。前殿和正殿的明间、次间尺幅一致，保持建筑的通畅和室内潮湿天后的干燥。

（三）南汉国一号宫殿的发掘资料有详细磉墩、柱础石和砖瓦尺寸，结合文献资料，网柱分布对研究南汉国时期的建筑复原有重要作用。正殿木结构复原参照了唐代佛光寺大殿和岭南现存的宋代建筑数据，另外宋代《营造法式》是重要的文献依据。复原的梁柱结构应用"升柱对称法"，符合《营造法式》中"十架橡屋前后剳牵用六柱"结构形式。整体性把握符合中原建筑的端庄稳重，更适应岭南建筑的通透秀巧特征。正立面复原则更多地以岭南现有早期古代建筑为蓝本，殿顶、举折和建筑材料等功能，需要结合地理和自然特征分析。南越国宫署遗址出土的南汉国时期陶质建筑文物是宫殿复原的重要组成部分，其建筑的各种材料的承载力，则要建筑力学的推测和进一步探讨。

（作者单位：南越王博物院）

广州光孝寺东西铁塔建置沿革及装饰

达 亮

内容提要：

寺内东西铁塔的来源、饰物、题识、作意等史事及其装饰艺术，是南汉君主佞佛的历史见证，具有很高的文物价值，不凡的建筑技术、冶铸技术，亦是中国现存有确切铸造年代最早的铁塔，为研究南汉社会的政治、经济、文化提供了重要的实物佐证。

常言道："未有羊城，先有光孝。"既是说光孝寺历史悠久，也是说岭南佛教由来很早。光孝寺，本身就是历史标记。

佛教传入东都，流布华夏，而南国曾当先。史载岭南之有寺，始于三国。时虞翻舍宅，初名制止寺，制止乃翻宅之易名。又因为此地原为西汉南越国第五代王赵建德府邸，建寺至今有千七百余年的历史。及东晋隆安中，昙摩耶舍从西域来，爱其地胜，乞以建梵刹，名王园寺。唐贞观中改王园为法性寺，"武宗会昌五年（845年），改乾明法性作西云道宫"[1]，乾明、法性二寺改西云道宫。南汉时改寺名为乾亨寺。唐大中十三年(859年)，寺为乾明法性寺，懿宗立国即改。宋高宗绍兴七年（1137年）称报恩广孝禅寺，二十一年（1151年）又易广孝为光孝。自此，沿称至今，历八百余年。

光孝寺弘教之殊胜，历代弘富。南朝高僧，呈一时之盛：印度梵僧求那跋陀罗建金刚于法性，天竺梵僧智药三藏种菩提树于戒坛，且曰："百七十年来，有

---

[1]［清］顾光、何淙修撰《光孝寺志》卷二，《建置志》，中山大学中国古文献研究所整理组点校，北京：中华书局，2000年，第20页。

圣人出。"禅宗一脉，传于光孝，更是令人瞩目：印度梵僧达摩[2]初至于五羊，卢祖惠能[3]露颖于风幡，宝林开墓，曹溪衍派，光昭日月，道被寰宇。

光孝寺自昔为名僧聚居之所，而其译经事业，关系尤巨。上起东晋昙摩耶舍尊者，下迄唐武后梵僧般刺蜜谛三藏，三百余年，西来僧侣，居此译经，代不乏人。陈时梵僧真谛于此译《唯识论》，早于玄奘译此经百余年矣。唐相国房融于此寺笔受《楞严经》释译，传播甚广，为历代禅门所重。

六祖演法，彪炳史册。其时，唐高宗龙朔初，六祖大师得黄梅衣钵，隐迹十五年。至仪凤初，因风幡之辩，脱颖而出，果披薙于树下，登坛受戒，推为人天师，于此开演东山法门。自尔法幢竖于曹溪，道化被于寰宇，至今称此为根本地。故憨山大师题云："禅教遍寰中兹为最初福地，祇园开岭表此是第一名山。"

"境以人传，法因言显。"中国佛教史上，域外梵僧若昙摩耶舍、求那跋陀罗、智药三藏、达摩祖师、真谛三藏、般刺蜜谛、不空等，皆在光孝寺或开山说法、经典迻译、译经布道、驻锡弘化；中土诸祖若惠能大师、义净三藏、鉴真律师、憨山祖师、天然禅师等，自三国魏晋南朝至唐宋元明清，历代皆有高僧先贤，过往住持，扬佛崇化，宣教慰民，留下不胜枚举之历史佳话与光辉史迹，与日月俱存。

千百年来，盛事佳话，传诵不绝。圣树移植，菩提树、诃子树是寺内园林特色。古树为绿色文物，活之化石，有重要科学、文化及经济价值。智药菩提树、达摩洗钵泉、六祖瘗发塔、南汉东西铁塔等，昭示着古寺历史之悠久、文化之深厚、影响之巨大、地位之崇高。

文化交流，荣光光孝。光孝寺为羊城年代最古、规模最大之名刹，亦是中印佛教文化交流互鉴之策源地之一。东汉安世高为广州首位至广州僧侣，西域支彊

---

[1] ［清］顾光、何淙修撰《光孝寺志》卷二，《建置志》，中山大学中国古文献研究所整理组点校，北京：中华书局，2000年，第20页。

[2] 达摩，亦达磨，无正误之分，本书不对二名统一。

[3] 关于禅宗六祖的名字，在相关的文献、碑刻、题记等以及现今出版的书籍中，莫衷一是，历来有两种通用的写法——"慧能""惠能"。而这两种写法在文献、碑刻、题记等资料中均可见到，且在古代文字中"惠""慧"二字通用。其人得名的来历又有两种说法：第一种缘由是"惠者，以法惠济众生；能者，能作佛事"；第二种缘由是"不着文字，直指人心"，故此"慧能""惠能"无正误之分。本书中所用引文、题记等遵从原文献所写的六祖名字，本书不对"惠能"或"慧能"二名进行统一。

（强）梁至广州译《法华三昧经》，为佛教传入广州最早纪年。"当时的梵本经典皆写在贝多罗树叶上，并用竹木夹好，若运往南京便很不方便，且容易损坏，所以广州也就自然成了译经的据点。"（覃召文《岭南禅文化》）见证广州佛教千七百年历史寺庙唯有光孝寺，足见光孝寺与广州佛教发展史之关系甚重：光孝寺及其前身皆能见证佛教在广州肇始、发展、繁荣、延续整个历史过程。

光孝寺建筑，是岭南地域文化之见证。其建筑规模之宏大，为岭南丛林之冠，开创岭南建筑史上独有风格和流派。建筑群中以大殿最为雄伟，葆有唐宋建筑艺术，殿内梭形木柱，一跳两昂重拱六铺制作之斗拱，其造型和结构，实为全国著名建筑中所罕见。大殿槛窗及门扇为清代遗制，其两檐间有一列鱼鳞波纹式明瓦蚝壳窗。大殿蹲脊兽左右垂脊共塑六仙人造型，此形式在中原佛教建筑中亦为罕见。大殿金柱基很特异，石头雕凿成须弥座的形状，显示殿堂等级之高。柱础虽为建筑构件，却往往见证历史上之建筑乃至人事之兴废。

民国虚云祖师，志愿恢复，时机未到，竟已成往。建国后，复兴光孝、丕振宗风的本焕和尚，始使祖庭浴火重生。中兴诃林护伽蓝的新成和尚，弘宗演教衍拓山门的明生和尚，当为"传灯续焰畅宗风，祇国百粤耀羊城"。

经典迻译，摄论传授，禅宗南派，密教传播，嘉树移植，佛塔镂刻，时云峰会长为大殿题联云："晋朝胜迹百粤名蓝仰圣树擎天千古白云连珠海，祖道传心万灯续焰看雨花匝地当年虞苑接祇园。"可为古刹诠释历史之厚重。

古往今来，众多中外高僧往来驻锡传教，文明互鉴，中印交流，西来初地译经诃林伽蓝场；六祖惠能，于此披剃瘗发，禅宗祖庭，大觉胜境名至归。故经云："佛子住此地，即是佛受用。"

寺为选佛之场，僧乃传法之宾，三宝具足，乃称佛寺。故名山古刹与高僧大德互为依托，僧以寺名，寺因僧显，古刹名寺必有高僧大德主持其间，摄受四众，领众熏修，方可化导一方，传诸久远。

五代时南汉诸帝佞佛，在岭南各地大建寺庙，而兴王府尤为集中，在兴王府城内大扩寺院，如长寿寺（今六榕寺）"横直绵亘面积实逾二里"[1]，并环城建

[1]《广州宗教志》广州市宗教志编纂委员会，广州：广东人民出版社，1996年，第16页。

197

有二十八寺，列布四方，各方有七寺，上应二十八星宿。南宋方信儒《南海百咏》诗序说南汉所建二十八寺当时"尚大半无恙"[1]，并分别以东、西、南、北七寺为题，以各方寺名联缀为诗。考所列寺名，千秋寺为今海幢寺址(一说在药洲南)，悟性寺（越秀山越王台故址一带，具体位置约在今中山纪念碑下"佛山"石碑坊处）为今三元宫址，新藏寺为今大佛寺址。此外，闻名于后世的还有建于海珠石上的慈度寺、大通寺前身的宝光寺。这些寺庙今时皆不见原构，也无从考证当年的形制。南汉以海商之利而富甲天下，其崇尚的佛教艺术也随之趋向精美和奢华。现存光孝寺的两座南汉铸造千佛铁塔，以石刻和铁铸双层须弥宝座，塔形秀美，表面千佛密布，风格细腻。信奉佛教的南汉宫廷还在宫中建一座南薰殿，把柱和柱础都镂空，燃点香炉于柱中，香烟缭绕，宛若天国。

今存南汉佛教文物有光孝寺东、西铁塔，是南汉君主佞佛的历史见证，就其自身而言，具有很高的文物价值，是中国现存有确切铸造年代最早的铁塔，为研究南汉社会的政治、经济、文化提供了重要的实物。

据统计，我国现存铁塔，宋以后的占多数，唐代的铁塔尚未发现。光孝寺南汉铁塔至今已有一千多年的历史，是我国现存有确切铸造年代的特早的铁塔。我国现存古代大型铁塔还有十三座，广东省内计有四座：南汉大宝六年（963年）铸的广州光孝寺西铁塔，南汉大宝八年（965年）铸的广东梅州修慧寺铁塔，南汉大宝十年（967年）铸的广州光孝寺东铁塔，清雍正五年(1727年)铸的广东韶关市南华寺铁塔，清雍正九年（1731年）铸造的广东佛山市祖庙内的经堂寺铁塔（又称释迦文佛塔）等。其中，光孝寺西铁塔，已明显残缺，只剩铁塔基座和部分塔身；东铁塔是我国保存完整的最古铁塔。

一、南汉铁塔镇名蓝　云龙装饰莲飞天

唐末，南汉国开国君主刘隐任清海军节度使，驻节广州。刘隐死后，其弟刘

---

[1] 方信儒《南海百咏·东七寺》，清光绪八年（1882年）学海堂刻本。

龑（高祖刘岩）继任节度使，随后称帝广州，建元乾亨，国号大越，翌年（918年），改国号为汉，史称南汉。南汉定都广州，称兴王府，刘氏政权[1]在广州建立。南汉是五代十国时期的南方地方政权之一，建都番禺，南汉时期岭南地区的政治、经济、文化都得到较快的发展。南汉国诸帝中，从烈祖刘隐到后主刘鋹，都热衷于大兴土木营建，广州光孝寺南汉铁塔就是实物佐证。南汉双铁塔是我国现存有确切铸造年代的特早的铁塔。

南汉崇佛以至在全国各地广造佛寺，环兴王府建有28寺，以应上天28星宿。南汉刘氏三代仅55年统治中在广州建苑圃8处，宫殿26座。广州光孝寺，南越王赵建德故宅，吴虞翻讲学处。光孝寺除了大殿之外，还蕴藏着极其丰富的历史文物。过去寺内尚有伽蓝、毗卢、韦驮、五祖、六祖等五殿，风幡、檀越、法华、慈度、法性五堂，以及睡佛阁、延寿庵、诃林社、笔授轩、译经堂、虞翻祠等，其中大多因年代久远，相继塌毁，剩下来的如伽蓝殿、六祖殿等，已经没有几座。其他的文物古迹，有着重大的历史价值的是两座南汉时期的千佛铁塔——东铁塔和西铁塔，在光孝寺大雄宝殿后部东西两侧。

光孝寺内有两座东西楼阁式千年铁塔，"东西二铁塔，皆作四方七层空心形，高度各二丈二尺。基之四面、浮镂双龙，颇夭矫可爱"。[2]西铁塔，见图所示（图一），铸于南汉大宝六年（963年），原为方形七层宝塔，可惜上面四层塔身及其上的塔刹已损毁，仅剩三层塔身和铸铁基座，残高2.8米，加上石座，通高3.7米；东面有房屋保护的铁塔，称东铁塔（图二），铸于南汉大宝十年(967年），方形七层宝塔，高6.35米，加上石座，通高7.69米，是我国保存完整的最古铁塔。两塔曾均满贴金箔，被称为"涂金千佛塔"。《南汉双塔》诗云："南汉

[1]唐末五代时，上蔡（今属河南）人刘隐（874–911年）于905年任清海军节度使，凿平禺山，扩建羊城，名为新城。后梁太祖开平三年（909年）被封为南海王。911年卒，其弟刘岩接任，于后梁贞明三年（917年）在广州称帝，建立南汉国。这是自秦始皇时赵佗在广州立南越国后广州第二次建都。刘岩称帝后改名为刘龑、刘陟。龑，意为"与龙共天"。刘岩时期（917–942，汉刘岩，一名陟，又名龑，改国号为"汉"，史称南汉）——刘晟时期（光天二年(943年)至乾和十六年(958年)八月，刘晟卒，年三十九，在位十六年。长子继兴立，更名鋹，是为后主，改元大宝）——刘鋹时期（959–970年）。

[1]罗香林《唐代广州光孝寺与中印交通之关系》，《光孝寺之南汉千佛塔》，香港：中国学社，1950年，第165页。

图一 光孝寺西铁塔，塔断后大部分没有塔棚

图二　2019年东铁塔

王坟已不堪，浮屠千载镇名蓝。东西两座遥相映，向夜无灯光自涵。"[1]这是清代本寺僧人元旻（字天藏，号东湖，智华宗符和尚的嗣法门人）对光孝寺东西铁塔描述。《南汉光孝寺铁塔识》载："两塔高大略相等，东塔较高。朱竹垞谓：见二塔并立一屋中，修短不齐。"[2]由此可知，两塔曾置放在一屋中（目前未有），而在清代顾光《光孝寺志》东西铁塔插图中显示，两塔当时各建有两层塔殿阁楼（图三、四）。

光孝寺东西铁塔均出现以盘龙和莲花进行装饰的图像，其中石头的塔基以及铁塔塔身都有莲花图像出现，铁塔中的佛教美术图像内容丰富、造型优美。位于最底部的方形台基为石制，四周雕刻莲花造型，铁塔坐落于石基之上，塔身遍布千馀座佛像雕刻，造型无论大小皆端坐于莲花之中，整座铁塔被赋予一种神圣之气。

> 本山住持成鑑圆德《千佛塔》诗云："铁铸作浮图，莲花宝座扶。七层周法象，千载识雄谟。世已非南汉，人犹说彼都。幸留铭字在，霸业未全输。"[3]

鑑虽无道，然尝挂单光孝寺之禅宗高僧达岸和尚相往还。其时所兴造各地千佛塔，尤与佛教艺术有关。如广州光孝寺所置大宝间铁塔鎏金千佛塔，其最著者也。[4]

南汉铸出光孝寺东西铁塔，塔座莲花，塔身佛像及塔基飞天、云龙装饰图案，均有很高水平。

[1] ［清］顾光、何淙修撰《光孝寺志》，第169页。

[2] ［清］翁方纲《粤东金石略补注》，欧广勇、伍庆禄补注《南汉光孝寺铁塔识》，广州：广东人民出版社，2012年，第26页。

[3] ［清］顾光、何淙修撰《光孝寺志》，第171页。

[4] 罗香林《唐代广州光孝寺与中印交通之关系》，《光孝寺之南汉千佛塔》，第164页。

图三　光孝寺东西铁塔，东铁塔（右下）和西铁塔（左、右上）

图四　东铁塔（左）和西铁塔（右）

二、西铁塔建置沿革及装饰

现存的西铁塔，在大殿的西边，建于南汉大宝六年（963年），当时光孝寺改为乾亨寺，比东铁塔还早4年，是刘𬬻的太监龚澄枢同他的女弟子邓氏三十二娘出名铸造的，方形七层，四面铸满小佛。"铁塔峙东西，涂金同一式。突兀镇宝坊，千秋龙象力。"[1]它的造型、佛像雕刻和东铁塔相仿佛，但不盘龙，唯有宝莲花。此塔初以金装贴，久经岁月也未有重装贴金，故金色剥落，不及东塔之辉煌。[2]后人以诗赞曰："如何亦似东厢样，铸铁分明笑九洲。只合移归诃子院，法王铃铎振千秋。"[3]在南宋宝庆年间（1225−1227年），光孝寺住持僧了闻建西塔殿（一说是五代建）用以覆盖西铁塔，清《光孝寺志·法界志》记载："宋住持僧了闻建西塔殿覆之。太监龚澄枢造。今开净社。今志列古迹。"[4]元泰定元年（1324年），住持僧慈信曾募修一次。据《光孝寺志·古迹志》载：

> 西铁塔 在寺西界内，有殿盖藏。塔亦七层，周身皆佛身，与东塔高大相等，但不盘龙，惟宝莲花。南汉太监龚澄枢造。……按此塔初亦以金装内贴，岁久无重装者，故金色剥落，不及东塔之辉煌矣。宋宝庆间，住持僧了闻建殿覆之。元泰定元年，住持慈信募修铁塔。[5]

世传为涂金铁塔有误，因东铁塔为刘𬬻所铸，故能贴金，龚为太监不能用金贴，只能用银，故有"银塔"之说，即因铁塔贴银所成之故，规制略小，露天放置。持此说值得商榷，缺少有力佐证，故俟待业内专家有盖棺之论证。

西铁塔至于何时被断截不全，只留下三层，有三种说法：一说是至清末，因

---

[1] ［清］顾光、何淙修撰《光孝寺志》，第150页。

[2] ［清］顾光、何淙修撰《光孝寺志》，第41页。

[3] ［清］顾光、何淙修撰《光孝寺志》，第166页。

[4] ［清］顾光、何淙修撰《光孝寺志》，第14页。

[5] ［清］顾光、何淙修撰《光孝寺志》，第41页。

台风把塔殿吹倒塌，把铁塔压断为两截，压崩了三层，现仅存底座以上三层，下半截保存尤好，上半截却不知所踪。二说是在民国二十四年（1935年）《光孝寺志》中载有西铁塔四幅照片（西铁塔阁、西铁塔、西铁塔细部两幅）[1]，从西铁塔阁、西铁塔两幅照片中可看出，此时的铁塔是完整的。三说是"西铁塔于抗日战争期间房屋倒塌砸毁四层，1990年新铸四层加上去，名曰修复，因不协调，现已拆下"。[2]目前还没有定论，俟待后人论证。由此，西铁塔不像东铁塔那样完整，实属千古遗憾。

西铁塔长期安置在西厢之室外露天院内的石刻须弥座上，虽然只剩铸铁基座和三层塔身，但仍为历史文物。此塔保存了所铸的纪年铭文：

> 上柱国龚澄枢同女弟子邓氏三十二娘，以大宝六年岁次癸亥（按为西元九六三年），五月壬子朔十七日戊辰铸造，永充供养。[3][4][5]

故知西铁塔是南汉国太监龚澄枢和他的女弟子联名捐铸的。如上资料，可以大概见及光孝寺东铁塔历代修葺情况。前人对西铁塔多有诗词咏颂，辑入清《光孝寺志》就有多首，其中在《光孝寺志》西铁塔插图中题有释源子的一首五律，完整地介绍了西铁塔的缘起及历史：

> 西塔亦峨然，事乃龚监举。
> 所少在盘龙，高并东墙处。
> 三十二娘名，弟子称是女。
> 中有佛图澄，不解相轮语。[6]

---

[1] 转引自程建军、李哲扬《广州光孝寺建筑研究与保护工程报告》，《第二篇 保护工程篇·光孝寺保护工程图片（节选）》，北京：中国建筑工业出版社，2010年，第205页。
[2]〔清〕翁方纲《粤东金石略补注》，第27页。
[3]〔清〕翁方纲《粤东金石略补注》，第26页。
[4] 罗香林《唐代广州光孝寺与中印交通之关系》，《光孝寺之南汉千佛塔》，第166页。
[5] 李仲伟、林子雄、崔志民编著《广州寺庵铭集》，《西铁塔铭》，广州：广州人民出版，2008年，第10—11页。
[6]〔清〕顾光、何淙修撰《光孝寺志》，《插图》，第11页。"三十二娘名"，《光孝寺志》"三十三娘"，疑抄误。

此诗把西铁塔的来源、饰物、题识、作意等史事，全都概括其中了。

铸铁基座分为上下两层，两层之间的四个角上，各铸有一个力士，粗看起来，似乎是四个力士在顶住上面的莲花铁座。而莲花铁座的上面则有一、二、三层铸铁塔身，每层塔身的四面都铸满佛像，除正中佛龛中的佛像较大外，四周皆有小佛。据统计，第一层有208尊佛像，第二层有208尊佛像，第三层有132尊佛像，共计548尊佛像，如果计及上部已损毁的四层塔身上的佛像，估计应有一千多尊佛像。所以，西铁塔应是我国现存最早的千佛铁塔。

西铁塔七层四方形，每层塔檐飘出，铸有飞天、飞鹤、飞凤。檐角各类神兽，檐下莲花角柱。西铁塔塔座之上的仰莲，饱满圆润，充满生命力。铁塔四面大佛龛皆铸有佛像：塔东上面"卢迦郍佛"、下面"释迦佛"，塔西上面"牟尼佛"，下面"弥勒佛"，塔南上面"卢舍郍佛"、下面"弥勒佛"，铁塔北上面"毗舍浮佛"、下面"药师佛"。[1] "释迦佛""牟尼佛"，其实全称就是释迦牟尼佛，即佛祖。卢舍郍佛，《华严经》云，莲花世界是卢舍郍佛成道之国，一莲花有百亿国。铁塔周围铸满小佛龛，共计一千多尊佛像。底座莲花状，四周盘龙饰纹，四角力士造像。

力士的形象，在西铁塔装饰中也有生动的表现。西铁塔下端莲花造型之上的塔基四角，各有一力士支撑。力士脚踏莲花，头顶座基，不禁使人想起古希腊建筑中的人像柱。四力士体态相似，略有不同，手臂已缺失，造型上身赤裸，下着长裙，胸部饱满强壮，腹部凸起，虽然面部已经损毁，但仍能感受到威严和力量（图五、六）。

光孝寺中云气图像在东西铁塔装饰中有集中的体现，特别是西铁塔中的云气、仙鹤、飞天等形象造型生动，令人叹为观止。西铁塔仅存的两层塔檐中，分别有云气与仙鹤组合的装饰图像和云气与飞天组合的装饰图像。云气图像以圆润的线条、饱满的造型穿插在祥禽或仙子之间，流畅优美，营造出虚无缥缈的梵音净土。中国的飞天图像来源于印度佛教，即印度佛教中的"乾闼婆"，属天乐神，俗称飞天。作为天乐神的飞天，手执乐器或歌唱或舞蹈，或弹奏琵琶或吹奏

---

[1]李仲伟、林子雄、崔志民编著《广州寺庵铭集》，《西铁塔铭》，第10—11页。

图五　光孝寺西铁塔角力士

图六　光孝寺西铁塔角力士

排箫，展示对西方净土的憧憬和赞美。西铁塔中与云气组合的飞天，每面有四个人物形象，两个一组对称置于云气纹左右，飞天造型飘逸，裙裾飞扬，其中一个舒展双臂，回首嘹望，另一个以侧面造型出现，双手奉物向前方飞翔，云气与飞天组合的形象在这里得到完美的表现。（图七、八）塔座上的"飞天"浮雕在同类器物中较为罕见，具有敦煌艺术中的风格。

三、东铁塔建置沿革及装饰

东铁塔为一座平面四方形七层空心铁宝塔，以铁铸成，高6.35米，放置在高1.34米的石雕须弥座上，座宽2.28米，通高7.69米，全塔共铸有九百多个佛龛，龛内有小佛像，工艺精湛，为我国目前已知最古老最大的铁塔。

东铁塔在大殿的东边，见图所示，比西铁塔晚铸4年，是唐朝末年五代时期南汉皇帝刘鋹在大宝十年（967年），并且用刘鋹的名字捐铸的。此塔初在羊城开元寺[1]，自宋移入光孝寺，从此成为光孝寺历代珍视的文物。"幸留铭字在，霸业未全输"。南汉后主刘鋹建塔后二年国亡，万寿无疆，固已成虚。

东铁塔实为仿照西铁塔之作，据史书介绍，在乾隆二年（1737年），本山寺僧密深将这座佛塔上的千尊佛像贴金，金光灿灿，故此又称为"涂金千佛塔"。清初闽人林琼《光孝寺东铁塔》诗云："南汉劫灰飞，斯塔坚如许。千相燦金容，夜深闻神语。"[1]此诗以塔之坚久，反衬南汉之灰飞，见千相而若闻神语，此就佛像庄严而兴其乡慕之思。又如清初闽人许宪《题光孝寺古迹·金塗塔》诗云："炫目层层照室隅，犹留南汉一浮图。如何泽铁为金手，不向黔黎闻泽敷。"[2]当年这座佛像是何等的金碧辉煌，由于历史的变迁，金片不在了，但它仍旧有不朽的生命力！

---

[1]［清］顾光、何淙修撰《光孝寺志》，第150页。

[2]［清］顾光、何淙修撰《光孝寺志》，第149页。

图七　光孝寺西铁塔局部

图八　光孝寺西铁塔局部

东铁塔原于开元寺铸置，宋端平间，僧绍喜移置光孝东便，建殿覆之。元泰定元年、住持僧慈信，募修铁塔。清乾隆二年、僧密深，复损赀修殿，并于铁塔装金。今此塔在大雄宝殿东莲花池旁，旧殿尚存。[1]

据清《光孝寺志》记载，此塔原安放在广州城内开元寺（后改玄妙观，该寺今已不存，后湮没）后，历代都进行过修葺保护，宋代清代都曾建殿修殿，清代并曾将铁塔装金，现在东铁塔殿还在，但塔上的金箔已无存。宋端平年间(1234–1236年)，本山住持僧绍喜将塔移到光孝寺内，并建造塔殿加以保护，（图九）成为光孝寺的重要法物。初以金装佛像，故后人讹传为铜。清《光孝寺志·法界志》记载："宋住持僧绍喜从开元寺移安于此。初以金装佛像，故后人讹传为铜。"[2]明正统十四年（1449年）住持僧广演重修东铁塔。清乾隆年间曾两次加贴金箔，分别是清乾隆二年（1737年），僧密深捐赀塔上装金；乾隆十三年（1748年），僧愿广捐赀塔上装金。现存塔殿经乾隆二年（1737年）重修，塔上金箔则荡然无存，此可谓"涂金衲子布多赀，七级巍峨绀宇垂。天庆观中诸像废，霸图终待读铭知。"[3]据清《光孝寺志·古迹志》又载：

东铁塔 在寺东界内，有殿盖覆。……按此塔以金装贴。原在开元寺。宋端平间，本寺住持僧绍喜移归光孝，建殿覆之。元泰定元年，住持僧慈信募修铁塔。明正统十四年，住持僧广演重修东铁塔。国朝乾隆二年，僧密深捐赀塔上装金。并修殿、捐田，有碑记。十三年，僧愿广捐赀塔上装金。[4]

又清《光孝寺志》卷十《艺文志》中有《重修东塔殿碑记》一则，为乾隆二年翰林辛昌五所记：

---

[1] 罗香林《唐代广州光孝寺与中印交通之关系》，《光孝寺之南汉千佛塔》，第164页。

[2] ［清］顾光、何淙修撰《光孝寺志》，第14页。

[3] ［清］顾光、何淙修撰《光孝寺志》，第166页。

[4] ［清］顾光、何淙修撰《光孝寺志》，第41页。

图九　光孝寺东铁塔标示牌

图十　光孝寺东铁塔南面局部

先是，诃林创于东晋，妙丽庄严。逮至南汉天宝间，于大雄殿东偏建乌金千佛浮图，胜妙殊绝。缘日久倾颓，金容薄蚀。公慨然捐其俭积，鸠工庀材，力而新之。画栋连云，朱霞映月。复虑香灯焰冷，宝塔寂寥，随捐田壹拾叁亩伍分零，永为供奉，其操心之密、虑事之深有如此。[1]

由此可知，乾隆二年（1737年），僧密深曾主持装饰铁塔，并捐田供奉。至于是否有其他诸碑文记载，尚待查考。如上所述，可知东铁塔历代修葺情况。

东铁塔由铁铸莲花塔座、七层塔身和塔刹组成，每层皆有佛像。东铁塔至今塔身仍完整保存无损，塔表面的佛像磨损严重。铁塔四面塔座上分别雕刻的一对飞龙，屈曲有力，线条优美，变化活泼。铁座的四面上又分别铸有"飞仙""行龙火珠""升龙降龙火焰三宝珠"等图案，（图十）造型生动，塔身上刻唐碑风格的铭文，八行、楷体：

大汉皇帝以大宝十年丁卯岁（按为西元九六七年），敕有司用乌金铸造（《铭集》多"□"字，罗氏多"此"字）千佛宝塔一座（《铭集》、罗氏作"所"，讹误）七层并相轮，莲花座高二丈二尺。保龙躬有庆，祈凤历无疆，万方咸底（《铭集》、罗氏作"使"，讹误）于清平，八表永承于交泰。然（《补注》作"□"）后善资三有，福被四恩。以（《铭集》作"于"）四月乾德节，设斋庆赞，谨记。[2][3][4]

今塔存寺东厢之东铁塔殿中，铭文方位，似与清代顾光所修《光孝寺志》载录不同，或许是历史更迁，方向已改所造成的。在铁塔座最下一层东、西、南、北四个面的边侧，还铸有佛寺大法师和工部尚书等监造者的名字，字迹大多因磨损而变得模糊不清。从塔身上的铭文记载可知，铸造铁塔的缘起是为了"保龙躬有庆，祈凤历无疆。万方咸底于清平，八表永承于交泰"。

---

[1]［清］顾光、何淙修撰《光孝寺志》，第132页。

[2]［清］翁方纲《粤东金石略补注》，《南汉光孝寺铁塔识》，第26页。

[3] 罗香林《唐代广州光孝寺与中印交通之关系》，《光孝寺之南汉千佛塔》，第167页。

[4] 李仲伟，林子雄，崔志民编著《广州寺庵铭集》，《西铁塔铭》，第11页。

在莲花铁座之上，有七层塔身，每层塔身的四个面上都铸满佛像，塔身每个面的正中有一佛龛，佛龛内供奉着一尊弥勒佛，大龛外遍布小佛龛，四周铸满小佛像，全塔共铸有1024尊佛像浮雕，工艺精巧。当年，全塔贴满金箔，故被称为涂金的"千佛塔"。其千佛浮雕像与西铁塔相仿，莲花底座添铸盘龙纹饰，每层塔身四角飘出稍有弧度的塔檐，塔檐上还铸有飞天、飞鹤、飞凤等图像。由于年代久远，现在塔上的金箔已荡然无存，呈现出铁塔之原貌，但仍显得庄重、美观。

在塔的基座上有盘龙的图案和莲花宝座，铸造很精细，这可算是中国目前发现的最大、最古老、最完整的铁塔。历史上的石塔、砖塔、木塔、金塔、银塔都很多，但铁塔极少，所以光孝寺的铁塔极为珍贵。广东地区在南汉时期，曾铸造过四座大型铁塔，东铁塔保存得最为完整，该铁塔的设计合理，外形美观，铸造工艺较复杂，反映了当年岭南地区，已具有和中原地区同样高度的冶铸工艺水平。

前人对东铁塔多有诗词咏颂，辑入清《光孝寺志》就有十多首，其中在《光孝寺志》东铁塔插图中题有镜潭冯继龄的一首五律，完整地介绍了东铁塔的缘起及历史：

> 旧是开元寺，移来七宝光。
>
> 相传谓南汉，铸铁祝无疆。
>
> 历历诸司欺，明明选佛场。
>
> 怪他持戒侣，倾橐事金装。[1]

此诗把东铁塔的来源、作时、作意、题识、新饰等史事，全都概括其中了。

四、南汉铁塔的铸造及影响

用生铁铸造佛塔，是我国首创。我国铁塔式样全部采用楼阁式的，这大概由

---

[1] ［清］顾光、何淙修撰《光孝寺志》，第10页。

于长期以来，这一式样是我国佛塔的主流所致。大多数古代铁塔，都是仿木构的楼阁式铁塔，其每层塔身和基座等，都可自成一个独立的构件。铁塔各构件之间的缝隙，则常用铁片来垫实。用这样的装配工艺，使一些古代大型铁塔，能历经千百年，仍然屹立不动，实为奇事，不愧为我国古代建筑技巧和冶铸技术中的不朽之作。

南汉国将冶炼金属应用于建筑和装饰上。南汉的铸铁业规模宏大，达到很高技术水平。南汉君主在兴建中充分利用这一优势。中宗刘晟建乾和殿，12条柱均以铁铸，周长2.5米，高4米，按其体积计总重量达到1500吨，[1]这在岭南矿冶史上前所未有，亦为五代所仅见。今存之光孝寺东、西铁塔，可为这一时期铸铁业成就之见证。

清人杭世骏《南汉金塗铁塔歌》[2]，此诗描摹铁塔，此所谓"寻僧弔古起羁愁，渐渐西乌澹将没"之叹；许宪《题光孝古迹八首》其五《金涂塔》[3]，此诗讽铸泽铁塔之手，不爱悯黎民百姓；吴尊莱《南汉金涂铁塔歌》[4]，此诗则以铁塔之见证，反讽"保佑王躬国永享""祈福何功报已爽"，实在是以佛法对南汉皇帝无语之伤叹。

五、结 语

光孝寺东西铁塔的来源、饰物、题识、作意等史事及其装饰，实为古代建筑技术和冶铸技术中的不朽之作。光孝寺东西铁塔是南汉君主佞佛的历史见证，就其自身而言，具有很高的文物价值，是中国现存有确切铸造年代最早的铁塔，为研究南汉社会的政治、经济、文化提供了重要的实物佐证。

（作者单位：广东省佛教协会）

---

[1] 杨万秀、钟卓安主编《广州简史》，广州：广东人民出版社，1996年3月，第102页。

[2]〔清〕顾光、何淙修撰《光孝寺志》，第143–144页。

[3]〔清〕顾光、何淙修撰《光孝寺志》，第149页。

[4]〔清〕顾光、何淙修撰《光孝寺志》，第150页。

清大汕和尚自书《斗蟋蟀赋》长卷递藏及真伪考

陈溢珊

内容提要：

石濂大汕禅师是明末清初曹洞宗的一代宗师，康熙时期曾任广州长寿寺主持，兼领清远峡山飞来寺和澳门普济禅院，被奉为"太祖太老和尚"。清远市博物馆收藏一件石濂大汕和尚自书的《斗蟋蟀赋》长卷真迹，长期以来被学者们误以为是民国时期清远县长陆焕所抄写。本文对《斗蟋蟀赋》长卷内容进行释读，考证其递藏过程，并结合《斗蟋蟀赋》长卷上所钤印章证实长卷为大汕真迹。

大汕是清初粤中名禅，少年随沈颢学画，后皈依天界觉浪道盛禅师。其经历丰富，足迹几遍内陆各地，又远赴越南弘法，以越南王公所赠财物重振峡山飞来寺与澳门普济禅院。其交游广泛，与僧界文坛名流、地方政要等皆有往来，尤其是与平南王藩府及明末遗民有着千丝万缕的复杂关系。其才华横溢，擅诗画诸艺，有《离六堂诗集》《海外纪事》等书行世；传世画作以人物居多，为陈其年所作《伽陵填词图》是词学史上最早的文人填词画像。清康熙四十三年（1704年），大汕遭诋诉被逐，次年客死路途，著作多被禁毁，身后评价也呈现迥然相异的两极。

一、清大汕和尚自书《斗蟋蟀赋》长卷简况

清远市博物馆收藏一件清大汕和尚自书《斗蟋蟀赋》长卷（以下简称"《斗蟋蟀赋》长卷"）。纸本，行书，纵25厘米，横500厘米。全文一千六百多字，内

容为大汕观嘉宾雅斗蟋蟀有感而赋，描述蟋蟀争斗的过程，用以述胜劣之悲欢。此卷书写自然，笔锋含蓄，笔势婉丽端雅，点画之间顾盼合度，字距行距较为齐整，端庄隽美，有和平静气之感。[1]《斗蟋蟀赋》作于清康熙庚申年（1680年），大汕和尚本人十分看重此赋文，将其列于《离六堂集》卷一之首。[2]

今将长卷内容抄录如下：

长卷题首曰：

[禺峡鸣琴][3] 大汕自书斗蟋蟀赋

丙寅初秋

信宜陆焕题[陆焕之钵][4] [匡文][5]

正文：

斗蟋蟀赋　有引 [□□主人][6]

庚申七月十九日，过梁药亭

六莹堂，嘉宾雅斗蟋蟀。喜其

物小用大，感而赋之，盖以述

胜劣之悲欢耳。匪有望于笔

墨之荣观也。录　拟

鼎玉大士

斧正

惟三代之淳风，无干戈之戢动。观六朝之景物兮，有蟋蟀之声形。由春秋以丧乱兮，心未死而附草。亦列国以霸业兮，身失所而托灵。于是乎，其生也，气宇类乎王侯。列土为穴，分茅在丘。光仪磊落，素念

[1] 广东省文物局编《广东省第一次全国可移动文物普查成果选编——书法、绘画、碑帖与古籍卷》，广州：广东人民出版社，2019年5月，第33页。

[2]〔清〕大汕和尚著，万毅、杜霭华、仇江点校《大汕和尚集》（清初岭南佛门史料丛刊），广州：中山大学出版社，2007年，第26-28页。

[3] 隶书，白文方印。

[4] 篆书，白文方印。

[5] 篆书，朱文方印。

[6] 篆书，白文方印。另外二字因虫蚀，未能辨认。

绸缪。靳孤城而危急，忍近郭以多忧。兔苑頽而何倚，燕堂废而焉留。叹凄其于客馆，吟寂寞于戍楼。宛君子之小憩兮，伏卧龙于高陇；窥丈夫之大略兮，拟飞虎于中洲。藏断碑之禹文兮，抑洪水而开闢；隐圯桥之黄石兮，授素书以传流。篱边放旷，泽畔遨游。苍松谷口，赤壁峰头。紫茎之茂，碧藓之幽。忽经鞭风箭雨兮，一时而变迁；至以崩崖露壑兮，四散而相投。狐窟蝎仓，蛇窖蟏巢，出入乎其为畔；萤火燐灯，阴焰迷飚，左右乎其同俦。长渠巨蟳兮，八爪毒蜞，窃食之旷；广陵古隙兮，有九首恶鸟，吸饮之沟。叠壘枯坑，惊魂暴骨，愁堆砌于瓦砾；荒郊残塚，倒影悬蔓，戏傀儡于髑髅。去岁世而几何，安知孰之遗迹？居冥夜而杳然兮，可见伊之无休。榛撩乱兮密棘生，蔓纠缠兮秽苔腐。捄不朽之精树，笑欲言之恠花。簌簌兮，萧萧兮，若聚若散；飕飕兮，飒飒兮，如泣如讴。盖日月久远之照临，山河浩荡之积魄，亦造化所逑也。尔其揽险，槃历奇巅。躐狡蟠，驱蛸蜓，诛蛄蠹，祛螨古蛟，越崩崐，穿潺溪。涉江湖而驾木，蹑蓬岛而逢仙。襟罗宇宙，怀抱渊源。笃性于武，敏志于年。值盟津之会师，当渭水以求贤。胡为乎伤今而悲怨，胡为乎号空号野而哀鸣。直叫通天耳，唤展地晴。 斯耿介，据斯不平。比良材之不遇兮，心已倦而力行。昂藏巨体，慷慨弥情。诚堪举相，无虑攒缨。枫梧月朗，酒色天晴。刘寄奴之豪侠不已，贾秋壑之逸兴犹生。爰徵威于羽国，遂选勇于虫兵。乌银铸血，碧玉雕罂，用待伏波以標旌。始谋聘也，乃于（蕿）箕冈上，豆蔻坂前，探莫测，听俨然，请不出，激便迁。长筌兮以百匝兮，短网而四旋。森罗以密布兮，拘楯而方圆。尚无蝇飞蝼遁之路，兼有堑淤泥隰之田。既辞不得，仅受擎焉。获以至宝，给以万钱。槜以华屋，供以醴泉。纳以琦球之窝，盖以翡翠之。浴以玻璃之盘，凉以赤晶之甄。绣凤描鸾之幕，薰兰贯麝之毡。参苓蚊血而食，筠磁筍坑而眠。对朝雾夕曛兮，穷阴阳消长之理；闻五音六律兮，辨宫商甲子之玄。思四海五岳兮，何通衢兮，何大道兮，何冈陵之险阻；忆八郡三川兮，此要津兮，此小栈兮，此关驿之锁咽。凝神以窥垛，触机而应絃。张名始于建功之后，运筹必于决胜之先。而后率俦並驾，统部齐营。曹分种格，队别重轻。约盟作则，均彩为凭。品夫态度，觇乎殊形。红眉之与黑股分，谱中已论；一青之与五白分，删外存经。鹤顶鸳睄，虎项豹肩，鼋背熊翅，班班烂烂，戛戛乎登坛之势；铜头铁额，钢口剑牙，金鬘须银角，闪闪烁烁，凛凛然定鼎之能。喜临敌也。乃有操以戈，列以阵，仰以胸，支以冀。向日而迎，占风而徇。其未交也，如石人之并践；其既闻也，若甲骑之相摈。蹴踏迅骊，踶跃徇骏。上遮下掩，斜冲直趋，旁遄而出，倒捲而进。齿龂结以成团，足蹬踢而莫释。顾嚱嘱之板翻分，腹一挺而莫衰；恃纵横之跌荡分，力三登而不息。鹿死未分，牛犇已易，各暂退征，磨钳整翼。愈忿怒而愈雄，再挑锋而再敌。助凯鼓鼙，抡骋斧钺。接上扣而数廻，连撇身而百合。忽举以峯摇，忽落以春磕，忽追以飞星，忽分以迸石。卖其首而诱擎，抒其足而待掷。乘其势而扬输，就其步而巧获。肉绽谁知，髓流自食。杀活从容，伸缩按式。已失陷而复恢分，有背水阵之神奇；已困拒而得捷分，有穀野之莫测。至拉鞑而回锋分，鄙孙吴之秘韬；至用柔而克强分，陋楚汉之良策。捴淮阴之渡河而潜行，尽钜鹿之攻军而未巫。或一伏而扫十绝，或一奋而夺双標。掩其蠹，截其刃，剪其尾，刺其腰。妍媸状以俱见，得失怀而未消。其抱胜者，犹说东吴之伐曹分，洋洋乎适意而睥；其愧负者，若怯西秦之破燕分，兢兢然丧胆而逃。是以闻名溢远，声势弥高。巍乎将军，确乎英豪，乐乎昼锦，表乎骠骁。襄文昌而大兴分，建武库之旌扬。揭华盖于正阳分，耸陵图之珂。信隆起之荣瞻分，应直上而翱翔。诚杰出之伟麗分，犹勇退以轩昂。商风起分雁行斜，因时而感发；楚水扬分木叶脱。抚景以思量。薄寒生而光阴渐短，容颜异而富贵焉长。加以云台麟阁，荫乎铁铡券金章。壮士去而不返，美人迈以跟跄。瞬息荒烟断草分，冷露严霜；花残月缺分，古丧今忘亡。泪无从而自落，心不禁以悽惶。虽愁感之多端分，甚有微乎物我；任欢娱之无垠分，终未免乎沧桑。慨蜉蝣之非久，效鸒鹡而且休。既甘贫之息虑，苟知命以何求。想萍踪之无寄分从天放；望宦海之浮沉分蹇谁留。若挂之官冠，辞之禄，弃之功名，投之林麓。籍荔叶而衣，采薇蕨而粟。开襟怀之涕泗而为欢，处清澹之逍遥以为福。尔之达时也。何嗟，人不知机分，堪哭。匪听秋之可鉴分，安知夫世事浮云之碌碌兮。

长寿行者大汕 [大汕][1] [□□□行寸步][2]

[李根源章][3]

[陆焕之鉢][4]

《斗蟋蟀赋》引曰："庚申七月十九日，过梁药亭六莹堂，嘉宾雅斗蟋蟀。"时庚申年为清康熙十九年（1680年）。梁药亭（1629—1705年），即梁佩兰，字芝五，药亭为其号，广东南海人。康熙戊辰（1688年）进士。与屈大均、陈恭尹并称"岭南三大家"。[5]梁佩兰与大汕相交于康熙八年（1669年），两人友谊长达三十多年。梁佩兰《六莹堂集》有多首赠予大汕的诗篇，《寄怀石翁（六首）》《送石公之安南》等。康熙十八年（1679年）大汕被平南王请住长寿寺，梁佩兰为大汕作《石翁入住长寿禅院赋赠》。大汕晚年被潘耒攻讦、诽毁，潘耒致书梁佩兰，怂恿梁佩兰追还为大汕所作《岭南录》序、《客问》序，梁佩兰复书谢绝，足见两人深厚情谊。[6]长卷落款"长寿行者大汕"，此"长寿"指的是位于广州城西的长寿寺。"行者"又称"头陀"，大汕以披发"头陀装"行世，故于长卷中自署"长寿行者大汕"。

关于大汕和尚的《斗蟋蟀赋》及《斗蟋蟀赋》长卷的研究并不是很多，现可查阅的有：姜伯勤先生的《长寿行者大汕〈斗蟋蟀赋〉稿清远峡山寺传抄本研究》，姜先生将《斗蟋蟀赋》文本与现行大汕《离六堂集》刊本中所收《斗蟋蟀赋》文本进行对勘和比较，校出其中有六十九处文字的差异，从抄本中的改动表明大汕虚心学作词赋的情景。又参照王世襄先生纂辑的《蟋蟀谱集成》，考证大

---

[1] 篆书，朱文方印。

[2] 六字，篆书，白文长方印。

[3] 隶书，白文方印。

[4] 篆书（大篆），白文方印。

[5] 谭棣华、曹腾騑、冼剑民编《广东碑刻集》，"重修诗人梁药亭先生故墓碑记"，广州：广东高等教育出版社，2001年，第73-74页。

[6] 姜伯勤《石濂大汕与澳门禅史——清初岭南禅学史研究初编》，上海：学林出版社，1999年12月，第188-191页。

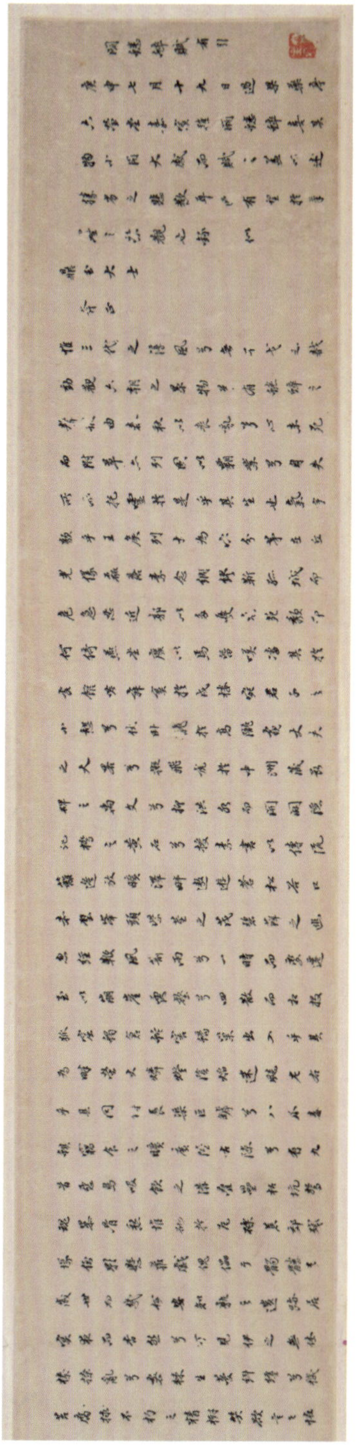

图一 大汕《斗蟋蟀赋》长卷（局部），清远市博物馆藏

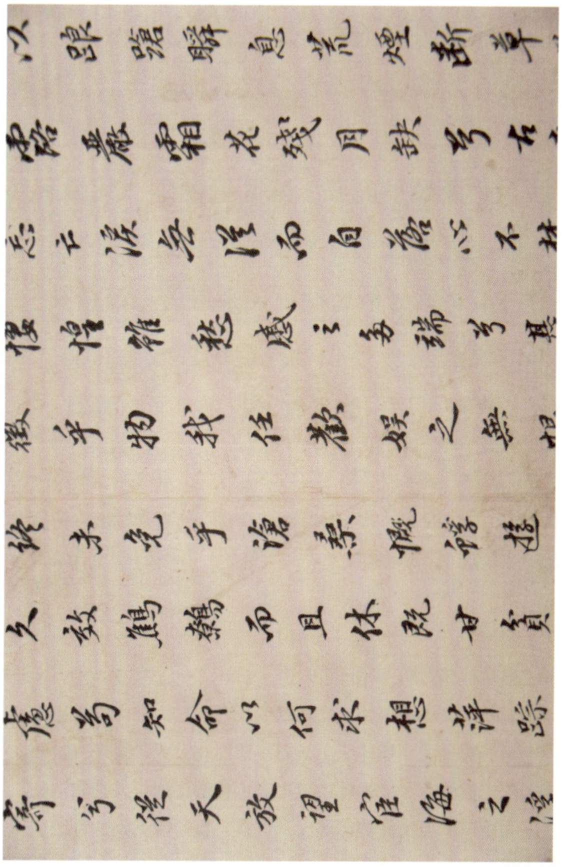

图二 大汕《斗蟋蟀赋》长卷（局部），
清远市博物馆藏

221

汕所著《斗蟋蟀赋》是遵循了宋元以来文人雅士斗秋虫的成法所作，同时也反映出清初广府斗秋虫之风俗民情。[1] 陈先钦的《清远峡山飞来寺的一篇奇文——读释大汕和尚〈斗蟋蟀赋〉》把《斗蟋蟀赋》全文分为三部分，认为大汕通过遇见斗蟋蟀而引发对当时社会的感叹，着重描写蟋蟀的生存条件、捕捉过程、相貌特征以及搏杀经过等来表达对所处社会的不满，最后反映其看破红尘，厌恶官场，流露出甘愿清淡，在淡泊宁静中潜心修炼，为实现人间佛教理想奋斗的情怀。[2] 陈真君、熊孝群《本真激情中的诗僧与历史本质中的人——析释大汕〈斗蟋蟀赋〉》则从宗教哲学的视角来解读大汕的《斗蟋蟀赋》，认为《斗蟋蟀赋》反映了大汕对于历史本质的深刻理解，即历史乃人之历史，人之历史乃斗争之胜负悲欢史。[3] 以上学者的研究都是以《斗蟋蟀赋》文本内容为中心，从不同的角度解读其所反映的社会现实和大汕的个人情怀。姜先生以《斗蟋蟀赋》长卷的图片[4]进行释文，因条件所限，长卷上的钤印均未释读，内容释读亦有个别舛误[5]，前文已有抄录，今不再赘述。而对于《斗蟋蟀赋》长卷，学者们则一致认为原件真迹已佚失，现存于清远市博物馆的《斗蟋蟀赋》长卷是民国时期清远县长陆焕所抄。此说最早应源于陈先钦先生，其编著《清远峡山飞来寺古代僧诗选》认为大汕原文真迹长期以来被视为峡山寺的镇山之宝，但现已不知去向。[6] 而陈先钦的另一篇文章《清远峡山飞来寺的一篇奇文——读释大汕和尚〈斗蟋蟀赋〉》也有同样的说法。[7] 姜伯勤先生的《长寿行者大汕〈斗蟋蟀赋〉稿清远峡山寺传抄本研究》直接引用了陈先钦的观点，而陈真君、熊孝群也持相同观点，然并未说明何据。

---

[1] 姜伯勤《长寿行者大汕〈斗蟋蟀赋〉稿清远峡山寺传抄本研究》，《广州文博》，2010年。

[2] 陈先钦《清远峡山飞来寺的一篇奇文——读释大汕和尚〈斗蟋蟀赋〉》，《清远职业技术学院学报》，第4卷，第2期，2011年4月。

[3] 陈真君、熊孝群《本真激情中的诗僧与历史本质中的人——析释大汕〈斗蟋蟀赋〉》，《清远职业技术学院学报》，第8卷，第5期，2015年9月。

[4] 姜先生文中注释《斗蟋蟀赋》长卷图片为中山大学历史系校友清远市杨越先生与清远博物馆诸先生惠赠。

[5] 笔者通过《斗蟋蟀赋》长卷高清图片对照，发现有21处文字误释。

[6] 陈先钦编著《清远峡山飞来寺古代僧诗选》，呼和浩特：远方出版社，2003年，第73页。

[7] 文中曰"原文真迹已经无从查找，目前能见到的是民国十五年（1926），由时任清远县长陆焕用小楷抄写的长幅卷轴"。

二、《斗蟋蟀赋》长卷递藏考

  大汕（1633—1705年），俗姓徐，字石濂，又称石头陀厂翁和尚。工诗善画，营造有巧思。所著有《离六堂诗集》《海外纪事》等书行世。清康熙五十九年（1720年）清远县县令孙绳祖刊行《禺峡山志》，书中有孙绳祖本人所撰的《石头陀厂翁和尚传》，记载了大汕的人生经历，明确大汕家门、身世、行历、结局等问题。大汕是"浙西名家子"，明清鼎革，父亲为抗清而亡，托孤于龚姓世交。大汕皈依杖人和尚（觉浪道盛），受杖人之命参遍诸方，又在姑苏、吴兴一带开法。又据杖人"曹溪礼祖"之嘱，参拜岭南六祖惠能故乡。受权贵之邀，先后曾到狮子林传菩萨戒、广州大佛寺放参，主五台山法席。最后再度岭南，成为长寿寺住持。受安南王邀请前往说法，归来后以安南王公贵族布施，大兴土木，建长寿寺药师、天王二殿和修辟飞来诸胜。晚年"道高毁来"，于七十二岁谢世。弟子兴宗等奉大汕灵骨，建灵骨塔于清远峡山北禺最高峰。[1]姜伯勤先生认为距大汕谢世后仅五年[2]刊刻的《禺峡山志》应属于一种权威纪事，孙绳祖所撰《石头厂翁和尚传》是值得珍视的对大汕历史的正面报道，使我们对大汕传记有了许多重要的新认识，尤其是传中"其门弟子兴宗等，奉灵骨踰岭，建塔北禺最高峰"的记载，使得于北禺最高峰追寻大汕和尚之灵骨塔成为今后值得继续深入调查研究的首要课题。[3]受先生启发，2021年5月，笔者在峡山北禺九龙峰上发现了大汕和尚的墓塔。墓前立塔碑一方，阴刻"传洞□正宗第二十九世石濂汕老和尚

[1]〔清〕孙绳祖纂修，仇江、曾燕闻、马德鸿点校《禺峡山志》，卷之二《传赞第二·石头厂翁和尚传》，北京：中华书局，2000年，第38—39页。

[2]姜伯勤先生以为《禺峡山志》刊行于康熙五十九年（1720年），应该是根据孙绳祖《禺峡山志序》落款"时康熙五十九年庚子仲冬长至日"，实际上刊行时间应该以孙绳祖邀王朝恩所作《禺峡山志序》"康熙六十年岁次辛丑季春"，即康熙六十年（1721年）为准。然而，大汕的圆寂时间为1705年，孙绳祖撰《石头厂翁和尚传》距离大汕谢世其实有十五年之久。

[3]姜伯勤《长寿行者大汕〈斗蟋蟀赋〉稿清远峡山寺传抄本研究》，《广州文博》，2010年，第56—59页。

塔"字样，这与澳门普济禅院陈列的《西天东土历代祖师菩萨莲座》正中起首处"洞宗第二十九世开建长寿、飞来石濂大汕太祖太老和尚"[1]一致，证实某些灯史将大汕排为洞宗三十四世有误。

清康熙十八年（1679年），大汕成为长寿寺住持。次年（1680年），大汕作《斗蟋蟀赋》长卷。《斗蟋蟀赋》长卷的递藏与长寿寺、飞来寺因缘，两寺兴衰息息相关。

大汕被奉为开建长寿、飞来太祖，而长寿、飞来两寺的因缘则始于清初的实行和尚。清顺治十五年（1658年），遭兵燹后的飞来寺寺僧逃散，无奈中飞来寺僧明慈将寺产启献于平南、靖南两藩王以祈求政治庇护，两藩让广州府知府黎民贵来处理。此时恰好长寿寺住持实行因寺无产业，上言"接待维艰"。于是黎太守将飞来寺田产给广州长寿院接管，自此飞来寺成为长寿寺之下院。黎民贵拟《长寿禅林摄管飞来寺田产记》并勒石于清远县衙前，其文道出了此事的前因后果。[2]实行和尚过世后，大汕成为长寿寺主持，兼领两个下院，即澳门普济禅院与清远峡山飞来寺。1703年，大汕入驻飞来寺。大汕本人十分看重《斗蟋蟀赋》，将此赋列于《离六堂集》卷首，大汕到飞来寺时，很可能将其心爱之物——《斗蟋蟀赋》长卷也一同带来，庋藏于飞来寺。进驻飞来寺后，大汕"遂阐飞来寺为大丛林，令其徒分主两山至今"，[3]两寺一直在相当长的时间内保持着密切的关系。清乾隆三年（1738年），飞来古寺与长寿禅林两山同门合力建造普同塔。今普同塔仍存，位于飞来寺东侧。塔后嵌《峡山飞来禅寺新建普同塔碑记》，记载修建普同塔缘由、经过及捐修人名等。清咸丰四年（1854）年，飞来寺遭太平天国农民军焚掠，殿宇损毁严重。咸丰庚申年（1860年）长寿寺住持鼎中（本净）和尚在官绅柏雨田、许小琴的帮助下保全寺院，重修飞来寺。清光绪三十二年（1906），两广总督岑春煊以寺产兴学名义，下令拆毁长寿寺并将寺产

[1] 姜伯勤《石濂大汕与澳门禅史学——清初岭南禅学史研究初编》，上海：学林出版社，1999年，第2页、第69页。

[2] 康熙二十六年《清远县志》卷一三《艺文·记·长寿禅林摄管飞来寺田产记》，据日本国立公文书馆藏本影印，第一四五页。

[3] 民国《清远县志》卷二十《杂录·飞来、长寿寺之因缘》，民国二十六年（1937）刻本，第四一、四二页。

充公。在这次变故中，长寿寺所藏书画移贮飞来寺。长寿寺将寺产转移之事，汪兆镛《谈屑四》记载曰：

> 广州变卖寺观，始至光绪三十二年，龙门刘某献议于大府，毁长寿寺，开作街寺。今片椽无存，一泓荒水，则昔日半帆亭下遗址也。寺旧藏黎二樵书金刚经、曾宾谷布政修褉图长卷，僧大汕画罗汉册，余犹见之，后移置清远峡山寺。[1]

《清远县志》则记曰：

> 清初石濂禅师为飞来寺中兴之祖，博学多才，其诗、字、画均称精妙。今寺内尚存木刻对联、匾题数事及自书蟋蟀赋手卷一件，十二师僧画像册一件。又珍藏曾都宾谷之修褉图画手卷一件及黎明经（二樵）手书之《金刚经》册页等件。民国七年，粤赣湘边防督办李将军到寺游览，一见各物即称为镇山之宝，惜稍残蚀，携返回镇署，捐资饬匠重装，还之山门。至今装饰辉煌，烟云缥缈，光增草木，永镇禺阳，与苏东坡之解带山门并垂佳话。望我邑官绅、学商、农工各界协同保护，以维法宝而以镇名山。庶几不负李将军之宏愿。[2]

按《清远县志》的记载，直至民国七年（1918年），[3]《斗蟋蟀赋》长卷、十二师僧画像册，曾宾谷之修褉图（以下简称《修褉图》及黎二樵书《金刚经》等均由飞来寺收藏，与汪兆镛的《谈屑四》记载相印证。唯一不同点是，汪兆镛并未提及长寿寺所藏书画有《斗蟋蟀赋》长卷。笔者揣测这有两种可能，一是汪兆镛并未见过《斗蟋蟀赋》长卷且不知道此卷也一同被移贮；二是如前文推测

---

[1] 许衍董编纂《广东文征续编》，第一册，香港广东文征印编委员会，1986年，第248页。转引自李若晴《山门流转一沧桑——〈曾宾谷长寿寺修褉图〉递藏考》，《新美术》，2011年，第51页。

[2] 民国《清远县志》卷二十《杂录·峡山宝物》，第40页。

[3] 根据清远市博物馆馆藏《清曾宾谷长寿寺后池修褉图》中赵藩的题跋，应为民国八年（1919年）。

《斗蟋蟀赋》长卷在1703年被大汕和尚本人携至飞来寺。无论是以上哪种可能，可以肯定的是，《斗蟋蟀赋》长卷在飞来寺得到了较为妥善的收藏。

如今，峡山宝物中的木刻对联、匾题和黎简《金刚经》册页已不知去向，十二师僧画像册现存广州美术馆，[1]《斗蟋蟀赋》长卷和《修禊图》则由清远市博物馆收藏。而从《修禊图》上的题跋，结合《斗蟋蟀赋》长卷上的钤印，可知在民国八年（1919年）至民国二十七年（1938年），《斗蟋蟀赋》长卷仍由飞来寺保藏。

民国八年（1919年）秋，韶州镇守使李根源及其幕僚、赵藩父子等七人游飞来寺并一起观赏飞来寺所珍藏的字画。李根源，字印泉，近代名士，国民党元老。尝提倡重修峡山寺，并捐资装裱寺中古画，此事于县志有记。而同行的赵藩则在《修禊图》的画心左侧题记，记录此次观画者与观画时间，其曰："民国八年己未八月，李根源、卢铸、蔡守、潘和、邓尔疋、赵藩暨子宗翰同观。"赵藩，字界庵，晚号"石禅老人"，近代历史上著名的政治家、学者、诗人和书法家。另外，赵藩为《修禊图》题写了"曾宾谷先生长寿寺后池修禊图"画名并记李根源出赀重襄飞来寺书画一事：

> 是图藏峡山寺，己未秋日，偕李印泉将军同观，惜其虫蚀已甚，印泉慨然出赀付工，为之重襄，而仍畀僧寮珍袭□守，是可记也。赵藩书于□□交通廨。

此次观画，李根源在《修禊图》画心右侧下方钤篆书白文方印"李根源章"，与《斗蟋蟀赋》长卷所钤印章一致。说明1919年李根源等人观看的书画，包括了《斗蟋蟀赋》长卷。此后至民国十五年（1926年），《修禊图》和《斗蟋蟀赋》长卷上均出现了陆焕的印章。陆焕，字匡文，号曾陶、陶庵，广东信宜人。民国十四年（1925年）至十六年（1927年），任清远县县长。任职期间，陆

---

[1] 见陈泽泓《清远旧志记述历代佛教人物简析》图片引用，《广东佛教》，2017年第四期，第90–91页。画像册上有陆焕的印章，说明像册在1926年时仍藏在飞来寺。

图三 清曾宾谷长寿寺后池修禊图长卷，清远市博物馆藏

焕不止一次前往飞来寺。民国十四年（1925年）重阳后八日，陆焕游览飞来寺，在飞泉洞集苏东坡字镌"白练长飞"题名石刻。民国丙寅（1926年）初秋，陆焕再次来到飞来寺，寺僧以寺藏宝物出示之。于是，陆焕在《修禊图》题记，并为《斗蟋蟀赋》长卷题名。在《修禊图》画芯，陆焕于赵藩等人的题签左侧题记曰"丙寅初秋信宜陆焕、李卓立同观"，下钤篆书朱文"陆焕"方印。不仅如此，意犹未尽的他在分别在画后陈澧诗跋、华定祁诗跋各钤朱文、白文"陆焕"两印。陆焕以篆书为《斗蟋蟀赋》长卷题名曰"大汕自书斗蟋蟀赋"，落款为"丙寅初秋信宜陆焕题"，下钤篆书"陆焕之鉢""匡文"方印，在《斗蟋蟀赋》长卷卷末钤"陆焕之鉢"印。在陆焕题名的右上方，钤"禺峡鸣琴"印，钤印者，为清远县长余棨谋。峡山飞泉洞原有"禺峡鸣琴碑"，碑文曰：

> 棨谋明府以民国二十四年春来宰中宿，弹琴而治者，三年有十月。政平讼理，百废俱举，遂以余力为飞来整顿田产，以维名胜。见飞泉亭丹青剥落，柱礩倾危，复毅然分清俸，纠工庀材，廓而新之，贤使君护法禅门者至矣。兹于其去也，尽有北禺之石为压，归丹重结东坡之缘，当名喜雨。后之游者，登斯亭，听飞瀑琅然，殆犹闻单父琴音也乎。二十七年冬月主持铁禅暨超相、海芳、毓秀、雪影现身、融宽、焯禅等阖山僧众谨识，陈斗初书。[1]

按此碑立于民国二十七年（1938年）冬，记载县长余棨谋整顿飞来寺田产，修复飞泉亭之事，推测斗蟋蟀赋长卷上的"禺峡鸣琴"应为此时所钤。此后近半个世纪，《斗蟋蟀赋》长卷递藏颇为扑朔迷离。《修禊图》从清代嘉庆时期至民国均有诗跋，李若晴从《修禊图》的题跋考证长寿寺拆毁后《修禊图》由长寿寺移至峡山寺（飞来寺）收藏，至1932年改归广州六榕寺铁禅和尚拥有，其后据当时广东省博物馆书画研究部朱万章先生介绍，抗战后铁禅以汉奸罪入狱，《修禊图》复归飞来寺，1991年因水患，此图转由清远市博物馆收藏。[2]不同于《修禊

[1] 叶成瑞总编《清远县文物志》，内部刊物，1987年，第129页。

[2] 李若晴《山门流转一沧桑——〈曾宾谷长寿寺修禊图〉递藏考》，《新美术》，2011年，第49–52页。

图》，《斗蟋蟀赋》长卷后并无后人的题跋，而且自1938年余棨谋钤"禺峡鸣琴"印之后，再无新钤印章。而据清远市博物馆馆长黄敏强回忆，20世纪80年代初，《斗蟋蟀赋》长卷、《修禊图》已由清远县文化部门转给清远县博物馆收藏。1987年出版的《清远县文物志》"馆藏文物"书画部分，对《斗蟋蟀赋》长卷、《修禊图》有详细的介绍。[1]当时清远归广州管辖，广州市文物管理委员会办公室干部张以礼、冼乐对《斗蟋蟀赋》长卷、《修禊图》等赞不绝口，痛惜其残损严重，建议及早修复。在俩位先生的鼎力相助下，《斗蟋蟀赋》长卷、《修禊图》、伍紫游《献环图》和高剑父师生联袂合作《达摩面壁图》得以修复和重镶。这是已知的自民国李根源后，《斗蟋蟀赋》长卷的第二次修复、重镶。

三、《斗蟋蟀赋》长卷鉴真

学者们以为《斗蟋蟀赋》长卷是陆焕所抄写，实际上陆焕只是为长卷书写了题名而已，清远市博物馆馆藏的《斗蟋蟀赋》长卷是大汕真迹。今从《斗蟋蟀赋》长卷的钤印论证之。《斗蟋蟀赋》长卷上的印章，除了"大汕""李根源章""陆焕之鉢""匡文""禺峡鸣琴"清晰可辨，另外两印因虫蚀，未能全部识读。其一为六字印云"□□□行寸步"，其二为四字印云"□□主人"。今从大汕的经变画《维摩示疾图》，我们能得到解读二印的信息。大汕在《维摩示疾图》题记云：

> 庚申羊城大旱，余为百姓祈雨，象翁大士同为瓣香之请，遂藉象翁大士神通之力，甘泽立霈。因与大士握晤，有针芥之报。破寺寒斋，时来相对。大士所谓"身为王臣，心同古佛"。如《维摩经》称，入人臣中，正群臣意，为作端首，使入正道，是菩萨行者也。因以此卷归之。然余谓，昔一会以香饭作佛事，今此卷以笔墨作佛事，且道与维摩诘默然时相去多少。大士于昆耶离城中，卷席再来，必有以教我也。五岳行

---

[1]《清远县文物志》，内部刊物，1987年，第105页。

图四 陆焕篆书题名"大汕自书斗蟋蟀赋"

脚头陀大汕题，于长寿禅院竹浪斋中，时庚申长至日。

[长以中行寸步] [大汕] [逢场作戏][1]

大汕在《维摩示疾图》前又跋云:

右维摩诘经谈不二法门缘起，嗣洞上正宗三十四代沙门大汕盥手敬
书并图画。[2]

下有印章三方，"无着眼处""大汕""六爻主人"。[3]

其中"长以中行寸步""六爻主人"两印，与《斗蟋蟀赋》长卷上未能识别
之印，字数、部分字眼相吻合。值得注意的是，《维摩示疾图》的落款"五岳行
脚头陀大汕题，于长寿禅院竹浪斋中，时庚申长至日"，而《斗蟋蟀赋》长卷作
于"庚申七月十九日"，可见二者是同一年所作，且相距不到一个月，因此《斗
蟋蟀赋》长卷上未能识别的印章即为"长以中行寸步"和"六爻主人"。印章相
一致，无疑也能说明斗蟋蟀赋长卷为大汕本人真迹。

其次，细观《斗蟋蟀赋》长卷，从陆烨题名的纸张与原文长卷纸色、落款处
印章的印泥颜色，明显是不同年代的材质。再次，前文考证李根源观看《斗蟋蟀
赋》长卷是1919年，而陆烨是1926年，如果《斗蟋蟀赋》长卷为陆烨所抄，则长卷
上不应该有李根源的印章。最后，2005年5月，斗蟋蟀赋长卷经广东省文物鉴定
站站长、书画鉴定专家单晓英带领的专家组一行七人鉴定，确认是大汕手书真迹。
姜伯勤、陈先钦等先生因条件所限，未能亲睹长卷真容，见卷首陆烨为《斗蟋蟀

[1]苏州灵岩寺藏品，苏2-26，［清］大汕《维摩经变图》，《中国古代书画》（六），北京：文物出版社，
　　1988年，第122页。转引自姜伯勤《再论石濂大汕的画学》，中山大学学报（社会科学版），1999年第6期
　　第39卷（总162期），第2页。
[2]苏州灵岩寺藏品，苏2-26，［清］大汕《维摩经变图》，《中国古代书画》（六）。转引自姜伯勤《再论石濂
　　大汕的画学》，第6页。
[3]苏州灵岩寺藏品，苏2-26，［清］大汕《维摩经变图》，《中国古代书画》（六）。转引自姜伯勤《再论石濂
　　大汕的画学》，第6页。

赋》题名而误以为陆焕所抄则不足为怪。

四、结语

大汕自书《斗蟋蟀赋》长卷作于康熙庚申年（1680年），由长寿寺收藏；康熙四十二年（1703年）年由大汕本人携带至飞来寺；或者在光绪三十二年（1906年），长寿寺遭受灭顶之灾后，与《修禊图》《金刚经》等书画一同移贮于飞来寺。1919年李根源出资重镶长卷；1926年陆焕为《斗蟋蟀赋》长卷题写书名，引起学者以为长卷为陆焕所抄的误会；在陆焕题名上清远县长余启谋所钤印章，得知至少在1938年前《斗蟋蟀赋》长卷仍然由飞来寺保藏。此后近半个世纪，因清远归属划分、机构改革多次变更，未能获得《斗蟋蟀赋》长卷由清远县文化部门保管的递藏信息。1982年，清远县博物馆成立，清远县县文化部门将《斗蟋蟀赋》长卷转由博物馆收藏，直至如今。

大汕工诗善画，有不少山水画、人物画存世，尤其是以后者居多，其画学成就已引起学者的关注和研究。清远市博物馆珍藏的《斗蟋蟀赋》长卷，很可能是大汕和尚唯一存世的书法长卷，再加上长卷内容和书法艺术，更是使得其成为一件极具魅力和价值的珍藏。

（作者单位：清远市博物馆）

故宫藏三册清代广州炮台图识读及其他

黄利平

内容提要：

故宫博物院藏有佚名、无年款的三部清代广州炮台图册，图片刊布于该院2002年出版的《清史图典·道光朝》一书。图册文字是判断其年代及科学使用这批资料的关键。通过识读可以看出它描绘的是光绪七年（1881年）两广总督张树声修建的广州海防江防炮台。由于其中部分炮台完好保存至今，这些图册也是了解广州现存晚清炮台初建历史的重要资料。

故宫博物院藏三册清代佚名、无年款的绢本、设色《虎门各炮台分图》（含图四幅）、《中流砂各炮台分图》（含图五幅）和《大黄滘各炮台分图》（含图六幅）[1]，三册共绘有广州虎门炮台中的威远、下横档、定洋台；大黄滘炮台中的绥定（大黄）、镇南、保安、永固台和中流沙炮台中的中流砥柱、绥远、定功台等10座炮台。图册绘制精细、清晰，炮台方位、建筑形制相当准确。绘图者接受过西方绘图的基本训练，使用洋法勾绘。各图均有比例尺，甚至有罗经方位图。"罗经方位图是一种罗盘盘面形式的图形，用于表示当地的磁北或磁偏差。……罗经方位圈比箭头或罗盘指示方位更加准确。"[2]此外，图册上有说明各炮台格局、建筑材料、尺寸及武器配置等的文字。美中不足的是刊布的图片文字模糊不清。

---

[1] 朱诚如主编《清史图典·道光朝》，北京：紫禁城出版社，2002年，第50、71–72、81–82页。

[2] 贾浩《〈沿江沿海各省炮台图说〉与叶祖珪的海防思想》，《中国国家博物馆馆刊》2016年第8期。

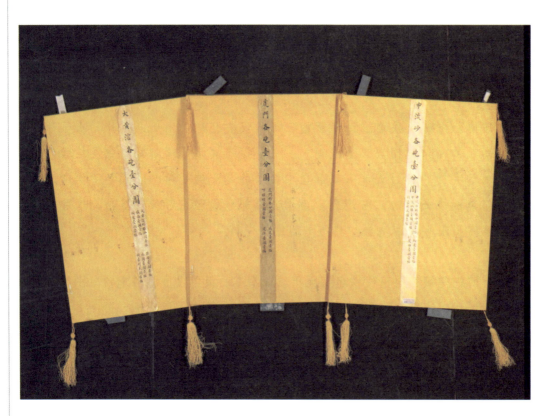

图一 《大黄滘各炮台分图》《虎门各炮台分图》《中流砂各炮台分图》册页[1]

[1] 朱诚如主编《清史图典·道光朝》，北京：紫禁城出版社，2002年，第81页。

[2] 朱诚如主编《清史图典·道光朝》，北京：紫禁城出版社，2002年，第50、71、80页。

　　《清史图典·道光朝》的编辑以此三册图来介绍鸦片战争时期的广州炮台，说《虎门威远炮台分图》是道光十五年（1835年）、道光十九年（1839年）关天培增建的虎门威远等炮台；说《中流沙各炮台分图》记录了当时（1840年）炮台组成的形制；说驻守在如《大黄滘各炮台分图》这样炮台上的清军在鸦片战争中与入侵英军进行了殊死搏斗。[1]另有《败在海上：中国古代海战图解读》一书在使用故宫博物院藏清代广州炮台图册时虽注明该图是晚清绘，但又将《虎门各炮台分图》（书中名其为《虎门炮台组图》）放在该书的鸦片战争部分；在《中流砂各炮台分图》和《大黄滘各炮台分图》下分别注明此炮台1861年英法两国入侵时被摧毁。说《大黄滘各炮台分图》图中绘制的是1843年后扩建的大黄滘炮台云云[2]。识读故宫藏三部广州炮台图册文字，即可知上述两书均误判了故宫藏三册广州炮台图册的年代。仅以其中威远炮台上的34000觔前膛洋炮、16800觔后膛洋炮、7000觔后膛洋炮来说，如此巨型后膛洋炮是同治、光绪时期才在世界上出现的火炮，1880年代才引入广州出现在珠江上，与其配套的炮台是不可能出现在鸦片战争时期。但《清史图典·道光朝》出版20年以来，至今未见到对图册文字的识读，给科学使用这些资料造成了一定的影响，是出现如此误解误读并长期流传的重要原因。为解开这个难题，经多年追踪、不懈努力，在故宫博物院同仁的帮助下，虽至今也未能见到图册本身，但有幸看到较清晰的图片。在此试将图册文字整理录出，并结合相关文献简论其年代，以飨对清代广州海防有雅兴的同仁，不妥之处，请指正。

一、图册文字的识读

---

[1]梁二平《败在海上：中国古代海战图解读》，北京：生活·读书·新知三联书店，2016年，第71、73、146、147页。

[2]朱诚如主编《清史图典·道光朝》，北京：紫禁城出版社，2002年，第50页。

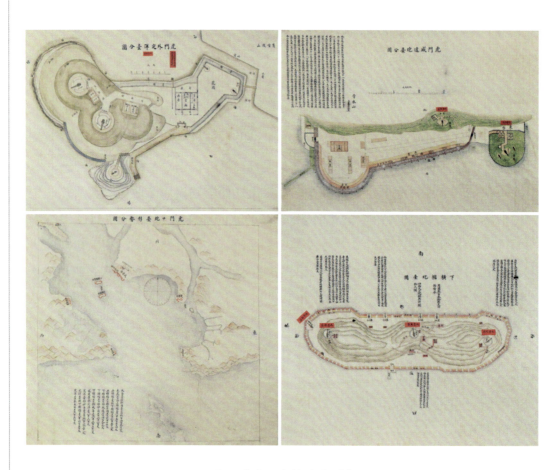

图二《虎门各炮台分图》

（一）《虎门各炮台分图》四幅图文字

《虎门口炮台形势分图》。大角台距砂角台旧址一千四百三十六丈。大虎台距上横档台一千五百七十四丈。上横档台距下横档台二百五十八丈。上横档台距巩固台六百十七丈。下横档台距威远台四百九十九丈。下横档台距砂角台二千一百丈。下横档台距大角台一千二百五十六丈。威远台距定洋台一千三百丈。定洋台距砂角台旧址一千零三十八丈。定洋台距下横档台一千六百五十丈。定洋台距大角台一千七百丈。

《虎门威远炮台分图》。青衣山，高台百五十丈。此台依山临水，坐北向南。自东迤西，计长九十八丈。立东西营门二座。倚左修筑平水一字炮台，计炮洞一十二个，安置七千觔后膛洋炮一尊，五千觔前膛新口洋炮十一尊。倚右接连修筑半月平水炮台，计炮洞一十四个，安置五千觔前膛新口洋炮五尊，八千觔土炮七尊。其炮洞均用石拱，中横一丈二尺，直一丈四尺，高九尺，上用灰沙坚筑。统计自地基至台顶高一丈二尺，横宽一丈七尺。其炮洞后修筑马路计宽一丈，上盖洋木，加筑灰沙。每座炮洞开天窗八尺，中嵌尺围铁条作格，以便透烟而避炮子。靠马路一带俱系兵房，上盖下墙均用灰沙筑成。各开门户，以通炮洞。其一字台后迤东山腰及东营门外，正对海口来路，地势雄峻，修筑露天炮台二座，山腰月台周广四十二丈，自地至顶高三丈二尺五寸。修暗路拱一道，兵房一间，药库二间，安置一万六千八百觔后膛洋炮一尊。东营门外一台，周广五十七丈五尺，自水底石脚至顶，高三丈一尺，修暗路拱一道，兵房三间，药库二间，安置三万四千觔前膛洋炮一尊，七千觔后膛洋炮二尊。此二台均系仿照外洋图式，纯用红毛泥、灰沙、石子修筑，上盖草皮，均与山形一色。西营门外修筑总药库一所，周广一十八丈六尺，高一丈三尺四寸，亦用红毛泥、石子、灰沙修筑，上堆黄泥草皮，接连山石与本山无异。其应修军装所及各哨官长、亲兵、护勇等住房现在兴工修筑。

（两条红色标签）：此台新筑。

《下横档炮台图》（上左文字）。东头台大炮拱二十个，内灰沙拱十四个，每个内宽一丈四尺，高九尺，深一丈七尺。石拱六个，每个内宽一丈二尺，高九尺，深一丈六尺。垛墙厚二丈，由地脚斜上用灰沙坚筑。马路宽一丈，长八十四丈，用洋木铺筑，上加筑灰沙厚三尺，为太平盖。马路后墙厚三尺。兵房十间，合计共长四十丈，阔一丈二尺，用洋木盖顶，上筑灰沙厚三尺，四周厚三尺。扇面台一座，高八尺，前面遮身墙横广七丈，后墙横广四丈，直广三丈。

（上中文字）南面连墙长八十二丈，高一丈一尺五寸，厚六尺。墙内是马路，墙高八尺、厚六尺，墙底开辟小炮门九个，每个高三尺、宽二尺五寸。墙后露天炮台四座，每座横广四丈，高八尺。台后兵房、药房口口均用灰沙坚筑。四面大小炮拱共计八十二个。周围三百三十八丈，四面皆水。

（上右文字）西头台大炮拱一十个，每个高九尺，宽一丈二尺，深一丈五尺。垛墙厚二丈。由地脚斜上用灰沙坚筑。马路长四十六丈，宽一丈，上用洋木盖顶，加筑三尺厚灰沙，作太平盖。马路后墙厚三尺，间筑火药柜一十九个，每个方横三尺，深三尺。马路后兵房六间，每间广二丈六尺，深一丈，用洋木盖顶，上加筑灰沙。四围墙厚三尺，顶厚二尺。

（图下文字）北面连墙长一百二十六丈，高八尺六寸，厚五尺墙底共开小炮门三十六个，每个内高五尺，宽五尺，炮门高三尺，宽二尺五寸。间开抬枪口九十二个，俱用灰沙坚筑。

（四条红色标签）：此台新筑。

《虎门外定洋台分图》。（红色标签）：此台新筑。此台从未有炮池绘图预置炮式。

（二）《中流砂各炮台分图》五幅图文字

《中流沙形势分图一幅》。水闸。中流砥柱台，内铁台四座。中流沙：土名大沙头、二沙头。

《中流砥柱炮台分图》。中流砥柱炮台内铁炮拱四个。台外周围九十六丈。南至北东头宽一十五丈，西头宽二十七丈。东至西深二十九丈二尺。东墙厚二丈

[1] 朱诚如主编《清史图典·道光朝》，北京：紫禁城出版社，2002年，第50页。

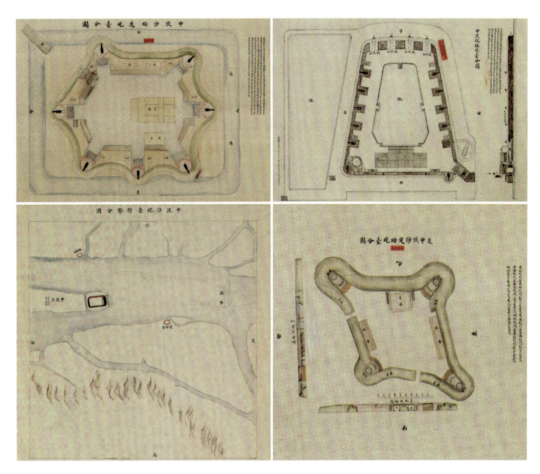

图三《中流砂各炮台分图》

四尺，西墙厚八尺五寸。南墙厚一丈三尺，北墙厚九尺五寸，墙高一丈一尺，台外四围马路石基濠南北木桥二度。台内大火药局一间，子药房三间，码子房一间。官厅一座，汛房二间，厨房七间，兵房十间。

（红色标签）：此台旧日石拱三合土墙，现改为铁拱铁墙。

《护中流沙定功炮台分图》。东北炮门至东南炮门长十八丈五尺。东南炮门至西南炮门长一十六丈二尺。西南炮门至西北炮门长十七丈三尺。西北炮门至东北炮门长一十八丈五尺。北面炮台基高一丈三尺，基底二丈七尺，基面二丈四尺。

（红色标签）：此台新筑。台北侧面图。台西侧面图。

《中流沙绥远炮台分图》。台内地宽八丈一尺，深十七丈三尺，围基厚一丈一尺，高六尺九寸。东至西二十五丈，南至北三十七丈。周围一百二十五丈。濠沟宽二丈三尺，深八丈一尺。四角宽五丈七尺，周围一百一十五丈。台墙高一丈二尺七寸，底厚三丈四尺，顶厚二丈。周围八十一丈，墙内均用密排桩栅四层，炮洞七个，炮口高一丈二尺。安炮石墩高九尺八寸，宽一丈七尺。墩边马路高六尺九寸。砖拱兵房一座，深八丈一尺，宽一丈三尺九寸，高一丈一尺五寸，拱顶用红毛坭、石碎，各厚一丈一尺五寸。砖拱火药房一座，深三丈一尺，宽一丈三尺九寸，高一丈一尺左右。土墙厚一丈一尺五寸。官厅深六丈三尺，宽二丈六尺，高一丈一尺，内住房四间。

（红色标签）：此台新筑。

《中流沙中流砥柱台铁炮拱尺寸分图》。正面图：炮门口径二尺九寸五分成方。

平面图：当炮门铁墙厚一尺一寸八分。当门横铁墙厚六寸。内八字铁墙厚五寸。直深二丈零八寸。内侧一丈五尺七寸。两边护三合土铁墙厚一寸半至五分。侧面图：铁房顶太平护盖铁厚自三寸半至四寸五分。前脊高八尺四寸半。中脊高九尺四寸。后脊高八尺三寸五分。后面图。[1]

（三）《大黄滘各炮台分图》六幅图文字

《大黄滘大黄炮台、绥定炮台分图》。绥定台外围石墙共长六十五丈，内围灰沙墙共长五十七丈三尺，正面铁炮门四个，安二万二千觔后膛洋炮二位，一万二千觔后膛洋炮二位。东面台基炮门九个，安三千觔炮八位、五千觔炮一位，遮身墙高三尺、厚三尺，面厚一尺二寸。西面台基炮门九个，安三千觔炮六位、八百觔炮三位，遮身墙高厚与东面同。台内南北长二十一丈三尺，有炮见墩里。炮门口长二丈四尺。台正面炮墩五个，每个阔二丈，厚二丈一尺，高一丈五尺。中间炮墩三个，间子药房三个，每个高六尺七寸，阔八尺一寸，深六尺二寸。左右炮墩二个，每墩面安四千觔土炮一位。墩后是马路，东西长十五丈八尺，南北阔五丈二尺。又小药库八间，官厅一座，兵房、厨房共二十七间。

---

[1] 朱诚如主编《清史图典·道光朝》，北京：紫禁城出版社，2002年，第71—72页。

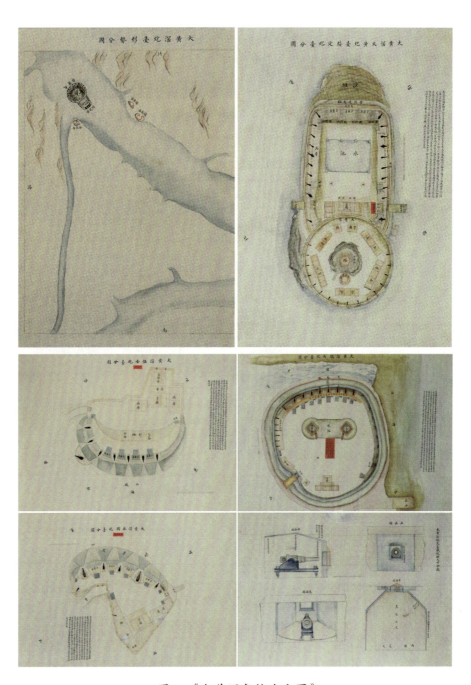

图四 《大黄滘各炮台分图》

[1] 朱诚如主编《清史图典·道光朝》，北京：紫禁城出版社，2002年，第80页。

《大黄滘镇南炮台分图》。外围墙共长一百四十六丈，东南厚三丈，西南厚一丈七尺三寸，西北厚六尺九寸，东北厚同。台内东西长四十丈零五尺，南北长三十八丈三尺。台外濠长一百五十八丈八尺。濠内马路长一百五十四丈，阔一丈一尺六寸。濠外马路长一百七十五丈，阔一丈四尺。濠面阔四丈二尺。正面炮门八个，安六千觔洋炮八位，每垛口阔五尺二寸，由墙脚至炮地高七尺七寸，内炮地至隔堆顶高七尺九寸。台顶后墙高四尺二寸，长十七丈，厚六尺四寸。东面小炮门六个，每个内阔三尺五寸，外阔六尺四寸。大炮门一个，内阔三尺五寸，外阔一丈一尺六寸，厚一丈一尺六寸，高三尺九寸。西面暗炮洞七个，每个安三千五百觔洋炮，七位每门高五尺三寸，外阔三尺，内阔一丈一尺六寸，深一丈四尺，高七尺七寸。西北面抬枪洞七十七个，子药库三间，深阔各四丈六尺。塘一口，围长七十九丈，官厅一座，兵房三十三间，厨房十四间。

《大黄滘保安炮台分图》。台墙周围共长六十六丈，台前面土堆外围东西长三十八丈二尺，高一丈三尺九寸，厚二丈三尺二寸。台内地东西长十七丈三尺八寸，南北长十二丈七尺五寸。土堆北面炮位五座，安放五千七百三十磅洋炮一位。每座炮洞阔一丈一尺六寸，深一丈九尺。炮门内阔四尺，外阔一丈二尺七寸，土堆西面炮位二座，每座安放三千觔土炮一位。每座炮洞阔一丈一尺六寸，深一丈四尺。炮门内阔四尺，外阔一丈二尺七寸。土堆南面台外炮位一座，周围五丈七尺九寸，阔一丈七尺三寸，安放五千七百三十磅洋炮一位。台后三合土墙东西外阔长二十七丈九尺，高九尺八寸，厚三尺四寸，共开枪洞二十九个，火药房一间，深二丈零九寸，阔一丈八尺五寸，高一丈零五寸。东南墙厚三尺四寸，西北墙厚五尺二寸，顶厚四尺。官厅一座，兵房七间，药柜四个。

《大黄滘永固炮台分图》。台内东西共长二十一丈四尺四寸，南北共长十九丈七尺。南面由地脚至炮门高一丈六尺八寸。由炮门至台基边厚二丈六尺六寸。大子药房三门，墙厚四丈一尺六寸，阔三丈四尺七寸，面上高七尺五寸，内高六尺四寸，深九尺二寸，阔六尺六寸。小子药房一个，外高九尺三寸，内高八尺一寸，深六尺三寸，阔五尺二寸。灰沙隔堆一个，厚二尺三寸，阔三丈五尺，高一丈零九寸。东面台角至台门灰沙墙共长十二丈七尺。墙面阔四尺八寸，连子墙高一丈一尺六寸。南、西、北三面三合土墙共长三十丈零五尺，墙面阔四尺八寸，连子墙高一丈四尺四寸。小炮门位共十七个，每个阔二尺九寸，高二尺九寸。东、北、西抬枪洞五个。官厅一座，兵房十一间，厨房二间。

《大黄滘铁炮拱尺寸分图》。正面图：炮门口径四尺三寸五分成方。平面图：当炮门铁墙厚一尺一寸八分。当门横墙铁厚六寸。内八字铁墙厚五寸。直深二丈。内阔二丈。两边护三合土铁墙厚一寸半至五分。侧面图：铁房顶太平护盖铁厚自三寸半至四寸五分。前脊高一丈一尺二寸半，中脊高一丈四尺一寸，后脊高一丈三尺一寸。后面图。[1]

二、图册的年代和价值

梳理有清一代广州海防、江防炮台建设历程可知，故宫博物院藏三册清代广州炮台图册与光绪八年（1882年）三月《两广总督张树声等奏报虎门、省河修筑炮台工程及筹办情形折》内容基本相符：

> 自去冬以来，已陆续报竣。臣等复遍历勘验。虎门威远、下横档两台原做皆紧依山脚，周遭围墙为石拱炮洞。因于炮洞后添筑夹墙以卫石拱而防炸弹遇山之回击。开窗以出烟焰，开门以别部居。修铁炮门以便施放，筑太平盖以资掩护。威远台外及上层各添筑露天台一座。下横档前后山腰添筑露天台七座、扇面台一座，皆安设最大新式洋炮，以便远击敌舰。此外最要之收藏子药、总、分各库房，以及守台将官之房、兵勇之房，一律完固。复在威远台左鹅嘴地方，由绅士花翎衔蔡佔珩报捐银两，仿照香港新式建造定洋炮台一座，以为辅翼，此修竣虎门炮台之情形也。

> 省河中流砥柱、大黄滘两处，原筑台工，本难取裁经营，修改艰逾创造。现因中流砥柱台、大黄滘绥定台当冲之处，逼近河滨，地势俾湿，炮房梁柱用木易滋朽蛀，饬机器局员江苏试用道温子绍改用铁板作

---

[1] 朱诚如主编《清史图典·道光朝》，北京：紫禁城出版社，2002年，第80页。

坚厚炮房各四座，以期经久而资抵御。大黄滘对岸之镇南一台，则于正面改作露天坚大炮台，以为夹辅。并于中流砥柱北岸添筑绥远土台一座，南岸添筑定功土台一座。大黄滘绥定台右偏添筑永固土台一座，镇南台后添筑保安土台一座，以为倚角。其各土台每座费止数千，取其易做、易修。各台内炮洞、马路、总药库、药房、兵房、守将之房亦一律完备。此修竣省河炮台之情形也。……将虎门、省河各炮台分别绘图贴说，咨送军机处查核。[1]

首先，奏折与故宫藏三册清代广州炮台图所涉及的是同样的10座炮台，即是光绪七年（1881年）修建的虎门炮台中的威远、下横档、定洋台；大黄滘炮台中的镇南、绥定（大黄）、保安、永固台和中流沙炮台中的中流砥柱、绥远、定功台。

其次，奏折中威远台新建两座、下横档台新建八座西洋式炮台；中流砥柱台、大黄滘绥定台上由机器局员江苏试用道温子绍改用铁板作坚厚炮房各四座等，在故宫藏三册清代广州炮台图中均有单独的图示和文字说明。

第三，由于光绪九年（1883年）中法战争爆发，两广总督张树声在虎门新建西式上横档台、在长洲兴建西式长洲等炮台，光绪十年（1884年）三月《两广总督张树声等奏粤东续修炮台已据报兴工折》：

计虎门之上横档一处筑台五座，安炮五尊。黄埔之白兔岗一处筑台二座，安炮二尊；白鹤岗一处筑台四座，安炮四尊；大坡地一处筑台五座，安炮五尊；西岗一处筑台四座，安炮四尊；西岗后山嘴筑台一座，安炮一尊。南岸沙路之马鞍山一处筑台三座，安炮三尊；石嘴山一处，筑台二座，安炮二尊。北岸之鱼山一处筑台二座，安炮二尊；狮山一处筑台二座，安炮二尊。均系因地制宜，参酌西法，上建露天之台，下用灰沙洋坭舂坚实，内用砖石拱作窟室。举凡药库、兵房悉设于土堆炎

---

[1]中国第一档案馆等编《明清皇宫虎门密档图录》，北京：人民出版社，2011年，第294页。

内，藉资屏蔽。溯自上年九月先后兴工迄今，规模粗就。[2]

因此，故宫藏三册清代广州炮图的年代不会早于光绪七年（1881年）之前，即张树声修建虎门威远、下横档及内河大黄滘、中流砥柱炮台之前，但也不会晚至光绪九年（1883），即张树声修建虎门上横档及内河长洲等炮台之时。再综合图册中多处建筑上标注的"此台新筑"红色标签，以及罗列详细的建筑数据来进一步推测，故宫藏三部清代广州炮台图应是上引光绪八年（1882）三月两广总督张树声所上修筑炮台工程奏折里所说咨送军机处查核的"绘图贴说"，表现的是光绪七年（1881）修建改造的广州海防江防炮台。

故宫藏三册清代广州炮台图是目前仅见的晚清海防近代化开启时广州炮台布防格局、建筑形制、材料及武器装备的第一手资料，它图文并茂，包含着许多重要的信息。比如今天威远月台与图册中威远炮台12个炮洞的平水一字台和14个炮洞的平水半月台几乎完全相同；同样保存完好的威远后山山腰台和东台内今已空无一物，从图册可知，其中曾经安装的是16800觔后膛洋炮和34000觔前膛洋炮、二门7000觔后膛洋炮等。也告诉了我们，在光绪七年（1881年）时，现存威远炮台已是一座东西合璧的炮台群。另外，今天尚存的广东顺德温子绍设计建造的大黄滘绥定台的铁炮台（铁炮拱房）遗址，在图册上有其原始图形和相关数据，它是解读这座特殊的清代江防铁炮台的唯一资料。所以识读故宫藏三册清代广州炮图并确定其年代对今天保护和研究广州现存清代炮台文物有着重要的意义。

本文曾得到故宫博物院王志伟、深圳大学梁二平两位先生的帮助，在此表示感谢。

（作者单位：广州市南沙区府门炮台管理所）

---

[1] 中国台北故宫博物院编《清光绪朝中法交涉史料》第16卷，台北：文海出版社，1967年，13页。

长洲怡生源记货单考论*

沈晓鸣　冷东**

内容提要：

英国剑桥大学怡和洋行档案中保留了一套清朝咸丰五年至咸丰六年（1855—1856年）长洲怡生源记货单，共计45份，是19世纪中期长洲商铺怡生源记贸易的真实记录，也为了解当时广州城市生活、中外商贸网络、物品价格、金融交易、买办功能、区域经济发展等方面提供了难得的资料。其中的冰水货单，也揭示了当时存在于广州的这项颇有特点的业务。

广州是始终伴随两千年海上丝绸之路发展的重要枢纽，广州十三行在国际商贸和文化交流活动中扮演了不可替代的角色。清隆二十二年（1757年）清朝实行"一口通商"政策，通过粤海关组建"以官制商、以商制夷"的外贸体制，长洲则与黄埔、深井等组成广州十三行的后勤基地。及至1842年签订的《南京条约》规定：外商可赴中国沿海五口自由贸易，取消广州十三行垄断外贸特权。广州国际贸易中心地位遂发生变化。这个阶段广州的城市功能有何变化，是探讨城市社会变迁的重要课题。近期发掘出来的英国剑桥大学怡和洋行档案中保留的一套清朝咸丰五年至咸丰六年（1855—1856年）长洲怡生源记系列货单，为之提供了难得的资料。

---

* 2020年度国家社科基金冷门绝学研究专项《广州十三行印章印迹整理研究》（20VJXG005）阶段性成果。

** 沈晓鸣：澳门科技大学社会和文化研究所博士候选人，珠海澳科大科技研究院助理研究员，编辑。

　冷东：澳门科技大学社会和文化研究所访问教授，博士生导师。

一、长洲怡生源记货单地点及人物

长洲位于广州东缘，是珠江上的一个江心岛，西隔珠江与黄埔港暨黄埔村相望，北与深井岛和小谷围岛毗邻，孙中山先生创办的黄埔军校使这里成为世人瞩目的近代革命地标。坐落在小谷围岛的广州大学城也是笔者学习和工作的地方。它们共同构成了广州十三行的后勤服务基地。长洲文物古迹遍布，文化底蕴深厚，而怡生源记货单的发现则为这里的商业痕迹提供了新证据。

我们还注意到，长洲怡生源记货单为制式货单，基本都为长条形，具有相近的尺寸，大部分在左下角都盖有"长洲怡生源记"落地章，具有相对固定的格式。其文字内容格式也基本一致。

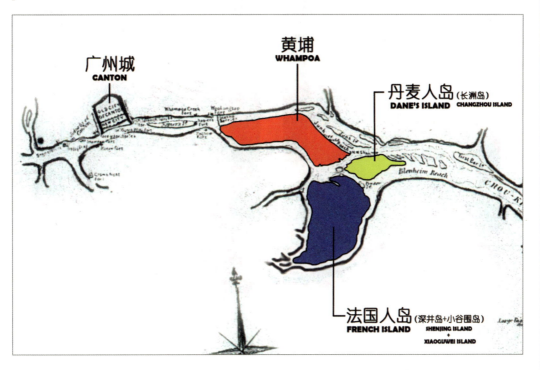

图一　广州、黄埔、长洲、深井、小谷围关系图[1]

---

[1] 修改自1874年地图Sketch of the River CHOU–KIANG from the Bocca Tigris to Canton，原图藏香港艺术馆。

图二　长洲怡生源记货单及三枚印章[2]

[1] 英国剑桥大学图书馆藏怡和洋行档案：H1/41/02、H1/41/11。另见冷东、潘剑芬、沈晓鸣《英国剑桥大学图书馆藏怡和洋行中文商业档案辑考》上册，桂林：广西师范大学出版社，2022年，第330、339页。

长洲怡生源记系列货单中的一个重要人物是"未士谷"（即谷先生），"未士"是英文"mister"的音译。谷先生应是英国商人。因为这批怡生源记货单收藏在剑桥大学"怡和洋行档案"资料室。另一个重要人物泵哥，亦称泵兄，是一个活跃在长洲岛的斡旋于长洲怡生源记与英国商人谷先生之间的华人买办。

二、长洲怡生源记货单货品及用途

广州的海外贸易在很大程度上推动了位处珠江出口的长洲岛成为外商的生活基地。万里迢迢前来广州进行贸易的外国商人，渴望在广州出海口地带建立一个囤积货物、避风歇息、停泊船只以及自由买卖的生活基地，长洲怡生源记系列货单显示的货品及用途证明了这些。

（一）时间范围

45份货单是清朝咸丰五年至咸丰六年（1855—1856年）长洲怡生源记写给泵哥或未士谷关于各种货物的收据。最早一份是1855年3月20日写给泵哥的信，解释物价上涨的原因；最晚一份标有明确日期的货单时间为1856年10月29日；另有两份货单时间不详。其余货单的时间轨迹为：

1855年4月2份：4月8日写给泵哥关于未士谷的饼干、茶油生油收据；4月19日的啤酒收据。

1855年5月4份：5月6日写给泵哥关于未士谷的茶油收据；5月8日的啤酒收据；5月11日写给未士谷的啤酒收据；5月17日写给未士谷的烟头收据。

1855年6月1份：6月4日写给泵哥关于未士谷的生菜油、黄泽鱼收据。

1855年7月1份：7月12日写给泵哥关于未士谷的黄榄收据。

1855年9月2份：9月3日写给泵哥关于未士谷的木油、埕收据，9月17日写给泵哥关于未士谷的粉仔、黄蜡收据。

1855年10月6份：10月2日写给泵哥关于未士谷的茶油和1号饼干收据，附英文明细；10月4日写给泵哥关于未士谷的茶油收据，附英文明细；10月5日写给泵哥关于未士谷的鱼油收据，附英文明细；10月14日写给泵哥关于未士谷的标饼、桶收据；10月27日写给泵哥关于未士谷的鱼油收据；10月30日写给泵哥关于未士谷的食糖收据，附英文明细。

1855年11月6份：11月1日写给泵哥关于未士谷的木油收据；11月1日写给泵哥关于未士谷的鱼油收据；11月3日写给泵哥关于未士谷的鱼油收据；11月28日写给泵哥关于未士谷的一箱烟头收据；11月30日写给泵哥关于未士谷的五箱毡酒[1]收据。

1855年12月4份：12月17日写给泵哥关于未士谷的生油收据；12月19日写给泵哥关于未士谷的茶油收据；12月20日写给泵哥关于未士谷的冰水、茶油和生油收据，背面有英文明细。

1856年1月4份：1月18日写给泵哥关于未士谷的木油和茶油收据，附英文明细；1月25日写给泵哥关于未士谷的粉仔收据；1月27日写给泵哥关于未士谷的茶油收据；1月29日写给泵哥关于未士谷的啤酒收据。

1856年2月2份：2月16日写给泵哥关于未士谷的木油、茶油和生油收据，附英语明细；2月25日写给泵哥关于未士谷的粉仔、洋西米收据。

1856年5月1份：5月31日写给泵哥关于未士谷的木油收据。

1856年6月7份：6月2日关于未士谷的火腿收据；6月3日关于未士谷的生油收据；6月5日关于未士谷的洋葱和未知货物[2]收据；6月9日关于未士谷的洋烛、毛茶收据；6月13日关于未士谷的火腿和茶油收据；6月20日关于未士谷的火腿收据；6月27日关于未士谷的茶油收据。

1856年7月3份：7月17日关于未士谷的啤酒收据；7月31日关于未士谷的面（面粉）收据；7月31日关于未士谷的茶油收据。

1856年10月1份：10月29日关于未士谷的茶油收据。

日期未明2份：未士谷的冰水、粉仔收据；未士谷的谷物收据。

在接近两年的时间内，几乎平均每月2单，最多的1856年6月为7单，交易的次数比较稠密。

---

[1] 即金酒（Gin），又称琴酒或杜松子酒（Geneva）。

[2] 档案中所写的货物名似为"沙颠"，而剑桥大学图书馆称这种货物为Curry（咖喱）。存疑。

（二）商品种类数量价格

长洲怡生源记的45份货单中，第一单是解释价格变化，没有实际交易内容。其他44单有实际交易的货单中，商品种类数量价格如下：

茶油13单，合计154加仑，每加仑0.55元；

生油5单，合计31加仑，每加仑0.55元；

木油5单，合计46.5加仑，每加仑0.6元；

啤酒5单，合计19桶啤酒（含白啤和吔啤[1]），没标价格；

粉仔4单，合计53斤，每斤0.1元；

鱼油4单，合计17加仑，没有价格；

火腿3单，合计7只、106.5斤，每斤0.3元；

饼干2单，合计50斤，每斤6.5元；

烟头2单，合计3箱，没有价格；

冰水2单，总共15加仑，每加仑0.35元，合计6.5元；

生菜油1单，合计1斤，价格5元；

黄泽鱼1单，合计2斤，价格12元；

黄榄1单，合计1箱，没有价格；

黄蜡1单，合计10斤，每斤0.5元；

埕1单，合计2只，每只0.2元；

桶1单，合计1只，0.2元；

标饼1单，合计100磅，价格80元；

食糖1单，合计75斤，价格60元；

毡酒1单，合计5箱，没有价格；

洋西米1单，合计10斤，每斤0.12元，合计1.2元；

未知货物1单，合计1打，没有价格；

洋葱1单，合计36筐，没有价格；

---

[1] 吔啤，疑为麦啤。

洋烛1单，合计2斤，每斤1.2元；

毛茶（茶叶）1单，合计1斤，每斤0.5元；

面（面粉）1单，合计50桶，没有价格；

谷1单，合计15斤，合计0.45元。

（三）几点说明

以上的度量衡单位，1加仑按照英国标准约合4.5升，1磅约等于0.9斤。

货单中的中国传统计重单位"斤"有时写作"力"。

货单中的货币单位"元"应为银元，指的是外国银元，与中国货币单位兑换比例为1元约等于0.72两白银，约等于720文铜钱[1]。

交易的商品既有本地土产，也有舶来品。其中外国商品有冰水、啤酒、烟头、洋西米、洋烛、饼干等。

三、长洲怡生源记货单内容及价值

长洲怡生源记货单，是研究长洲岛的重要文献，对促进长洲岛商业历史的研究有重要意义。

（一）提供了长洲外贸商业的具体案例

有关为外国商人提供后勤服务的问题，梁嘉彬在《广东十三行考》中指出："夷馆全在广州十三行街，即今十三行马路路南。外人至粤者，不得逾越十三行街范围〔十三行街为东西路，两头俱有关栏；内中除夷馆、洋行外，尚有无数小杂货店、钱店、故衣（刺绣）店之类，专为外人兑换银钱及购买零星物品而设。

---

[1] 本文货币单位换算参照表：

　　1英镑=20先令=12便士；

　　1元=5先令=2.5通行卢比=52~60里斯（Reis）；

　　1元=10毫=100分（银圆）；

　　1元=0.72两=7.2钱=72分=720厘；

　　1两=10钱=100分=1000厘（文）。

又有无数小街，将各夷馆隔离〕。”[1]而长洲怡生源记货单证明，除了广州十三行商馆区，为外国商人提供后勤生活服务的商铺也存在和流行于长洲岛。主要为居住于黄埔的外国人采办食品和日常生活用品，后来发展成为一种主要经营各种食品、日用品的综合批发店，直接为各种“士多”、杂货店提供批量货物，通常多采用现金出货、运输自理的方式。

鸦片战争后，基于商业需要，外商迫切寻找和培养在华商贸代理人，承担“代为说合”的职能。买办因在语言沟通、交易习惯、市场行情、社交网络等方面都得天独厚的条件，为外商了解市场行情，打开商业流通渠道。因此，买办从原来的仆役头目、内部事务的管家转而成为外商代理人。华人买办虽无政治地位而有庇护权益，为贸易保驾护航，是在继承和延续行商制度的基础上的变更和替代。

（二）显示了长洲世界接轨的贸易模式

鸦片战争之后，推动全球经济的市场经济也在中国迅速发展，小小的长洲岛也适应世界潮流，大胆探索包括外国度量衡规则、需求市场、市场机制等，显现了传统与现代相结合的贸易模式。

长洲怡生源记系列货单使用的还是中国特有的商业数字“苏州码子”，这是南宋时期从算筹中分化出来的一种进位制计数系统，因其最早产生于苏州，故称苏州码子，又称花码、番仔码等。使用特殊符号来代表数字，汉字计数“一、二、三、四、五、六、七、八、九、十”，相对应的苏州码子符号分别为“〡、〢、〣、〤、〥、〦、〧、〨、〩、十”。在45份档案中，有大量以此花码记载的账目往来。但是在卖给外国商人的商品中，又使用了西方通行的度量衡单位，例如“标饼1单，合计100磅”，使用的是西方通行的“磅”；而茶油、生油、生菜油、木油、鱼油等商品都使用了西方通行的“加仑”。虽然在交易过程中会出现换算的困难，但这说明在保留传统金融特色的基础上，长洲商家怡生源记逐步适应了近代化的中外贸易结算方式，成为长洲与西方资本主义经济接轨的重要一

[1] 梁嘉彬《广东十三行考》，广州：广东人民出版社，2009年，第309页。

环，其演变也从一个侧面反映了长洲融入世界贸易体系的过程。

英国在18世纪以后逐渐成为世界资本主义的金融中心，金融资本发展到银行资本，资本主义信用制度发达，最重要的就是契约贸易，以契约为代表的贸易工具的流通普遍，也悄然发展到长洲贸易当中。我们看到的45份货单具有基本相同的制式、填写格式，并盖有商业印章，这些特点都反映了长洲怡生源记逐渐适应西方契约贸易的要求。

广州成为中西贸易中心后，中国传统货币金融体系已经无法满足时代的发展，银元发挥了越来越大的作用。虽然普通百姓日常生活还是以制钱为主，但在贸易领域，银元与铜钱相比价值高而且重量轻，更适应大额贸易。与中国传统纹银相比，银元以枚流通而且规格统一，价值、成色稳定，交易时无需一一过秤称重以及确定成色，大大简化了交易的手续，节约了交易时间以及成本。而且银元外观精美，便于携带，人们在贸易中更倾向于接受银元，而非纹银以及制钱[1]。因此在长洲怡生源记货单中使用的货币单位上，我们看到的都以银元作为货币单位。表明清代中期长洲存在着非常活跃和成熟的金融交易系统，以及充足的外国银元储备。

在贸易结算方式上，长洲怡生源记系列货单大多有"登部（簿）"的字样，这说明采取的是平时记账、到期结算的方式，这是一种长期稳定贸易伙伴采取的结算方式。此外在一些大宗商品交易上有着"即交来人带回"的字样，并未注明交易金额等信息，说明也还保留着传统信誉交易方式。

可见长洲怡生源记既保留了中国传统的信誉交易方式，又结合了西方近代契约交易方式，显现了传统与近代的灵活性和生命力。

（三）体现了长洲活跃复杂的商品交换

民以食为天，饮食是人们日常生活最重要的内容，清代中期以来由于广州十三行的影响，广州社会生活开始受到西方饮食文化的影响。洋米、洋面、洋酒、啤酒、洋糖、洋奶等西方食品也开始输南，在广州社会生活消费中占有一定比

---

[1] 陈春声《清代广东的银元流通》，《中国钱币》1985年第1期。中国人民银行总行参事室金融史料组编《中国近代货币史资料》，北京：中华书局，1964年，第48页。

图三　长洲怡生源记啤酒货单[1]

---

[1] 英国剑桥大学图书馆藏怡和洋行档案：H1/41/29。另见冷东、潘剑芬、沈晓鸣《英国剑桥大学图书馆藏怡和洋行中文商业档案辑考》上册，桂林：广西师范大学出版社，2022年，第357页。

重，对改变和丰富人民生活产生了广泛的影响。这种商品交换贸易在长洲也十分活跃，沟通了长洲与外地的商品交流渠道，促进了长洲商业的繁荣，但也有良莠不齐的现象。

长洲是中国内地较早喝到西方啤酒的地区。在长洲怡生源记系列货单中，有啤酒交易5单，合计19桶，全部向谷先生和泵哥购入。虽然有人说中国早期也有类似啤酒的饮料，但是并没有发现流行。啤酒的引进完全是舶来品。

1855年的长洲已能品尝到英国啤酒，而且还有白啤酒等多个品种，使得仅次于水和茶叶、成为人类第三流行的啤酒饮料在广州和中国逐渐普及，功不可没。遗憾的是，合计19桶的啤酒交易，没标价格，没标重量，没有契约，完全是私下交易，直接交给取货人，具体情况还需进一步考证。此外还有洋西米、洋蜡烛等外来商品的记录，成为19世纪中期中西商品交易的记录。

向未士谷和泵哥购入的两单"烟头"生意，是值得探讨的问题。"烟头"是什么？在货单中的计量单位一单为"箱"、一单为"筐"，没标价格，没标重量，没有契约，完全是私下交易，直接交给取货人，增添了几许神秘色彩。

19世纪中晚期还没有出现香烟，流行的是鼻烟。鼻烟作为烟草的最初吸食形式，明代中期传入中国，清代渐成社会风尚。在此基础上，鼻烟壶艺术发展到极致，集绘画、书法、雕刻、镶嵌艺术与玉石、瓷器、料器、漆器、珐琅、金属等材料工艺于一身，成为中西文化交融之大成者。由于鼻烟和鼻烟壶初期均为西方传入之物，也成为十三行专营的商贸产品。但是"烟头"不像鼻烟和鼻烟壶，那么最大的可能就是大烟（鸦片）了。

1842年鸦片战争战败后签订的《南京条约》使贩卖鸦片合法化。从长洲怡生源记系列货单来看，1855年9月3日与同年11月28日各有一份烟头货单；间隔时间两个多月，鸦片重量每箱125斤左右，三箱鸦片400斤左右，应该是供应长洲本地市场的消费。

图四　长洲怡生源记烟头（鸦片）货单[1]　　　图五　长洲怡生源记冰水货单（一）

---

[1] 英国剑桥大学图书馆藏怡和洋行档案：H1/41/29。另见冷东、潘剑芬、沈晓鸣《英国剑桥大学图书馆藏怡和洋行中文商业档案辑考》上册，桂林：广西师范大学出版社，2022年，第357页。

当然，鸦片交易只是长洲商品交易的极小部分，交易中的是大宗中国商品茶油、生油、木油、鱼油、粉仔、啤酒、火腿等，这里边许多并不是长洲本地的商品，反映了长洲强大齐全的商品集散功能。

四、值得探究的"冰水"服务

夏季的广州，酷热难耐，查阅长洲怡生源记货单文献，发现向外国商人供应"冰水"的记载，一个名不见经传的长洲小店如何从事这种冷饮服务的生产、运输和销售等环节引起我们的兴趣。

（一）冰水的证据

长洲怡生源的二单冰水货单十分引人注意。一单是咸丰五年十一月十二日（1855年12月20日）为外国商人谷先生提供收据[1]，除了茶油和生油，注明有冰水6加（仑），每加（仑）单价0.35元，合计3元。

还有一单1856年为外国商人谷先生提供收据[2]，除了"粉仔"外，提供冰水9加（仑），每（仑）单价0.35元，合计3.5元。按道理应该总价3.15元，因此在下边又注明了一句，"时下价高些，烦说知令东便是"，意为时下货源短缺，价格偏高，因此收了整数3.5元。

从长洲的"冰水"，不由联想起中西饮食文化的不同。中国人喜欢喝茶、喝热水，而欧洲人则喜欢喝冰水，这与19世纪的广州也很类似，但是问题在于，长洲的冰水是从何而来呢？

（二）冰水的来源

在制冷设备没有问世之前，聪明智慧的中华民族很早就探索总结出来行之有效在夏季保存冰雪的方法，一为存冰，二为存雪，利用冰窖或者冰室藏冰，是制

---

[1] 英国剑桥大学图书馆藏怡和洋行档案：H1/41/25。另见冷东、潘剑芬、沈晓鸣《英国剑桥大学图书馆藏怡和洋行中文商业档案辑考》上册，桂林：广西师范大学出版社，2022年，第353页。

[2] 英国剑桥大学图书馆藏怡和洋行档案：H1/41/44。另见冷东、潘剑芬、沈晓鸣《英国剑桥大学图书馆藏怡和洋行中文商业档案辑考》上册，桂林：广西师范大学出版社，2022年，第372页。

图六　长洲怡生源记冰水货单（二）

作冰水的主要储存方式。《诗经·豳风》中就记载冬天奴隶为奴隶主制冰，供夏天消暑使用的记载，《周礼》中专门有冰人一职。湖北省博物馆展出的曾侯乙墓出土冰鉴，也被认为是早期的冰箱[1]。

即使在北方，夏季中享用冰雪冷气也是帝王贵族阶层才能体验的奢求。故宫中存冰的冰窖在隆宗门外，建于清乾隆年间，现存4座，呈南北走向，为半地下拱券式窑洞建筑，墙体和拱顶与屋瓦间的夯土都很厚，密封隔热性十分之好，清代时专为皇宫藏冰，供夏日消暑食制之用。根据《大清会典》，官窖藏冰，被用于夏天内廷生活、祭祀以及皇帝巡幸时使用。也用于对于王公大臣的赏赐。同时，如有剩余冰块贮藏，也会在多处设立暑汤处，供给民间解暑用。每年冰块消费时间，为农历五月初一至七月三十日。紫禁城中冰窖所储冰块，每年需20万块左右，每块为正方形，长宽高在一尺五寸左右。每年立冬后，工部都水司的差役们就开始在护城河的冰面上忙碌。他们在清理过的护城河蓄入干净河水，待深冬结成厚冰，选取明净坚厚冰面，切割成一尺五寸见方的冰块运进宫中，以备皇帝来年夏天使用。清代宫廷里还用冰鉴来放冰块，是用铜做的四方形的盒子，内用铅或锡隔热。将冰块放入冰鉴内，食物或者酒水放在冰块中间，既能防暑降温，又能长久保存。

在南方炎热夏天，储备冰块已成定制。清代初期，大运河一线城市都建有冰窖，储存冰块以备官需。至康熙二十二年（1683年）改为折银，迄乾隆元年（1736年）降旨永远停止[2]。康熙三十年（1691年）清圣祖谕令江、浙二省，遇巡幸之年，江北淮安、江南苏州二府于本地设窖藏冰，江宁、扬州、徐州、常州、镇江等府州，则向苏州、淮安的冰窖户购置冰块，均于各府城收藏（徐州则在宿迁）。浙江则派官于苏州建立冰窖，收藏预用之冰。即因应皇帝南巡使用[3]。

---

[1] 马溥《古代的制冷和冷藏技术》，《冷藏技术》1984年第4期。

[2] 顾瑞《古代渔业的土贡》《鲥鱼与鲥贡》，《渔史文集》，台北：淑馨出版社，1992年，第105-106、116-124页。

[3] 乾隆《钦定大清会典则例》，《影印文渊阁四库全书》第620-625册，卷135，《工部·都水清吏司》，第88b-89a页。

在民间，也总结使用了简单易行的保存方法。明代何景明的《鲥鱼》诗云："白日风尘驰驿骑，炎天冰雪护江船。"例如苏州清代初期有冰窖二十四座，对应二十四节气。当时，苏州冰窖业者已经成为固定行业，"每遇严寒，戽水蓄于荡田，冰既坚，取贮于窖，盛夏需以护鱼鲜，并以涤暑"。[1]可见冰在苏州的用途有二：其一为供应鲜船出海冷冻鱼鲜使用；另一用途则用以消暑。但从其他的记载来看，前者系主要目的，后者是附加的。清初，尤侗在《冰窖歌》中指出："我闻古之凌阴备祭祀，今何为者惟谋利。君不见葑溪门外二十四，年年特为海鲜置。潭深如井屋高山，潴水四面环冰田。孟冬寒至水生骨，一片颇黎照澄月。窖户重裘气扬扬，指麾打冰众如狂。……千筐万筥纷周遭，须臾堆作冰山高。堆冰成山心始快，来岁鲜多十倍卖。海鲜不发可奈何，街头六月凉冰多。"[2]由此可知，苏州的冰窖主要系为渔船冷藏海鲜而设。这种冰窖多半位于水田中央，建筑本身为高屋深井，冰块取自冬天稻田所结的冰，至隔年夏天取出售予冰鲜船，利润甚高。收入好坏须视海产捕捞的情况而定，若渔获量不佳，冰卖不出去，则出售至市面上做冷饮。

杭州在明清两代设有冰窖。当地的冰窖业者，均趁节气大雪时藏冰，原因在于"大雪时收者佳"。清代，宁波设置冰窖十分普遍。清初，李邺嗣（1622—1680年）《鄮东竹枝词》尝云："凡积冰家，俱隔冬窖田贮冰，上履以草，至次年发田取冰，其利数倍。"[3]据民国《鄞县通志》记载："沿甬江一带，设厂造冰者甚多，厂系稻草所搭盖，上锐下广，方锥形式，斜度极大，高过寻常家屋，盖间阻热力侵入也。严冬时，戽水收冰入窖，翌年入启封，为渔舟冷藏用之要品。"[4]

---

[1] 乾隆《元和县志》卷16《物产》，《中国地方志集成·江苏府县志辑14》，南京：江苏古籍出版社，1991年，第9b页。

[2] 乾隆《元和县志》卷35《艺文》，《中国地方志集成·江苏府县志辑14》，南京：江苏古籍出版社，1991年，第37b–38a页。

[3] 乾隆《鄞县志》，《续修四库全书》，第706册，卷29《土风》，第33a页。

[4] 民国《鄞县通志》，台北：成文出版社，据民国廿四年铅印本影印，1974年，卷3《博物志甲编·杂产》，第76a页。转引自邱仲麟：《冰窖、冰船与冰鲜：明代以降江浙的冰鲜渔业与海鲜消费》，《中国饮食文化》2005年第1卷第2期。

清中叶的上海已有冷饮，Robert Fortune（1813—1880年）在1840年曾提到上海有冰屋藏冰[1]。1880年初，The North China Herald（《北华捷报》）在报道上海机器制冰厂成立时，曾说人造冰比虹口稻田的冰块好得多，由此可知当地多从稻田收冰。晚清时，上海的冰厂均在冬天□人至河滨挑冰，运入冰厂窖藏。

广州由于纬度较低，加上地属亚热带气候北缘，温度相对较高，因此藏冰要比北方困难。蔡鸿生教授《蔡鸿生自选集》中的《世舶时代广府的新事物》一文中提到了很有特点的"冷瓶"，引用了一首宋代诗人文同《丹渊集》中的五言诗"冷瓶"，有"课以沸泉沃，冰雪变立可"之句。全诗大意为有陶水壶，体圆、颈肿，足跛、质粗，色暗，其貌不扬，却有使热水变凉的功能。随外国商船飘洋过海，在广州市场高价销售[2]。根据金国平教授的指教，这是阿拉伯人制作的一种陶器，因其陶体厚重，起到隔热保温效果，具有一定制冷功能，一定程度满足了广州炎热季节的需求。

广州冰水或取自韶关或者广州以北冬天结冰地区。每逢隆冬时节，一遇寒潮或强冷空气南下，韶关的高寒山区就常常出现冰挂、下雪等北国景象。满山积雪和冰挂，不输北国风光，因此将冰雪收集后运输到广州，储藏于冰窖之中，留待夏季使用。

其后广州普遍使用以天然冰制冷的木质冰箱，这种器具当时被称作"冰桶""洋桶"，是由古代的盛冰容器——"冰鉴"演变而来的。它们一般为木胎，多用红木、花梨木、柏木等材料制成。广州文仕文化博物档案馆中即收藏有清代广州木制冰箱。

虽然中国古代藏冰用冰历史悠久，但局限于权贵阶层的享用和运输系统的限制，并未惠及岭南地区，反而是万里之遥的美国商人，最先抓到这个商机并付诸行动。

[1] Robert Fortune, *Three Years' Wanderings in the Northern Provinces of China*（London: J. Murray, 1847）p. 96.

[2] 蔡鸿生《世舶时代广府的新事物》，《蔡鸿生自选集》，广州：中山大学出版社，2015年，第136–137页。

美国独立后，英国采取各种经济手段对其报复，法国、西班牙等国在贸易上也采取歧视做法。内忧外患的的美国为打破僵局，把视线投向了中国，确立直接通商关系，开拓新市场。早期中美贸易的商品主要是海獭皮和花旗参，在北美大陆掀起采挖花旗参和扑杀海獭的热潮，也造成环境破坏和资源枯竭。为了找到对华贸易的替代商品，美国商人开始了大胆的冒险。

根据范岱克教授提供资料，看到亚洲炎热天气渴求冷饮的巨大市场，巨大的商业利润诱使不少商人跃跃欲试。为了创造食物保持更长食用时间，让肉类变得更新鲜，在盛夏享用冰淇淋的美味，美国商人尝试冬季在北美水质纯净的湖泊采割冰块，更具挑战性的努力，是如何向世界各地运送一批会在沿途融化的商品。为此发明了原始的"冷链"，一种在隔热容器中运冰的系统，让冰块从冰源地送上推车、从推车送上车厢、从车厢送上船舱、从船舱送入商铺、从商铺送给顾客；也得益于轮船和航线的发展，使得原来美国到广州半年以上的航程大大缩短，降低了冰块融化的速度，安全达到广州。

图七 19世纪冰湖上的切冰场景[1]

---

[1] Illustration from the article The Ice King of Boston from Hub History Website. http://www.hubhistory.com/episodes/the-ice-king-of-boston-episode-211/#jp-carousel-3702

图八 19世纪纽约的制冰业[1]

[1] The Ice Industry of New York, drawn by F. Ray, in Harper's Weekly, August 30, 1884, Vol. XXVIII, No. 1445, p. 562.

（三）冰水的影响

人类离开水就不能生活，解决了水的基本需要后，人类离开饮料就不能满足地生活。19世纪的广州，绝大多数的水源都不适合直接饮用，为了避免疾病传播，人们要喝煮沸的开水，但是索然无味的开水又无法满足人的生理和心理需要，合适的饮料成为世界社会生活的基本需求。冷饮满足了炎热夏天的需求，在社会生活领域具有重要影响。

制冰业或者冷冻业的主要服务领域不是冷饮业，而是关系人类生存的捕鱼业。康熙五十八年（1719年）7月14日，苏格兰医生约翰·贝里（John Bell，1691—1780年）受俄皇之托，由圣彼德堡开拔出使中国，在长达一年多的旅程之后，终于在1720年11月18日抵达北京。其后，他与使节团的成员在北京待了一段时日。在1721年1月21日（康熙五十九年十二月廿六日）的日记上，记到他收到外国神父送来的礼物——大鲟鱼一尾、鲜鱼若干。这些鱼是从北京北方近一千里的黑龙江运来的，当地人在一捕上后，即刻用冰雪冷藏，于冰雪中走上无数里，鱼还是像刚捕捞上来时那么新鲜。约翰·贝里记载这件事时，是在冰天雪地的季节，地点也在较为寒冷的北方，在中国人看来并不稀奇，然就当时仍普遍用盐保存渔货的欧洲而言，却是相当特别。[1]

而在乾隆五十一年（1786年），曾于广州十三行服务的亚历山大·达尔林普尔（Alexander Dalrymple），在伦敦向苏格兰商人乔治·邓普斯特（George Dempster，1732—1818年）通报他在中国（广州）看到渔夫载冰出海以保存鱼鲜，并用此方式将其转运至内地。这一席话让邓普斯特印象深刻。不久，苏格兰鲑鱼商人在他的要求下，将若干新鲜的鲑鱼放入装满冰块的箱子中，从爱丁堡海运至伦敦。在六天的航程之后，这些鱼新鲜地抵达伦敦。这一试验为一向用盐保存鱼类的英国开启了新页，此后苏格兰渔商大量用冰冷藏海鱼，由北转运至南边的英格兰，而冰屋所收藏的冰也转向以冷藏渔货为主。谁也没有料到，中国渔夫的经验，通过广州十三行竟然在18世纪末为英国的渔业带来这样的冰鲜渔业影

---

[1] John Bell, A *Journey from St. Petersburg to Pekin,* 1719–22 (New York: Barnes & Noble, 1966), p. 159.

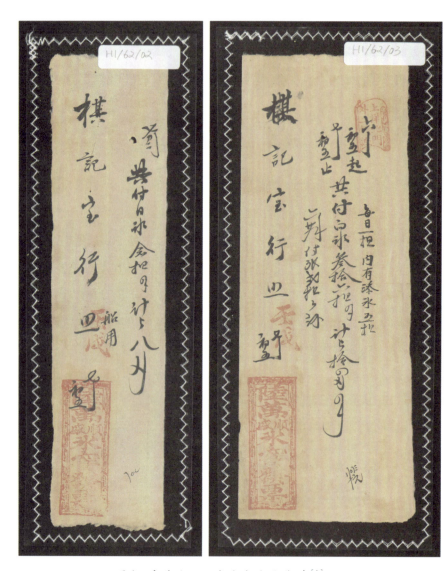

图九 香港陆万顺盛冰窖冰块货单[1]

[1] 参见 Charles L. Cutting, *Fish Saving: A History of Fish Processing from Ancient to Modern Times.*(New York: Philosophical Library), 1956, pp. 214–216; Elizabeth David, *Harvest of the Cold Months: The Social History of Ice and Ices.*(New York: Viking Penguin, 1994), pp. 229–236; Sue Shephard, *Pickled, Potted, and Canned: How the Art and Science of Food Preserving Changed the World.*(New York: Simon & Schuster, 2000), pp. 286–289. 有关于自18世纪末起西方开始用天然冰冷冻渔货。另可参见：Oscar Edward Anderson, Jr., *Refrigeration in America: A History of a New Technology and Its Impact.*(Princeton, New Jersey: Princeton University Press, 1953), pp. 61–63; Roger Thévenot, *A History of Refrigeration throughout the World.* (Paris: nternational Institute of Refrigeration, 1979), pp. 99–101. 转引自邱仲麟《冰窖、冰船与冰鲜：明代以降江浙的冰鲜渔业与海鲜消费》，《中国饮食文化》2005年第1卷第2期。

响，大大促进英国渔业发展和社会生活[1]。这是以往广州十三行研究没有涉及的领域。

同治元年（1862年），香港已经出现专门船只为供应冰块及冰水的店铺，陆万顺盛冰窖接到祺记船上用水订单收据，从五月初五到六月初五每天供应冰块6担，左下角盖有陆万顺盛冰窖印章，印文"陆万顺盛冰窖发票"。

五、结　语

小小冰水，反映的是人类生活的一个角落，但却涉及国际贸易和社会变迁的重大领域。冰水绝不是天然冰雪融化后的饮品，必须要有加工、消毒、纯净、制冷等加工环节，长洲怡生源记是如何进行这些环节的，仍有许多谜团。有些人认为，这种"冰水"应为井水。但是井水售卖并不困难，笔者曾经考察过黄埔村及长洲岛，仍有清代和民国时期的水井存在，不可能提供1加仑的井水要0.35银元之贵。在继续探索之际，我们由衷的钦佩几百年前广州城市生活的蓬勃活跃以及创新能力，印证了对美好生活的向往和努力即是人类的基本属性，也是推动历史前进的根本动力。

（作者单位：沈晓鸣，珠海澳科大科技研究院；冷东：澳门科技大学）

---

[1] 英国剑桥大学图书馆藏怡和洋行档案：H1/62/02、H1/62/03。另见冷东、潘剑芬、沈晓鸣《英国剑桥大学图书馆藏怡和洋行中文商业档案辑考》下册，桂林：广西师范大学出版社，2022年，第445、446页。

民国时期华侨身份证件及贴用税票研究

罗佩玲

内容提要：

本文主要以中国华侨历史博物馆珍藏的民国时期华侨的护照、登记证、回国证明书等身份证件，以及证件上贴用的财政部印花税票或外交部税票为研究对象，探讨华侨身份证明的由来、贴用税票的种类及税率等方面，为华侨文物研究和华侨历史研究提供新视角和材料。

华侨的护照、登记证、回国证明书是华侨身份和国籍证明，真实记录了华侨的籍贯、职业、家庭成员、跨国迁移等详细信息，具有国际法律效力，华侨可凭这些证件寻求法律保障。证件内往往声明证件持有者得到祖籍国及侨居国的法律保障，如"请友邦地方文武官员妥为照料，遇事襄助须至护照者""发给登记证以资保护""沿途军警机关查明保护"等语。民国时期，华侨身份证件上多贴用财政部或外交部印发的税票，主要有三种类型，分别是财政部印发的"国民政府印花税票"、外交部印发的"外交部收据"税票和"外交部收据 华侨登记"税票。根据证件用途的不同，贴用特定的税票，护照类证件同时贴用"民国政府印花税票"和"外交部收据"两种税票，而《华侨登记证》贴用印有"外交部收据 华侨登记"字样的税票，《华侨回国证明书》则只贴用"外交部收据"税票。目前学界已出版的与民国时期印花税相关的图录，多集中收录国民政府财政部印发的各种印花税票，而未收录外交部税票；学界也多以研究"国民政府印花税票"为主，未有专题研究外交部税票的成果，在这方面存在一定的空白。

一、华侨身份证明

清光绪三十四年（1908年）颁布了《国籍条例》，并制定《国籍条例施行细则》十条，具体规定了出籍办法及有关问题的具体处理办法，以血统主义为主的国籍法明确了海外华侨的国民身份。北洋政府时期延续了清朝以血统主义为主的国籍原则，制定了一系列与华侨身份证明有关的侨务法律、法规，例如1912年7月颁布的《侨务回国请领护照简章》，同年11月颁布《中华民国国籍法》及《国籍法施行规则》，1916年3月制定《请领出洋经商护照章程》等等。同时还成立了驻外使领馆管理侨务工作，在海外派驻使领馆人员。《领事经理华侨学务规程》（1913年）及《领事馆职务条例》（1915年）等法令规定了使领馆在开展侨务方面的主要职能，其中第一项是管理华侨国籍的职能，第五项是负责办理华侨回国护照的职能。

1924年南方临时政府内政部公布了《内政部侨务局保护侨民专章》，首次以法律的形式阐明了"侨民"的概念，即"中华民国人民旅居外国及回国者，统称侨民"[1]。旅外侨民需向侨务局注册并领取的证明书，不仅使旅外侨民本人得到侨务局的保护，还对国内侨属的人身及财产提供法律保护。《内政部侨务局保护侨民专章》公布一年之后，由于孙中山的去世，法规未能全面实施，但它依然是近代中国第一部以保护华侨、归侨权益为宗旨的侨务法规[2]，具有开创性意义。1926年内务部拟定了《颁发旅外华侨国籍证书暂行规则》，"规定由内务部发给旅外华侨国籍证书，使侨民能够真正得到法律的保障，并进而享受国籍法所规定友邦人民应得之权利"[3]。至此，海外华侨才有特定文书格式的国籍证明。

南京国民政府时期，外交部正式设立了侨务局管理海外侨民事务，华侨出国护照等事务划归外交部统一办理。之后陆续制定和颁布了一系列侨务法律、法

[1] 张赛群《南京国民政府侨务政策研究》，北京：中国言实出版社，2008年，第53页。

[2] 张赛群《南京国民政府侨务政策研究》，第53–54页。

[3] 张赛群《南京国民政府侨务政策研究》，第37页。

规，如1929年颁布的《护照条例》和《外交部颁发出国护照暂行办法》，1930年的《内政部发给旅外华侨国籍证明书规则》，1931年的《出入国护照条例》等等。在福建、广东等华侨较多的省份城市厦门、汕头、江门、广州等地设立侨务处（局），负责侨民出入国管理工作。[1]国民政府通过华侨登记管理这项措施，以确认海外侨民的身份并加以保护。1930年1月17日，国民政府外交部公布了《华侨登记规则》及《华侨登记办事细则》，规定"所有居留、出国或归国、由此埠迁移他埠的侨民都须登记，登记事务由外交部驻外领事馆负责办理"。[2]侨民登记后，由外交部发给统一格式的《华侨登记证》或《侨民登记证》，证件具有法律效力，海外华侨登记后可以因此寻求驻外领事馆的保护及帮助，不登记则得不到保护。

《内政部发给旅外华侨国籍证明书规则》规定证件的有效期只有一年，失效前必须要重新注册登记，登记请求书一式三份，分由中华民国外交部、侨务委员会和驻外领事馆存档。1935年12月18日再次公布的《华侨登记规则》在原来的基础上增加了新规定：若登记人确系贫苦，居留地又无照相馆，可免缴照片；除迁移情形外，登记证永远有效；侨民如不登记，使领馆不负保护之责；侨民有请求事项须先呈验登记证，若未办理登记，应即补行登记，加贴5倍印花。1936年2月20日国民政府外交部修正公布《外交部处务规程》，在"职务分配"部分详述外交部各科的职务，例如总务司出纳科有六项职务，前三项与侨务有关，分别是外交部及所属机关暨驻外使、领馆经费之领收事项、支发事项；以及护照费、货单签证费等事项。护照科管理侨民护照核发、出入境管理等相关事项，包括六项事务：（一）核发出国护照事项；（二）驻外使、领馆及国内发照机关护照签证事项；（三）无约国人民及无国籍人民入境、出境事项；（四）查验外人入境护照事项；（五）在外华人内地游历护照事项；（六）护照签证及各项证明费之核算、收解及登记事项。

---

[1]张赛群《南京国民政府侨务政策研究》，第49页。

[2]张赛群《南京国民政府侨务政策研究》，第244页。

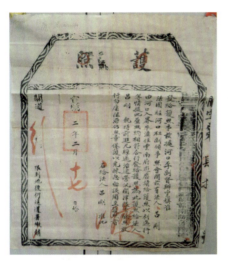

图一　1930年中华民国驻澳大利亚总领事馆签发给余乾礼的《侨民登记证》
（暨南大学图书馆藏）

　　华侨登记证件的格式和版式由外交部统一制定，在不同时期有不同的版式和名称。以《华侨登记证》为例，1930年代使用的《侨民登记证》（图一），证件使用硬卡纸，无封皮，封面为双旗图案；1938年使用的《华侨登记证》（图二）封面为蓝黑色布面，印着白色的中华民国"国徽"图案，及竖排繁体字"华侨登记证"，内页有防伪浅绿色底纹，证件内声明"遵照华侨登记规则请求登记合行发给登记证以资保护此证"，既显示了华侨登记证的法律根据，又指出了办理此证的目的是保护华侨。左半页内容有11项，主要登记了证件持有人的姓名、性别、年岁、籍贯、出生地、现在居所、职业、商号、何时入境、夫或妻、子女等信息；右半页注明"本登记证除第八条迁移居留地外永远有效"，以及贴有证件申请人的证件照，右下角贴用华侨登记专用的税票。贴税票处的左边有"侨民登记祇收登记费国币贰角"字样，即只贴用贰角税票，在证件照及税票两者中间加盖中华民国驻当地的总领事馆章，方完成纳税，证件才具有法律效力。海外华侨办理《华侨登记证》的意义在于华侨的身份得到祖籍国及居住国的法律认同，可以作为寻求保护的凭证。

 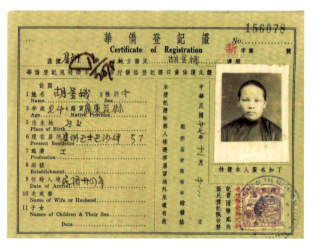

（封皮）　　　　　　　　　　　　（内页）

图二　1938年中华民国驻新嘉坡领事馆签发给胡金娥的
《华侨登记证》（中国华侨历史博物馆藏）

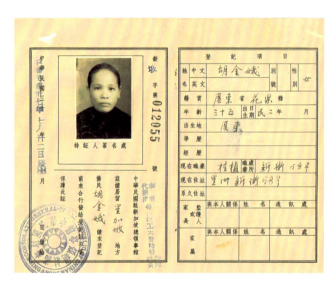

图三　1948年中华民国驻新嘉坡领事馆签发给胡金娥的
《侨民登记证》（中国华侨历史博物馆藏）

1948年，国民政府外交部制定了新版的华侨登记证（图三），在之前的版本基础上作了局部修改和补充。首先是外观无封皮，无旗帜图案，整张证件就是一张硬卡纸；其二，证件名称改为《中华民国侨民登记证》；其三，格式上与十年前的版本左右对调，之前的左半页的内容移到右边，右边持证人签字和贴照片处移到左边；其四，登记项目除了保留原来的11项，增加学历、经历、永久住址、家属（监护人）以及背面增加了"移转记录"表格等5项信息，共有16项，详细记录华侨发生跨国迁移的时间和地点；其五，不再贴用外交部税票，只标注每本收工本费的费用。

二、华侨证件贴用税票的种类

（一）财政部印发的"国民政府印花税票"

民国时期将华侨证件纳入人事凭证类以征收印花税。对人事凭证类张建征收印花税的历史可以追溯到晚清时期。19世纪末，晚清政府曾尝试学习西方建立印花税制，两次发行印花税票，意图通过征收印花税的方式挽救财政危机，但均以失败告终。晚清政府开征印花税的最主要的原因是鸦片战争以来的各种赔款压力，导致财政出现严重危机，为了增加财政收入，被迫想方设法扩大征税范围，开征既能筹款又不引起民众反对的新税种。在这种背景下，清政府效仿西方税制，准备在国内开征印花税。清政府为开征印花税做了多年准备，国内社会也具备开征印花税的条件。一是新政取得了一定的成效，促使教育事业迅猛发展，特别是海外留学教育的人数大幅度增加，"大量国内、国外游学群体的存在产生了大量的学历证书和出国护照，这在一定程度上为印花税的开征提供了条件"[1]。二是华工出洋人数剧增，劳动力向外输出的规模前所未有，以及华商出国从事贸易活动的人数也比以前增加，这些群体也产生了大量的出国护照、证明及合同类证书。在新政时期有过两次开征印花税的尝试，第一次是光绪二十八年（1903年），清政

---

[1] 戴丽华《民国时期印花税制研究》，博士学位论文，江西财经大学，2013年，第26页。

府在袁世凯等人的推动下准备开征印花税，但只维持了短短数月。1907年公布《印花税则》，于宣统元年（1909年）再次开征印花税。虽然两次开征印花税尝试均以失败告终，未取得预期效果，但是为北洋政府时期全面开征印花税奠定了基础。

北洋政府继续推进印花税制度，在晚清政府的《印花税则》基础上制定《印花税法》（1912年10月），将凭证列为纳税对象，明确规定了印花税征收范围、税额、贴用方法及罚则等事项。之后的三年内又陆续颁布了《暂行印花税施行章程》《印花税法施行细则》《印花税总发行所章程》《贴用印花税细则》等法规，从多方面、多细节对草案进行了补充，扩大了征税范围，规定所有契约、薄据可用为凭证者须贴用印花税票，标志着中国正式征收印花税。印花税也因此成为北洋政府及民国政府的一项财政收入。

与华侨华人相关的印花税，主要是护照纸、侨工出洋护照、国内游历护照、身份证明之类、证书等贴用的印花税。开征此类印花税的标志性文件是1914年8月19日公布的《人事凭证贴用印花税条例》，扩大了印花税的征税范围，除了规定出洋护照、国内游历护照、入学志愿书、婚书都要贴用印花税票，"又将贴花范围扩大到医士证书、教员证书、侨工出洋护照、请入国籍志愿书和保证书、人民投递官署之呈文及申请书、喇嘛度牒、民枪执照、狩猎执照等项"[1]。此条例与之前的《印花税法》并行实施，其中第三类列举并规定了包括出洋护照、国内游历护照、毕业证等九种凭证贴用对应税额的印花税票。次年1月又公布修正后的《关于人事凭证贴用印花条例》，对相关条例进行了修正和补充，对护照等人事凭证贴用印花税票的规定更为严格，"发给护照、单照、证书或收受愿书的官署或学校，如不收取税款贴用印花径行发给或收受的，该官署的长官或学校校长以违背职守义务论"[2]。条例明确规定了各种凭证应缴纳的税费，同一种凭证又因性质不同而贴不同面值的印花税票，比如普通出洋护照按规定贴花1元，但学生护照，特别是因出国留学而办理的学生护照则按"学生减半"的规定只需纳税5角，

[1] 王建都《中华民国时期的印花税》，《文史精华》2000年04期，第63页。

[2] 饶立新、曾耀辉编著《中国印花税与印花税票》，北京：中国税务出版社，1999年，第25页。

这可以看做是对留学生的优惠政策之一。

关于贴用印花税的法律效力，1913年在开征印花税前夕，北洋政府财政部就发布通告说明，认为"人民既有纳税之义务，即有享受保护之权利，泰西各国均明定贴有印花税票折，遇有诉讼事项，于法庭上当有合法凭证之效力"[1]。印花税开征初期比较重视征税宣传工作，不但通过报刊等媒介进行宣传，还以通俗话册的形式在基层乡镇宣传。如1932年江西鄱阳县的《推销印花税白话讲册》，全册用通俗易懂的白话向当地民众普及印花税票的来源、征收范围、法律效力等，里面指出："不问他是内地，是边地，是城市，是乡村，是土民，是侨民，是居家的平民，是出家的僧道，都要遵行这税的。"[2]从这份宣传册提到的印花税征收范围来看，印花税的征收是针对全国民众的，不分阶层，不仅包括本国华侨，也包括外国侨民。因此，出国护照、华侨登记证等与华侨有关的凭证都要按照当时的税率缴纳或购买印花税票，并粘贴盖戳，方具有法律效力。

南京国民政府时期，1927年11月23日由财政部公布施行了《国民政府财政部印花税暂行条例》（以下简称印花税暂行条例），同时宣布废止了北洋政府公布的印花税相关法令。印花税暂行条例将应贴印花的凭证和物品分为四类，种类不同，税率也不同。与华侨有关的税种主要集中在第三类，主要有：募工承揽人特许执照（按件贴花4元），出洋游历护照、取得国籍之许可执照（按件贴花2元），免税护照（按件贴花1.5元），出洋游学护照、行李护照、国内游历护照、留学证书、请求入国籍禀书（按件贴花1元），出洋侨工护照（按件贴花3角），请求入国籍志愿书（按件贴花2角）。[3]同年发行了以银元为本位币，主图为中国地图和青天白日旗的"版图旗印花税票"，共包括1分、2分、1角、5角、1元五种面额。[4]

1934年12月8日，国民政府公布了《印花税法》，并于1935年9月1日正式施行。此项税法采用属地管理原则，规定本国人民或外国侨民，凡在中国境内发生

[1] 段志清、潘寿民编《中国印花税史稿》（上册），上海：上海古籍出版社，2007年，第189页。

[2] 戴丽华《民国时期印花税制研究》，博士学位论文，江西财经大学，2013年，第78页。

[3] 饶立新、曾耀辉《中国印花税与印花税票》，北京：国税务出版社，1999年，第58页。

[4] 曾耀辉《从印花税票面额变化看民国通货膨胀》，《中国税务》2016年06期，第44页。

或使用的凭证均应粘贴中国印花税票，缴纳印花税。不仅因循了原有的规定对所有国内外凭证征税，还明确只对凭证征税，从而界定了印花税的行为税性质，不再包含之前的货物税。[1]它的实施标志着中国印花税法走向成熟。

1935年7月24日国民政府公布了《财政收支系统法》，明确将印花税作为中央税收的一种，进一步强化和规定交易凭证、人事凭证、许可凭证等证明文件需要依法贴用印花税。《印花税法》相比原《印花税暂行条例》列举的74种课税凭证，"减少了39种，缩小了课税范围，这可以说是民国时期仅有的一次缩小征税范围的改革"[2]，"标志着民国时期印花税法技术的完善"[3]。同年8月28日，《财政部颁布财政收支系统法并附该法训令》第二章税课列举阐述了七种中央税，第五种为印花税，规定交易凭证、认人事凭证、许可凭证等证明文件须依法贴用印花税。[4]1936年再次公布了修正《印花税法》，对原16条修改为每年凭证所贴印花的最高额不得超过20元。1937年全面抗日战争爆发后至1942年间，国民政府施行《非常时期征收印花税暂行办法》，上调了印花税的起征点，增加了税率的同时，也加重了不征缴印花税的罚则。办法规定，在抗日战争时期华侨登记证免贴财政部发行的印花税票，但仍继续贴用外交部专用税票，故此时期的《华侨登记证》均未贴用财政部印花税票，而仅贴用外交部印发的华侨登记专用税票。暂行办法虽规定华侨登记证免贴财政部发行的印花税票，但侨工护照仍同时贴用财政部印花税票、外交部专用税票，同时缴纳两种税费。1943年4月国民政府财政部正式公布实施修正的《印花税法》，进一步扩大了贴花凭证的范围和增加税率。

---

[1] 张生《南京国民政府时期的印花税述评（1927—1937年）》，《苏州大学学报》1998年02期，第87页。

[2] 于兵《民国时期印花税法制变迁刍析》，硕士学位论文，西南政法大学，2013年，第15页。

[3] 于兵《民国时期印花税法制变迁刍析》，硕士学位论文，西南政法大学，2013年，第22页。

[4] 中国第二历史档案馆《中华民国史档案资料汇编·财政经济》第5辑第1编，江苏：凤凰出版社，1997年，第144页。

表一 民国时期人事凭证类印花税一览表

年代	印花税名称	人事凭证类	税额
1914.08.19 北洋政府时期	《关于人事凭证贴用印花税条例》	出洋护照	贴印花一元，学生得减二分之一贴用印花
		国内游历护照	贴印花一元
1927.11.23 南京国民政府时期	《国民政府财政部印花税暂行条例》草案	募工承揽人特许执照	按件贴花4元
		出洋游历护照、取得国籍之许可执照	按件贴花2元
		免税护照	按件贴花1.5元
		出洋游学护照、行李护照、国内游历护照、请求入国籍禀书	按件贴花1元
		出洋侨工护照	按件贴花3角
		请求入国籍志愿书	按件贴花2角
1935.07.23 南京国民政府时期	《印花税执行细则》	旅行护照	每张贴花2元
		侨工护照	每张贴花2角
1937.10 南京国民政府时期	《非常时期征收印花税暂行办法》	证明身份或资格之证照	每张贴花5元
		华侨登记证	免贴
		外侨民国籍证书	免贴
		旅行护照（凡主管关于旅行国内国外及出洋游学或旅居所发之护照等皆属之）	每张贴印花5元
		侨工护照	每张贴印花一元
1947.06.06 南京国民政府时期	《修正印花税》	证明身份或资格之证照	每件贴印花税票五百元
		旅行护照（凡主管政府机关为旅行国内外、出国留学居住所发之证照皆属之）	国内护照每件贴印花税票二百元，国外护照每件贴印花税票一千元

资料来源：饶立新、曾耀辉：《中国印花税与印花税票》，北京：中国税务出版社，1999年，第24—109页。

1944年7月22日国民政府外交部公布出国护照条例，第八条规定"请领官员护照及普通护照者，应缴护照费，其数额由外交部拟订，呈请行政院核定之，并应依照印花税法之规定，缴纳印花税费。外交护照免缴各费，学生或工人护照或由本国甲地至乙地经过邻国之过境护照，其照费减半缴纳"，此外规定华商申领护照"应由当地商会或华侨团体或银行或殷实商号出具保证书"[1]，对出国作工、留学、游历申领护照的也作了相关规定，费用数额均由外交部制定。综上可知，此时期的华侨护照同时贴用民国政府财政部印花税票以及"外交部收据"税票，缴纳两种税费。

（二）外交部印发的"外交部收据 华侨登记"税票及"外交部收据"税票

国民政府于1912年设立外交部，制定了驻外使领各馆暂行组织章程及外交官、领事官之暂行任用章程，在新加坡、爪哇、横滨、金山等十二处设立总领事，在槟榔屿、仰光、纽约、檀香山、神户等十四处设立领事。然而由于时间仓促，南京临时政府只存在了三个月的时间，很多机构没来得及成立，由于缺乏专门管理侨务的机构，只好将侨务交由外交部和内务部兼管。北洋政府时期，从地方开始至中央设立了侨务机构。福建暨南局作为地方侨务机构，主要负责华侨出洋事务，其中就包括出入境管理及登记等。

南京国民政府外交部于1927年5月成立，隶属行政院外交部的主要职能，包括"办理国际交涉，管理国外华侨及居留在中国外侨的一切事务，同时还管理驻外使领馆"。外交部具有管理驻外使领馆的职能，《华侨登记证》虽然是由驻外使领馆签发的，但是贴用国民政府外交部专用的税票是合乎规范的。1912年公布实施《印花税法》后，"外交部积极支持财政部，采取渐进政策，凡国家能控制的环节，尽可能推行印花税。如签发护照，财政部规定应贴印花1元，外交部即通知各省特派交涉员照办，并请各海关统一执行"[2]。外交部专用税票样式有多种，虽然有多种面额的税票，但都有一个共同点，就是都以国民政府外交部大楼为主

---

[1]中国第二历史档案馆《中华民国史档案资料汇编·外交》第5辑第2编，江苏：凤凰出版社，1997年，第20页。

[2]李向东《清末民初印花税研究（1903—1927）》，郑州：河南人民出版社，2015年，第162页。

体图案，税票上方中间都有"外交部收据"字样。外交部大楼于1931年3月筹建，"见证了中华民族对外交往事业的发展和沧桑，具有重要的社会历史价值"[1]。华侨的护照、回国证明书上贴用的外交部税票上印有"外交部收据"字样（图四）；而《华侨登记证》贴用的则是上方有"外交部收据"和下方有"华侨登记"字样的税票（图五），表明是专用于《华侨登记证》的税票，不得贴用在其他证件上。

通过研究目前留存的实物资料发现，1937至1942年期间的《华侨登记证》多贴用外交部税票，1937年之前或1942年之后的华侨证件上都未贴用。未贴用税票的华侨证件也需要纳税，往往加盖完税证章以示完税，并标注缴纳税费的税额。可见"华侨登记"特种税票发行于特定历史时期，具有发行时间短、使用范围小、印制量少等特点。

图四 "外交部收据"税票　　　　图五 "外交部收据 华侨登记"税票

---

[1] 周琦《民国时期国民政府外交部旧址保护修缮设计》，《建筑与文化》2018年08期，第31–32页。

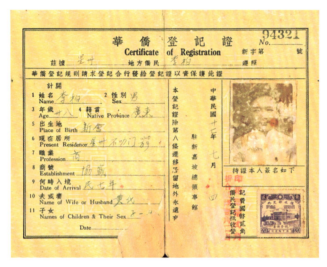

图六 1938年中华民国驻新嘉坡领事馆发给李柏的
《华侨登记证》

图七 1936年中华民国驻马尼剌总领事馆签发给洪我林的
《华侨回国证明书》

驗證
中華民國駐檳榔嶼領事
No. T.386
Exhibited at the Chinese Consulate
Penang this 22nd day of January
1936, and good for the journey
to Siam, China, Hongkong & Straits Settlements
Consul for China

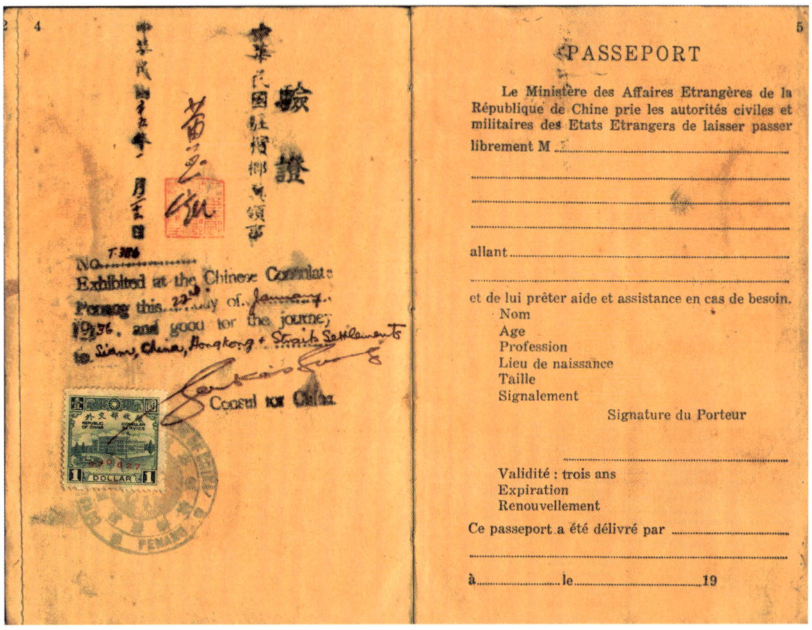

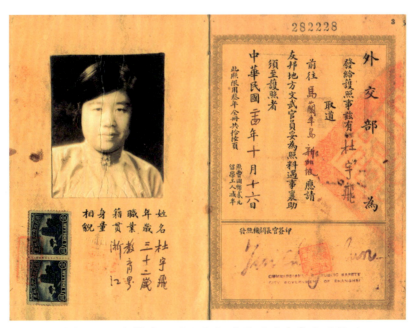

PASSEPORT
Le Ministère des Affaires Etrangères de la République de Chine prie les autorités civiles et militaires des Etats Etrangers de laisser passer librement M.
allant
et de lui prêter aide et assistance en cas de besoin.
Nom
Age
Profession
Lieu de naissance
Taille
Signalement
Signature du Porteur
Validité : trois ans
Expiration
Renouvellement
Ce passeport a été délivré par
à le 19

图八　1935年杜宇飞前往新加坡使用的中华民国护照
（内页贴用一枚“外交部收据”一元税票）

姓名 杜宇飛
年歲 三十二歲
職業 教育界
籍貫 浙江
身量
相貌

282228
外交部
發給護照事茲有杜宇飛
前往馬蘭半島新加坡
取道
應請
友邦地方文武官員妥為照料遇事襄助
須至護照者
中華民國廿四年十月十六日
此照限用叁年全冊共拾陸頁
照費國幣貳元 留學工人減半
發照機關長官簽印
COMMISSIONER OF PUBLIC SAFETY
CITY GOVERNMENT OF SHANGHAI

图九　1935年杜宇飞前往新加坡使用的中华民国护照
（内页贴用两枚一元印花税票）

　　国民政府在1937年曾施行《非常时期征收印花税暂行办法》，将华侨登记证件列为征税对象，并规定免贴财政部印花税票。根据此办法，此时期的《华侨登记证》（图六）、《华侨回国证明书》（图七）均免贴财政部印花税票，只贴用外交部专门定制的印有"外交部收据 华侨登记"的税票，而护照则需要同时贴用"外交部收据"税票（图八）及"民国政府印花税票"（图九）。

　　财政部征收印花税所得税费，以及外交部征收"外交部收据"税所得税费，同属中华民国财政收入。根据1929年9月7日国民政府颁布的《编制中央分类决算办法》，外交部出纳科管理和支配对华侨人事凭证征收的税收收入。其中，第十办法"中央外交类"规定："凡外交部、驻外使领馆、各地交涉署、各特区市政局以及其他关于中央外交机关、外交设施之各项收支，均属之。以外交部为审核及汇编本类决算之机关。"[1]

　　外交部税票不在中华民国期间发行的印花税票范围，不属于财政部印花税票系列，而多贴用于华侨身份证件，其图案设计及使用范围等都是独特的，具有专项专用的特点。外交部税票的外形大小、图案设计、版式等外观与财政部印花税票相似，广义上可以归入中华民国时期特种税票，也称特别印花税票。而从票面设计、印制字样等方面看它又是特殊的，在于它有着专项专用的特点，可看作是特种印花税票。

　　综上所述，民国时期华侨身份证件上多贴用财政部印花税票或外交部税票，根据用途不同，贴用的税票种类及面额也不同。华侨护照除了贴用"国民政府财政部印花税票"，还要贴用"外交部收据"税票，即向财政部和外交部两个部门纳税。《华侨回国证明书》和《华侨登记证》都只贴用外交部专用税票，但稍有区别，前者贴用"外交部收据"税票，后者贴用"外交部收据 华侨登记"税票。外交部税票不是严格上的印花税票，而只是完税凭证。两种税票外形相似，财政部印发的税票，贴用范围非常广泛，包括烟、酒、火柴、水泥、棉纱等等商品均贴用。外交部印发的税票贴用范围比较窄，有专项专用的特点，多用于与华侨出入境管理有关的护照、登记证、回国证明书等证件。

（作者单位：中国华侨历史博物馆）

---

[1] 中国第二历史档案馆《中国民国史档案资料汇编·国民党政府政治制度档案史料选编》（下），江苏：凤凰出版社，1997年，第215页。

出土铭文"蕃禺"新解与区域文化移植
——以南越国为中心

吴小强

内容提要：

秦始皇依靠强大的武装力量横扫六合，第一次建立了统一的中央集权主义皇朝，消灭六国后的秦朝继续向四边用兵，开疆拓土，北逐匈奴，南征南越，岭南地区被首次纳入中原王朝的版图之内。出土铭文"蕃禺"的原始意义，折射出边缘性区域岭南的文化落后，秦将赵佗在此创立南越国，开始大规模移植中原文化。继秦而兴的汉王朝继续对南越输出汉文化，南越国的统治者在全面移植汉文化的同时，也有意识地对中原文化进行了改造与取舍，汉文化在南越国呈现出变异的多样性特征，以汉越文化融合为特征的南越国，更多地吸收、兼容了各类文化要素，甚至融合了某些海外文化精华，成为中国大陆地区实施对海外开放的先行者之一和高度区域自治体制的肇始者。

一、先秦岭南状况与"蕃禺"之名新解

历史上的岭南地区范围，包括今天中国的广东、广西、海南三省和香港、澳门特区，越南北部也包含其中，属于华夏中原王朝的边缘性区域。岭南地处亚热带地区，全年高温，雨水充沛，动植物种类繁多，物产极为丰富。约12000年前，以广东英德牛栏洞遗址为代表，开始转入考古学上的新石器时代。[1]然而，在秦

---

[1] 魏峻《三十年来广东考古新发现》，广东省博物馆编《岭南印象：粤港澳考古成果展》，广州：岭南美术出版社，2014年，第298页。

朝大军征服百越之前，岭南的社会政治经济文化发展水平明显落后于中原地区，某些地区尚处于刀耕火种阶段，这从东汉初年九真郡的社会状况可得以印证。任延担任九真郡太守，"九真俗以射猎为业，不知牛耕，民常告籴交阯，每致困之。延乃令铸作田器，教之垦辟。田畴岁岁开广，百姓充给。又骆越之民无嫁娶礼法，各因淫好，无适对匹，不识父子之性，夫妇之道。延乃移书属县，各使男年二十至五十，女年十五至四十，皆以年齿相配。其贫无礼聘，令长吏以下各省俸禄以赈助之。同时相娶者二千余人"。李贤注引《东观汉记》曰："九真俗烧草种田。"[1]需要指出的是，先秦时期岭南地区的发展是很不平衡的，从已公开的考古资料可知，南越国之前，在东江、西江和韩江流域，曾经存在着"高于部落以上的、稳定的、独立的政治实体"。[2]2002年，深圳屋背岭发现3500年前的商代古墓群，邹衡先生认为，这一遗址既反映了中原文化的共性，又有岭南文化的特性，但是特性是主要的，共性是次要的，说明广东从商时期起就有自己独特的文化。[3]

以青铜文化为例，中原商周文化陆续传入岭南后，从广东发现的一些青铜礼器证明，越人逐渐掌握了青铜器铸造技术，例如，佛冈大庙峡出土的西周时期铜铙、英德彭山出土的春秋时期錞于、博罗公庄出土的春秋时期甬钟（7件）、兴宁新圩出土的战国时期甬钟（6件）等。不过这些青铜器基本上是孤立发现，没有与青铜礼器同时期的文化遗址，推测可能都是窖藏遗址。[4]据张荣芳、黄淼章《南越国史》研究，截至1987年，广东境内发现青铜文化遗址达300多处，出土各类青铜器八九百件；两广的青铜文化属于同一个系统，"其文化特征的地域性随着青铜文化的发展而增强，岭南青铜文化与中原、楚、滇文化系统的差别在器物形制上表现得十分明显"。[5]先秦岭南的青铜文化是不成熟的。

[1] 范晔撰《后汉书·循吏列传·任延传》，北京：中华书局，1965年第1版，第2462页。

[2] 陈泽弘《广府文化》，广东人民出版社，2008年版，第85页、第87页。

[3] 陈泽弘《广府文化》，广东人民出版社，2008年版，第85页、第87页。

[4] 魏峻《三十年来广东考古新发现》，广东省博物馆编：《岭南印象：粤港澳考古成果展》，广州：岭南美术出版社，2014年，第303页。

[5] 张荣芳、黄淼章《南越国史》，广州：广东人民出版社，2008年第2版，第5-7页

秦统一前岭南文化之相对落后，从"番禺"之名的涵义或可得到某种旁证。文献最早出现"番禺"地名者，当属《淮南子·人间训》"一军处番禺之都"。[1]据麦英豪先生记载，考古文物最早发现"番禺"二字，则为1953年2月在广州市西村石头岗清理的秦墓（编号53西石M3）一个长圆形漆盒盒面上，烙印有"蕃禺"两字，系秦南海郡工官制造漆器工场的标志。此后印有"蕃禺""蕃"等文字的文物多有出土，其中最著名的当属1983年广州象岗南越国文帝赵眜陵墓出土的400余件青铜器中，有7鼎、1壶、1匜在器身或身盖上分别刻"蕃禺"或"蕃"文字，计共13处。1995年在广州市旧城中心中山四路发现南越国宫苑刻有"蕃"字的石构蓄水池。2004年又在南越国宫苑渗井出土100多枚木简，其中有"蕃禺人""蕃"等简文。[2]

"蕃禺""蕃"即番禺。关于其涵义解释，历史上多有歧见，主要有"番、禺二山"说，"番山之隅"说，"古越语之音译"说等。[3]麦英豪先生据《周礼·秋官·大行人》："九州之外，谓之蕃国。"认为蕃国即番国、番邦之意，后世还有把外国人叫番人。又据《字补·部》"禺，区也。"《管子·侈靡篇》尹知章注"禺，犹也……每里为一禺。"认为"番禺一词意为'岭外蕃国南蛮之地'，这大概才是秦时对番禺命名的本义"。[4]

麦先生的观点可取，但仍有剩意可探。若从字源考察，对"蕃禺"词意或许有更深层的理解。"蕃"，本义指生息、繁育、繁多、茂盛的意思。《说文解字》："蕃，艸茂也。从艸，番声。甫烦切。"注"《左氏传》曰：'其必蕃昌。'"[5]《经籍纂诂》："蕃，息也。""蕃，育之谓也。""蕃，滋也。""蕃，多也。"注引《左传·僖公廿三年》："其生不蕃"，《国语·周语》"蕃庶物也"，《国语·越语》"民乃蕃滋"，《周礼·大司徒》"以蕃鸟兽"

[1] 何宁《淮南子集释》，北京：中华书局，1998年第1版，第1289页。

[2] 全洪主编《麦英豪文集》（下），北京：文物出版社，2018年第1版，第398—399页。

[3] 陈鸿钧《广州秦汉考古出土"番禺"铭文纪略》，南越王宫博物馆编：《西汉南越国史研究论集》（一），南京：凤凰出版传媒股份有限公司、译林出版社，2015年版，第29—33页。

[4] 全洪主编《麦英豪文集》（上），北京：文物出版社，2018年第1版，第290页。

[5] 许慎撰、段玉裁注《说文解字注》，上海：上海古籍出版社，1988年第2版，第47页。

等加以佐证。[1]认识了"蕃"的字义后，再来审视"禺"字的初始含义。《说文解字》："禺，母猴属，头似鬼，从田从内。"注："爪部曰：'为者，母猴也。'夂部曰：'夔，一曰母猴也。'郭氏《山海经传》曰：'禺似猕猴而大，赤目长尾。'今江南山中多有，说者不了，乃作牛字。按《左传》'鲁公为'，《檀弓》作'公叔禺人'。可证'为、禺'是一物也。"[2]从许氏《说文》及段注的释义不难理解，"禺"和"为、夔"之原始字义是一样的，都是指猕猴类动物，"禺"与猕猴相似而体型更大，赤目、长尾。

若再了解与"禺"字直接相关的"愚"字初义，也可知"禺"的本义。《说文解字》："愚，戆也，从心、禺。禺，母猴属，兽之愚者。"段注："愚者，智之反也。'母'字旧夺，今补。许书'夔'下、'为'下、'玃'下，皆曰'母猴'，即沐猴、猕猴，一语之转。而由部'禺'下曰'母猴属'，此即用彼语。浅人删'母'，非也。"段注特别在"禺，母猴属，兽之愚者"下解释："已上八字，说从禺之意。"[3]

母猴、沐猴、猕猴，一音之转，实际上为同一动物。若将"蕃禺"连接为一词，从字面意义来解读，似乎应当指"繁茂的愚蠢的猕猴"，这或许就是"蕃禺"二字的本来含义。

秦代征服者以"蕃禺"一词来命名番禺之都，暗喻岭南物种繁多、动物昌盛的特殊自然环境，也不无蔑视化外之地的意思。这与先秦时期中原王朝鄙视楚国的情况相类似。《说文解字》："楚，从木，一名荆也。"段注："《小雅》传曰：'楚楚茨棘儿。'小徐引小谢诗曰：'寒城一以眺，平楚正苍然。'""上文'丛木'，泛词，则'一曰'为别一义矣。艸部'荆'下曰：'楚，木也。'此云'荆也'，是则异名同实。楚国，或呼'楚'，或呼'荆'，或絫呼'荆楚'。"[4]楚国、荆楚，其本义指树木森林，包含轻蔑之意。

西楚霸王项羽曾被人讥讽为"沐猴"，事见《史记·项羽本纪》："人或说

[1]阮元等撰集《经籍纂诂》，北京：中华书局1982年版，第403页。

[2]许慎撰、段玉裁注《说文解字注》，上海古籍出版社，1988年第2版，第436页。

[3]许慎撰、段玉裁注《说文解字注》，上海古籍出版社，1988年第2版，第509页。

[4]许慎撰、段玉裁注《说文解字注》，上海古籍出版社，1988年第2版，第271页。

项王曰:'关中阻山河四塞,地肥饶,可都以霸。'项王见秦宫室皆以烧残破,又心怀思欲东归,曰'富贵不归故乡,如衣绣夜行,谁知之者!'说者曰:'人言楚人沐猴而冠耳,果然。'项王闻之,烹说者。"《史记集解》:"张晏曰:'沐猴,猕猴也。'"《史记索隐》:"言猕猴不任久著冠带,以喻楚人性躁暴。果然,言果如人言也。"[1]从项羽对戏称其为"沐猴"的说者施以烹刑可知,楚霸王是何等的爱面子!对外加给楚人的"沐猴"绰号是多么的反感和憎恨!连强大的楚国人都被中原士人冠以"沐猴"别号,那么僻处五岭之南的百越被视为"沐猴"就顺理成章了。从"沐猴"之名可以发现楚越之间所存在的某种源远流长的文化联系。

再回到麦氏关于"蕃禺"为"岭外蕃国南蛮之地"的定义。《周礼注疏·秋官·大行人》:"九州之外谓之蕃国,世壹见,各以其所贵宝为挚。"郑玄注:"九州之外,夷服、镇服、蕃服也。《曲礼》:'其在东夷、北狄、西戎、南蛮,虽大曰子。'《春秋传》曰:'杞,伯也,以夷礼,故曰子。'然而九州之外,其君皆子、男也,无朝贡之岁,父死子立,即嗣王即位,乃一来耳。各以其所贵宝为挚,则蕃国之君,无执玉端者,是以谓其君为小宾,臣为小客,所贵宝见传者,若犬戎献白狼、白鹿是也。其余则《周书》王会备焉。"按照周礼,九州之外,是周天子统治的化外之地,即东夷、北狄、西戎、南蛮,分为夷服、镇服、蕃服三等。贾公彦疏:"皆曰蕃,分为三服,据职方而言也。"[2]蕃国之内没有五等之爵,只有子、男二等爵位,蕃国之君一辈子只能朝贡周天子一两次,朝贡时不执玉端。

贡品为本国珍贵特色产品,如西戎贡献白狼、白鹿。而贾公彦指出,根据《周语》所记,四头白鹿系周穆王征西戎时所获,"非自来者"。而先秦典籍中并无"蕃禺"之君向中原天子朝贡的记录。可见"蕃禺"尚未被纳入商周王朝的九州之外夷服、镇服、蕃服的三服朝贡体系之中。秦人将"蕃"字与蕴含愚蠢猕猴之意的"禺"字连称,命名南越之都,既体现了秦帝国征服者对岭外南蛮之地

[1] 司马迁《史记·项羽本纪》,北京:中华书局1982年第2版,第315页。

[2] 阮元校刻《十三经注疏·周礼注疏》,北京:中华书局1980年版,第892页。

的好奇与蔑视，又反映了当时岭南越族社会发展水平的滞后状况。

二、赵佗立国与陆贾使越

秦始皇灭六国后，厉行"以吏为师"的残暴统治政策，对内严刑峻法，焚书坑儒，钳制百家言论，对外私欲膨胀，不行仁义，不顾百姓困苦，滥用国力，导致陈胜、吴广于大泽乡揭竿而起，山东六国旧地民众纷纷响应，杀秦吏，反暴政，秦朝天下大乱。负责管理岭南的秦廷大吏任嚣洞悉时局变化，临终时给心腹龙川令赵佗留下政治遗嘱：适时独立建国。

关于赵佗立国的记载，主要出自《史记·南越列传》："至秦二世时，南海尉任嚣病且死，召龙川令赵佗语曰：'闻陈胜等作乱，秦为无道，天下苦之，项羽、刘季、陈胜、吴广等州郡各共兴军聚众，虎争天下，中国扰乱，未知所安，豪杰畔秦相立。南海僻远，吾恐盗兵侵地至此，吾欲兴兵绝新道，自备，待诸侯变，会病甚。且番禺负山险，阻南海，东西数千里，颇有中国人相辅，此亦一州之主也，可以立国。郡中长吏无足与言者，故召公告之。'即被佗书，行南海尉事。嚣死，佗即移檄告横浦、阳山、湟谿关曰：'盗兵且至，急绝道聚兵自守。'因稍以法诛秦所置长吏，以其党为假守。秦已破灭，佗即击并桂林、象郡，自立为南越武王。高帝已定天下，为中国劳苦，故释佗弗诛。汉十一年，遣陆贾因立佗为南越王，与剖符通使，和集百越，毋为南边患害，与长沙接境。"[1]《汉书·两粤传》的记载与上文略同。

赵佗遵照秦南海尉任嚣的遗训，利用秦末中原大乱的有利时机，迅速行动，封锁五岭通中原的新道，出兵控制桂林、象郡，将秦代设置的岭南三郡整合为一个统一的行政管理区，建国南越，号称武王，而从南越王墓所出龙钮金印"文帝行玺"来判断，赵佗应在国内称南越"武帝"。汉高祖十一年（前196年），南越国获得汉朝中央政府的承认。"（十一年）五月，诏曰：'粤人之俗，好相攻

---

[1] 司马迁《史记·南越列传》，北京：中华书局1982年第2版，第2967—2968页。

击，前时秦徙中县之民南方三郡，使与百越杂处。会天下诛秦，南海尉它居南方长治之，甚有文理，中县人以故不耗减，粤人相攻击之俗益止，俱赖其力。今立它为南粤王。'使陆贾即授玺绶。它稽首称臣。"[1]它即赵佗，"粤"通"越"。《资治通鉴》记载："（十一年）五月，诏立秦南海尉赵佗为南粤王，使陆贾即授玺绶，与剖符通使，使和集百越，无为南边患害。"[2]《资治通鉴》主要采纳了《史记》《汉书》的记述，对赵佗立国的过程并无新的补充。

在南越国的发展过程中，汉臣陆贾两度使越，对赵佗和南越产生了重要的历史影响。公元前196年，楚人陆贾受汉高祖委派，出使南越，劝说独立建国的赵佗归顺汉朝。赵佗故意以越人装束面见汉使，以示与中原王朝的区别。"陆生至，尉他魋结，箕倨见陆生。"尉他即尉佗。魋结，是一种越人发式，类似于兵士椎形头结。《史记索隐》："谓为髻一撮似椎而结之，故字从结。且案其'魋结'二字，依字读之亦得。谓夷人本被发左衽，今他同其风俗，但椎其发而结之。"箕踞，则是傲慢之态。陆贾不为赵佗无礼之状所激，冷静地先动之以情，次晓之以理，取得赵佗的信任："足下中国人，亲戚昆弟坟墓在真定。今足下反天性，弃冠带，欲以区区之越与天子抗衡为敌国，祸且及身矣。"陆贾谈到"项羽倍约"而被诛，"五年之间，海内平定，此非人力，天之所建也"。指出："天子闻君王王南越，不助天下诛暴逆，将相欲移兵而诛王，天子怜百姓新劳苦，故且休之，遣臣授君王印，剖符通使。君王宜郊迎，北面称臣。"[3]

陆贾强调赵佗真定籍贯、身为中国人的身份，显然打动了赵佗。"于是尉他遒蹶然起坐，谢陆生曰：'居蛮夷中久，殊失礼义。'"当赵佗问"我孰与皇帝贤？"陆贾回答："皇帝起丰沛，讨暴秦，诛强楚，为天下兴利除害，继五帝三王之业，统理中国。中国之人以亿计，地方万里，居天下之膏腴，人众车舆，万物殷富，政由一家，自天地剖泮未始有也。今王众不过数十万，皆蛮夷，崎岖山海间，譬若汉一郡，王何乃比于汉！"陆贾指明了汉朝与南越之间国力的悬殊，

---

[1]《汉书·高帝纪》下，北京：中华书局，1962年第1版，第73页。

[2] 司马光编著、胡三省音注《资治通鉴·汉纪四·太祖高皇帝下》，北京：中华书局1956年版，第393–394页。

[3] 司马迁《史记·郦生陆贾列传》，北京：中华书局1982年第2版，第2697–2698页。

赵佗有意与汉朝高皇帝比较，其实暗含了独立称帝之意。在汉强越弱的形势下，赵佗审时度势，以弱相示，韬光养晦，接受了南越王的册封，与汉朝修好外交，集中精力于内政。并"赐陆生橐中装直千金，他送亦千金。陆生卒拜尉他为南越王，令称臣奉汉约。归报，高祖大悦，拜贾为太中大夫"。[1]《汉书·陆贾传》《资治通鉴·汉纪四·高帝十一年》的记载均与《史记》略同。

根据林剑鸣先生《秦汉史》附录"大事年表"，公元前206年（汉高祖元年），秦亡，刘邦被项羽封为汉王。公元前202年（汉高祖五年）"二月甲午，刘邦即帝位于氾水之阳，是为汉王朝开始"。[2]《南越国史》记载："赵佗系于公元前204年称王建国，此时正值中原刘项鏖战正酣之时。"[3]赵佗先于汉高祖刘邦称帝而建国，取得了独立割据的主动权。刘氏汉廷对南越国一时无可奈何，只能默认其立国事实。汉朝对南越的政策目标，即要求赵佗"和集百越，无为南边患害"。赵佗以高度的政治智慧，为维护自身政权的安全，积极响应汉朝的核心利益诉求，客观上满足了中原王朝的要求，基本上与汉朝和平相处，各自相安，为发展南越经济文化创造了有利的外部国际环境。

关于赵佗所创立的南越国的性质，刘瑞引述林甘泉先生为张荣芳先生《秦汉史论集（外三篇）》所写序言中提出的中原王朝和周边少数民族政权关系的三种类型，认为"南越国应是建立在岭南地区的独立的政权，它和汉王朝之间的'外臣'关系不影响它作为独立政权的性质"。[4]这个认识是符合历史实际的。

三、南越称臣与汉文化移植

南越国实行对外开放政策，全面移植秦汉文化，大力引进中原地区先进的生

---

[1] 司马迁《史记·郦生陆贾列传》，北京：中华书局1982年第2版，第2697-2698页。

[2] 林剑鸣《秦汉史》，上海：上海人民出版社2003年版，第1075页。

[3] 张荣芳、黄淼章《南越国史》，广州：广东人民出版社，2008年第2版（修订版）第74页。

[4] 刘瑞《南越国非汉之诸侯国论》，中国秦汉史研究会、中山大学历史系、西汉南越王博物馆编：《南越国史迹研讨会论文选集》，北京：文物出版社2005年，第18-19页。

产技术与工具，积极发展经济。公元前195年，赵佗受封南越王之后仅一年，汉高祖刘邦崩，孝惠帝继位，吕后听政。出于防范南越国坐大为患的战略考量，长安执政者改变了对南越的绥靖政策，禁止向岭南输出铁器等先进生产工具，力图限制南越国的经济发展，汉越关系变得紧张起来。赵佗为避免与汉廷的正面冲突，巧妙地将汉越矛盾归咎于汉廷"馋臣"与诸侯国长沙王身上。"高后时，有司请禁南越关市铁器。佗曰：'高帝立我，通使物，今高后听馋臣，别异蛮夷，隔绝器物，此必长沙王计也，欲倚中国，击灭南越而并王之，自为功也。'"[1]赵佗利用天时地利，挫败汉军的进犯计划，乘机扩张势力范围，将闽越、西瓯、骆等百越地盘纳入南越国版图，"自尊号为南越武帝"，"迺乘黄屋左纛，称制，与中国侔"。进一步增强了南越国的独立地位。

对岭南武力解决失败，汉朝只好恢复汉高祖时制定的安抚南越国方针。汉文帝即位，改变了吕后打压南越的政策，拜陆贾为太中大夫，再次出使岭南，修好南越。汉文帝赐国书与赵佗，阐明实现汉越和平的诚意："皇帝谨问南粤王，甚苦心劳意。朕，高皇帝侧室之子，弃外奉北藩于代，道里辽远，壅蔽朴愚，未尝致书。"汉文帝致赵佗的国书用语十分谦恭，态度诚恳，显示出非常柔软、和善的姿态，首先，简略回顾自高祖以来汉廷的政治变化和自己"不得不立"的谦卑心态；其次，表示已将破坏汉越两国友好关系的罪魁祸首"长沙两将军"免职，并派专人恢复、修缮了被吕后夷平的赵佗故乡真定的先人墓，慰问了赵佗留在真定的昆弟亲戚。"乃者闻王遗将军隆虑侯书，求亲昆弟，请罢长沙两将军。朕以王书罢将军隆虑侯，亲昆弟在真定者，已遣人存问，修治先人冢。"[2]

汉文帝以深厚的悲悯之怀，坦言战争给两国民众造成的巨大痛苦，委婉而明确地劝说赵佗停止扰边战争行为，毋为寇灾。为表示善意，汉文帝特别赠送"上褚五十衣，中褚三十衣，下褚二十衣，遗王。愿王听乐娱忧，存问邻国"。[3]从信中可以清楚地看到，汉文帝对以往南越国侵扰长沙国、赵佗称帝等触犯大汉皇

[1]司马迁《史记·南越列传》，北京：中华书局1982年第2版，第2969页。

[2]班固《汉书·西南夷两粤朝鲜传》，北京：中华书局，1962年第1版，第3851-3853页。

[3]班固《汉书·西南夷两粤朝鲜传》，北京：中华书局，1962年第1版，第3851-3853页。

朝政治底线的冒犯行为既往不咎，阐明希望两国和好、边境安宁的强烈愿望。特别是允诺"服岭以南，王自治之"，代表中央朝廷，正式承认了南越国所实际拥有的高度政治自治权。

汉文帝的政治气度和诚意深深打动了赵佗。年老思乡，叶落归根，是中国人之常情。汉朝重新恢复赵佗真定先人坟墓，对其心理影响尤其大。赵佗内心深处是十分眷恋中原故乡的，对汉文化的输入与移植，始终采取积极态度。因此，他毅然顺应汉文帝的和平呼吁，放弃了敌对观念，转而与汉朝修好关系。"陆贾至，南粤王恐，乃顿首谢，愿奉明诏，长为藩臣，奉贡职。"于是，赵佗下令国中取消僭越制度："吾闻两雄不俱立，两贤不并世。汉皇帝贤天子。自今以来，去帝制黄屋左纛。"并以非常谦卑的措辞上书汉文帝，诚恳地表示称臣："蛮夷大长老夫臣佗昧死再拜上书皇帝陛下：老夫处粤四十九年（按：麦氏考订为三十九年之误），于今抱孙焉。然夙兴夜寐，寝不安席，食不甘味，目不视靡曼之色，耳不听钟鼓之音者，以不得事汉也。今陛下幸哀怜，复故号，通使汉如故，老夫死骨不腐，改号不敢为帝矣！"为表真诚，赵佗"谨北面因使者献白璧一双，翠鸟千，犀角十，紫贝五百，桂蠹一器，生翠四十双，孔雀二双。昧死再拜，以闻皇帝陛下"。赵佗礼送陆贾后，对外以南粤王身份向汉朝称臣，对内则并未改帝号，依然自称武帝。"然其居国，窃如故号；其使天子，称王朝命如诸侯。"[1]

陆贾两度南下岭南游说赵佗，都提及赵佗的"真定人"籍贯，激发赵佗对汉朝的身份认同感，取得了较好的效果。赵佗虽然以"蛮夷大长"自居，内心却始终难以割舍来自家乡的情结。其长期治理南越，也难免不采用自己所熟悉的中原制度与文化。立国后，赵佗实行积极的开放政策，全方位移植先进的华夏文化，引进秦汉制度文化与物质文化，特别是当面对北方汉朝的贸易壁垒与限制的情况下，更是大力拓展海外贸易，不断增加国内财富，使番禺及岭南沿海各地成为古代海上重要口岸。从赵佗赠送给汉文帝的礼品清单上，不难发现其中有一些舶来品，更多的实物例证，则来自西汉南越文王墓与南越王宫殿遗址所获得的大量珍

[1] 班固《汉书·西南夷两粤朝鲜传》，北京：中华书局，1962年第1版，第3851–3853页。

贵文物信息。

在南越文帝赵眜墓主棺椁"足箱"内，发现一件特别的银盒，盒盖与盒身被锤鍱为凸瓣式对称花纹，其造型纹饰与中国古代器物传统风格迥异，而与伊朗古苏撒城（今舒什特尔）出土的刻有波斯薛西斯王（XerxesI，前486-前465年）名字的金银器风格类同，麦英豪先生认定这是来自西亚的舶来品。[1] 除了南越王墓这一件银盒外，在山东青州西辛战国墓等地战国至西汉时期大型墓葬中均出土了类似的凸瓣纹银盒。有的学者则认为："很难确定，凸瓣纹银（铜）盒是舶来品。"战国晚期到西汉早期，可能存在着广东、山东、江苏等沿海地区与西方海路交通，而凸瓣纹银（铜）盒和锤撲凸瓣纹工艺技术则可能由此海路传入。[2] 赵眜墓中还出土4个方形炉身并连在一起的四连体熏炉及香料、象牙等物品。[3]

南越王墓出土的1000多件（套）文物足以证明，在赵佗的治理下，南越国社会经济政治等重要领域取得了飞跃式发展。"甚有文理，中县人以故不耗减，粤人相攻击之俗益止。"赵佗治越功绩得到了汉朝的肯定。广州南越宫苑遗址的发现，集中展示了南越国全面移植汉文化政策的辉煌成就：一是石构蓄水池"蕃池"和御苑曲流石渠，设计灵巧，建筑精美，别出心裁，麦英豪先生赞叹"这个遗址堪称岭南第一园"，并认为曲流石渠是模拟黄河而来的。[4] 二是2004年底在南越王宫署遗址的一口渗井（编号J264）中首次发现100多枚南越王国木简，共有1000多字，简文为秦汉隶书，文字风格与湖北云梦睡虎地秦简及长沙马王堆汉墓帛书相近。这批木简比《史记》成书早80多年，应属于南越王宫的文书档案，弥足珍贵。文字是文化的最重要载体之一，南越木简再次证明，赵佗建立南越国，仍旧采用秦朝文字，不废汉字，表明与中原文化的继承关系。[4] 在南越王墓和南越

[1] 全洪主编《麦英豪文集》（上），北京：文物出版社，2018年第1版，第112页。

[2] 见王斯宇《凸瓣纹银（铜）盒的分布与传播路线》，西汉南越王博物馆、河北博物院、河北省文物研究所编著《南越王与中山王》，广州：岭南美术出版社，2017年8月版，第165-172页。

[3] 全洪主编《麦英豪文集》（上），北京：文物出版社，2018年第1版，第112页。

[4] 全洪主编《麦英豪文集》（上），北京：文物出版社，2018年第1版，第237、第372页。

宫署遗址等出土文物中，发现有少府属官"居室""常御""中府""工官"等，有詹事属官"泰官""食官""中共厨""景巷令"等，宫殿名称有长乐宫、长秋宫、未央宫、华音宫等。这些官名、宫名中的大多数显然系从秦汉王朝拿来的，如景巷令（汉称永巷令）、工官（汉称考工室）、泰官、长乐宫、长秋宫、未央宫等。"华音宫"名则南越独有，麦英豪先生说："赵佗身在南疆，心系北国，今次陆贾给他带来了华夏之音，喜悦之情，难以言表。或许，这正是赵佗以'华音'命宫名的寓意哩。"[2]

麦氏的推断颇为合理。从文化移植的视角分析，华音宫的命名似乎应早于陆贾使越，南海尉任嚣临终遗言"番禺负山险阻，南北东西数千里，颇有中国人相辅"，赵佗谨遵遗训，实现了任嚣的战略构想，立国称帝，建造宫室并移植汉长安都宫名，之所以用"华音"命名宫殿，可能是为了纪念任嚣等早期来自华夏的贤良士人对南越建国所做出的重要贡献，让南越历代君王常闻华音，长思建国之艰辛，不忘南越源自华夏文化之本。

余论：南越国文化移植的历史思考

赵佗利用秦末之乱创建了独立的南越国，并采取全面移植秦汉文化的政策，对岭南地区影响至深，主要有：（一）提升了岭南地区的政治文明水平，建立起比较完备的国家制度和社会管理体系，政治上实现了高度自治，"服岭以南，王自治之"。学者认为此乃开启了中国地方自治的先河。[3]（二）实行面向海外的开放政策，不设海禁，大力发展对海外通商贸易，使南越国经济实力显著增强，社会发展加快，这从凸瓣纹银盒等若干舶来品的出土，可窥一斑。（三）对内实

---

[1]麦英豪《南越木简发现的联想》，全洪主编《麦英豪文集》（上），北京：文物出版社2018年第1版，第253–261页；南越王宫博物馆《南越木简》（2015年5月，内刊）。

[2]麦英豪《关于广州考古发现南越国遗址若干问题刍议》，全洪主编《麦英豪文集》（上），北京：文物出版社2018年第1版，第232–233页。

[3]2021年4月15日，吴凌云先生在广州西汉南越王博物馆举办"南越国历史与南越国遗迹"学术讲座，提出"南越国是中国中心和边缘共同发展的范例，开启中国区域自治、边疆自治的先河。"（引自吴凌云先生讲座）

行民族和睦政策，赵佗以"蛮夷大长"身份，"和辑百粤"，政治上重用本土士人，例如"越人之雄"吕嘉等，立国93年，保持了长期的境内安定。（四）对北方汉帝国采取灵活务实的外交策略，"改号不敢为帝"，避免招惹强敌。（五）积极发展文化事业，促进社会进步，例如南越木简的出土，可资证明。南越国文化移植中也出现了某些变异。为了照顾土著越族的心理感受，南越统治者有意保留一些越人文化因素，例如南越王墓出土屏风折叠构件跪坐操蛇力士俑形象等。

谨以此文，向广州大学杰出校友、著名考古学家麦英豪先生致敬！

附记：本文系国家社会科学基金重大委托项目"海昏侯墓考古发掘与历史文化资料整理研究"（项目编号：16@ZH022）子课题"海昏侯国与南方汉文化研究"、广州市人文历史基地项目"广州古代城市发展与社会文化风俗研究"的成果之一。

2021年7月14日初稿于番禺南村
2021年8月21日修订于番禺南村

（作者单位：广州软件学院、广州大学)

在"南越国宫署遗址保护和建馆问题听取意见会议"上的发言

张荣芳

作者说明（2021年7月3日）：

2008年4月8日上午，在广州市政府306会议室，召开"南越国宫署遗址保护和建馆问题听取意见会议"。会议是根据广州市政府领导指示，由市文化局领导主持，分管市领导徐志彪副市长参加。广州市文化局邀请我参加这次会议（附件一"会议通知"）。我在会议上作了发言，阐述我的观点和意见。会议结束时，徐志彪副市长嘱我把发言稿整理补充成一个材料，送给他。会后，我用了几天时间整理成此稿，由时任广州市文化局副局长陈玉环同志转给徐副市长（附件二：作者致徐志彪副市长的信）。此稿便放在抽屉里，没有再作处理。日前清理旧物，在抽屉发现此稿，虽然过了十多年，现在再读一遍，觉得自己当时查了不少资料，是用功整理的，现在还有价值和意义，特投给《广州文博》，看是否合用。这是原稿，我只在一处加了作者按语。

内容提要：

本文简要说明五个问题：（一）南越国宫署遗址是岭南考古的重大发现，是广州历史文化名城精华所在；（二）"南越国宫署遗址"的命名是严谨的，符合历史实际的；（三）关于遗址的保护和建"南越王宫博物馆"的意见；（四）关于"南越国遗址"申报世界文化遗产问题；（五）加强对"南越国宫署遗址"的宣传与研究。

一、南越国宫署遗址是岭南考古的重大发现，是广州历史文化名城精华所在

1.时代早。广州历史文化名城中近现代的旧址、遗物比较多，而古代的则相对少。南越国距今2000余年，它存在5世93年，在岭南社会经济发展史上具有重要地位，但留下来的文献材料极少，而这个遗址所提供的材料十分珍贵。

2.真实性与完整性。所谓真实性，是指遗址经过考古科学发掘的，不是假古董。所谓完整性表现在已探知的整个遗址面积约有15万平方米，目前已经发掘揭露的包括王宫和御苑两部分。已清理出1号宫殿和2号宫殿基址的东北部分，宫殿散水由平铺成行的特大方砖和卵石铺成，结砌精工。御苑遗址已知有一座约4000平方米的石构水池和长约150米的曲流石渠。石构水池南壁石板上刻的"蕃"字，是岭南最早的石刻。石水池南壁下埋设输水木槽，与曲流石渠连接，曲流石渠有黑色卵石、渠陂、弯月形水池，石板平桥、步石等，这样完整的御苑遗址，是中国乃至世界现存年代最早、保存较为完整的园林遗址，是岭南园林流派的源头。

3.遗址内涵相当丰富。这个遗址保存了广州2000多年间（从秦到明清）历代宫殿遗址和官署遗址。是南越国、南汉国的宫殿所在，秦汉时期的南海郡治、隋代的广州刺史署、唐代的岭南道署、宋代的经略安抚使司署、元代的广东道宣慰使司都元帅府、明清时期的广东承宣布政使司署的所在地。所以，这个遗址是广州城市发展的历史见证，是一部广州城市发展史。广州是岭南历代政治、经济、文化中心，其中心位置一直保持不变，这在中国城市发展史上是少见的。

4.为研究岭南历史文化提供了珍贵资料。岭南的开发比中原地区稍为滞后，南越国时期社会经济发展具有划时代意义，为秦汉时代岭南经济跨越式发展奠定了基础。南越国宫署遗址出土的文物，充分反映了当时岭南地区的生产力发展水平，每一件文物都是无价之宝，可以改写广州的历史、岭南园林史、工艺史。比如"万岁"文字瓦当、巨大的铺地方砖、石构建筑等，都是当时生产力发展水平的标志，是"海上丝绸之路"的历史见证。其历史价值必然随着研究的深入而逐

渐被人们所认识。遗址中发现一百多枚木简，字数超过千字，是赵佗时代之物，比《史记》《淮南子》等古籍还早，是目前南越国最早的出土文献，是难得的信史，填补了岭南无简的空白。木简内容广泛，具有相当大的历史价值，是无法用金钱来衡量的，所以说这个遗址是广州历史文化名城精华之所在。

二、"南越国宫署遗址"的命名是严谨的，是符合历史实际的

1.科学的发掘，严谨的论证。

这个遗址是由中国社会科学院考古研究所和广州市文物考古研究所等三家单位派人共同组成考古发掘队进行发掘，发掘工作是在国家文物局专家组指导下进行的。每一个重大方案，都报国家文物局审批，并组织内行专家论证。命名为"南越国宫署遗址"是经过内行专家论证的，1996年国务院公布为第四批全国重点文物保护单位，是非常严肃的事情。在"南越国宫署遗址"内发现宫苑遗迹之后，1998年1月国家文物局派出由张柏副局长带领的由考古学专家徐苹芳、黄景略、宿白、张忠培、李伯谦、刘庆柱，古建筑学专家郑孝燮、傅熹年、罗哲文等多学科专家组成的专家组，经过考察和论证，认为"宫苑遗址是南越国宫署遗址的重要组成部分"，"宫苑遗址的发掘提示了公元前二世纪的中国古代宫苑的部分情况，是迄今为止发现年代最早的中国宫苑实例"，"也是广州历史文化名城的精华所在"（见《广州西汉南越国宫署遗址发掘论证意见》）。这些专家都是国内外著名的专家，是学术界十分景仰的学者，因而其结论是可以信赖的。

2.媒体报道，有人说"古籍上从没有'宫署'一词之说"，"宫和署是内涵完全不同的两个概念。宫，是皇帝办事、议政和皇后、子女等居住的地方；署，是中央或地方行政长官办公之所在。封建社会等级森严的制度决定它们决不可能同时存在于一处。秦始皇的阿房宫到明清故宫2000多年的历史，哪一朝哪一代可以允许中央或地方行政长官的衙署设在皇帝的宫殿区内？"（见《羊城晚报》2007年5月28日）。这种意见，是由于对中国古代官制史，尤其是对秦汉官制史不

了解所致，因而其意见是不可取的。为了把这个问题说清楚，我用文献记载和考古资料加以说明。

第一，秦汉中央官制有所谓"三公""九卿"。"九卿"即太常、宗正、光禄勋、卫尉、太仆、廷尉、大鸿胪、大司农、少府，他们是中央的官（有学者认为中央不只九卿，而有十四卿）。这些官署设在什么地方？据文献记载，西汉皇宫的保卫工作是由卫尉、光禄勋、少府三卿主领其事。西汉诸帝、自惠帝始，皆以未央宫为皇宫，未央宫的守卫即由上述三卿主其事。卫尉领下的卫士，负责未央宫之外层守卫，光禄勋率诸郎吏，掌中层守卫，少府则主内层守卫。

卫尉官署在未央宫墙之内。《汉书》卷19上《百官公卿表》曰："卫尉，秦官，掌宫门卫屯兵。"（师古注曰：《汉旧仪》云："卫尉寺在宫内。"胡广云："主宫阙之门内卫士，于周垣下为区庐。"区庐者，若今之杖宿屋矣。）未央宫周围有围墙，即上引胡广之所谓周垣。围墙之内，有卫尉属下卫兵之宿舍，即胡广所谓区庐，颜师古所谓仗宿屋。卫尉的主要属官有公车司马令、卫士令与旅贲令，其职掌皆为守卫皇宫，其官署皆在皇宫区内。

光禄勋之属官负责未央宫围墙内的宫馆殿阁台观，池溪花圃树林等守卫。据《汉书·百官公卿表》，光禄勋的属官很多，其官署均设在皇宫区内。

少府专门负责管理帝室财政和皇宫供养，收取全国的山海池泽之税，是皇帝的总管，属官很多，其职责也很广，其中黄门、钩盾、宦者、伙飞等也领宿卫之职。钩盾令、伙飞令之属官皆有两尉，官职称尉，所掌当是武事。《三辅黄图》卷之二《汉宫》：未央宫"又有钩盾署、弄田"（何清谷：《三辅黄图校释》，中华书局，2006年版，第119页）。钩盾署《汉书·百官公卿表》云：汉少府属官，有钩盾令、五丞、两尉，官署在未央宫内。《汉书·王莽传》载，王莽临灭亡时还在钩盾署藏黄金"数匮"。《三辅黄图》卷之三，《未央宫》："内谒者署，在未央宫，属少府"（同上书第172页）。内谒者，又称内省，有令、丞，掌管宫中所用帷帐等器物，少府属官，其署在未央宫内。

由此可见，中央九卿中的卫尉、光禄勋、少府三卿的官署是设在未央宫围墙之内的。说中央的官署不能设在皇帝宫殿区内，是不符合历史实际的。

第二，中国社会科学院考古研究所对汉长安城的未央宫作了发掘，发表了

《汉长安城未央宫》1980—1989年考古发掘报告（中国大百科全书出版社，1996年）。2003年刘庆柱、李毓芳著《汉长安城》一书，其中《皇宫——未央宫》一章的一个标题为"宫殿、池苑、官署的配置"（第53页）。书中说："它们作为大朝正殿、后宫首殿、皇室官署和中央政府官署建筑是宫城中不同类型的最具代表性的建筑。"（54页）"据文献记载，少府所辖的尚方、永巷、宦者、钩盾、内者、织室、太官、暴室等官署均设在未央宫中。""未央宫中的少府诸官署，大多分布在未央宫西北部"（第80页）。

由此可见，考古发掘证明汉长安城内的未央宫内分布着大大小小的中央官署，此与文献记载是符合的（图一、二）。

第三，上述所说是汉朝中央的官制，而汉朝地方诸侯王宫室的官制，与中央官制相同。《汉书·百官公卿表》云："诸侯王高帝初置，金玺、盭绶、掌治其国。有太傅辅王，内史治国民，中尉掌武职，丞相统众官，群卿大夫，都官如朝。"经过几十年的研究，证明赵佗创立的"南越国"，其官制几乎全仿中央制度，我在《南越国史》一书中有详尽叙述，在此不多说。因此，南越国宫署遗址内，除宫殿建筑之外，必有官署建筑。而发掘中出土了不少南越王宫少府署属下的官署遗物，如戳印"居室"的文字瓦、陶瓮和陶罐。据《汉书·百官公卿表》云："居室、甘泉居室为少府属官，设令、丞。"《史记·卫将军骠骑列传》载："居室，署名。"可见"南越国宫署遗址"是王宫及官署的所在地。这为已有的材料所证实，随着发掘的进展、研究的深入，将越来越证明这一点。

因此，我认为"南越国宫署遗址"的命名是科学的，是符合历史实际的。至于说古籍中没有"宫署"一词，因而不能命名为"宫署遗址"，更不成为理由。因为遗址的命名要根据遗址的实际情况；而且古籍中并非没有"宫署"一词，此词最早见于《后汉书·五行志》："（光和）五年五月庚申，德阳前殿西北入门内永乐太后宫署火。"

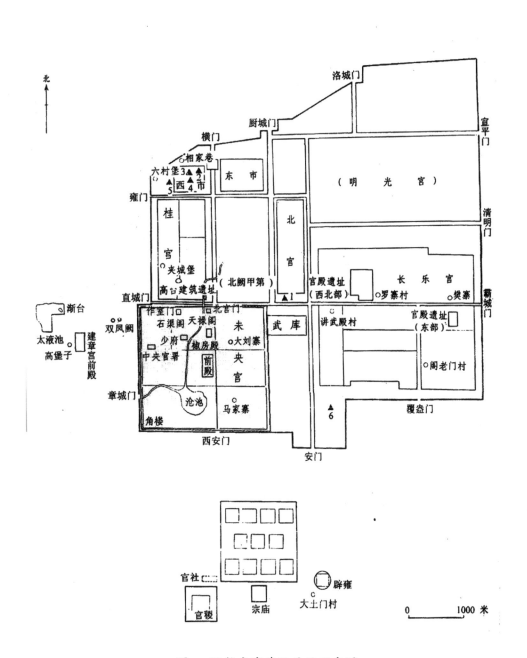

图一 汉长安城遗址平面示意图
（引自刘庆柱、李毓芳著《汉长安城》）

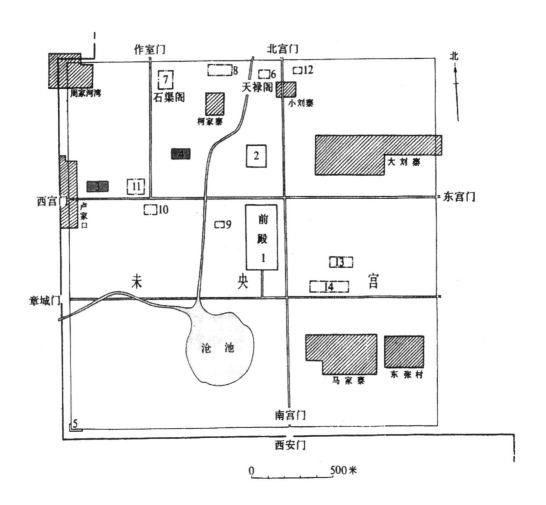

说明：1.前殿建筑遗址　2.椒房殿建筑遗址　3.中央官署建筑遗址　4.少府建筑遗址

　　　5.宫城西南角楼建筑遗址　6.天禄阁建筑遗址　7.石渠阁建筑遗址　8-14.第8~14号建筑遗址

图二　未央宫平面图

（引自中国社会科学院考古研究所编《汉长安城未央宫》1980~1989年考古发掘）

三、关于遗址的保护和建"南越王宫博物馆"问题

这个遗址具有时代早、真实性、完整性、内涵丰富、文物珍贵的特色，是广州历史文化名城的核心所在，是岭南文化的历史见证，是广州市的文化名片。二千多年前我们的祖先创造了如此灿烂的文明，这是广州人民、广东人民，乃至全国人民值得骄傲和自豪的，我们应该有效保护、合理利用、加强管理，用以展现广州文化、岭南文化，对国民进行爱国主义教育，构筑民族精神家园，提高人民的文化素质。

全国已有许多在原遗址建博物馆的成功先例，建遗址博物馆就是对遗址"有效保护、合理利用、加强管理"的有效措施之一。广州"西汉南越王墓博物馆"就是一个成功的例证。根据遗址的实际情况，我同意命名为"南越王宫博物馆"。

四、关于"南越国遗迹"申报世界文化遗产问题

广州市人民政府把"南越国遗址"：南越王墓、南越国宫署遗址、南越国木构水闸遗址等三个遗迹合起来，申报世界文化遗产，这是非常有远见之举措。2002年3月，广州市文化局、南越国遗迹申报世界文化遗产工作领导小组办公室公布若干"广州南越国遗迹申报世界文化遗产研究课题"，我与几位研究人员参加了其中的《岭南文化多元性、兼容性的历史见证——西汉南越文王墓研究》课题的研究。经过三年多的研究，写出了20多万字的研究报告（此书稿已交南越国遗迹申报世界文化遗产办公室，待出版。作者按：由广州南越国遗迹申报世界文化遗产工作领导小组办公室编《南越国遗迹》一书，已由广东人民出版社2011年出版）在研究过程中，我们认真阅读、研究过联合国制定的世界文化遗产的六条价值标准。我们认为"南越国遗迹"符合六条标准中的三条，即标准一："是人类天才的杰作"；标准三："包含对一种文化传统或依然存在或已消失的文明的独

一无二或至少是不可多得的证明"；标准四："是标志人类历史某一个或几个重要阶段的某类建筑物，或建筑群体，或技术组合，或景观的杰出例证"。2006年12月，"南越国遗迹"已被国家文物局列入中国世界文化遗产预备名单，这是值得可喜可贺的事情。

五、"南越国宫署遗址"从发现到今天被世人瞩目，经历了十多年，我十分关注这一重要发现，不但参与其中一些问题的研究，而且极力宣传南越国时期的考古成就与研究成果

1996年我任中国秦汉史研究会会长，在我的联系与推动下，中国秦汉史研究会与广州市文化局联合举办"庆祝广州建城2210年：中国秦汉史研究会第七届年会暨国际学术讨论会"，来自全国（包括香港、澳门、台湾地区）和日本、美国、韩国的学者160多人，会议的主题之一就是研究和评论秦汉时期岭南地区的经济与文化。今后我还要继续推动全国秦汉史研究工作者加强岭南地区秦汉史的研究，当然包括对南越国史的研究。

"南越国宫署遗址"的发掘和保护，今天能有这样的成绩，完全是广州市历届领导及相关职能部门如文化局、规划局、城建局等支持的结果，同时与广州文物考古工作者的辛勤劳动也是分不开的，他们工作的酸、甜、苦、辣，我都有所了解。我作为广州市市民，历史研究工作者，对他们表示敬意和感谢，这不是客套的话，而是由衷之言。

（作者单位：中山大学）

会 议 通 知

张荣芳教授：

根据市领导的指示，谨定于2008年4月8日（星期二）上午

9时30分，在市政府306会议室（府前路1号大院），召开关于

南越国宫署遗址保护和建馆问题的听取意见的会议，会议由市文

化局领导主持，分管市领导参加，敬请拨冗出席。

二○○八年四月七日

附件二：作者致徐志彪副市长的信

尊敬的徐志彪副市长：

2008年4月8日上午，参加由广州市文化局领导主持，分管市领导徐志彪副市长参加的"南越国宫署遗址保护和建馆问题的听取意见会议"，我在会上有一个发言。遵嘱将发言内容补充整理成此材料。现由广州市文化局转给您，供参考。

南越国宫署遗址保护和建馆问题，是广州市文化建设的重大事情，市领导听取市民不同意见，是民主作风、民主决策的表现。但我认为市领导作决策时，主要应该依据内行专家的论证意见。

此致

敬礼。

中山大学历史系 张荣芳

2008年4月12日

岭南历史上的"东官""东莞""东筦"等溯源考略

李海荣

内容提要：

在岭南地区，"东官"一词最早出现于三国吴时期，是作为郡名来使用的；"东莞"的写法大约出现在南朝，一开始也是作为郡名；"东筦"则见于宋、元、明时期的史籍。官、莞、筦可以互相通用，所以"东官"既可以写作"东莞"，也可以写为"东筦"。"东莞场"是东莞盐场的简称，它是从北宋（或可再略往早推一些时间）才出现的名称。唐至德二年始置的东莞县的县名，源自东晋咸和六年所置的东官郡；而东晋所置东官郡的郡名，则是源自三国吴所设的东官郡。

在涉及岭南历史的史料中，经常会见到"东官""东莞""东筦""东官场""东莞场""东筦场""东官郡""东莞郡""东筦郡"等词汇。但是，不同时期、不同文献的记述时常抵牾，甚至同一史籍的记述也前后可能用词不同，且多无清晰的解释，这就给阅读者造成了不少困惑。本文对上述词汇溯源追根、考略流变，尝试理出比较清晰的线索。

一、"东官"

岭南历史上曾经先后设置过两个东官郡，一个是三国吴时期把郡治设立于增城县的东官郡[1]，一个是东晋咸和六年（331年）一开始把郡治设立在宝安县的东官郡[2]。

依据史籍记载，岭南地区"东官"一词的出现，最早只能追溯到三国吴时期。

唐杜佑《通典·州郡》："增城，汉番禺县地，吴置东官郡于此，有增江。"

五代晋刘昫《旧唐书·地理志》："增城，后汉番禺县地，吴于县置东宫，有增江。"

据《通典》，"宫"应为"官"之误；"东宫"指东官郡。

北宋乐史《太平寰宇记·岭南道一》"广州"："增城县，……汉番禺县地，吴黄武中于此置东郡而立增城县，因增江为名。隋初废郡而置县，属广州。"又"南海县，……增水，今名增江，源出增城县东北。"

据《通典》，"东郡"应是东官郡，抄写者误脱了"官"字。《太平寰宇记》认为三国吴的东官郡设置于孙权黄武年间（222—229年），废置的时间是隋

---

[1] 有个别文献记载的在增城县所设"东莞（官）郡"的时间很另类。[明]刘基《大明清类天文分野之书·广州府》："增城县，汉以番禺县地析置此县，因昆仑山有阆风增城，故名。属南海郡，晋宋齐并因之。隋初置东莞郡，后罢。"《大明清类天文分野之书》说隋初在增城设置东莞郡，而且"后罢"的时间也没有说清楚，后来无人采信这种说法。

[2] [南朝·梁]沈约《宋书·州郡志》："东官太守，《何志》：'故司盐都尉，晋成帝立为郡。'《广州记》：'晋成帝咸和六年，分南海立。'领县六：……宝安……安怀……兴宁……海丰……海安……欣乐。"[南朝·梁]萧子显《南齐书·州郡志》："东官郡：怀安、宝安、海安、欣乐、海丰、齐昌、陆安、兴宁。"[唐]房玄龄等《晋书·地理志下》"广州"："成帝分南海，立东官郡。"[唐]李吉甫《元和郡县图志·岭南道一》："东莞县，……本汉博罗县地，晋成帝咸和六年于此置宝安县，属东莞郡。隋开皇十年废郡，以县属广州。"[北宋]欧阳忞《舆地广记·广南东路》："成帝分立东官郡。宋以后因之。隋平陈，郡废。"[元]陈大震《大德南海志》（《永乐大典·广州府一》引）：（东莞县）"本汉南海郡地。吴甘露三年，始置司盐都尉。晋成帝咸和六年，立东莞郡，领县六：宝安、安德、兴宁、海丰、海安、欣乐是也。……东官太守治宝安县。"

307

初。不过，大量文献的记载都认为东晋所设东官郡废置的时间才是隋初。[1] 另外，《太平寰宇记》认为增城县也是吴黄武年间所立[2]，这也有误；依据大量文献记载，增城县设立的时间不晚于东汉晚期[3]。

---

[1] [唐]魏征《隋书·地理志》："增城，旧置东官郡，平陈废，有罗浮山。"《隋书》没说其所言的东官郡是哪一个东官郡，但是据其他的大量文献记载，在隋平陈后被废置的是在梁陈之际把郡治迁于增城的东晋始设的东官郡。[唐]李吉甫《元和郡县图志·岭南道一》："东莞县，……晋成帝咸和六年于此置宝安县，属东莞郡。隋开皇十年废郡，以县属广州。"[北宋]欧阳忞《舆地广记·广南东路》："成帝分立东官郡，宋以后因之。隋平陈，郡废，属广州。"[元]陈大震《大德南海志》（《永乐大典·广州府一》引）：（东莞县）"晋成帝咸和六年，立东莞郡。……东官太守治宝安县。"而《南齐志》亦云：东官郡有宝安，而治怀安。是晋宋齐皆尝于其地置郡明矣。《元和志》又言：隋开皇十年，废郡，以县隶广州。"[明]刘基《大明清类天文分野之书·广州府》："东莞县，汉海县地。晋成帝咸和六年，置宝安县，属东莞郡。隋开皇十年，省郡，以县属广州。"[明·嘉靖]黄佐《广东通志·图经上》："东莞县，本番禺地，晋成帝始置宝安县，属东官郡。隋初省郡，以县隶广州。"[明·嘉靖]黄佐《广州志·山川四》："东官郡城，……晋咸和间为郡。隋开皇间改县。"[明·嘉靖]戴璟《广东通志初稿·沿革》："东莞县，……晋咸和中置东官郡，治宝安。梁改东莞郡。隋开皇中郡废，以宝安县属广州。"又"惠州府，故南海郡地，晋咸和六年析南海置东官郡。"[明·嘉靖]应槚《苍梧总督军门志·舆图一》："东莞县，……晋成帝始置宝安县，属东官郡。隋初省郡，以县隶广州。"[明·万历]郭棐《广东通志·郡县志一》："东莞县，……晋咸和六年立为东官郡，治宝安，……隋开皇九年废郡，以宝安县属广州。"[明·崇祯]张二果《东莞县志·地舆志》"建置沿革条"："晋成帝咸和元年，分南海立东官郡，治宝安。……隋开皇九年废东官郡，以宝安县隶广州。"

[2] 北宋的欧阳忞也有近似的说法。[北宋]欧阳忞《舆地广记·广南东路》："增城县，汉番禺县地，吴置，及晋属南海郡。"

[3] 增城县建置的时间虽然说法不一，但是依据《后汉书》以及之后的大量文献记载，其设县的时间不会晚于东汉晚期。[南朝·宋]范晔《后汉书·郡国志》"交州条"："南海郡，七城，……增城。"[唐]李吉甫《元和郡县图志·岭南道一》："增城县，……本汉番禺县地，后汉于此置增城县。"[元]陈大震等《大德南海志》（《永乐大典·广州府一》引）："前汉县六：番禺、博罗、中宿（今清远）、龙川、四会、揭阳。后汉县七：番禺、博罗、中宿、龙川、四会、揭阳、增城。"同书又载（《永乐大典·广州府二》引）：（增城县）"本汉番禺地。后汉建安六年置，故《后汉志》南海郡下有增城县。……或云县之命名，以昆仑山有阆风增城故名。亦谓有增江云。"[明]《图经志》：（增城县）"后汉建安六年始置增城县，县命名以昆仑山有阆风增城，又云地有增江。"[明·嘉靖]黄佐《广东通志·图经上》："增城县，本秦番禺县地，汉末析置此县。"同书《舆地志三》又载："增城县，设于汉建安六年。"[明·嘉靖]黄佐《广州志·山川四》："增城旧县，后汉建安六年置。"[明·嘉靖]应槚《苍梧总督军门志·舆图一》："增城县，增江之水出焉，……本秦番禺县地，汉末析置此县，属南海郡。"[明·嘉靖]戴璟《广东通志初稿·疆域》："增城县城，设于汉建安六年。"又同书《沿革》："增城县，……汉末拆番禺县地置，以增江得名。"[明·万历]郭棐《广东通志·郡县志》："增城，……本秦番禺县地，汉建安六年析置，以增江得名，属南海郡。"[清·康熙]金光祖《广东通志·城池》："增城县……设于汉建安六年。"[清·康熙]顾祖禹《读史方舆纪要·广东二》："增城县，……本秦番禺县地。后汉析置增城县，属南海郡。"[清·康熙]陈梦雷《古今图书集成·广州府部汇考》："增城县，……本秦番禺县地，汉末析置此县，属南海郡。"[清·康熙]蒋伊等《广东舆图·增城县图》："秦番禺县地，汉末析置增城县，属南海郡。"[清·道光]阮元《广州通志·沿革表一》："增城县，汉番禺县地。后汉分置增城县，属南海郡。"[清·光绪]周广《广东考古辑要·郡县沿革》："增城县，后汉分番禺县置。"今人进行考证后，认为增城立县之始应在东汉顺帝永和五年以前，或者说最迟在永和五年（司徒尚纪：《关于增城县建置时间之管见》，《广东史志》1995年第1~2期）。

"东官"的含义究竟是什么？

清屈大均《广东新语·器语》："莞音完，又音官，盖其为用最古。东莞人多以作莞席为业，县因为名。县在广州之东，亦曰东官。"

清代著名学者屈大均说东莞县管辖的区域在广州之东，所以也被称为"东官"。其实，三国吴和东晋咸和六年所置的两个东官郡的管辖区域，都是从南海郡的东部析出的，而两个东官郡的郡治也都是在南海郡的郡治以东，这很可能就是"东官"一词的由来。

三国吴所设东官郡存在的时间不长。从《晋书》《宋书》和《南齐书》的记载看，两晋及南朝宋齐时期增城县归属于南海郡管辖[1]，说明三国吴所设东官郡最迟在西晋初期就被废置了。

清末杰出的历史地理学家杨守敬也认为三国吴所设东官郡存在的时间不长。

清杨守敬《隋书地理志考证》[2]："《通典》：'吴于增城置东官郡'，《旧唐志》同。《寰宇记》：'吴黄武中置东官郡而立增城县。'然则吴之东官本治增城县，而《宋志》之东官郡领宝安等六县，《齐志》之东官郡领怀安等八县，俱无增城县，其增城则属南海郡，是宋、齐之东官不在增城审矣。此当是吴置，旋废。"

三国吴在增城县设置的东官郡，其郡治在增城县境内的何处，文献中没有明确记载。增城县"因增江得名"，县治应该靠近增江；那么可以推测，三国吴的东官郡治也在增江左近。增江原本直接流入珠江口，自珠江三角洲平原形成后，则成为东江支流。其发源于韶关新丰县七星岭，现今流经广州市从化区东北部转入惠州市龙门县西北部，再折向南流，为广州市增城区、龙门县的界河；又经正果、荔城、石滩三地，于官海口汇入东江，全长203公里。其流经地是新丰、从化、龙门、增城。

---

[1] [唐]房玄龄《晋书·地理志》："南海郡，……统县六：番禺、四会、增城、博罗、龙川、平夷。"[南朝·梁]沈约《宋书·州郡志》："南海太守，……领县十：……番禺……熙安……增城……博罗……"[南朝·梁]萧子显《南齐书·州郡志》："南海郡：番禺、熙安、博罗、增城、龙川……"

[2] [清]杨守敬《隋书地理志考证》，《二十五史补编》第三册，中华书局，1955年。

历史上，也曾有对岭南地区三国吴时期所设东官郡的一些疑惑。

南宋王象之《舆地纪胜·广州》："《隋志》增城县下注云：'旧置东官郡，平陈废。'《寰宇记》云：'吴黄武中，于此置东郡而立增城县。'不同。象之谨按：增城已见《东汉志》，非立于吴也。又汉、晋、宋、齐志曰增城县并隶南海郡，又非系于东官郡也。《隋志》注云'旧置东官郡'，不明言置于何时，然《宋志》虽则有东官郡，云'咸和六年分南海县立，乃治宝安县'，非治增城县，二者俱不同，当考。"

《舆地纪胜》否定了"吴立增城县"的观点，认为"东汉立增城县"；但是，对于何时置东官郡于增城，认为待考。

元陈大震《大德南海志》[1]：（增城县）"本汉番禺地，后汉建安六年置，故《后汉志》南海郡下有增城县，晋、宋、齐因之。然《宋志》虽有东莞郡，云咸和六年分南海郡立，乃治宝安县，非治增城县也。《隋志》增城县下注云：'旧志东莞郡，平陈废。'然不明言置于何时。《寰宇记》：'至黄武中，于此置东莞郡而立增城县。'王东阳《舆地纪胜》辩云：'增城已见《东汉志》，非立于吴也。'或云，县之命名，以昆仑山有'阆风增城'，故名，亦谓有增江云。"

《大德南海志》认为增城县建置于东汉建安六年，但是同时也有何时置东官郡于增城的疑惑。

东晋咸和六年（331年）所置东官郡的郡治有过几次迁徙，其郡治一开始设在宝安县，南朝齐时迁置到怀安（也作"安怀"）县（一说在今惠东县梁化镇，一说在今东莞），南朝梁陈之际前后又迁置到增城县，隋灭陈后东官郡被废置，其地又归属于南海郡[2]。也有文献记载认为，东官郡治在南朝陈时最后还迁置到了

---

[1] [明·永乐]解缙《永乐大典·广州府二》引。

[2] [唐]魏征《隋书·地理志》："增城旧置东官郡，平陈废。" [北宋]乐史《太平寰宇记·岭南道一》"广州"："东官郡故城，晋义熙中置，以宝安县属焉" [元]陈大震《大德南海志》（《永乐大典·广州府一》引）：（东莞县）"晋成帝咸和六年，立东莞郡。……东官太守治宝安县。" [明·嘉靖]戴璟《广东通志初稿·沿革》："增城县，……陈徙东官郡治于其地，隋初郡废。" [明·万历]郭棐《广东通志·郡县志一》："晋咸和六年立为东官郡，治宝安，即城子冈，今新安治。……齐徙治怀安，……陈徙治增城，……隋开皇九年废郡。" [明·

"政宾县"（今清远市）[1]。

三国吴在增城设置东官郡的说法，其在逻辑上是自洽的，并不与东晋咸和六年所设的东官郡在时间、地域等等方面有不可调和的矛盾；另外，其依据是《通典》和《旧唐书》这些严肃史籍的记载，应该采信。而东晋所设东官郡的郡治在南朝梁陈之际又移置到了增城，所以之后的人往往容易把两个东官郡给搞混了。

有人认为，"东汉建安六年（201年）分番禺县地置增城县，而那时宝安县尚未建立。后来的宝安县西南部属于增城县管辖，东北部属于博罗县"。并推测"增城县的东官郡郡治和宝安县的东官郡郡治有可能位于同一个地方——今深圳南头"。[2]

今深圳市境内最早建置的县一级行政机构是在东晋咸和六年建立的宝安县。到了唐至德二年（757年），新建置东莞县，原宝安县辖区则为东莞县管辖[3]。明

崇祯]张二果等《东莞县志·地舆志》"建置沿革"："晋成帝咸和元年，分南海立东官郡，治宝安，……南齐东官郡徙治怀安，……隋开皇九年废东官郡。"[清·康熙]顾祖禹《读史方舆纪要·广东二》："后汉析置增城县，属南海郡。梁改属东官郡，寻为郡治。隋平陈，郡废。"[清·康熙]郭文炳《东莞县志·沿革》："晋分南海郡地，立东官郡，治宝安，领县六。……南齐徙东官郡治怀安，陈徙治增城，……隋废东官郡。"[清·雍正]周天成等《东莞县志·沿革》："晋分南海郡地，立东官郡，治宝安，领县六。……南齐徙东官郡治怀安，……陈徙治增城，……隋废东官郡。"[清·嘉庆]彭人杰《东莞县志·沿革》："晋咸和六年，分南海郡地，立东官郡，领县六，首宝安，今县地。……南齐徙东官郡治怀安，……陈祯明二年……，徙治增城，……隋平陈，废东官郡。"[清·同治]阮元《广东通志·郡县沿革表一》："新安县，……晋咸和六年，分南海置东官郡，兼置宝安县为郡治，宋因之。齐移郡治，县仍属焉。"又："增城县，……梁移东官郡来治，隋初废郡，仍属南海郡。"

[1] [唐]魏征《隋书·地理志》"南海郡政宾县"："旧置东官郡，平陈郡废。"[清]顾祖禹《读史方舆纪要·广东二》"广州府清远县"："中宿废县，……汉置县，属南海郡，后汉因之。三国吴改属始兴郡，仍曰中宿县，宋、齐因之。梁析置清远县，又改置政宾县，移东官郡治焉。隋平陈郡废，县属广州。唐武德六年并入清远县。"

[2] 陈海滨《深圳古代史》，深圳：深圳报业集团出版社，2015年，第105页。

[3] [南朝·梁]沈约《宋书·州郡志》："《广州记》：'晋成帝咸和六年，分南海立。'领县六：……宝安……安怀……兴宁……海丰……海安……欣乐。"[唐]李吉甫《元和郡县图志·岭南道一》："东莞县，……晋成帝咸和六年于此置宝安县，属东莞郡。隋开皇十年废郡，以县属广州。至德二年改为东莞县。"[北宋]欧阳忞《舆地广记·广南东路》："东莞县，隋曰宝安，唐至德二载更今名。"[元]陈大震《大德南海志》（《永乐大典·广州府一》引）：（东莞县）"晋成帝咸和六年，立东莞郡，领县六：宝安、安德、兴宁、海丰、海安、欣乐是也。……东官太守治宝安县。……隋开皇十年，废郡，以县隶广州，……李唐至德三年更名东莞。"[明]《图经志》（《永乐大典》卷之一万一千九百五《广州府一》引）：（东莞县）"晋咸和六年，立东莞郡，领县六，宝安其一也。……隋开皇十年，废郡，以县隶广州，复为宝安。唐至德二年，更名东莞。"[明·万历]郭棐《广东通志·郡县志一》："东莞县，……晋咸和六年立为东官郡，治宝安，即城子冈，今新安治。……隋开皇九年废郡，以宝安县属广州。唐因之，徙治到涌，即今县治，至德二年更名东莞。"

万历元年（1573年），把东莞县南部析出建置了新安县[1]。新安县，除了康熙早期由于禁海迁界而短暂三年划归东莞县管辖外[2]，一直延续到民国三年（1914年），才又把县名改回为宝安县[3]。改名后的宝安县，即深圳建市前的名称。

新安县所辖区域在汉代的隶属，文献记载中有两种说法，一说属南海郡番禺县[4]，一说属博罗县[5]。在三国时期，今深圳大部分区域应该仍属于番禺县管辖[6]。自东晋宝安县设置后到唐至德二年之前，宝安县和增城县一直并

[1] [清·康熙]蒋伊《广东舆图·新安县图》："本东莞县地，明万历初析置新安县，本朝因之。"[清·康熙]靳文谟《新安县志·地理志》"沿革"："隆庆壬申，海道刘稳始为民请命，抚按题允，以万历元年，剖符设官，赐名'新安'。城因所城之旧，编户五十六里。"

[2] 清初清政府为了打击郑成功等反清势力，在东南沿海先是在顺治十二年（1655年）开始实行禁海政策，"严禁商民船只私自出海"，又在顺治十八年（1661年）正式颁布了迁界令。据康熙及嘉庆《新安县志》等文献的记载，康熙元年（1662年）新安县"邑地迁三分之二"，"驱民迁入五十里内地"；康熙二年（1663年）又"拟续立界，邑地将尽迁焉"。但是，总督卢崇峻"以邑地初迁，人民困苦，会疏乞免尽迁，止（只）迁东西二路，共二十四乡"。这就使得新安县幸免被全迁"。康熙三年（1664年）"城守蒋弘闿、知县张璞，逐东西二路二十四乡入界"。在迁界令实施后，新安县境内大部分地区的居民迁移他乡，新安县管辖的土地面积也大缩，名存实亡，所以新安县被并入东莞县三年。"康熙五年，省入东莞县，八年复置。"对于迁界，清政府内部一直有争议，特别是广东巡抚王来任、两广总督周有德多次上书，力陈迁界之害，请求展界。最后在康熙八年（1669年）朝廷下令复界，新安县的建制被恢复。

[3] 宝安县地方志编纂委员会《宝安县志》，广州：广东人民出版社，1997年，第57页。

[4] 汉武帝元鼎五年（前112年）以卫尉路博德为伏波将军，主爵都尉杨仆为楼船将军"咸会番禺"（《史记·南越列传》）。元鼎六年(前111年)平定南越国，"遂以其地为儋耳、珠崖、南海、苍梧、郁林、合浦、交阯、九真、日南九郡"。（《汉书·西南夷两粤朝鲜传》）南海郡领"番禺、博罗、中宿、龙川、四会、揭阳"六县（《汉书·地理志》）。[清·康熙]靳文谟《新安县志·地理志》："汉元鼎五年分南越，置九郡。南海郡领县六，邑于时属番禺。"香港新界李郑屋东汉墓葬中，有的墓砖上有铭文"大吉番禺"和"番禺大治历"（屈志仁《李郑屋汉墓》香港市政局出版，1976年）。所以在汉代，香港及深圳的大部分地区应该属于番禺县管辖。

[5] [清·嘉庆]舒懋官《新安县志·沿革志》："汉定越地……南海郡领县六，次博罗，邑之地属焉。"[清·同治]阮元《广东通志·郡县沿革表一》："新安县，汉南海郡博罗县地。"

[6] 谭其骧主编：《中国历史地图集》第三册P31，北京：中国地图出版社，1982年。

存[1]。不过，历史上确实有一年今深圳地区曾归属于增城县管辖。北宋初赵匡胤开宝五年(972年)，东莞县（北宋的东莞县包括今深圳和香港在内）被并入增城县，但是第二年东莞县又恢复了建制。[2]

---

[1][南朝·梁]沈约《宋书·州郡志》："《广州记》：'晋成帝咸和六年，分南海立。'领县六：……宝安……安怀……兴宁……海丰……海安……欣乐。"[唐]房玄龄《晋书·地理志》："南海郡，……统县六：番禺、四会、增城、博罗、龙川、平夷。"[南朝·梁]沈约《宋书·州郡志》："南海太守，……领县十：……番禺……熙安……增城……博罗……"[南朝·梁]萧子显《南齐书·州郡志》："南海郡：番禺、熙安、博罗、增城、龙川……东官郡：怀安、宝安、海安……"[唐]魏征《隋书·地理志》："南海郡统县十五，……南海、曲江、始兴、翁源、增城、宝安、乐昌……"[五代·晋]刘昫《旧唐书·地理志》："武德四年(621年)，讨平萧铣，置广州总管府。管广、东卫、洭、南绥、冈五州，并南康总管。其广州领南海、增城、清远、政宾、宝安五县。"从文献记载看，东晋东官郡设立后至南朝齐梁之时，宝安县和增城县分别归属于东官郡和南海郡管辖，大约到了南朝梁陈之际时增城县则划归于东官郡管辖。在晚于五代的文献中，也有认为东晋设立东官郡后，增城就属于东官郡管辖，这种说法不可信。[北宋]欧阳忞《舆地广记·广南东路》："增城县，……及晋，属南海郡。成帝分立东官郡，宋以后因之。隋平陈，郡废，属广州，唐因之。"[明·万历]郭棐《广东通志·郡县志》："晋咸和六年立为东官郡，治宝安。……增城，……晋咸和初，增置东官郡，县属之。"[明·嘉靖]应檟《苍梧总督军门志·舆图一》"广东布政司"："增城县，……本秦番禺县地，汉末析置此县，属南海郡。晋于县置东莞郡，隋初废郡，以县属广州。"[明·嘉靖]黄佐《广东通志·图经上》："增城县，……晋于县置东官郡，隋初废郡，以县属广州。"[清·康熙]蒋伊《广东舆图·增城县图》："汉末析置增城县，属南海郡。晋于县置东官郡，隋初废郡。"

[2] [北宋]王存《元丰九域志·广南路》："（开宝）五年省咸宁、常康、番禺、四会四县并入南海，东莞县入增城……六年复置四会、东莞、义宁三县。"[北宋]欧阳忞《舆地广记·广南东路》："东莞县，……皇朝开宝五年省入增城，六年复置。"[元]陈大震等《大德南海志》（《永乐大典·广州府二》引）：（东莞县）"宋开宝五年，省入增城，六年复置。今因之。"[明]刘基《大明清类天文分野之书·广州府》"东莞县，……宋开宝五年，省入增城县。六年复置。"[明·嘉靖]黄佐《广东通志·图经上》："东莞县，……宋初省入增城县。"[明·嘉靖]应檟《苍梧总督军门志·舆图一》："东莞县，……宋初省入增城县，寻复置，元仍旧。"[明·万历]郭棐《广东通志·郡县志》："东莞县，……宋开宝五年省入增城，六年复置。"[明·崇祯]张二果等《东莞县志·地舆志》"建置沿革条"："宋开宝五年省入增城，六年复置。"也有个别文献认为宋开宝五年是增城县并入了东莞县，但是一般无人采信这种说法。[明]《图经志》"东莞县"："宋开宝五年，并增城入本县，六年复分立增城。"又"增城县"："宋开宝五年，废县，入东莞。六年复立本县。"

今深圳区域，除了北宋初年有短短的一年时间归属于增城县管辖外，文献中没有其再归增城县管辖的记载。所以，认为三国吴时期所设的东官郡郡治在深圳南头的说法，是没有任何依据的。

北宋东莞县令李岩猜测[1]，北宋的"东筦场"曾经是三国吴甘露年间所设司盐都尉[2]的管辖地。明代及其以后，有人在李岩猜测的基础上，进一步说"始置司盐都尉于东官场"，"东官"即"谓东方盐官"。[3]把司盐都尉看做"东官"的说法，在明代之前的文献记载中找不到依据（参见下文"东莞场"），这是司盐都尉设置1300多年之后的人的猜度之词[4]。

现代则有人把"东官"往更早的时期推，认为汉武帝时期在南海郡的番禺（城）设置的番禺盐官[5]，其与粤西苍梧郡的高要盐官在地理位置上一东一西，所以番禺盐官即"东官"。或言"番禺盐官曾设于今深圳的南头，与粤西的苍梧郡高要盐官遥遥相对"，"汉初设于南海郡番禺县的盐官，即史籍上所称的'东官'，其地即在今深圳市的南头。"[6]或言"基本上可以认定南头就是番禺盐官

---

[1] [北宋]李岩《县令旧题名记》（收录于明成化吴中等人修纂的《广州志·东莞县》）："晋成帝析南海置东筦郡，其地在东筦场公宇东二百步，……然筦本作官，盖当时置司盐都尉领之，如铁官、盐官之类是也。"

[2] [南朝·梁]沈约《宋书·州郡志》："东官太守，《何志》：'故司盐都尉，晋成帝立为郡。'"[北宋]乐史太平寰宇记·岭南道一"广州"："东官郡故城，……《郡国志》云：东官郡有'芜城'，即吴时司盐都尉垒。"[北宋]乐史《太平寰宇记·岭南道一》"广州"："东莞……汉顺帝时属南海郡地。吴孙皓以甘露元年置始兴郡，以其地置司盐都尉。晋立东莞郡。"[元]陈大震《大德南海志》（《永乐大典·广州府一》引）：（东莞县）"本汉南海郡地。吴甘露三年，始置司盐都尉。晋成帝咸和六年，立东莞郡。"[明·天顺]卢祥《东莞县志·沿革》："东莞县，汉南海郡地，吴甘露二年始置司盐都尉。晋成帝咸和六年立东莞郡。"

[3] [明·崇祯]张二果《东莞县志·地舆志》"建置沿革"："吴甘露间，始置司盐都尉于东官场，场名'东官'，谓东方盐官。"[民国]金兆丰《校补三国疆域志》："番禺下有宝安城，本东官盐场，吴甘露二年置司盐都尉于此。"

[4] 李海荣《对"司盐都尉"主要文献记载的梳理和认识》，《鳒峰古今——香港历史文化论集2019》，香港：书作坊出版社，2020年。

[5] [西汉]司马迁《史记·平准书》："使孔仅、东郭咸阳乘传举行天下盐铁，作官府，除故盐铁家富者为吏。"又"于是以东郭咸阳、孔仅为大农丞，领盐铁事。"又载"元封元年，……桑弘羊为治粟都尉……乃请置大农部丞数十人，分部主郡国，各往往县置均输盐铁官。……天子以为然，许之。"[东汉]班固《汉书·地理志》："南海郡……县六。番禺，尉佗都，有盐官。"

[6] 彭全民《从考古材料看汉代深港社会》，《南方文物》2001年2期；彭全民等《深圳历史上的东莞郡太守》，《深圳特区报》2013年8月14日。

的驻地","番禺盐官又称'东官',……东莞盐场（今南头古城一带）原称东官场，后来治所在南头的东官郡也沿用了这一名称。"[1]

但是，把番禺盐官说成是"东官"，没有任何可信的依据；"东官"一词在岭南地区的出现，要晚于番禺盐官的设置时间300余年[2]。

有人引用饶宗颐先生的文章[3]，认为三国吴时有所辖的"东官"之地[4]。饶先生的原话是："近时长沙走马楼出土大量吴时简册，东官亦属吴，希望其中在将来整理之后，能够发现一些有关的材料。"饶先生的意思，显然是希望在走马楼简册中发现有关"东官"的记述，并不是说走马楼简册中就有"东官"的记载[5]。

综上所述，岭南地区的"东官"一词最早见于三国吴时期，其是作为东官郡的郡名来使用的。

二、"东莞""东筦"

东晋咸和六年所设东官郡的记载，最早见于《宋书》所引的《广州记》和《何志》，《太平寰宇记》所引的《南越志》，以及《南齐书》。

南朝梁沈约《宋书·州郡志》："东官太守，《何志》：'故司盐都尉，晋成帝立为郡。'《广州记》：'晋成帝咸和六年，分南海立。'领县六：……宝安……安怀……兴宁……海丰……海安……欣乐。"

南朝梁萧子显《南齐书·州郡志》："东官郡：怀安、宝安、海安、欣乐、海丰、齐昌、陆安、兴宁。"

---

[1] 陈海滨《深圳古代史》，深圳：深圳报业集团出版社，2015年，第94—95页。

[2] 李海荣《也谈"番禺盐官"》，《广州文博》拾肆，北京：文物出版社，2021年。

[3] 饶宗颐《香港考古话由来》，《中国文物报》1997年6月22日。

[4] 商志𩣡《从九龙李郑屋村汉墓的发现谈香港考古研究的几个问题》，《中原文物》1997年2期；彭全民《从考古材料看汉代深港社会》，《南方文物》2001年2期；陈海滨《深圳古代史》，深圳报业集团出版社，2015年，第95页。

[5] 2020年6月，就走马楼简册中是否有"东官"的记载，笔者曾专门请教过湖南省文物考古研究所的简牍专家张春龙研究员。张先生的答复是没有发现有"东官"的字样。

北宋乐史《太平寰宇记·岭南道二》："潮州，……汉初属南越，后属南海郡，东汉因之。晋置东官郡，又分置义安郡。《南越志》云：'义安郡，本属南海郡，后隶东官郡，晋义熙八年割立。'"

《广州记》是东晋南朝宋之际裴渊所著[1]，《何志》为南朝宋何承天所撰的《州郡志》[2]，《南越志》为南朝宋沈怀远所著[3]。

历史上的"东官郡""东莞郡"曾经在不同时期存在，也曾经在不同地区并存过（参见下文"东官郡"与"东莞郡"）。后来的文献作者，有的人本身就没有搞得很清楚。而在古文献中"官""莞""筦"也经常混用，甚至同一条文献记载中的前后句中所说的同一件事情，"官""莞""筦"都同时并用。"东官""东莞""东筦"有时说的是一回事，而有时又说的是不同地区或不同时期的不同的事情。

在《宋书》中，"东官"和"东莞"就是并用的。

南朝梁沈约《宋书·臧焘传》："臧焘字德仁，东莞莒人。"

南朝梁沈约《宋书·刘秀之传》："刘秀之，字道宝，东莞莒人。"

莒县始置于秦灭六国后的今山东东南部，东晋南朝时期在江苏常州也有侨置的东莞郡和莒县（参见下文"东官郡"与"东莞郡"）。上两条文献中的"东莞（郡）"显然不在岭南地区。

南朝梁沈约《宋书·羊玄保传》："泰始三年，出为宁朔将军、广州刺史。（羊）希初请女夫镇北中兵参军萧惠徽为长史，带南海太守，太宗不许。又请为东莞太宙。希既到镇，长史、南海太守陆法真丧官，希又请惠徽补任。""宙"应为"守"字之误。

[1] [清]王谟《汉唐地理书钞》（中华书局，1961年，P370）："隋唐志俱不载裴、顾二《广州记》，二人时代爵里亦皆无考，大要晋、宋间人，而裴氏在前，诸书称引亦裴氏为多，或又引作《南海记》，实即此一书也。"[清]文廷式《补晋书艺文志》："裴渊《广州记》，二卷。……顾微《广州记》，一卷。"杨恒平：《裴渊〈广州记〉辑考》，《中国典籍与文化》2014年1期。

[2] [南朝·梁]沈约《宋书·志第一》"志序"："元嘉中，东海何承天受诏纂《宋书》，其志十五篇，以续马彪《汉志》，其证引该博者，即而因之，亦由班固、马迁共为一家者也。"何维鼎：《"何志"并非东莞太守》，《广东社会科学》1984年1期。

[3] 江永红：《南朝宋沈怀远〈南越志〉考论》，《中国地方志》2016年6期。

南朝梁沈约《宋书·明帝本纪》:"(泰始)四年,……交州人李长仁据州叛,妖贼攻广州,杀刺史羊南,龙骧将军陈伯绍讨平之。五年……秋七月己酉,以辅国将军王亮为徐州刺史,东莞太守陈伯绍为交州刺史。"

上两条文献中的"东莞",则是指岭南地区的东莞(官)郡。

官、莞为同音字,可以假借通用。《诗·小雅·斯干》:"下莞上簟,乃安斯寝。"东汉郑玄注:"莞,音官,又音完。"《元和姓纂》:"莞,《姓苑》云'吴人音官'。"[1]《康熙字典》:莞"又古丸切,音官"。清屈大均《广东新语·器语》:"莞音完,又音官。"

《宋书》在谈到岭南的东官郡时,是"官""莞"混用的。从东晋东官郡设立到沈约写《宋书》时,已经过了将近200年,《宋书》应该反映的是南朝的情况。不过,从《南越志》《宋书》和《南齐书》这几部最早记载东晋东官郡的史书来看,咸和六年分南海郡所置的东官郡,一开始就叫"东官郡",不叫"东莞郡",只不过到了南朝及其以后就没有那么严格了。

从现有文献的线索看,岭南地区"东莞"一词的出现,大约是在南朝。

明天顺卢祥《东莞县志·沿革》:"晋成帝咸和六年立东莞郡,……莞字本作官。"

由于文献中"官""莞"两字的互换率较高,很容易产生混乱,因此天顺《东莞县志》特意说"莞"字一开始本来是写作"官"的。这一点认识很重要。

据现有文献记载,把"东莞""东莞场""东官郡"分别写作"东莞""东莞场""东莞郡",见于宋、元、明时期的一些史料[2],最早见于北宋东莞县令

---

[1] [唐]林宝《元和姓纂》卷四。

[2] [南宋]淳熙十四年(1187年)东莞县令王中行《县令旧题名记》(收录于明成化吴中等人修纂的《广州志·东莞县》):"县于晋成帝时为东官郡,至安帝分置义安郡。……初为郡治于东莞场之东二百步,颓址尚存。后徙至到涌,今治所也。"[明]刘基《大明清类天文分野之书·广州府》:"东莞县,汉南海县地。晋成帝咸和六年,置宝安县,属东莞郡。"[明·嘉靖]黄佐《广东通志·图经上》:"东莞县,本番禺地,晋成帝始置宝安县,属东官郡。隋初省郡,以县隶广州。唐至德初改为东莞县。"[明·嘉靖]黄佐《广州志·山川四》:"东官郡城,在县南二百里东莞场,晋咸和间为郡。隋开皇间改县,唐至德二年徙置到涌,即今县治,故址为今东莞守御千户所。东莞故县,一在东莞场之北,一在大葕村之东。"[明·嘉靖]戴璟《广东通志初稿·沿革》:"东莞县,……晋咸和中置东官郡,治宝安。梁改东莞郡。隋开皇中郡废,以宝安县属广州。唐因之,徙治到

李岩元祐五年（1090年）写的《县令旧题名记》和南宋王中行淳熙十四年（1187年）写的《县令旧题名记》。但是，这两个《县令旧题名记》是被收录于成化《广州志》中的，不知明人在编撰《广州志》时，是直接抄录宋人的写法，还是使用的明代当时的写法。不过，元代编纂的《宋史》中就把东莞写作"东筦"[1]，或可推测宋人已经开始有这么一种写法了。

北宋李岩《县令旧题名记》[2]："晋成帝析南海置东筦郡，其地在东筦场公宇东二百步，颓垣断堑，犹有存者。然筦本作官，盖当时置司盐都尉领之，如铁官、盐官之类是也。宋、齐而下因之。至唐或名宝安，后复移于到涌，即今治所也。按《唐史》云：至德二年更名东筦。则官字之易始于此耶。自晋迄今七八百年间，其为令长者不知几何人，而声迹湮灭，岂其治皆不足纪哉？"

李岩是江西临江（今清江县）人，北宋元祐二年（1087年）开始任东莞县令[3]。李岩说，东莞的"筦"本来就写作"官"，应该无疑。他还说"官"字换做"筦"，是从唐至德二年建置东莞县开始的，这是没有文献依据的。从唐代的文献记载看，至德二年始置东莞县时，就是用的"东莞"二字[4]。李岩所说的"东筦"就是东莞。

还可以从文字学的角度，对"官""莞""筦"混用做一些说明。

"官"与"筦"有共同的字意，可以互换。

"官"与"管"通，主管、管制、管理的意思。《管子·权修》："审其所好恶，则其长短可知也；观其交游，则其贤不肖可察也。二者不失，则民能可得而官也。"《管子·山国轨》："轨守其时，有官天财，何求于民？""有官天

涌，即今县治。正（应为"至"之误）德二年更名东莞。"[明·万历]郭棐《广东通志·郡县志一》："东莞县，……吴甘露二年，始置司盐都尉于东官场。晋咸和六年立为东官郡，治宝安，即城子冈，今新安治。……隋开皇九年废郡，以宝安县属广州。唐因之，徙治到涌，即今县治，至德二年更名东莞。"

[1][元]脱脱《宋史·地理志》"广州"："香山（绍兴二十二年，以东莞香山镇为县）"

[2]收录于明成化吴中等人修纂的《广州志·东莞县》。

[3][明·天顺]《东莞县志·县官题名》"李岩"条；崇祯《东莞县志·官师志》"名宦传李岩"条。

[4][唐]李吉甫《元和郡县图志·岭南道一》："东莞县，……本汉博罗县地，晋成帝咸和六年于此置宝安县，属东莞郡。隋开皇十年废郡，以县属广州。至德二年改为东莞县。"

财"就是又能管好自然资源的意思。《康熙字典》："（官）又与管通，宋元边徼所司曰掌管，今为土司长官。"

"莞"古同"管"，《广韵》："莞，与管同。"莞也有管理、主管的意思。《韩非子·初见秦》："拔邯郸，莞山东河间。"《史记·平准书》："桑弘羊为大农丞，莞诸会计事。"《汉书·刘向传》："周大夫尹氏莞朝事。"颜注："莞与管同。"《新唐书·杜如晦传》："与玄龄共莞朝政。"

"莞"也用同"莞"，意思是席子。南宋罗大经《鹤林玉露》卷八："松床莞席，与绣帷玉枕，同一寝也，知此则贫富贵贱，可以一视矣。"

另外，作为偏旁的"艹（艸）"字头和"竹"字头，不仅形体接近，而且特别是都表示植物类，所以这两个偏旁在古文字和古文献中有时可以互换。例如，"茅"古同"第"；又如，"籍"通"藉"，践踏、欺凌之意，《吕氏春秋》："杀夫子者无罪，籍夫子者不禁。"

由此可见，在古文献中看到"官""莞""莞"这三个字互通，是属于完全符合文字学原则的现象。

大约在明代及其以后，有一些人看到文献中"东官郡""东莞郡""东莞郡"时常交错使用，或认为南朝梁改东官郡为东莞（莞）郡、南朝陈又改东莞郡为东官郡[1]；或认为"晋时称东官不云东莞，疑宋初改东官郡为东莞郡"[2]。其实，这些说法都没有早期文献记载的依据，"官""莞""莞"三字本就互可通用。

三、"东莞场"

就现存文献来看，"东莞（莞）场"这个词大约最早见于北宋的记载。

[1] [明·嘉靖]戴璟《广东通志初稿·沿革》："东莞县，……晋咸和中置东官郡，治宝安。梁改东莞郡。"[清·康熙]郭文炳《东莞县志·沿革》："梁改东官郡为东莞郡。……陈徙治增城，复改东莞郡仍为东官郡，《通志》注祯明二年。"[清·雍正]周天成《东莞县志·沿革》："梁改东官郡为东莞郡。……陈徙治增城，复改东莞郡仍为东官郡，《通志》注正（祯）明二年。"[清·嘉庆]彭人杰《东莞县志·沿革》："梁天监六年改东官郡为东莞郡，仍领宝安。陈祯明二年复改东莞为东官郡，徙治增城，仍领宝安。"

[2] [清·宣统]陈伯陶《东莞县志·沿革》

上文所引北宋李岩的《县令旧题名记》中，猜测北宋时期的东莞场所在地曾是三国吴司盐都尉这个盐官"领之"（"领"为管辖、统领之意）；而东莞郡治就在北宋东莞场公署的东部。不过，李岩并没有说清楚东莞场在北宋东莞县的具体位置。

明天顺卢祥《东莞县志·沿革》："晋成帝咸和六年立东莞郡，其治在东莞场，莞字本作官。"又卷三《古迹》："故郡，即今东莞场也，其地旧为郡，复改为监，又改为场。"

"故郡"是指东晋咸和六年（331年）一开始把郡治设立在宝安县的东官郡。天顺《东莞县志》认为，东莞场的设立不仅晚于东官郡设立的时间，而且在二者之间还有一段被称为"监"的时期。

明万历郭棐《粤大记·政事类》"盐法"："肃宗乾元元年，第五琦为使，初变盐法，就山海井灶近利之地置监院，民业盐者为亭户。……淳化中，……煮海为盐凡六路，广南其一也，地曰亭、场，民曰亭户、灶户，户有盐丁。"

《粤大记》说得更清楚，唐肃宗乾元元年（758年）"初变盐法"，在产盐之地设置监院，北宋淳化年间（990—994年）已经把"煮海为盐"之地称为亭或者场了。

清嘉庆廖鸿藻《重修大清一统志·广州府》："晋置宝安县，属东莞郡，……唐至德二载改曰东莞。……有东莞盐场，盖改置县于北境，而以故址置场。"

《大清一统志》则认为，东莞盐场的设立晚于唐代宝安县改名为东莞县，是东莞县治北迁之后的事情[1]；而之所以叫东莞场，是因其公署设置在东莞县的旧

---

[1] [北宋]元祐五年（1090年）东莞县令李岩《县令旧题名记》（收录于明成化吴中《广州志·东莞县》）："至唐或名宝安，后复移于到涌，即今治所也。按《唐史》云：至德二年更名东莞。"[南宋]淳熙十四年（1187年）东莞县令王中行《县令旧题名记》（收录于明成化吴中《广州志·东莞县》）："县于晋成帝时为东官郡，……后徙到涌，今治所也。"[明·嘉靖]黄佐《广东通志·舆地志七》："东官郡城，在县南二百里东莞场。晋咸和间为郡，隋开皇间改县，唐至德二年徙至到涌，即今县治。"[明·万历]郭棐《广东通志·郡县志一》："东莞县，……隋开皇九年废郡，以宝县安属广州。唐因之，徙治到涌，即今县治，至德二年更名东莞。"[明·崇祯]张二果等《东莞县志·地舆志》"建置沿革条"："晋成帝咸和元年，分南海立东官郡，治宝安，……隋开皇九年废东官郡，以宝安县隶广州。唐因之，徙县于到涌，即今县治。"

320

县治。这与天顺《东莞县志》和万历《粤大记》的说法比较接近。但是，《大清一统志》也没有说清楚东莞盐场具体设置的时间以及具体位置。

不过，可以肯定所谓的"东莞场"就是东莞盐场的简称，它是从北宋（或可再略往早推一些时间）才出现的名称。

明代及其之后，有人采信北宋李岩对东莞场与司盐都尉有关的猜测之词，并把猜测肯定化。

明崇祯张二果《东莞县志·地舆志》"建置沿革"："吴甘露间，始置司盐都尉于东官场，场名'东官'，谓东方盐官。"

清康熙郭文炳《东莞县志·沿革》："吴置司盐都尉于东官场，场名东官，谓东方盐官。"

清雍正周天成《东莞县志·沿革》："吴甘露二年置司盐都尉于东官场，场名东官，谓东方盐官。"

北宋李岩猜测说："晋成帝析南海置东筦郡，其地在东筦场公宇东二百步，……然筦本作官，盖当时置司盐都尉领之，如铁官、盐官之类是也。……按《唐史》云：至德二年更名东筦。则官字之易始于此耶。"也即他认为"东筦（莞）场"原本写作"东官场"。所以，崇祯《东莞县志》等明代及其之后的一些文献就直接把"东莞场"写成了"东官场"。但是，这是没有可信依据的，"东莞场"名称的由来与司盐都尉这个盐官没有关系，而是因其公署设置在东莞县境内或东莞县旧县治而得名。

李岩又猜测说，北宋时期东莞场所在地，在三国吴时是归属于司盐都尉管辖的范围。而崇祯《东莞县志》等一些文献，则进一步说三国吴的司盐都尉公署就设置于东官场，而司盐都尉也被称为"东方盐官"，也即"东官"[1]，这就是东官场名称的由来。也就是说，他们认为东官（莞）场可以追溯到三国吴时期。但是，这是完全没有早期文献依据的无稽之词。就文献的梳理来看，东莞场的设立起码要晚于三国吴司盐都尉的设置数百年。

---

[1] 清初著名学者屈大均认为，东莞县管辖的区域在广州之东，所以也被称为"东官"。《广东新语·器语》："莞音完，又音官，盖其为用最古。……县在广州之东，亦曰东官。"

明天顺卢祥《东莞县志·沿革》："晋成帝咸和六年立东莞郡，其治在东莞场。"又卷一《山川》："城子岗，在东莞场故郡之后，坡势如城，今东莞千户所是也。"

天顺《东莞县志》说东官郡治在东莞场，并进一步说明就在明代所建东莞守御千户所城（今深圳南头古城，又称"新安故城"[1]）所在的城子岗附近。东莞场的具体位置在明代以前并无很清晰的记载，只是知道在宋元时期的东莞县境内。到了天顺《东莞县志》，才把东莞场与东莞守御千户所城所在的城子岗联系在了一起。

但是，明代同时期的人对东莞场的位置还有其他说法。

明万历郭棐《广东通志·郡县志一》："东筦县，……本秦番禺县地，汉因之。吴甘露二年，始置司盐都尉于东官场。晋咸和六年立为东官郡，治宝安，即城子冈，今新安治。"又载："新安县，本晋东官郡宝安县地。唐改宝安为东莞，徙治到涌，地仍属之，宋元沿焉。国朝洪武初，建以旧县治为东莞守御千户所。……万历元年始剖符设官，赐名新安，即东莞千户所为县治。"

万历《广东通志》虽然没有说清楚"东官（莞）场"的具体位置，但是是在"东莞县"条下说置司盐都尉在东莞场的；万历时东莞县与新安县并存，书中也东莞和新安二县并见。这可能说明，郭棐不认为司盐都尉和东莞场的公署在新安

---

[1]南头古城（新安故城）最初是始建于明洪武二十七年（一说洪武十四年）的东莞守御千户所城，明万历元年设置的新安县治也在城内。[明·天顺]卢祥《东莞县志·城池》："东莞守御千户所城，在邑之十都海濒，洪武十四年开设。"[明·嘉靖]黄佐《广东通志·政事四》："东莞守御千户所，在县南十三都南头城，洪武二十七年都指挥同知花茂奏设。"[明·嘉靖]黄佐《广州志·公署三》："东筦守御千户所及镇抚司，在县南第十三都南头城，隶南海卫。洪武二十七年都指挥同知花茂奏设。"[明·嘉靖]应槚《苍梧总督军门志·兵防三》："东莞守御千户所，……隶南海卫，洪武二十七年设。"[明·万历]郭棐《粤大记·政事类》"兵职"："东莞守御千户所，……隶南海卫，洪武二十七年设。"[清·张廷玉等《明史·地理志》："新安，府东南。本东莞守御千户所，洪武十四年八月置，万历元年改为县。"[清·康熙]靳文谟《新安县志·地理志》"沿革"："正德间，民有叩阍乞分县者，不果。隆庆壬申，海道刘稳始为民请命，抚按题允，以万历元年剖符设官，赐名新安。城因所城之旧。"同书《地理志》"城池"："邑地在城子岗，即因东莞守御所城也。明洪武二十七年，广州左卫千户崔皓开筑。"[清·嘉庆]舒懋官等《新安县志·兵制》："东莞守御所在县治城中，隶南海卫。"又同书《建制略》"城池"："邑城在城子岗，即因东莞守御所城也。明洪武二十七年，广州左卫千户崔皓开筑。……万历元年建县。"

县境内,而是在东莞县境内;也可能说明,明代东莞场管辖的范围很大[1],东莞县至新安县一线分布的一些小盐场都归属于东莞场这个大盐场管辖。

四、"东官郡"与"东莞郡"

通过上述对文献的梳理可知,岭南地区的"东官"一词可以追溯到三国吴时期,一开始是作为郡名来使用的;"东莞"一词大约出现于南朝,最初也是郡名。

但是,历史上以"东莞"为名的行政单位,最早则是出现在西汉武帝时期琅琊郡下的东莞县。

西汉司马迁《史记·建元已来王子侯者年表》:"东莞。城阳共王子。(元朔)二年(前127年)五月甲戌,侯刘吉元年。"

东汉班固《汉书·王子侯表》:"元朔二年,封城阳共王子吉为东莞侯。"

这个"东莞"的地理位置,文献中有比较明确的记载。

东汉班固《汉书·地理志》琅邪郡下有东莞县:"琅邪郡,……县五十一:……东莞,术水南至下邳入泗。"三国魏孟康注:"故郓邑,今郓亭是也。"

术水即沐水。

北魏郦道元《水经注》卷二十六:"沐水出琅琊东莞县西北山,……东南过其县东,……又东南过莒县东,……又南过阳都县,东入于沂。"

可见历史上最早的东莞县设置于西汉时期的今山东东南部,一般认为在今临沂市与日照市交界处的沂水、莒县一带。此东莞县的裁撤时间,《隋书·地理志》高密郡有东莞县,唐代初期密州有东莞县[2],但是新旧唐书的《地理志》以

---

[1]明代在广东设置有东莞场等十几处较大规模的盐场。[明·万历]郭棐《粤大记·政事类》"盐法":"弘治六年,……广东盐课提举司所属十四场:靖康、归德、东莞、黄田、香山、矬峒、海宴、双恩、咸水、淡水、石桥、隆井、招收、小江。"不见于文献记载的小盐场肯定有不少,很可能一个大盐场会下辖数个分布区域不同的小盐场。

[2][民国]唐介人《重修莒志》,莒县新成印务局出版,民国二十五年(1936年)。该书卷五十一"金石"所载唐永徽元年(650年)省堂寺碑文中记载有东莞县。

及成书于唐代的《元和郡县图志》和《通典》均无东莞县的记载，说明其被裁撤于唐初期后的唐代前期。

历史上最早设置的东莞郡，也是在今山东地区。

西晋陈寿《三国志·魏书·臧霸传》："黄巾起，霸从陶谦击破之，拜骑都尉。遂收兵于徐州，与孙观、吴敦、尹礼等并聚众，霸为帅，屯于开阳。太祖之讨吕布也，霸等将兵助布。既擒布，霸自匿。太祖募索得霸，见而悦之，使霸招吴敦、尹礼、孙观、观兄康等，皆诣太祖。太祖以霸为琅邪相，敦利城、礼东莞、观北海、康城阳太守，割青、徐二州，委之于霸。"

清吴增仅《三国郡县表附考证》[1]："东莞郡。《魏志·臧霸传》，尹礼为东莞太守，东莞郡名始见于此，考其时为建安初年，盖魏武置城阳郡时先后所置。"

最早的东莞郡设置于东汉末的今山东东南部。这个东莞郡自东汉设置以来，三国曹魏时期继续存在[2]，西晋时期时撤时立[3]，一直到北齐文宣帝（550—559年）则"罢东莞郡[4]，此后今山东莒、沂之地不再设立东莞郡。

从西晋八王之乱（291—306年）开始，中原地区就处于动荡战乱之中，最终造成建兴五年（317年）西晋灭亡，司马睿在建康重建晋廷——史称"东晋"。北方的许多士族也携眷南迁，随同南迁的还有他们的宗族、部曲、宾客等；同乡同里的人也往往随着大户南逃。这在历史上被称为"永嘉南渡"或"衣冠南渡"。

"衣冠南渡"是个接连不断的过程，持续到了南朝。为了安置大量南迁的人，在淮河以南、长江流域流人集中的地方，设立了一些用他们原籍行政单位名

---

[1] [清]吴增仅《三国郡县表附考证》，《二十五史补编》，开明书店，民国二十五年（1936年）。

[2] [唐]房玄龄《晋书·宗室传》："下邳献王（司马）晃字子明，魏封武始亭侯，拜黄门侍郎，改封西安男，出为东莞太守。武帝受禅，封下邳王。"

[3] [北宋]乐史《太平寰宇记·河南道二十四》"莒县"："晋太康十年割莒县属东莞郡，惠帝自东莞移理莒城。"[清·嘉庆]洪亮吉《东晋疆域志》卷一："东莞郡……，晋武帝太（泰）始元年分琅邪立，咸宁三年复以合琅邪，太康十年复立。晋志，统县八，后分置东安郡，凡领县五。"又"莒，汉旧县。《太平寰宇记》：太康十年，割莒县属东莞郡，惠帝自东莞移治莒城。"

[4] [北宋]乐史《太平寰宇记·河南道二十四》"莒县"："后魏亦以莒县属东莞郡，高齐文宣帝罢东莞郡，以莒、东莞二县属东安郡。"

称的"侨立郡县""侨立州县"[1]。一开始侨人单立户籍，称为侨户。

因为岭南地区的社会状况相对比较平稳，所以一些人继续往南迁至珠江流域。广州地区晋墓中出土有一些纪年吉语砖铭——"永嘉世，天下荒，余广州，平且康"，就说明了北人南迁至珠江流域的背景。

两晋南朝时期，岭北的人因各种原因而迁至珠江流域，文献中也多有记载。

唐房玄龄《晋书·庾翼传》："时东土多赋役，百姓乃从海道入广州，刺史邓岳大开鼓铸，诸夷因此知造兵器。"又《王机传》："王机……为成都内史。……会广州人背刺史郭纳，迎机为刺史，遂将权客门生千余人入广州。"又《卢循传》："刘裕讨循至晋安，循窘急，泛海到番禺，寇广州。"

元《大德南海志·户口》："广州为岭南一都会，……大抵建安、东晋永嘉之际至唐，中州人士避地入广者众，由是风俗革变，人民繁庶。"

明嘉靖黄佐《广东通志》引《交广记》："建兴三年，江、扬两州经石冰、陈敏之乱，民多流入广州，诏加存恤。"

建兴为西晋末愍帝司马邺的年号，建兴三年为315年。

明天顺卢祥《东莞县志·风俗》："邑在晋为郡。东晋永嘉之际，中州人士避地岭南，多留兹土。衣冠礼仪之俗，实始于此。"

上条文献中的"郡"，指东晋咸和六年始置的东官郡，最初郡治在宝安县。

近些年来，有一些人认为岭南地区的东莞之名起源于历史上山东地区的"东莞"，东晋咸和六年设置的"东莞郡"，正是为了安置来自山东地区"东莞郡"的南渡移民而设置的"侨置郡"，因此在郡的名称上，仍然沿用了"东莞"这一名称[2]。之后，还有人认为三国吴分南海郡东部所置的东官郡，也"应该是南下士族在新开发地区所设'北方东莞郡'的一个侨郡"[3]。

---

[1] [唐]房玄龄《晋书·地理志》："是时幽、冀、青、并、兖五州及徐州之淮北流人，相率过江淮，（元）帝并侨立郡县以司牧之。"[唐]刘知几《史通·邑里》："异哉，晋氏之有天下也！自雒阳荡覆，衣冠南渡，江左侨立州县，不存桑梓。"[南朝·梁]沈约《宋书·州郡志》："自夷狄乱华，司、冀、雍、凉、青、并、兖、豫、幽、平诸州一时沦没，遗民南渡，并侨置牧司，非旧土也。"

[2] 黎诚：《"东莞"地名由来考辨——基于文献史料的"移民说"探析》，《岭南文史》2015年3期。

[3] 张一兵《深圳通史》01册，深圳：海天出版社，2018年，第109页。

对岭南地区的东官（莞）郡是"侨郡"的说法，梁燕红已有较好的辩驳[1]，笔者基本同意梁文的见解。本文在其基础之上，再增加一些说明。

据文献记载，始置于今山东东南部的东莞郡和东莞县，在两晋之际以后至南朝的长江以南有侨置的郡县[2]。

南朝梁沈约《宋书·州郡一》："南东莞太守（东莞郡别见），《永初郡国》又有盖县（别见）。领县三，户一千四百二十四，口九千八百五十四。莒令（别见）。东莞令（别见），文帝元嘉十二年，以盖县并此。姑幕令，汉旧名。"又"宋又侨立新平、北淮阳、北济阴、北下邳、东莞五郡。"

南朝梁萧子显《南齐书·州郡志》："临淮郡自此以下，郡无实土。……南东莞郡：东莞、莒、姑幕。"

唐房玄龄《晋书·地理志》："明帝又立南沛、南清河、南下邳、南东莞、南平昌、南济阴、南濮阳、南太平、南泰山、南济阳、南鲁等郡，以属徐、兖二州，初或居江南，或居江北，或以兖州领州。"

那么，在江南地区侨置的南东莞郡、东莞县，具体在什么地方呢？

清顾祖禹《读史方舆纪要·南直七》"常州府武进县"："姑幕城，府西南六十里。东晋侨置南东莞郡于晋陵南境，侨置莒县为治，又侨置姑幕等县属焉，此其旧址也。……旧《志》：府西有废南彭城郡，东晋明帝时侨置于晋陵郡界内，无实土。宋、齐因之。隋时与南东莞郡俱废。"

谭其骧先生认为，"南东莞郡"及其下统的"莒、东莞、姑幕"三县的侨地都在江苏武进。[3]

由此可见，东晋南朝时期的长江以南，属于侨郡县的南东莞郡、东莞县在晋

---

[1] 梁燕红《从东官到东莞：东莞得名由来——兼与黎诚先生商榷》，《岭南文史》2017年1期。

[2] 两晋南朝时期，在长江以北的区域也有侨置的东莞郡，但是不在本文的讨论范围之内，故不赘述。[清]顾祖禹《读史方舆纪要·历代州域形势四》："徐治彭城。（西晋武帝）泰始三年（467年），淮北陷没，侨治钟离。（南朝宋明帝）泰豫(472年)初，移治朐山。（南朝宋废帝）元徽(473~477年)初，还治钟离。统郡十二：曰彭城，曰下邳，曰东管(东莞)，曰东安，曰琅邪，曰沛郡，皆旧郡也。"

[3] 谭其骧《晋永嘉丧乱后之民族迁徙》，《燕京学报》，1934年第15期（收入《长水集》（上），北京：人民出版社，1987年）。

陵，即今江苏常州武进县一带。虽然东晋南朝时期，一些岭北的人迁徙到了珠江流域，但是文献中没有任何在珠江三角洲地区"侨立"郡县的记载。谭其骧先生认为"见于晋、宋、齐《志》者，北方诸州并有输出移民，独平州无；接受移民只限于江域诸州，而宁、交、广三州无"。[1]胡阿祥教授则言："无论福建八闽，还是岭南交广，也都不见侨州郡县的设立。"[2]

依据《通典》《旧唐书》等的记载，三国吴分南海郡东部所置的郡叫"东官郡"。前文也已言，从《南越志》《宋书》和《南齐书》的记载来看，东晋咸和六年分南海郡东部所置的东官郡，一开始也叫"东官郡"，不叫"东莞郡"，只不过到了南朝及其以后就没有那么严格了，这是因为"官""莞"二字本就互通。

岭南地区三国吴时就设置有东官郡，东晋时期在大致的同一区域再立东官（莞）郡，其郡名何必要舍近求远呢？完全没有必要。另外，认为三国吴所置的东官郡也是"北方东莞郡"的侨郡的说法，应该更是找不到任何文献的依据。

在历史上，出现在不同地区而没有关联的同名行政建制单位并不鲜见，例如新安县就曾经同时存在于珠江三角洲地区和河南的洛阳地区。明万历元年（1573年），把东莞县南部析出建置了新安县。珠三角地区的新安县，除了康熙早期由于禁海迁界而短暂三年归属东莞县管辖外，一直延续到民国三年（1914年），才因为与洛阳地区的新安县重名而又把县名改回为宝安县。这两个存在于不同地区的新安县，二者之间就是毫无关联的。

珠江三角洲地区的东莞县，始建于唐至德二年。东莞县名的由来主要有"莞草说""莞盐说""莞香说""移民说"等说法，这在一些文章中已有详述[3]，此

[1]谭其骧先生自注："此据侨州、郡、县之纪载而立言。实际其时中原流民之栖止地，自不限于侨州、郡、县之所在。林谞《闽中记》：永嘉之乱中，原仕族林、黄、陈、郑四姓先入闽。客家初次南徙，据近人研究，亦在此时。则中原人有远徙福建、广东者。惟本篇所述，专从大处着想，故未遑及此。"（《晋永嘉丧乱后之民族迁徙》，《燕京学报》1934年第15期）

[2]胡阿祥《〈晋永嘉丧乱后之民族迁徙〉申论》，《安徽大学学报（哲学社会科学版）》2010年5期。

[3] 黎诚《"东莞"地名来由考辨——基于文献史料的"移民说"探析》，《岭南文史》2015年3期。梁燕红《从东官到东莞：东莞得名由来——兼与黎诚先生商榷》，《岭南文史》2017年1期。

不赘言。

其实，文献中对东莞县名的由来，早就有另外一种更为合理的说法。

唐李吉甫《元和郡县志·岭南道一》："东莞县……本汉博罗县地，晋成帝咸和六年于此置宝安县，属东莞郡。隋开皇十年废郡，以县属广州。至德二年改为东莞县，取旧郡名也。"

从文意看，《元和郡县志》所说的东莞县是"取旧郡名也"，"旧郡"就是指晋成帝咸和六年所置的东官（莞）郡。

清嘉庆廖鸿藻等《重修大清一统志·广州府》："东莞故城，在新安县东。《宋书·州郡志》：东官郡，故司盐都尉，晋咸和六年置，治宝安县。……晋置宝安县，属东莞郡。隋开皇十年，郡废，属广州。唐至德二载，改曰东莞，取旧郡名也。"

《重修大清一统志》所说的东莞县也是"取旧郡名也"，"旧郡"当然是指晋成帝咸和六年所置的东官（莞）郡。

由此可见，岭南地区唐至德二年始置的东莞县的县名，是源自东晋咸和六年所置的东官（莞）郡[1]。而东晋所置东官（莞）郡的郡名，最合理的解释，则是源自三国吴所设的东官郡，因为不同时期的两个东官郡的辖区基本重合，主要都在珠江口东部。东晋咸和六年所置的东官郡，完全可以看做是岭南地区三国吴旧郡的复置。

（作者单位：深圳市文物考古鉴定所）

---

[1] ［五代·晋］刘昫《旧唐书·地理志》："东莞，隋宝安县。至德二年九月，改为东莞。郡，于岭外其为名也。"此条记载，有人认为可以作为岭南的东莞源于山东东莞的证据（黎诚：《"东莞"地名来由考辨——基于文献史料的"移民说"探析》，《岭南文史》2015年3期）。隋灭陈废置东晋所设的东官郡后，宝安县隶属南海郡；隋开皇十年（590），废郡置州，宝安县属广州；唐至德二年（757），宝安县改置为东莞县，县治移至到涌，以东莞为县名由此始。上引《旧唐书》所说的是唐代的东莞县之事，但是其言"郡，于岭外其为名也"，这句话中的"郡"，《旧唐书》没有明言，不知所指是何郡，前后两句话连起来也颇为费解。东晋所设东官（莞）郡最初的郡治在宝安县，唐至德二年所置的东莞县就是宝安县改置；东莞县名的由来，应该是自然而然源于东晋所设的东官（莞）郡。

明清珠江三角洲基塘区的田场与经营者[1]

吴建新

内容提要：

论述了明清时期南海、顺德的地主、自耕农、租佃农等各类田场的大小变化和经营方式。明代大地主田场还多，到了清代，则以小地主田场为多。小田场的经营效益高于大田场。明代大宗祠占优势，而清代以"家塾"为形式的"私伙太公"出现，"家塾"是数代的小田场，或是支房由若干"家塾"的小田场组合而成。小田场有地主，也有自耕农或是租佃农田场。自耕农田场随时代变化而有升降。清代则经营性的租佃农田场为主。长短雇工市场为这些田场提供了劳动力。各类田场与宗族有密切的关系。

基塘区主要是指西北江三角洲的腹部，明代在南海、顺德，清代扩展到以南海、顺德中心，以及香山、新会、鹤山、高明、三水的一部分。基塘区又称基水地。基塘区是老沙围田区，地势比较低洼，挖田筑塘可以蓄水，和兼种植业、养殖业，是循环式的生态农业雏形。关于珠江三角洲基塘农业，以往的研究，以及最近出版的拙著，对田场有涉及，但未深入研究。[2]本文就此问题做一论述。

一、地主的田场的变化

自宋元以来，西北江三角洲的宗族积累了庞大的族产，以沙围田为主。明清南海、顺德的基塘区就是在这个基础上发展起来的。[3]基塘和基塘区有联系有区

---

[1]国家社科基金重大项目"宋元以来珠江三角洲海岸带环境史料的搜集、整理与研究"（19ZDA201）。

[2]吴建新《佛山桑基鱼塘史》，广州：广东人民出版社，2019年，第1-6页、第99-151页。

[3]吴建新《佛山桑基鱼塘史》，第52-58页。

别。基塘起源于唐宋元的地主阶层的庭院农业，而连片的基塘区起源于明初的九江、龙山、龙江、陈村一带。在围田改为基塘区的过程中，大地主的田场很值得注意。

地主可以分为放租式和经营式。基塘和沙田经营有很大的不同，后者因为生产经营有很大的风险，宗族地主往往将田面权分给二、三路地主经营，以分散风险，自己保留沙骨即田底权；而后者经营利润很高，且基塘大多在宗族居住地方周围，田面权和田底权大多只有一次分割。

先说放租地主的情况。如明代南海吕氏的二十世祖吕宁，"生于永乐十五年，……祖居地在鹤园，南向，地狭人稠，遂卜地居于边头环乡共井，创造房屋鱼塘，原置田地，而乐居焉"[1]。族谱没有说吕宁经营田场，而且乐居，大概都放租了。放租地主要知道田地的四至和承租人的佃约。如成化年间佛山霍氏崇本堂的晚节公"家箴"里说的那样，"田主坐落远方，有子长成，务令逐一带其踏勘垅段大小长短，及令看丈量文簿四至。耕客年久，兄弟截开分耕，或有截少卖与田邻者，或灾伤之年，便请减租。有将田邻丑禾，瞒主踏看者。有田头丑田尾好者，必须认识己田，周围看过，方坐定租，向原日几亩，原租几日，今禾有几分，随数量减。耕客减少，即与分割，又防其除禾把"，雨水来时，亲自观察租户田场的水流，地主要懂得"种植之法"，在种植作物期间，督促佃户放肥和耕作、除草，及时收割，收租时要款待好佃户。[2]这类田场属于放租与经营田场之间，或者可称为放租的经营田场。嘉靖间明朝重臣霍韬家族在佛山石湾，其田场大都以稻作为主，可能有部分基塘。霍韬发达时间在正德、成化时起，霍氏子弟大肆占产。霍韬将家产分给族众耕作，霍韬的家训里规定子侄要耕田三十亩，而且要考"功最"，包含了对族众施粪耕作水利的要求。[3]霍氏的田是价值高的"附郭田"，可以由稻田改种植经济作物或改为基塘。

在明初，明代这类大田场，会划出部分田地归地主自己直接经营。嘉靖、隆

[1] [清]吕卓勋《吕氏家谱》，不分卷，光绪抄本。

[2] 广东社会科学院历史研究所等《明清佛山碑刻文献经济资料》，广州：广东人民出版社，1987年，第468页。

[3] [明]霍韬《霍氏家训前编》，载陈恩维等《佛山家训》，广州：广东人民出版社，2016年，第5页。

庆之间庞尚鹏写的《庞氏家训》部分叙述了他的放租田场的情况，有对放租土地的的管理，同晚节公的田场一样，其自营田场有果基鱼塘。[1]

明初陈村，乡豪区太原等，"悉与乡族销兵为农，乐业稼穑，陈村之服麻枲，货（荔）枝、圆（眼）、橘、柚者，甲于一郡邑"，区氏在宋代有佃仆为乡兵，明代他们的田场有"童仆"。[2]顺德开县之后，建县有功的宗族添置基塘。顺德大良北门罗氏建县有功，其十五世仰涯公，为景泰间人，"颇修计然之术，相天时地利，买贱鬻贵，有桑八百株，有木奴千头，家藉以饶"。[3]南海吕柟《明太学生继中冼公墓志铭》：弘治生，嘉靖乙未卒，"两试不第而归，督治田圃，筑基、种树，凿池养鱼"。[4]这些自营的田场，是需要雇工或者是地主督率自己的"童仆"耕作的。

如成化间的霍氏晚节公有"养畜之法""养塘鱼之法"。这部分田场是晚节公自己雇长短工经营的，如他说："人家子女，饥寒不已，才来住雇。使之有方，耕田分付先耕何处。作田基界锄地者，分付种何蔬菜，芟草采柴者，分付勿伤人树木。看牛者，嘱勿践人豆苗。唤去力工，亦须巡逻……"[5]《庞氏家训》中的"务本业"一节，也有自己"督童仆"管理田场（"童仆"是指世仆，庞氏家训将佃户和世仆是分开的）。"通查男妇仆几人，某堪稼穑，某堪商贾，每年工食衣服，某若干，某若干，各考其勤能，果否相称"，又讲到池塘养鱼和种植蔬菜的园圃技术和具体要求。庞氏家训提到"筑塘墙"和如何栽种果树，是果基鱼塘的技术操作。[6]"塘墙"也叫"塘坎"，或作"塘磡"，是指鱼塘与基面连接的部分，是基塘操作中难度很高的技术。[7]有劳动力和资本的田场能持续取得

[1] [明]霍韬《霍氏家训前编》，载《佛山家训》，第95页。

[2] [明]王子伦撰《明隔街房十一世祖无为府君墓志铭》，《南海区氏家乘》（内页作《陈村欧氏家乘》）不分卷，手抄本。

[3] 《（顺德）北门罗氏族谱》卷三，十五世仰涯公家传，刻本，顺德档案馆藏本。

[4] [清]冼宝翰《岭南冼氏宗谱》，卷三之三十，《大罗房·坟茔》，宣统刻本。

[5] 《石湾太原霍氏崇本堂族谱》卷三《太原霍氏仲房世祖晚节公家笺》广东社会科学院历史研究所等《明清佛山碑刻文献经济资料》，广东省佛山市博物馆，广州：广东人民出版社，1987年，第468–473页。

[6] [明]庞尚鹏《庞氏家训》，载陈恩维等《佛山家训》，第95页。

[7] 吴建新《佛山桑基鱼塘史》，第111页。

正收益。正统之后的苏林芳,顺德碧江人,经营果基鱼塘和双季稻的田场,"用心勤苦,善于生财,节于用度,二三稔而如旧。于是大兴农业,课童力作,买牛而耕,十年之后,积粟丰腴,开拓资产,倍于其初"。[1]到了他的儿子苏矩循,"承林芳翁富厚之余财,力甲于一方",亦富于理财。[2]碧江是水乡,属基塘区。

明代前中期地主自己耕种的大田场,还保留着自给自足的一些特色,成化年间的晚节公有个鱼塘,养的鱼是招待客人吃的;自己养殖的鸡和猪、种植的蔬菜、水果也是家人吃和招待客人之用。甚至部分田地种桑和家中童仆养蚕,也主要是供应大家庭的衣着。[3]

这反映了明代前中期的宗族大家庭人口多,需要以自耕形式节约生活成本,同时他们也经营与市场需求有关的果基鱼塘或桑基鱼塘。

嘉靖末万历年间是商品性农业出现爆发式增长的时期,经营式田场一度增多。万历间欧大任记载:顺德冲鹤堡潘杞"陆地千足,羊千足,牛蹄千,下泽千石鱼陂"。[4]潘氏经营的是一个很大的田场,繁殖很多牲畜和拥有基塘。清代乾隆年间冲鹤堡"五牸之畜,甲于邑城。……由成弘以来,以迄嘉、隆,亦称乐土"。[5]因此冲鹤堡是广州府最大的牲畜繁殖市场。广州府没有补农书那样的作品,因此我们不知道这类大田场的经营细节。可以肯定的是,潘杞的大田场带动了冲鹤堡的牲畜繁殖业与基塘业,可能很多是地主的田场。与基塘农业产业链会有手工业,基塘区中渔业需要船,有的地主经营造船业,如顺德尹氏的十一世祖仲科,嘉靖初人,"装造大小农船出赁"。[6]类似的例子有九江和龙山的蚕种制造家,还有的地主自营缫丝或丝织工场。

桑基鱼塘操作比较复杂,大田场管不过来,在经济上是不划算的,所以大多此类田场只能放租。逢简是著名蚕乡,桑基鱼塘发展也比较在成化时,著名蚕乡

---

[1] [明]苏仲《明故林芳苏公墓志铭》,《古愚集》卷四,广州大典别集6册,第262页。

[2] [明]苏仲《明故乐池苏公墓志铭》,《古愚集》卷四,广州大典别集6册,第263页。

[3] "霍氏仲房世祖晚节公家笺",载《明清佛山碑刻文献经济资料》,第469页。

[4] [明]欧大任《潘隐君传》,《欧虞部文集》卷之十五,广州大典自著丛书第五册,729–730页。

[5] 乾隆《顺德县志》,卷一《图经》,稀见中国地方志汇刊,第834页。

[6] [民国]尹文杰《(顺德)尹氏家乘》,民国手抄本,不分卷。

逢简有八景，"有田园池沼足以取给"[1]。成化年刘氏拥有的田地塘中有数十顷，其中不少是桑基鱼塘。逢简人刘瑛给其子孙的遗嘱中，强调了收租的方法。但不表明刘氏没有自营田场。嘉靖万历的刘子襄"野居陇畹间，课童仆耕桑不辍"。[2]估计逢简刘氏的基塘是出租为主，经营性田场稍少。

清初还有大的经营性田场，如佛山另一个霍氏崇本堂的康熙年间的《春洲家训》，对佃户租佃的田地也有管理，以及耕种、治园圃，雇请帮公的规定等，[3]与晚节公的田场差不多。但是在清代中后期的家训中，《春洲家训》这一类包含了农业生产细节的家训就很少见了，族谱对于田场的管理训条，大多是规定值理、耆老如何对承租人的管理、承租人合约的批耕、管理租金、增殖尝产的细节。这显示了大田场倾向于放租经营。大地主放弃田场经营，资本可以转为经营工商业或放高利贷，能获得可能比自营桑基鱼塘更高的收益。[4]

清代大田场的减少和大宗祠统率族众的作用减弱有关。以大宗祠统一各房支进行生产的方式显然不能适应农业生产的需要。万历甲辰年霍韬这一房的后代建小宗祠堂，合灶止于小宗庙，朔望会膳。[5]这说明霍韬大宗族收族合灶的设想和由大宗祠统一管理各支房生产的设想是不能长久的。

在清代桑基鱼塘区占优势的是经营性的小地主田场。这类田场的兴起也要有宗族的强大背景。如南海吉利乡关氏的个案。明代前期人简村陈氏某八世松轩祖动身往佛山经营商业，经过桑园围下游的九江附近的吉利乡，与简村陈氏某交往并对弈，洽谈甚欢，结为金兰友，陈氏某后来搬到吉利乡居住，吉利窦旁边"左右田塘园地是也"。[6]简村陈氏某后来到吉利乡居住，在关氏地段内置田塘园

---

[1] [明]江朝宗《逢简八景序》，收入[清]刘茂林辑《顺德逢简南乡刘追远堂族谱》，清抄本。

[2] [清]刘茂林辑《顺德逢简南乡刘追远堂族谱》，不分卷，清抄本。

[3] 石湾《霍氏崇本堂族谱》卷三《农有百谷之当布》，载《明清佛山碑刻经济文献资料》，474-475页。

[4] 吴建新《佛山桑基鱼塘史》，第182-187页。

[5] [明]朱吾弼《明诰赠资政大夫太子少保礼部尚书霍南公西庄两公祠》，宣统南海县志，卷十二《金石略》，中国方志丛书，第1194页。

[6] [清]关蔚煌等《南海关树德堂家谱》（光绪刻本），卷一《杂录》，《北京图书馆藏家谱丛刊·闽粤侨乡卷》，北京：北京图书馆出版社，2001年，第139页。

地，吉利关氏的祠堂群中有一座"兰堂"，纪念关氏松轩祖和陈氏某的友谊，认为陈氏功德"足以令我祖身后之子孙立主奉祀"。[1]大概陈氏某是为关氏示范基塘技术，吉利窦由是而开。吉利窦建设以后，陆续开涌建窦。"乡有大涌，由吉利涌口入安澜窦，即石达（石旁）窦直达鳌溪平流窦，出杨滘海为东西两围。防潦所关，最为紧要。旧为通心滘涌之东为东围，涌之西为西围，两便皆有小窦，以资田亩旱溢。"[2]因此，关氏各支房的基塘农业发展起来与宗族的水利系统密切相关，小田场由各支房自己经营。

明末吉利乡关氏还有比较大的田场，都放租给佃户耕作，有意思的是明末关氏辉岳翁痛恨诸子不肖，耗散家财，他的子孙都到广州经商或享乐。辉岳翁尽将价值十余万的田地屋铺契券焚毁，其意欲令诸子不知租税所在，留下虚税连累他们。后来关氏各房只好订立契约，补充虚粮，以免胥吏下乡骚扰。[3]而关氏的小田场都经营得很好。自8世松轩祖之后的嘉靖万历间人，十三世祖关一储，自己有田场，能在饥年出粟赈济。晚明时十四世祖关镒，"有田可耕，有畦可灌"，十四世祖关以赐，经营基塘"所入颇饶"。[4]明代南海、顺德崇祯年间小地主田场增加，清代人回忆说，崇祯时学者寥寥，开馆授徒者多折阅（亏本），百年之间风气变迁如此。[5]侧面说明读书的人少了，从事商品经济的人多了，有效益的地主小田场多了。

大田场和小田场此消彼起，与宗族形态的变化有关。有学者称大宗祠为"众人太公"，支房祠以下为"私伙太公"。"私伙太公"大多以"耕读住场"的"家塾"形式出现，其建筑较小，可以给家人读书，里面祭拜死去的自己家庭的

[1] [清]关官梅《兰堂记》，收入[清]关蔚煌等《南海关树德堂家谱》，《北京图书馆藏家谱丛刊·闽粤侨乡卷》卷二《艺文》，北京：北京图书馆出版社，2001年，第144页。

[2] [清]关蔚煌等《南海关树德堂家谱》，《北京图书馆藏家谱丛刊·闽粤侨乡卷》卷一《杂记》，北京：北京图书馆出版社，2001年，第109页。

[3] [清]关蔚煌《锦章公行述》《南海关树德堂家谱》，《北京图书馆藏家谱丛刊·闽粤侨乡卷》卷十五《祠宇谱·碑记附》，第209-214页。

[4] [清]关绍熙《南海关树德堂家谱》，卷一《杂记》，第75-76页。

[5] 同治《南海县志》卷十五《关仕龙传》，中国方志丛书，第281页。

祖父、曾祖父，有活着的人甚至为自己而建。富有的私伙太公会显示自己的地位。在清代三水，一些家塾的建筑甚至比大宗祠和支房祠堂还要高。宗族越来越细分，既有宗族角力的原因，更多是经济发展推动的结果。[1]笔者在顺德看到的"家塾"有建在支房祠的旁边，也有独自建的。嘉庆年间方志撰者列乡中祠堂，其中家塾式的康氏"望云书阁"，被列入祠堂。[2]小宗利于教化，"大宗率小宗，小宗率诸弟"。[3]"诸弟"就是小宗（支房祠）下众多的小田场。小田场的组合，利于基塘生产技术的传播和互助合作。因为如年末干塘、上泥、筑坎等需要数量多劳动力的活，如果请雇工，成本会高。而在"家塾"或房支内各小田场合作，成本会低很多，如甲乙丙丁若干家干塘，只要在干塘后给帮助的各家吃鱼一次就能解决报酬，或者是换工。而大宗祠则没有这类功能。笔者在基塘区考察，了解到在20世纪80年代家庭承包责任制就是这样互助的。当然，"私伙太公"也有富农的田场，甚至是自耕农的田场，但在财力和效益方面地主小田场占优。清末地主基塘田场比自耕农的田场大些，光绪间西樵有三类未含基面的鱼塘，其中最大鱼塘十七八亩。[4]加上桑田，大约是三十多亩的规模。九江乡志称："土物以鱼桑蚕丝为大宗，虽荐绅士族不废，自春至秋不患无业。"[5]这说明地主小田场是较多的。

适度规模的地主田场取得正收益的为多。如九江朱氏在南宋元明初都以稻作为主，是产米的大户。在洪武二十九年桑园围筑塞倒流港之后，朱氏开始改为鱼花养殖和桑基鱼塘，而且多为不太大的田场。弘治至万历壬辰间朱周氏，家中有桑基，还率婢仆"蚕缫纺织""家故饶"，且"性素俭"。[6]嘉靖万历间人朱建中，"生平勤俭以治生，……家政浩繁"。[7]嘉靖间的朱廷华，"鱼畜牸"，有

[1] 陈忠烈《众人太公与私伙太公——从珠江三角洲的文化设施看祠堂的演变》，《广东社会科学》2000年第1期。

[2] 嘉庆《龙山乡志》，卷二《乡事志》。

[5] 嘉庆《龙山乡志》，卷三《乡事志》。

[4] [清]罗振玉《南海县西樵塘鱼调查问答》，载《农学丛书》，南海县西樵塘鱼调查问答光绪江南石印本。

[5] 光绪《九江儒林乡志》卷三《舆地略·风俗》，第8页下。

[6] [明]陈克侯《明安人周氏墓志铭》，《（南海）九江朱氏家谱》卷八《坟茔谱》，第1493–1495页。

[7] [明]庞景忠《明处士雁屏朱公偕配安人合葬墓志》，[清]朱次琦《南海九江朱氏家谱》，卷八《坟茔谱》，《北京图书馆藏家谱丛刊·闽粤侨乡卷》，北京：北京图书馆出版社，2001年，第1508页。

"衣冠舆马之荣，台榭绮玉之荣，甚都也"。本有祖业甚多，又"宅加楹，田辟畛"，他的"田畛"当为基塘居多。[1]清代朱氏经营养鱼养蚕的大不乏人，如朱务章，号炳斋，乾隆嘉庆间人，终身"寄业鱼桑"，而饶裕；其弟朱务贤，号顺斋，"出入无所欺隐，家居则安业鱼蚕，勤督耕养，时或外出肇庆、高、鹤，采买鱼苗，兴贩谷石"。[2]经营得好的地主田场效益惊人。何文绮，镇涌堡人，嘉庆庚辰进士，做过兵部主事，致仕后，"业农桑，鱼塘可出百数十石"，其田场是规模较大的。[3]道光、咸丰间顺德人陈庭扬，因为分家析产，兄弟三人各得田五十亩，兄自理其家政，弟债台高筑，庭扬与弟"合产治生，善居积，业浸丰"，帮他还债，咸丰年竟然还各得田十四顷有奇。[4]

清代中后期废稻树桑的高潮中，小地主田场是增多的。在晚清，顺德、南海的资本还可以向工商业、借贷资本发展，如陈启沅创办的继昌隆缫丝机器厂和改良足踏缫丝机，带动了乡村资本投入手工业发展，拓展了桑基鱼塘和机器缫丝业的产业链。[5]高利润的生意会吸引地主田场资本流向民间金融市场和工商业。

二、自耕农的田场

明代实行里甲制度，田地"令民自实"，这样，在元末占有小规模无主荒地的人，就可以通过登记里甲，就成为拥有土地所有权的自耕农，通过勤劳耕作，很快就能改善自己的经济地位。张子真，洪武、天顺之间南海西滘人，南海西滘人"少力田给口，无赢衣食，不为耻"。显示的是自耕农在早期创业阶段的情况，

---

[1] [明]曾仕鉴《明寿官裕斋朱公两配陈氏合葬墓志铭》，载[清]朱次琦《南海九江朱氏家谱》，卷八《坟茔谱》，《北京图书馆藏家谱丛刊·闽粤侨乡卷》，北京：北京图书馆出版社，2001年，第1471页。

[2] [清]朱儒权《清故恩赐九品顶戴炳斋朱公墓志铭》《清故恩赐九品顶戴顺斋朱公墓志铭》，载[清]朱次琦《南海九江朱氏家谱》，卷八《坟茔谱》，《北京图书馆藏家谱丛刊·闽粤侨乡卷》北京图书馆出版社，2001年，第1711、1713–1714页。

[3] 同治《南海县志》卷十三，《中国地方志丛书》，第240页。

[4] 民国《顺德县志》卷二十《陈庭扬传》，《中国地方志丛书》，第248页。

[5] 吴建新《桑基鱼塘史》，第177–187页；吴建新《陈启沅传》，第146–153页。

晚年家渐裕。[1]陈圣规，原为南海马齐人，景泰年划出顺德，"遂世为顺德马齐人……折节为俭，家稍裕"。[2]后一句显示其自耕农经济在上升阶段。另一个陈氏八世祖陈光震，明代前期人，"弃举子业，理家人产，克勤克俭，越数年；就乡之东筑青云庄，百余亩"。[3]陈光震靠着祖业自耕，增加田地以后兼出租部分祖业，成为占田百余亩的地主。这反映了耕作得好的自耕农地位上升的情况。

顺德不少人家是将做官得俸禄和扩充基塘结合在一起的。清末蚕书记载，顺德"在家种桑养蚕养猪养鱼之亲属，又皆仰望于出门为士所获之修金，与为商所营之货利，将以增置物业"。[4]这虽然是晚清的记载，但却是明代嘉靖以来的风气。明代前期顺德罗江冼氏有人在朝廷为官，"赢余俸金，市田产，皆负郭可耕，子孙勤苦其中，皆足以丰衣食"。[5]做官的将自己的俸禄汇回家里，置田给家人或族人耕种，上文说是"子孙勤苦其中"，或者做官者的亲属为自耕农，支房繁衍，很快会扩大家族的势力。但如果是很廉洁的人做上大官，就不一定能增置田产。如嘉靖年间的张拱辰，大致是一个自耕农的水平，方志说他"少力田"，登进士以后，在政坛有作为，霍韬说其人"刚毅有守"。方志记载：拱辰"廉，居官十余载，不增尺寸资产，晚节益坚"。死后妻子几不能给，霍韬割寺田周之。[6]其穷窘可想而知，其家庭充其量是自耕农水平。正德时，南海人梁廷振致仕后，"置园二亩，田一区，悉与弟共之"。[7]梁与弟原分家，致仕后复合灶，其田地数大致也是自耕农的水平。在强大的家族或宗族势力下，能庇护弱小的自耕农家庭度过经济难关。明代南海陈氏的一个亲戚，"家贫子幼"，陈氏家族"给钱若干，家口得以保存"，其家人勤苦耕作，遂致小康。[8]

---

[1] [明]陈献章《封燕山左卫经历张公墓表》，载《陈献章集》卷一，北京：中华书局，1987年，第98页。

[2] [明]陈万言《处士铁桥陈公墓志铭》，收入《（南海）颍川陈氏家乘》册一《遗文摘录》。

[3] [明]陈日跻《处士我韦陈公墓志铭》，收入《（南海）颍川陈氏家乘》册一《遗文摘录》。

[4] [清]赖新侬《岭南蚕桑要则·劝业刍言》，宣统刻本。

[5] [明]冼光撰《罗江翁祭田遗稿》，载《岭南冼氏宗谱》卷之三十《分房谱·坟茔》，宣统刻本。

[6] 嘉庆《龙山乡志》卷八《人物传》，清紫金阁刻本。

[7] 康熙《南海县志》卷之十二《人物》，日本藏中国罕见地方志丛刊，第205页。

[8] [民国]陈昌远《陈氏族谱·附录》，收入《北京图书馆藏家谱丛刊·闽粤侨乡卷》，北京：北京图书馆出版社，2001年，第699页。

在明代的里甲制度下，人们受赋役制度的压榨，逃逃的现象在正统以后就很常见了，在这种情况下，自耕农甚至要出卖田产，有甚者鬻妻鬻子，不能堪时就出逃。由此而发生在基塘区的黄萧养之乱，使不少自耕农失去土地，有甚者全家覆没，田产被里豪占有。霍韬家族原以焙鸭起家而致富，但在黄萧养之乱中，失去了田产，这个家庭在霍韬中举以前都只是自耕农。方献夫的家族是从沙湾迁徙至南海的，"茂夫、献夫尚幼稚，家贫不能为生"，也是较为贫穷的自耕农，方献夫的父亲不得做胥吏谋生。[1]

明代中期赋税沉重，官员也一直进行赋役制度的改革。这时期自耕农的数量可能比不上洪武、永乐、宣德年间。自耕农如从事稻作，收入低下。顺德、南海的基塘业起源在明初，商品性农业早于其他县份起步，故不少自耕农从事果基鱼塘或桑基鱼塘。[2]庞尚鹏在《庞氏家训》中说他在中举之前"少时秉耒躬耕，不辞劳苦，昼习章句，暮归灌园……艰苦万状"。[3]"灌园"是水乡果基鱼塘操作的一部分。

如果是田数不多，子女多的地主，经过分家之后，后代或会成为自耕农，主家田场也会变小。给外嫁女的奁田属于家产分配。顺德吴氏五世祖吴靖（永乐—景泰）的夫人关氏，"随带奁田一十五亩，后撤拨四女"。[4]奁田十五亩数量不多，如果男方财产少，也就是稍富裕的自耕农水平。拨给女儿奁田，主家的田场小了。

万历年间由于一条鞭法施行，赋税折银和不用亲身应役，加上对外贸易发展，南海、顺德的农民能从事商品性农业致富，估计这一时期从事商品性农业的自耕农数量会上升。《广东新语》的记载可以推论出来。屈大均指出了顺德等地的蚕业经济的若干细节："茧既成，大蚕茧四千，小者六千，可获丝一斤。大蚕丝光滑而细，小者不及。计一妇之力，岁可得丝四十余斤。桑叶一月一摘，摘已

---

[1] 佚名《侃斋公圹志》，收入[清]方菁莪《南海方氏家谱·墓铭》，光绪刻本。

[2] 吴建新《桑基鱼塘史》，第52–58页。

[3] [明]庞尚鹏《庞氏家训》，收入陈恩维等《佛山家训》，第104页。

[4] 顺德水藤《西房吴述德堂家谱》，不分卷，民国刻本，顺德图书馆藏。

复生，计地一亩，月可得叶五百斤，蚕食之得丝四斤。家有十亩之地，以桑以蚕，亦可充八口之食矣。"[1] 是十口之家的自耕农的蚕农经济。崇祯前中期商品经济比万历时还发达，估计这时自耕农数目会增加。到明末多盗，"附近村落，田亩汙莱，庐舍灰烬，比比然也"。[2] 明末清初自耕农的数量应该是下降的。

清初顺治、康熙初年间，虽然发生了南明抗清斗争、迁海等政治事件，但总的来说，只有顺德近香山的沙田受损失大些，大部分基塘区受影响较小。顺治《九江乡志》记载九江乡的经济还很繁荣，虽然藩王控制了对外贸易，而对生丝和广缎的需求保证了蚕区的繁荣。[3] 这些产品都产自广州、佛山和南海、顺德桑基鱼塘区的农家手工业或手工场。桂洲、容奇兼有沙田和基塘，展界之后，宗族大力扶持族人恢复生产，如杨逵，桂洲人，展界时，荒芜四野，盗贼充斥。杨逵充乡正，"劳心安集，殷勤课督，乡风渐复"，并"罄囊"救济乡族。[4] "课督"就是用农事节令和技术指导乡众耕作，并加以银两支持，"乡风渐复"意味着恢复了基塘和沙田生产。桂洲胡氏迁海时族人仅能吃粥，胡景泰在展界时，族人无资金，就出资贷耕者，等耕者能置谷种和耕牛，"给而后取租"。[5] 有了宗族的资助，佃农会很快上升为自耕农。清前期自耕农的数量会随着桑基鱼塘的发展有所恢复。

但贫穷的自耕农如果没有足够的资产和经营手段，会在商品经济中陷入困境，如果他们想出卖田产，族人有优先权，如果祖尝有钱，宗族的值理会买为祖尝田。如康熙间，顺德邓氏的三世起慧祖房多田地不多，"多系手艺营生，家业轻薄，积蓄者少。其可奈何。繁迫无措，不得以将祖业尽变（卖）"。[6] 出现在光绪年的南海简村的"林挺秀户"的纳税单位内，运作田地买卖的既有私人土

[1] [清]屈大均《广东新语》卷二十四《虫语·八蚕》，北京：中华书局，1985年，第587页。

[2] 嘉庆《龙山乡志》卷十三《杂志》，清紫金阁刻本。

[3] [清]屈大均《广东新语》卷十五《货语，纱缎》，北京：中华书局，1985年，第427页。

[4] 咸丰《顺德县志》卷二十五《杨逵传》，中国方志丛书本，第2371页。

[5] 咸丰《顺德县志》卷二十五《胡天球传附》，第2369页。

[6] 顺德《邓氏族谱》，手抄本，不分卷。

地，也有属于宗族的祖尝田。[1] 在这类私人土地的买卖中，也不排除自耕农富裕之后增置田产。清代自耕农富有生产资料，显然比租佃农强些，如龙山人黎宗，家有很强壮的牛，"力倍于他牛，所获常数倍"。[2] 桑畦也需要牛耕，故牛力大小会牵涉到自耕农的经济效益。南海吉利乡的关氏九世祖关世眷，乾隆时人"家道非甚宽腴"，最初只有田一亩，后增殖至十一余亩。[3] 是典型的半自耕农发家的例子。有首竹枝词显示了农民对基塘这类"恒产"的追求："男贩育苗女采桑，郎提罾网侬起筐。大家合力勤恒产，岁月无忧米价昂。"[4]

清代一些家族因为地产少，众多贫者，是自耕农，如果分家就更贫，不得不延迟分家，采取报团取暖的方式合住，以抵御经济风险，如余金汇，金瓯堡人，"父老，兄弟四人丰歉不一，金（余金汇）终岁勤劳得息给公家，不私一钱"。余金汇"终岁勤劳"所得却给"公家"，显示这个家庭四个兄弟还未分家，他的兄长死了，金汇还"代为抚养孤儿寡母"。[5] 这说明自耕农人口多时就很容易陷入贫穷，家族的伦理行为会给贫穷者渡过难关的机会。清乾隆以后，水灾加剧，改稻田为基塘是渡过难关的措施。如南海烟桥何氏业户地多被冲陷，颗粒无收，后来宗族建水利系统，"改筑桑基"，光绪初尽变基塘，何氏的税户"大成户"原有桑基八顷，清末叶骤增至二十顷。《何氏族谱》中有近千字的桑基鱼塘生产技术的记载，都是小田场的经验总结。[6] 经营桑基鱼塘的自耕农小于地主的田场。《南海县西樵塘鱼调查问答》记载西樵一带鱼塘大者最大则十七八亩，小亦四五亩不等。[7] 上文说最大者为地主田场，则富裕自耕农田场在二者之间，大约

[1] 袁爽《明清珠江三角洲基围水利管理机制研究——以西樵桑园围为例》，桂林：广西师范大学出版社，2015年，第146-153。

[2] 嘉庆《龙山乡志》卷八《人物志》，清紫金阁刻本。

[3] [清]关蔚煌等《（南海）关树德堂家谱》（光绪刻本）卷一《杂录》，收入《北京图书馆藏家谱丛刊·闽粤侨乡卷》，北京：北京图书馆出版社，2001年，第83页。

[4] [清]方菁莪《南海方氏家谱·文苑》，光绪刻本。

[5] 同治《南海县志》卷十九《余金汇传》，中国方志丛书本，第320页。

[6] [清]何毓桢等《南海烟桥何氏家谱》，卷九《杂录谱·杂录》，民国刻本。

[7] [清]罗振玉《南海县西樵塘鱼调查问答》，收入《农学丛书》第六集，江南农学会，光绪石印本。

为六七亩至十亩之间，加上桑地，大致为十几亩，但如果自耕农人手或资本不足，田场则与租佃农相同。

在商品性农业中，富裕自耕农能获得不错的收益，如南海县半塘乡，地处广州荔枝湾，出产水田蔬菜和基面荔枝为主，梁儒宗兄弟三人，在自己的土地上躬耕，被称为半塘三老，明崇祯间隐居乡间，耕垄亩间，三人均长寿。清初督抚上奏朝廷给予他们虚衔以示旌表。[1]这类富裕的自耕农在南海、顺德水乡是不少的。在九江运鱼花的人只有船而没有田地，以及有小艇而割草供应池塘养殖的，这一类人都可以划入自耕农。清代道光年间，因为鱼苗饷银种重，"渔者因课税重多逃遁，贻害乡人"。士绅明离照令渔者先到书院纳饷，然后持票开船，国课无亏，不贻害乡人。[2]这等于将贫穷而纳不起税的船户排除在外，属于自耕农水平的船户才可以继续经营。不能继续经营渔业的船户、艇户或只能卖掉船只，沦为租佃农或者是雇工。

三、租佃农的田场

明代大地主将田场多出租，显示租佃农是不少的。顺德的逢简乡是著名的基塘区，永乐时刘瓒宇娶马宁何氏女，得奁田150亩，子娶马宁女，亦得奁田40亩。[3]这些田产位于基塘区马宁。顺德沙滘陈氏六十一世祖陈贤禄，族谱说他是建炎—淳祐间人，"时兄弟三人共承祖父田地塘十一顷六十亩，内除西南金紫田六十九亩作尝地，兄弟各三顷三十亩，公迁黄鼎都土柳堡张槎罗涌居住"。[4]以沙滘陈氏资料，陈贤禄为明初人较确，而且写明是"都、堡"，是明代基层行政机构，则陈贤禄拥有的基塘是给佃户耕种的。正统年顺德杏坛何氏，大挖池塘，将自己

[1] 同治《南海县志》卷二十一《耆寿·梁儒宗传》，中国地方志丛书本，第331页。

[2] 同治《南海县志》卷十五《明离照传》，中国地方志丛书本，第285页。

[3] 嘉庆时孙撰《刘瓒宇墓志》），收入《(顺德逢简南乡刘追远堂族谱》，[清]刘茂林辑，据清抄本。

[4]《重修楚旺房家谱》不分卷，民国石印本，广州第八甫艺通印务局，广东省档案馆版本。（《重修楚旺房家谱》有多个版本，内容不尽相同）

家族的税亩为六亩的池塘和别人互换，"予（何氏先祖何政）与本宗人等替换，通作大塘，又凿长塘一口，通税五十六亩。宅前土名状元涌田，厥初搀杂，至予替换，成所筑围两熟"。[1]这个大塘五十六税亩，是很大面积的鱼塘，很难操作，反映淡水养殖业的发展早期技术还不够成熟的特征。[2]何氏的塘不一定是桑基鱼塘，或是果基鱼塘，可以稻鱼轮种。何氏到弘治年间已经拥有"田地塘"21顷，分给子女的田地塘数量都是数顷以上。[3]何氏的碑记中没有提及力耕，田地可能都出租了。在明代的大田场中，"若旷远不能自耕，方许招人承佃"。[4]或者是田主自己不能耕方招佃。如明代黄萧养之乱中，顺德大良龙氏的带溪公在乱离中，尚有田园，"田地招人耕佃，得各姐夫代为经理"。带溪公的后人尚置得蚬沙田一顷七十亩[5]，前后置的分别是沙田和田塘。从地主大田场出租土地的情况看，明代租佃农已经占了田产经营的主要角色，虽然明代以果基鱼塘为主，地主大田场还有一定的比例。

　　清代乾隆以后直到晚清，南海、顺德的基塘区大为扩展。在桑基鱼塘的经营中，大田场不仅不能兼顾基塘生产的细节，清代水利建设比明代大增，大田场如自营，要负担全部修护费用，是不合算的。而基塘区如果出租田地，业户或租户都必须承担修堤围的费用或人力，佃户与田主户四六分或五五分。这显示租佃农有抗击风险的能力和融资的能力。清末罗振宇《南海县西樵塘鱼调查问答》，佃户要向有钱人借贷，利息大约在11%。实际上丝价高涨，民间借贷利息会随之上升。故有人放弃商业和耕作，专事放利。如南海人陈家修，简村堡人，雍正贡生，家本素封，田产资财积累至巨万，后来专门放贷，"农家举贷为耕种，商贾揭子母钱为贸迁"。简村大多为桑基鱼塘，陈家修贷的对象都是耕塘的农家。[6]

[1] [明]何政《何氏家庙记》（弘治年），收入顺德博物馆编《顺德碑刻集》，广州：广东人民出版社，2012年，第11-12页。

[2] 传统农业时代桑基鱼塘中鱼塘面积以五到十亩最适宜，载农牧渔业局《珠江三角洲池塘养鱼技术》，内部资料，出版时间大约在20世纪80年代，第10页。

[3] [明]何政《何氏家庙记》，收入顺德博物馆编《顺德碑刻集》，第11-12页。

[4] [明]庞尚鹏《家训》，收入陈恩维等《佛山家训》，第95页。

[5] [民国]龙尤恺等《龙氏族谱》卷三《碧鉴房·带溪公传》，民国刻本。

[6] 同治《南海县志》卷十九《陈家修传》，中国地方志丛书本，第314页。

随着南海、顺德水乡水利形势恶化，种水稻的收益越来越低：

"其田多属富户，贫者岁为领耕，遇歉则租减，计其所入常不足输之于官。故租恒贱而主屡易焉。筑土遏水曰塘。乡之塘倍于田，民舍外皆塘也。塘之先，皆田主者以租贱多变田为塘，耕者亦利于塘，其租辄倍。何也？塘于春则播种取秧，于夏秋则养鱼，塘基上则种桑，下栽芋，计其所入，鱼桑为重，鱼利之兴也。"[1]

表明了废稻树桑的趋势，田主多将稻田变为基塘吸引租户。至于放租的人，既有个人，更多是宗族地主。到了道光年间，甚至是租户自带资本和雇工前来地主田场开挖基塘，如下一记载：

"在乡之北方，官田社，土名刘局基树墩根村后。自明以来，旧有鱼塘一口，其余皆田。道光庚寅岁，当事者因田势低下，往往被水淹浸，招佃丁自备工本，浚田为塘，培土成墩，新旧共得鱼塘七口，墩则种植桑株，然后小水不为患，乃地利不得不然。"[2]

佃丁"自备工本"，就像清末顺德、南海蚕书记载的那样，在基塘操作的主要技术环节，是需要请专业的雇工来承担的，如开垦、挖塘、拍磡、戽泥、干塘这些工作，劳动量大，又专业，不可能事事都由"佃丁"自己完成，不可避免要请雇工，只有养蚕、种桑、缫丝，给池塘放饲料这些活能自己和家人干，当养鱼的草不足、喂蚕的桑叶不足时都要在市场上买来。这就需要资本的支持，所以佃耕基塘的人和放租者、放贷者形成相互依赖的关系。在基塘区也有庞大的劳动力市场和商品市场、金融市场，龙山乡志称"土客复不下十余万人"[3]。九江乡志和龙江乡志都有类似记载。所谓"客"包括商客和租佃农和雇工等。蚕桑业"有资本则鱼蚕之利转毂如轮"。[4]基塘区庞大的资金流为租佃农经营提供了条件。

---

[1] 嘉庆《龙山乡志》卷四《田塘》，清紫金阁本。

[2] [清]关绍熙《（南海）关树德堂家谱》卷十五《祠宇谱，碑记附》，广东省立中山图书馆民国刻本（与北图版本不同）。

[3] 嘉庆《龙山乡志》卷四《物产》，清紫金阁本。

[4] 光绪《九江儒林乡志》卷三《舆地略风俗》，光绪刻本。

　　所以，清代，有技术和有经营能力、借贷能力的租佃农已经成为农业经营的主力。文献记载租佃户耕作族田，是否能获得好收成，要看其技术能力和融资能力。如顺德水藤邓氏的清代廿七祖光述祖，"族中多贫，置为义田，令分耕以自给。卒后族人建义爱祠于墓前"。[1]清代基塘区的基塘很抢手，贫穷的族众不能得田种，故光述祖的田场分租救助了贫佃，因为这是"义田"，含赈恤的作用。

　　因为桑基鱼塘是劳力集约型的经济，故租佃农拼命殖人口，包括佃仆。佃仆是对宗族有人身依附关系的兼佃户和世仆身份。佃仆如有自己的相对独立的经济，能很快繁殖人口。明末清初珠江三角洲的"奴变"运动，就是因为主强奴弱，造成宗族地主的重大损失。[2]到了乾隆十三年，朝廷下令广东等地执行雍正七年的诏令准许蛋民上岸耕种，不得指为世仆。[3]但这份文件没有提到准许世仆解决身份问题。在日常生活中，世仆拥有田产，增殖的人口和田场对主家形成压力，如南海丹山谢氏，康熙年间谢氏如衡公在花县买冯观圣等为奴，"配妻给田"。乾隆五十四年，谢氏迫于仆人的势力，立据将"各仆生齿日繁"的仆人赎买身价，提到原因是"仆日众而主日衰，每难约束"，赎买身价的仆人共十余人，但这十余人身后却各代表了十几个比谢氏人口还多的家族，迫于冯氏人口多，谢氏"大宗"准各仆分送谢氏各支房"约束"，仆人皆"乐从"，即奴仆身份仍然是谢氏的，但是大宗祠再不能使唤他们，各仆的房产和田产准许保留，"我族（谢族）毋得侵占"。但各仆经谢氏支房役使三年之后可以归宗原籍，谢氏亦准许。[4]这不是个案，而可能是很普遍的现象，因为世仆有相对独立的经济，在这一点上与一般租佃农一样。到了同治年间，谢氏和奴仆之间"主弱奴强"的情况更为严重，奴仆之一的冯氏后裔冯三娣、冯亚妹等买通了谢氏的族老，竟然占了被堪舆师称为"金锁挂银匙"的荔枝岗谢氏始迁祖坟地，谢氏告之官仍未能得回，最后在"同人社学"士绅的支持下才夺回，并勒碑立石。[5]这说

[1] 顺德《水藤沙边乡邓氏厚本堂族谱·事略》，不分卷，广州兴隆中精务印务局。

[2] 吴建新《明清之际珠江三角洲的奴变运动》，《广东教育学院学报》1991年第1期。

[3]《广东案例》，转引自谭棣华《清代珠江三角洲的沙田》，人民出版社，1993年，第143页。

[4] 乾隆五十四年《忠赞将义仆送出大宗字据》，收入《（南海）丹山赵氏族谱·纪事》，刻本。

[5]《盗卖祖坟奴仆反主碑记》，收入《（南海）丹山赵氏族谱·纪事》，刻本。

明，清代，南海、顺德等地有自己田产和经营能力的佃仆也能通过耕桑、耕塘来改善自己的经济地位，而且他们试图在内部有类宗族的架构。但是由于奴籍的存在，佃仆的文化地位甚至不如疍户。

雍正七年以后，朝廷准许疍户上岸耕田，因此疍户能脱疍籍，有经济能力的能买田入民籍，能参加科举，结成宗族以后能改变自己的经济文化地位。咸丰顺德县志记载，乾隆以后，"自筑粉社"的乡村越来越多。[1]其中很多是疍户。他们大多是宗族的佃户。在民国的照片上，蚕户伶伶仃仃散处于基塘区中，这些人大多原是沙田区的耕沙疍户，在废稻树桑的过程中，他们成为基塘业主的租佃户，经济比受二路三路地主剥削的耕沙佃户好多了。

基塘区不会有永佃权的情况，因为基塘租金会随丝价而走高，田主只设三五年的租期，即使是族内佃户也一样。如清代顺德何家饶，佃户是他的族亲。光绪中丝价飞涨，农民请加租不要撤佃，何家饶不加租也不撤佃，他的行为被视作善行。[2]顺德的租佃关系一般隔着一层伦理关系，租金可以视市场产品价格变动、或随岁时丰歉，地主和租佃农商量增减的幅度。但不象某些学者所说，基塘租佃农会获得永佃权。

基塘区租佃农的田场大约在十亩或以下。罗振玉记载南海西樵的最下等的基塘户为十亩[3]，《岭南蚕桑要则·劝业刍言》记载十口之家，耕作桑畦三四亩，赁塘一口，每年可养大鱼三千余斤，是五六亩塘的大小，连基面大约是十亩的田场。1925年美国蚕业专家考活记载顺德蚕区八口之家，"鱼塘占其四，地占其六"。[4]大多是养蚕兼种桑和池塘养殖。十口或八口之间可谓人无闲人，必要时要雇工如蚕桑季节，或是干塘季节，不过同宗族内的人可以通过换工解决雇工问题。机器缫丝业兴起，还可以将家中女子送去缫丝厂，工资可以抵扣一家三口的生活费用。蚕农还可以卖茧，省去缫丝的环节，省下劳动力集中桑基鱼塘生产。

[1] 咸丰《顺德县志》，卷三，《舆地略·村》，中国地方志丛书，第249–250页。

[2] 民国《顺德县志》卷十九《何家饶传》，中国地方志丛书本，第245页。

[3] [清]罗振玉《南海县西樵塘鱼调查问答》，收入《农学丛书》第六集，光绪江南农学会石印本。

[4] [美]考活著，黄泽普译《南中国丝业调查报告书》，广州岭南农科大学印行，1925年，第107页。

《岭南蚕桑要则·劝业刍言》记载蚕农"蚕桑猪鱼"齐养，十口之家，"一年之获，可供两年之需"。笔者曾经根据方志材料和《岭南蚕桑要则·劝业刍言》等资料计算过，晚清十亩田场的租佃蚕农，拥有的货币量比康熙时增加了，如果按照米谷计算，收入是稻农的三倍。[1]

四、余论：各类田场与宗族的关系

明清珠三角基塘区的宗族内的地主、自耕农、租佃农的田场，存在着一定的关系。首先，有了宗族的依托，如有水利建设，除了按田亩出资之外，族内有效益的田场，包括地主和富裕的自耕农，还会在按田出资之外，多捐些银两。如果水利建设，族内筹不足资金，特别富有的人（往往是经济效益大的地主田场和专门放贷者、经商者），会先垫支资金维修水利设施，以后按期向各户按田亩收回本金。各类田场都要按税亩负担起水利维修的费用，所以宗族的基塘水利系统是相对稳定的。其次，宗族的伦理关系会影响租佃关系和贫弱关系。关于租佃关系前面已经说过。清代基塘区最大的特点是，宗族垫支税粮，族众必须在限期内还税，迟交者要罚息，甚至会追产偿还本息，并牵连亲近的人，宗族垫支税粮可以防止胥吏下乡骚扰，还会迫使族人加强经营获得正收益以便交税。宗族族田—大田场已经分租出去，形成宗族内的各类型田场，包括"私伙太公"适度规模的田场和房支内小田场、租佃农田场的组合，很适宜桑基鱼塘的操作。除非丝价下跌，宗族内的田场效益会下降，田场不稳定；而丝价上升，则田场相对稳定和或得很好的效益。而从乾隆以降，国际市场丝价持续走高，桑基鱼塘区掀起三次废稻树桑的高潮，各类田场的效益保持了一百多年的上升趋势。

(作者单位：华南农业大学)

[1]吴建新《明清广东的农业与环境—以珠江三角洲为中心》，广州：广东人民出版社，2012年，第124页。

伍汉持生平及其身后研究

李克义

内容提要：

1914年日本《民国》月刊发表佩韦《众议院议员伍汉持君传》，此为其后伍汉持传记"母本"或主要参考来源，从中可见伍汉持生平及其贡献。伍汉持墓2008年被公布为广州市文物保护单位。由于历史变迁，该墓历经多番迁移，墓史丰富。厘清伍汉持墓历史脉络，增加历史认知，对于研究其人及其身后有一定助益。同时，对于这类文物今后科学保护与合理利用或能提供一定参考。伍汉持墓的保护也是中国文物保护发展历程中的一个缩影。

关于伍汉持及其传记版本源流的研究，学界已有不少成果。[1]但对于更早的伍汉持传记版本，以往研究尚不曾利用或提及。

另外，对于今位于广州中山大学附属肿瘤医院西侧、2008年被公布为广州市文物保护单位的伍汉持墓（图一）及其历史变迁，以往少有人专门研究。既有研究提及，尚嫌粗疏。因为历史认知或政治意识形态因素影响，使得许多民国时期的墓葬"经历"丰富。但是像伍汉持墓一样，经过几番迁移，又似并不多见，这也使其更具丰富历史文化内涵。

将日本《民国》杂志1914年发表的《众议院议员伍汉持君传》加以考析，结合伍汉持墓历史现状，厘清其变迁史，增加历史认知，对于研究因反对袁世凯而

---

[1] 最新相关研究有：文钊《被藐视的历史：伍汉持（1872—1913）——第一个为共和宪政流血的国会议员》，香港：香港文艺出版社，2011年；李兴国《〈伍汉持烈士纪念碑〉略论》，孙中山大元帅府纪念馆编《帅府论文集》第1辑，广州：广东人民出版社，2013年。

图一 伍汉持墓

牺牲的伍汉持及其身后不无助益。同时，对于这类文物今后科学保护与合理利用可提供一定参考。

一、关于伍汉持较早的传记

"吾国肇建，共和代议之制始确立。顾懦者退葸而丧其所守，谲者因缘以自利其私，而代议制辄为世所诟病。其以落落之身，处权恶淫威之下，维纲正义而不屈，牺牲身命而不悔，卓然能葆代议之精神于不坠，盖自伍汉持始。"[1]此为1932年6月胡汉民为伍汉持所作碑文起首。虽然该段文字1935年没有刻诸伍汉持纪念碑上，但伍汉持的伟岸形象在这段文字中已跃然纸上。

伍汉持（1872—1913年），广东新宁（今台山）人，因反对袁世凯于1913年8月被害，时人呼为"民国成立以来，议员死于国者，以君为第一流血之人也。"

---

[1] 李兴国《〈伍汉持烈士纪念碑〉略论》，孙中山大元帅府纪念馆编《帅府论文集》第1辑，广州：广东人民出版社，2013年，第63页。

或称"民国以来国会议员牺牲第一人"。

关于伍汉持传的版本源流，已有较为详细的研究。但对于更早的伍汉持传记版本，以往研究尚不曾利用或提及。该传发表于伍汉持牺牲次年，即1914年《民国》杂志[1]，已显伍汉持生平及其贡献。更为重要的是，该传也可视为其后传记"母本"或主要参考来源。兹录全文如下并作简要考析。

> 伍君汉持，粤之新宁县人，身躯壮伟，语言诚朴。幼习医于佛山西医院，受业于瑞士某博士，兼奉耶稣教。毕业后，施术于香港油麻地，颇得港人信用。油麻地者，革命党人匿迹地也。史坚如之兄史古如，时奉母及妹居此，君因与稔，遂广交革命党人，投身革命事业。会南非洲招工，君受招工公司聘，为船上医生，专司华工卫生事。数月返港，尝语人曰："吾国之西医学校及教会等，无一不依赖外人，吾甚耻之。"遂设一图强医学堂于广州城内之旧仓巷，以教育吾国之有志医学者。君妻李氏，精于医，亦同任教务。每日授课外，施医赠药，如在港时。又发起中国自立基督教会及赤十字会，均吾国以前所未有，而君独创之者。丙午入广东法政学堂，专习政治经济科。粤水师提督李准，素残杀党人，党人愤之。丁未，刘思复与法政教席张树彤（"彤"为"枏"之误——引者注。《民国》第1年第3号对错字或脱字作了勘误，下同）等，谋炸李，以李常道出旧仓巷，遂税居图强医学校侧。某日，刘侦知李将经其地，即草遗书致汪精卫诸同志，及其家人，草毕置案上，取弹出门，偶触机关，弹忽自爆，伤头面及手，君闻声驰救，瞥见案上遗书，急取藏诸怀。警察入，君托言试验化学受伤，为送医院疗治，仓卒将遗书驰至法政学校，授张树枏、朱执信、古襄勤等，芬之。数子外，无有知其事者。李以君极力救刘，疑与同谋，逮君，并大索君家，仅得《民报》数册而去。张、朱、古诸子，闻君被逮，即联名具保，复箅法政监督夏同龢，力言于警道龚心湛。翌日，释之。庚戌奉天大疫，粤中大

[1]《民国》月刊，1914年5月创刊于日本，编辑兼发行是名为东辟的中国人。"本报纯系民党之代表言论机关，研究民国政治上革新之重大问题，论事精确，记载详明。"设论说、译述、纪事、文艺、杂著等栏目。发行所位于日本东京芝区南佐久间町一丁目三番地。《民国》第1年第2号，1914年6月初10日。

吏，招医往治，人莫之应。君曰："医以救人者也，死生有命，何惧为。"遂(脱"兼"字——引者注)程抵奉天。治活甚众，奉人德之。辛亥春，陈炯明、邹鲁、朱执信、莫纪彭、叶夏声等乘禁毒风潮，倡(脱"办"字——引者注)《可报》，鼓吹革命。君亦竭力捐助，为之奔走。三月廿九日失败后，党人多亡命海外，君亦举家避港。嗣与莫纪彭、林君复等运动香山陆军首先反正。复邀谭民三、叶夏声等至港计画。九月既望，遂以香军光复香山前山。复率队趋顺德，拟逼省垣，而省垣已于十九日宣告独立。君即同香军到省，请北伐，筹备一切，以南北议和而止。旋充都督府医务部长。未几辞职。君尽热于革命冷于作官者也。民国二年，第一次正式国会，当选众议院议员。某党以万金为君寿，诱以脱党，君严词却之。挈眷晋京，初寓佛照楼，继寓钓鱼胡同。每日在家祈祷及到院会议外，鲜出与人应酬。值大借款成立，君愤然曰："政府之违法固如是乎！身为代表，当实行监督，或不致复生专制。今之国务员，虽称代总统负责任，然傀儡耳、赘疣耳。"七月赣宁事起，君大不谓然，极端主张从法律解决，列举袁世凯罪状，依据约法提案弹劾。有以利害劝之者，答曰："此乃议员天职，苟利国家，死生以之。"嗟呼！君(脱"虽"字——引者注)不以死为惧，而君之死即促于是矣。君之友人某，在天津患病，电促往诊。到津寓德义饭店，过河北，视友人病，中途为侦探所捕，时八月一日也。粤同乡议员多方营救，终不得免。君之子屡到津探问，亦不(脱"得"字——引者注)一面。十九日五更，押君至距津二十里外之韩家墅军营。韩家墅者，天津之杀人地，四面皆水，中浮沙洲，被杀之尸，沉埋于此，新鬼故鬼，无虑千万。比到，君即请于该营长曰："吾乃众议员伍某，自问无罪，惟曾提案弹劾袁世凯，被杨以德、王廷桢捕禁天津，将二十日，吾从未有一乞怜语，今死矣，吾非畏死者，欲以五事相求，其许我乎？"营长曰："试言之。"君曰："一、稍缓一二时行刑；二、以一枪死我；三、毋与盗匪并瘗；四、于瘗我处立一标志，后有人询问，请为指示；五、假纸笔草遗书，吾有妻女("女"为"子"之误——引者注)在京，请留代交。"营长一一许之，且与谈数小时。君起曰："趣死，我无憾(脱"矣"字——引者注)。"遂从容而就义焉。然君虽死，当时未有何种罪状宣布，外人无从而知。总统府秘书长某，犹日以君将释之言给粤同乡及君之家人。二十五日始得君之确耗。众议员徐传霖、刘栽甫、伍朝枢、司徒颖，参议员李自芳等往收君尸。翌日，君之家人亦由京出津，买舟同到韩家墅军营。得君遗书，大略谓："吾为弹劾袁世凯而死，死于议员职权之内，泰山鸿毛，后世自有公论。人莫不有一死，今之一枪毕命，远胜于久病呻吟、欲求死而不得者。勿过哀，但教育子女爱国家爱自由而已。"就瘗君处得君棺，顺流至津。另购一棺易之，寄于广东义庄。当易棺时，君尸尚未腐，著旧官纱长衣，足无履，以右袖掩面，洞胸枪口一，微有血水。君之家人为之摄影，以作纪念。君本贫士，一家八口，留滞京华，凄惨之状不忍闻睹。徐传霖、李自芳、司徒颖等为之向旅京同志同乡募捐，得千余金。十一月初，始举家运枢回籍云。君时年四十二，有子三，长百良、次百盛、幼百就；女二，长月梅、次某。

佩韦曰：悲夫君之死也！君之死，死于提案弹劾袁氏。夫提案弹劾，本行使议员之职权。议员行使职权而可以死，吾国尚得谓之共和哉。吾国人之反对袁氏而死者，固如恒河沙数矣，即国会议员以反对袁氏而死者，亦屡(脱"见不一见"字——引者注)矣。吾之传君，以君为吾国国会议员中反对袁氏第一流血者也。[1]

该传作者佩韦，文称伍汉持为"吾国国会议员中反对袁氏第一流血者"，其后伍汉持传基本相沿此说。与伍汉持相识的麦梅生呼为"民国成立以来，议员死于国者，以君为第一流血之人也。"[2]另一同志冯自由称伍为"中华民国国会议员流血之第一人"[3]。或称为"民国以来国会议员牺牲第一人"。

关于伍汉持丙午（1906年）入广东法政学堂一节，因何缘由，前引伍汉持传及其后麦梅生作《众议院议员伍烈士汉持先生传》，均没有给出解释。胡汉民1932年撰、1935年立碑的文字中也只是简单一句"有志经世之学"作结。直到1939年，冯

[1] 佩韦《众议院议员伍汉持君传》，《民国》第1年第2号，1914年6月初10日,第186–189页。

[2] 麦梅生《众议院议员伍烈士汉持先生传》，《新民报》1918年第5卷第10期，第6页。

[3] 冯自由《国会议员流血第一人伍汉持》，《大风旬刊》（香港）1939年第41期，第1317页。

自由在香港《大风》上发表《国会议员流血第一人伍汉持》，我们可知其中缘由："会粤吏法政学校之设，执教鞭者皆留东归国速成法政毕业学生，杜之杖、朱执信、古应芬、张伯乔、叶夏声等咸任讲师，汉持素热心时政，日深慕孙总理为人，以为当此国步艰难，业医者非兼娴习政事，不足以应付时势，遂毅然向法政学堂报名入学。以年冠诸师长，意刻苦自励，学业孟进，诸教员咸器重之。"[1]正是在广东法政学堂，伍汉持与陈炯明同学。由此机缘，1911年11月9日广东独立后，任广东军政府都督的陈炯明"知君（指伍汉持——引者注）办事精勤，委充都督府医务部长兼任北伐军医官"[2]。

不可否认，因为时过境迁，后出的伍汉持传记（碑传），虽大多相沿旧说，但也或增或删，出现有意无意的错漏，而这表现出传记作者所处的历史时空。胡汉民所撰碑文(详下)显见。在以往传记中皆可见到陈炯明（字竞存）的名字。但在1932年胡汉民所撰伍汉持传中，不见陈炯明的名字。显然这是因为1922年6月陈炯明发动兵变，与孙中山彻底决裂，其后陈炯明已成国民党正统人物之公敌，因而胡汉民避而不提陈。

而到了1938年，冯自由作《国会议员流血第一人伍汉持》，又毫无隐讳，多处提及陈炯明。毕竟此时陈、胡皆已成古人。

另外，在引用伍汉持遗言时，佩韦引末句："勿过哀，但教育子女爱国家爱自由而已。"而胡汉民引伍汉持遗言却演变成"勿哀，但教育子女自爱爱国爱党可矣"，此显然有再塑伍汉持身份的同时，有迎合时势之意。碑文主要纪念死者，但主要还是给后人以"教育"。

至于胡汉民所撰碑文，提及伍汉持参与"壬寅惠州之役"，上述较早的传记并不曾言及。在佩韦之后，麦梅生1918年参考伍汉持生前同志叶夏声所作伍汉持传而撰《众议院议员伍烈士汉持先生传》。麦梅生提及伍汉持"专司华人卫生事乃乘机暗藏革军，遂于壬寅年与史古如、马达臣等起义于惠州，毅然剪辫异服"。[3]这一段话后衍化成胡汉民一句："壬寅惠州之役，与有力焉。"已有研

---

[1] 冯自由《国会议员流血第一人伍汉持》，《大风旬刊》（香港）1939年第41期，第1316页。

[2] 麦梅生《众议院议员伍烈士汉持先生传》，《新民报》1918年第5卷第10期，第5页。

[3] 麦梅生《众议院议员伍烈士汉持先生传》，《新民报》1918年第5卷第10期，第4页。

究者指出，此说不确。不赘。

在其后冯自由所作伍汉持传中只是提及："壬寅癸卯间（1902—1903年）史古愚（即史古如——引者注）、陈典方、崔通约等组织学校于九龙，汉持任卫生教员。"壬寅冬，"俄人谋进占东三省，清廷有与俄政府订立密约之议，粤志士桂少伟等联名致电清廷抗争，汉持亦列名焉"。[1] 从中可见伍汉持之积极革命一面。

值得一提的是，与伍汉持相识于1904年、其后一度时相往还的麦梅生，自认为"识君历史颇多，复得《民国》杂志叶夏声作君之传，因举所知，合撰一传，以为尽忠民国之信史焉"。[2] 此即麦梅生在1918年《新民报》上发表的《众议院议员伍烈士汉持先生传》。值得注意的是，我们从中可见佩韦在1914年《民国》杂志上发表的《众议院议员伍汉持君传》中多处段落，由此推断，佩韦即为与伍汉持一同革命的叶夏声。

另外，佩韦所记伍汉持传中，每每将"叶夏声"列名于其他同志之后，此种"谦让"也透漏出佩韦就是叶夏声本人。

叶夏声（1889—1956年），字竞生，广东番禺人。1904年叶夏声毕业于日本东京法政大学，回国任广东法政学堂教席。时隔两年，伍汉持"以年冠诸师长"入学广东法政学堂。叶、伍可以说是有"师生之谊"。1907年11月17日，针对葡萄牙和英国列强图谋侵占广东沿海，损害国权，广东国权挽救会以沈孝则为临时主席集会抗议，举定干事员11人。其中就有伍汉持、叶夏声、陈炯明。伍汉持等为挽救国权，议定草案，并致电北京外务部，冀望后者与"葡英两国力争，以保国权"[3]。

辛亥春，叶夏声同陈炯明等乘禁毒风潮，通过《可报》鼓吹革命，伍汉持竭力捐助。黄花岗起义失败后，伍汉持、莫纪彭、林君复等运动香山陆军首先反

---

[1] 冯自由《国会议员流血第一人伍汉持》，《大风旬刊》（香港）1939年第41期，第1316页。

[2] 麦梅生《众议院议员伍烈士汉持先生传》，《新民报》1918年第5卷第10期，第6页。

[3] 广东国权挽救会宣布致北京外务部电文：香山屏藩岭海，葡人越境侵占拒官。官虐民、对葡如怯，列强益横。迩英人又遣兵轮，藉测航路，侵入我粤岭海内诸港及新安等处，操兵演炮，竖旗图占，均碍主权，违公法。民情震骇，恫粤瞬亡。钧部又遽假税司西江捕权，西江非公海，内匪非海贼，税司外人兼办捕务。外患已亟，更弃兵权，轻民命，岭海东西，旦夕巨变，粤民誓死挽救，统乞钧部迅即据理，与葡英两国力争，以保国权。全粤土莲联六十六学堂一千九百二十人呼吁，迫切待命，广东国权挽救会士民沈厚慈、何锷、叶夏声、陈侦、李绥青等叩。《国权挽救会集议情形》，《申报》（上海）1907年11月29日，第1张第5版。

正。其后伍汉持又邀谭民三、叶夏声等在香港筹划，为1911年9月香军光复香山前山做出了重要贡献。1911年11月9日广东独立后，伍、夏皆任职广东军政府，伍汉持任都督府医务部长兼任北伐军医官，叶夏声任都督府参议。叶夏声熟悉同志伍汉持，这也是叶撰写伍汉持传记的优势所在。

二、伍汉持墓的前两次迁移

借助于前揭几篇伍汉持传记，我们可知伍汉持墓的大致情形。

伍汉持遇难后五日，即1913年8月25日，在京粤籍同乡同志及伍汉持家人才得知"确耗"。因为"当时未有何种罪状宣布，外人无从而知"。距离伍汉持被害，过了约十天，广州《民生日报》才进行了报道，且仅仅一句消息："闻伍汉持在天津（被）枪毙。"[1] 次日确认后，《民生日报》以同样方式再报一次。具体情形，外界自然难知其详。但是否如后来研究者所说当时没有公布"罪状"，并非如此。

伍汉持被枪毙后，当月31日《申报》曾加以报道：

> 天津戒严司令处公布云：查津埠为通商要衝，即京畿门户，自南方肇衅以来，党匪潜来津埠，秘密结合，希图破坏大局者层见叠出，本司令有维持地方保卫治安之责，于八月一号经密探查获破坏党伍汉持一名，讯明广东人，年四十二岁，在籍以医药为生，于本年四月来京充众议员议员，曾在北京蓄意煽乱，恐被弃拿，当开院期内潜逃津埠，到租界内勾结党类，秘密开会，意图颠覆政府，先后搜出私函底稿炸药及购买配合炸药单两纸，直认不讳。查该犯伍汉持所犯情节，供证确凿，应以内乱罪论，按照军法从事，俾昭创惩，除呈明都督转呈大总统外，业将该犯伍汉持交营行刑，合亟公布，俾众周知。此布。[2]

---

[1] "特电"，《民生日报》（广州）1913年8月28日，第2页。

[2] 《天津司令处公布伍汉持罪状》，《申报》（上海）1913年8月31日，第6版。

此公布甫出，即遭众多议员反弹。以广西籍众议院议员萧晋荣牵头，许多众议院议员对于伍汉持被枪毙一事提出质疑，并上书质问袁世凯北京政府：

> 本院依据临时约法质问政府历经办理在案，昨阅本院报告天津警备司令处来函，始知本院议员伍汉持确有在津被处死刑之事，本员对于此案殊深疑惑。一、伍汉持系犯何罪？何以判决执行之后尚未将证据宣布？二、天津警备司令处依据何种法律而有此案之审判权？三、此案系依据何种法律判决而有枪毙之刑？四、政府对于本无审判权之官吏不依法律擅行枪毙人命者会如何处治？以上疑问应请政府依法于三日内答覆。[1]

但袁世凯北京政府并未给出合理解释。这无疑加重袁氏失信于民的危机。

关于伍汉持死后埋葬情况，我们从麦梅生《众议院议员伍烈士汉持先生传》可见大概。1913年8月26日，在京粤籍同乡同志徐传霖、刘栽甫、伍朝枢、司徒颖、李自芳及伍汉持夫人、子女到韩家墅军营，在埋葬处得伍汉持棺枢，用船运至天津。在重新装置一新棺时，发现伍汉持尸体"尚未腐，著旧官纱长衣，足无履，以右袖掩面，洞胸枪口一，微有血水"。伍汉持家人及生前同志将新棺暂厝广东义庄。[2] 在徐传霖、李自芳、司徒颖等旅京同志同乡帮助下，同年11月1日，伍汉持夫人及其子女将伍汉持棺枢运回广州。伍汉持"家人运枢回粤，厝于穗垣东门外永胜寺，时君年四十有二。民国三年八月十九号迁葬于耶稣教坟场。迁葬时为龙济光所压抑，故执绋者只二百余人"。[3]

1914年8月19日，正是伍汉持牺牲一周年。而革命党"二次革命"反袁失败，镇压革命党的龙济光控制广东，这可能也无形中影响到此次迁葬没有太多具体报道，因而此次迁葬的伍汉持墓的情况没有更多信息。是为第一次迁葬。

1937年3月，时隔二十余年，伍汉持墓第二次迁葬于广州东沙路新建成的伍汉

---

[1] 《伍汉持枪毙后之质问》，《申报》（上海）1913年9月14日，第3版。

[2] 佩韦《众议院议员伍汉持君传》，《民国》第1年第2号，1914年6月初10日，第188页。

[3] 麦梅生《众议院议员伍烈士汉持先生传》，《新民报》1918年第5卷第10期，第6页。耶稣教坟场即基督教教坟场原位于广州东沙路（后改名先烈路），1950年代迁广州白云区。

图二　伍汉持先生纪念碑

持医院内。

伍汉持生前，于光绪末年在广州旧仓巷租借盘氏家塾，创设图强医院，并附设保产学校于其中。其志向"注重教育事业，尤注重慈善事业。欲完善慈善事业之目的，不能不以筹建医院为亟图。故于宣统间，自出囊积，购置地段于旧仓巷，留为异日建造医院之用"。伍汉持被害后，其夫人李佩珍"体先夫之志，将其身后之保险金，再购民房，贴近旧地，合计有数十井之广"。由于所需建筑费用甚巨，"难以筹措，暂搁其事"。后经政府抚恤及募捐，决定成立"伍汉持医院"。[1]

1932年，李佩珍及其子女计划将伍汉持医院迁建广州东沙路。同时决意将伍汉持墓随之由广州基督教坟场迁葬该医院内。同年6月，胡汉民为之撰《伍汉持先生纪念碑》碑文。伍汉持先生纪念碑（图二）于1935年7月刻就。广州市政府拨东沙马路汪岗建伍汉持纪念医院，1935年伍汉持纪念医院动工建设。1937年落成。[2]

1937年3月，竖立于伍汉持墓旁的伍汉持先生纪念碑，长2.04米，宽0.83米。因以往所录皆有错漏，故录之于下并加以标点，意存史料（碑文竖排，满行58个字，每行结束，以"/"标识），同时可与前揭传记比照：

伍汉持先生纪念碑/

番禺胡汉民撰　陈融书/

台山伍汉持先生，初毕业于佛山之英国惠师礼会医院，业医于开平水口，迁香港之油麻地。时史坚如方就义，其兄古如及妹奉母来香港，与订交共/谋革命。会南非洲招工，聘主船上华工医务，乃藉以结纳党人，图举事。壬寅惠州之役，与有力焉。旋于广州市旧仓巷创图强医学堂，授生徒且赠医，而/有志经世之学，复肆业于广东法政学堂，治政治经济学。同志刘师复谋炸清吏，僦居其邻，将发遗书致汪精卫及家人置案上，携炸弹出，误触其机，弹/发，受重创，先生驰往救之，瞥睹案上

[1]《伍汉持夫人筹建纪念医院缘起》，《兴华》第15卷第34期，1918年9月4日，第17页。

[2] 文钊《被藐视的历史：伍汉持（1872—1913）——第一个为共和宪政流血的国会议员》，香港：香港文艺出版社，2011年，第148页。

书，纳诸怀，而异刘于医院，既以书授同志朱执信、古勷勤等，毁之，他人不知也。清吏以汉持救刘力，疑与谋，逮之，大/索其家，获代理《民报》簿籍以去，狱将具矣。朱、古等联合学界力争之，法政学堂监督夏同龢复为白于当局，乃免。辛亥三月廿九之役，党人既失败，多亡/匿，先生亦徙家香港，与莫纪彭、林君复等运动驻香山新军反正。九月以香军光复香山，趋顺德，将直薄省垣，而省垣已宣告独立，遂率军筹北伐。会南/北议和，乃止。寻当选为第一届国会众议院议员，或以万金诱使脱党籍，拒弗纳。甫入都，袁世凯擅借外款成，愤然曰："是违法也，不纠绳之，专制将复活/矣。"乃倡言于议场，力反对之，而于暗杀宋教仁案，诘责世凯尤严。赣宁讨袁义师起，主法律解决，胪举世凯祸国罪状，依约法提案劾之，复上书请退位。/以是深为世凯所蒈，有劝之者，则曰："此议员天职，苟利国家，死生以之，他非所顾也。"更贻书沪上报界声其罪，世凯侦得之。会友人某旅天津病，延往诊。/抵津，经河北，被捕于途，旋移禁于距津二十里外之韩家墅军垒，盖刑人地也。夜向尽，曳出，将死之，语其营长曰:我众议员伍汉持也，无罪，以劾袁世凯，/为杨以德、王廷桢所捕，禁天津二十日矣，未尝作乞怜语，今死，我非畏死者，惟愿以一枪殪我，我死，毋与匪盗并瘞，识瘞所为示后人访我者。索纸笔，草/遗书毕，从容起曰："趣死，我无憾矣。"遂死之，时民国二年八月十九日也。越五日，家人始得讯，出都访遗骸，得其遗书曰:我以劾袁世凯而死，死于职权，/泰山鸿毛，自有公论。人莫不有死，今以一枪毕命，不犹愈于辗转床蓐求死不得者乎。勿哀，但教育子女自爱爱国爱党可矣。乃易棺殓，归葬于粤。先生/为人醇笃沈毅，怀利物济人之志，为公益事，不惜倾其财与力以赴之。庚戌奉天大疫蔓延，速且广，各省征医赴之，莫敢应，先生慨然曰："医固所以救人/也，死生有命，吾何惧哉!"应征往。存活甚众，奉人德之。尝与马达臣举办赤十字会，又捐资购学堂邻近地，谋筑院赠医，以利平民。华人于国内创办十字/会及西医院者，自先生为之始云。夫人李佩珍，擅产科，助治其业。今之图强助产学校、伍汉持纪念医院，皆所手创。抚诸孤成立,能成先生之志。子伯良、/伯胜、伯就，女智梅，皆毕业国内外各大

学，致力于党国社会事，有声于时。/

中华民国二十四年七月　　□旦/

伍汉持生平事迹一目了然。由碑文可见其历史功绩。关于其中的一些史事舛误，李兴国已作勾稽、详细比勘[1]。

图强助产学校、伍汉持纪念医院（现址为中山大学肿瘤医院）今已不存，唯留下的伍汉持墓成为纪念伍汉持的实物证据和研究其家人、同志难得的实物资料。

三、伍汉持墓的第三、四次迁葬

上述两次迁葬，皆为伍汉持后人主动，以便就近纪念。

20世纪50年代，因广州东风路扩建，为配合城市建设而将伍汉持墓迁建至今中山大学附属肿瘤医院内。是为第三次迁建。当时广州先烈路上不少民国时期的墓葬也因建设需要而被迫迁移。

"文革"时期，许多文物史迹遭到破坏。"伍烈士汉持墓"碑石被弃置倒地，墓园地面花岗岩石亦遭拆毁。胡汉民所书《伍汉持先生纪念碑》碑石被转移他处。"文革"结束后，拨乱反正。1980年代，伍汉持先生纪念墓园得以恢复。墓园呈长方形，长12米，宽5米。伍汉持墓位于墓园西北角，坐北朝南，花岗岩石棺边长1.6米，高0.8米，墓棺上有宝塔形装饰物。墓正面中央有红十字标志，周围镌刻"伍烈士汉持墓"六字。原《伍汉持先生纪念碑》碑石经修复后重新竖立。四周以石米批荡水泥柱串以铁链相围。

2002年9月，伍汉持墓被公布为广州市登记保护文物单位，2008年12月，伍汉持墓被公布为广州市文物保护单位。

2010年，因伍汉持墓所在中山大学附属肿瘤医院扩建，"伍烈士汉持墓"碑石及伍汉持先生纪念碑等暂被移入他地暂存。与此同时，广州考古工作人员在该

---

[1] 李兴国《〈伍汉持烈士纪念碑〉略论》，孙中山大元帅府纪念馆编《帅府论文集》第1辑，广州：广东人民出版社，2013年，第62、62页。

医院新建大楼工地进行考古发掘。该年9月8日，在伍汉持墓园一角意外发现伍汉持骨坛，距离伍汉持墓约15米。

伍汉持骨坛盖边缘墨书："台山县　斗山村。"在"台山县"与"斗山村"之间有"民国二十六年三月二日"字样。开启骨坛，在第三层瓦盖内面可见"伍公汉持　终于民国二年八月十九日"字样。[1] 由此可知，伍汉持墓第二次具体迁葬时间为1937年全民抗战前夕的3月2日，此即伍汉持纪念医院落成之时。

为保护烈士忠骨，广州市文物行政部门与烈士墓所在医院、烈士后人几经磋商，又经广东省文物行政部门批准，将伍汉持骨坛暂厝于广州粤一师诸先烈纪念碑右侧空地。

2012年3月29日，逢黄花岗起义101周年，在伍汉持骨坛发现处西北约70米的位置重新修建伍汉持墓。是为伍汉持墓第四次迁建。此次迁建，除按照20世纪80年代形制恢复外，又添《伍汉持烈士墓迁葬碑记》和前国民党主席马英九题写的"勋猷共仰"碑记各一方。《伍汉持烈士墓迁葬碑记》简要叙述历次迁移大致情况。从中可见，伍汉持墓后期迁建、保护，实有赖于各级文物部门、统战部门、烈士后人等齐心协力。

四、余言

关于伍汉持传的版本，目前最早的应为发表于伍汉持牺牲次年，即1914年日本《民国》杂志上、佩韦即叶夏声所写的《众议院议员伍汉持君传》，已彰显伍汉持生平及其贡献，该传可视为其后来传记、碑刻"母本"或主要参考来源。

伍汉持身后，其墓历经四次迁葬：第一次于1914年8月19日，即伍汉持牺牲一周年,伍汉持墓由天津迁回广州；第二次于1937年3月，伍汉持墓迁建于广州东沙路（今先烈路）新建成的伍汉持医院内；第三次于20世纪50年代，迁移至中山大学附属肿瘤医院内；第四次于2012年3月29日，逢黄花岗起义101周年，迁建中山大学附

---

[1] 文钊《被藐视的历史：伍汉持（1872—1913）——第一个为共和宪政流血的国会议员》，香港：香港文艺出版社，2011年，第178页。

360

属肿瘤医院西侧。

民国时期不少墓葬经历过几番迁移，像伍汉持烈士墓一样，多次迁移，又似并不多见，这也使其具有丰富历史文化内涵。中华人民共和国成立后，伍汉持墓的历史遭遇，也是中国文物保护发展历程中的一个缩影。时过境迁，文物迁建或重建实为特殊之举，实应尽量保留历史原真性。

伍汉持烈士墓是研究辛亥革命史、华侨史的珍贵实物资料。耙梳伍汉持烈士墓史，对于研究其人及其子女（图三）[1]、伍汉持众多同志皆有一定参考价值。对于像伍汉持烈士墓等"经历"丰富的近现代历史文化遗产，厘清历史脉络，增加认知，进而寻求科学保护与合理利用方式，可更好发挥其爱国主义教育等社会文化功能。

图三　伍汉持（左六）与夫人李佩珍（左二）、长子伍伯良（左五）
长女伍智梅（左三）、次子伍伯胜（右一）、三子伍伯就（左一）
次女伍月英（左四）

（作者单位：广州市文物考古研究院）

[1] 枕荞《民国"女界先锋"伍智梅》，《炎黄春秋》2018年第1期。

"健康中国"战略下博物馆医学文化建设
的意义和途径

梁煜东

内容提要：

　　新时代下，发展全民健康是党作出的惠及民生的重大举措。作为公共文化服务机构，博物馆也应将健康服务纳入工作范围，借助自身优势，通过多方合作，征集医学物证，举办特色展览，开展多形式的拓展教育，提升全民健康素养，助推健康中国战略的实施。拟针对现状，试论"健康中国"战略下博物馆医学文化建设的意义和途径。

　　健康不仅关乎医学，更受社会各因素的综合影响。现阶段，民众对于健康的认知还普遍停留在个人及医学层面，缺乏社会、人文等宏观层面的关照；而健康状态的达成，需要社会各因素的有机结合和支撑。党的十九大作出了"实施健康中国战略"的重大决策，"以人民为中心，以健康为根本"成为新时代最响亮的号角。而以服务社会发展为己任的博物馆也应与时俱进，践行时代赋予的伟大使命，担当"健康中国"战略目标的见证者、参与者和贡献者，将"健康"理念引入博物馆的征集、陈列和宣教中，为提高国民健康水平贡献力量。

一、健康中国战略下博物馆医学文化建设的意义

　　健康中国战略以优先发展人民健康为基本旨归，即把健康融入到所有政策中。在此背景下，作为非营利性社会文化机构的博物馆，也应积极回应时代需求，在社会发展中找准定位这不仅是"健康中国"时代背景下博物馆应履行的社会

责任，也是其自身发展的需要。

（一）博物馆是"健康中国"战略目标的助推器

博物馆广泛的民众参与度能够为普及"健康中国"战略提供强有力的支持，可以充分发挥其社会化大学的作用，传播医学文化知识与健康理念，服务健康中国建设。

首先，博物馆公共服务日渐迈向均等化，有助于打造人人共享健康的平台。自2008年实行免费政策以来，我国博物馆的社会关注度持续上升，观众结构日渐多元化，以往受知识分子青睐的博物馆，如今走近了寻常百姓家。未成年人、老年人、城镇居民、低收入人群、农民工等群体参观人数大幅提升；并积极开展流动博物馆服务，深入社区、乡镇、农村及边远地区，惠及地方民众，有效解决了我国文博资源分布不均的现状；在大数据推动下，我国博物馆亦积极探索智慧化体验之路，借助AI、云计算、虚拟仿真等技术，不断提升游客的参观体验，如故宫博物院携手腾讯建设"数字故宫"就取得了巨大的社会反响。基于此，博物馆建设医学文化与"健康中国"战略坚持的"公平公正"原则高度契合，即关注农村和基层，以"共建共享、全民健康"为旨归，"逐步缩小城乡、地区、人群间基本健康服务和健康水平的差异"，从而"实现全民健康覆盖，促进社会公平"。

其次，博物馆多元化的教育方式，可以为全民健康教育提供新场所。教育是博物馆的首要目的和功能，博物馆的藏品、科研成果等最终都要转化成教育信息，并通过不同的形式传递给公众。而较传统学校教育，博物馆的教育功能更为独特，多借助艺术表达形式，以文物或标本为载体，寓教于乐，更容易引起观众的兴趣；并具有多元化的拓展模式，可在基础陈列展览的基础上，利用多媒体、网站、出版物、讲座、社区活动等方式，借助音乐、文学、美术等艺术形式开发文创产品，对藏品进行深度解读与创造，使知识的传播更加立体化，能够成为民族健康教育的新场所。

（二）医学文化建设是博物馆自身发展的需要

博物馆以共享优势和服务优势助推"健康中国"战略目标的同时，也为其自身发展注入了新的"血液"。"健康中国"建设的战略机遇期亦是博物馆发展的机遇期，博物馆应在全民健康时代中找准定位，既满足公众的精神文化需要，同时也促进自身发展。

  一方面，为公众提供高质量、丰富化的知识文化传播和公共服务是博物馆的应有之义，人类社会的发展伴随着与疾病的博弈，"健康中国"战略下，健康服务不仅仅是医疗服务，更是健康素养、健康文化教育等多维度服务。关注健康问题、传播健康理念应成为当代博物馆的重要使命，开拓新的服务领域，满足当前的社会发展需求。另一方面，扩充藏品种类，征集医学文化主题相关文物可以解决当下博物馆藏品征集的困境，满足当代人和后代人的需要。现阶段，公众对文化精神的需求越来越多元化，内容单一的展览也势必影响博物馆的客源，医学主题展可以有效地丰富博物馆展览内容，在最受关注的健康教育中发挥自身优势，有利于促使博物馆成为公众所依赖的服务机构。

二、中国博物馆医学文化建设的现状

  近年来，我国博物馆发展势头迅猛。截止到2018年底，全国博物馆数量从3866座增加到5354座，平均每年增长两百座；[1]参观人数亦大幅提高，年参观人次由6.7亿增长到11.26亿；年举办陈列展览近3万个，各类教育活动20余万次，文物进出境交流展览近百个，博物馆在民众的教育作用愈发凸显，多元化的文化活动极大提升了大众的民族认同感和自豪感，也使蕴含着中华文明"根"与"魂"的宝贵文化遗产绽放出了新光彩。

  人类与病毒的博弈贯穿整个人类社会发展史。集体记忆的构建与传承是人类发展的命脉。但现阶段，我国综合类博物馆在医学文化的展示方面颇为欠缺，据笔者统计，目前我国医学相关主题展仅存在于个别医学类博物馆中，而综合类博物馆医学类展览仅停留在对古代医学文物的介绍层面。资料显示，2010—2019十

---

[1] 2012年3866座，2013年4165座，2014年4510座，2015年4692座，2016年4873座，2017年5136座，2019年5月18日国际博物馆日，国家文物局局长刘玉珠宣布，2018年度全国注册登记博物馆总数达到5354座，比2017年度增加了218座。统计数据来源：http://www.ncha.gov.cn/art/2019/5/18/art_1027_155130.html、http://www.ncha.gov.cn/art/2015/5/26/art_1807_121158.html

表一　2010—2019年国内综合类博物馆举办医学主题展

展览名称	时间	办展机构
逐梦疾控新时代， 共筑健康强德州	2019.10.8-10.14	德州市博物馆、 德州市疾病预防控制中心
岁月流金，生命回响—— 近代中国医学人文历史大展	2018.8.17-9.20	上海市医学会、复旦大学附属 中山医院、龙美术馆主办
天人一脉——蒙医药 文化特展	2013.6.27-9.27	内蒙古国际蒙医蒙药博物馆与 内蒙古博物院、内蒙古医科 大学蒙医药博物馆

年间，综合博物馆影响较大的医学类主题展览仅有三个，但深度和广度均为欠缺（详见表一），布展形式往往局限于展板图片和文字，展期较短，且很少对外开放，影响力不足。

医学类博物馆在收藏、保管、研究中医药文物，弘扬医学文化以及医学教学中发挥着重要作用，但普遍存在"量"大"质"不足，"养在深闺人未识"的困境，其因在于：第一，公众参与度普遍不高。大多数医学博物馆的管理归口为院校、医疗机构、企业、医疗卫生主管等行政部门，受众群体常局限于医疗卫生部门、医疗机构的内部人员、医学高等院校的学生以及企业员工，且对外缺乏足够的宣传，使其社会影响力大打折扣，资源利用率较低、社会效益难以发挥。第二，展览内容厚古薄今。资料显示，目前我国医学类博物馆展览大多停留在宣扬传统医学文化或者企业文化，缺乏对现当代相关卫生医疗方面的关注，使得与公众的亲和力不足。第三，展示方式缺乏创新。策展多采用传统的展板等形式，观众的参观体验不足。如临沂市疾控中心为庆祝新中国成立70周年特筹建的"临沂市卫生防疫历史实物资料展览"，内容新颖，实物、文献、图片等资料十分翔实，但展览设计仅采用了橱窗、展板等方式，缺乏视觉冲击力，使参观效果大打折扣。

三、博物馆医学文化建设的途径

基于现状，博物馆工作可积极贯彻"健康中国"理念，探索医学文化建设的落地之路。如加强多方合作、拓宽文物征集范围、举办医学类特展，并开展拓展式教育。

（一）加强多方合作和交流

博物馆发展到今天，不能只着眼于自己本馆所拥有的，而是更应看到自己能以什么样的模式将自身社会教育功能发挥到极致。为确保博物馆医学文化建设的最优化，以及解决博物馆工作人员在面对专业的医学信息，无法做到对医学信息进行实时跟踪、了解和鉴别的状况，同时拓宽协作渠道，加强与医学类博物馆（馆际之间）、医药企业、医学科研机构及院校合作。比如2013年，内蒙古博物院联合内蒙古国际蒙医蒙药博物馆、内蒙古医科大学蒙医药博物馆等单位合作，充分利用各馆文物资源、信息等优势，举办了"天人一脉——蒙医药文化特展"，该展的举办仅为探索、研究蒙医药文化遗产提供了参考的珍贵依据和资料，更是为公众了解蒙医药文化搭建了良好的平台。纽约市博物馆为纪念1918年西班牙大流感流行一百周年，特联合纽约医学研究院、惠康及强生公司举办了"细菌之城：微生物与大都市"展，在展览中，纽约市博物馆借鉴惠康收藏馆"阅览室"的模型，还特地设计了一个混合的画廊和图书馆，以便游客可以通过精选书籍来深入探究展览的主题。同时，与医学科研机构及院校等合作可以举办医学类学术报告会、联合出版科普书籍等，不仅有益于公众掌握更为科学专业的医学前沿的动态知识，拓展获取信息的渠道，亦有利加强各机构工作人员交流与合作，相互促进。

通过跨单位合作，推动博物馆医学文化建设中不同行业间、不同单位之间在资源、人员、信息等方面的协调和配合，从而将博物馆的服务优势整合成整体性的健康服务优势，这样做既有利于进一步提高博物馆公共文化服务功能，又有利于践行"健康中国"战略目标，让老百姓获得更多的、易懂的健康知识。

（二）拓宽文物征集范围

藏品是博物馆的灵魂。博物馆几乎所有的工作都是围绕藏品来展开，因此应该将医学类文物纳入博物馆文物征集工作之中，以便今后的研究、展示和利用。长期以来形成的"厚古薄今"传统思维一直显现在我们的往日征集工作之中，而新时代下，我们应与时俱进，拓宽征集范围，如在征集医学类文物时，不仅限于古代医学文物，更应该本着"为明天收藏今天"的理念，及时征集近现代医学类物证。如2003年，首都博物馆针对"非典"进行的专题物证征集，引起了较大的社会反响。这不仅做到了为博物馆扩充和丰富了藏品及类别，更是履行了为国家留史，为民族留记的责任。此外在征集现当代医学类物证时，应注意关于物证口述资料的收集，这样更有利于做到物证信息的丰富性。比如在征集有关我国基层卫生事业发展相关物证时，通过对基层卫生发展的重要时间点、重要事件的亲历者（基层卫生行政人员、医生及居民）进行口述采访，对事件发生时的细节进行了关键内容的补充，从而为这些物证留下历史的温度。

（三）策划推出医学类展

博物馆进行医学类文物的征集，不仅是为了收藏，更应通过临时展览的形式激活医学文物，使公众在展陈构建的环境中获取健康知识和理念，感知历史记忆及现实意义，进而"潜移默化"地推动社会健康意识水平的提高。临时展览作为博物馆实现为公众服务的主要内容，是博物馆特有的语言，博物馆在计划和推出展览时，应该将"健康"元素融入博物馆的临时展览计划之中。在欧美国家不乏将医学文化主题引入到博物馆展览之中，比如，美国史密斯自然历史博物馆策划了"爆发：连接世界的流行病"（图一），并期望通过展览让人们学习如何像流行病学家一样思考流行病及认识人类、动物和环境健康之间的联系。爱尔兰国家博物馆推出了"内敌：西班牙流感在爱尔兰1918-1919"展。"该展览向公众展示1918年大流感对爱尔兰革命时期社会的影响，而在此前的历史研究中这方面的影响一直未受到重视。尤其值得关注的是，该展览还展示了当时被用来对抗烈性传染病的爱尔兰民间药物和治疗方法。"[1]

---

[1]转引刘巍《博物馆：流行性疾病的防控需要全社会共同努力》，《科普时报》2020年2月7日，第8版。

图一 "爆发：连接世界的流行病"展场景

　　同时在预计准备举办这样的展览时，应需采取一系列措施去运营该展，扩大展览效应：在推出展前一两个月，通过官网和公众号提前预热，甚至通过部分电视、网络进行宣传；在前半个月至开幕前与主流媒体、高端媒体合作，进行深度报道，同时在网络、电视、自媒体上进行全面互动；开展后以网络传播形式对展览持续关注，并推出与展览相关的活动。将其打造成医学类品牌展，从而在陈列展览中创造一个自由、随和、亲切和充满鼓励意味的"健康氛围"，让观众愿意融入其中，能够融入其中，在其中以愉悦的心情体会健康知识，以此实现成长和发展。

　　（四）进行拓展式教育

　　为满足观众的多元参观需求，博物馆可围绕主题开展拓展式教育。拓展式教育是以展览内容为核心，对展览进行的补充、深化和延伸，从而使得展览能发挥更大的传播效应。与传统的实物、图文展示相比，它具有教育灵活性和对展览内容延伸性。拓展式教育灵活性，可以针对不同年龄段的观众，展开形式多样的教

图二 "西班牙流感：史上最致命大流感期间的护理"儿童参与项目场景

育活动，从而有助于将博物馆打造成真正意义上的传播知识文化重要阵地。比如对于中小学生而言，让他们去理解以成年人为出发点的展览实在不易，故此可从儿童视角，借助表演、漫画、标本展示等方式，让他们在互动和操作中激发对健康理念的科学兴趣，获得初步的认知。伦敦弗罗伦斯·南丁格尔博物馆举办"西班牙流感：史上最致命大流感期间的护理"展览时，为了让儿童更好的理解展示内容，设计了大量的动手活动，如解释只有某些病毒才能在物种间传播，则通过尼龙塔和乒乓球等方式，让医学专业知识变得简单化。（图二）此外，可借助拓展式教育进一步深化展览内容。例如在展览中可以通过穿插视频、语音等，向公众详细分析阐释展览想要表达的理念和知识，"西班牙流感：史上最致命大流感期间的护理"展览就采取了电影放映、戏剧表演等方式向游客们讲述"历史上最致命的流行病"故事，以及专业护士和普通妇女在此次流感中照顾受害者方面的重要贡献；还可以展开亲子活动，在专业人士和家长的带领下帮助子女理解活动内容。此外，为了更广泛传播健康理念，让人人共享，将服务社区、服务乡镇亦纳入拓展式教育活动中来。比如将所展示的内容提炼化以流动展览、宣传手册、视频展示等方式送进社区和乡镇，以此为建立"大健康"社区提供健康氛围和环境。

博物馆医学文化建设借助拓展式教育，有助于将专业性强、枯燥性的医学展览得以通俗化、趣味化、多元化，进而能"提供给观众不同的信息输入方式，使用各种感观模式、不同种类的刺激，以吸引更大范围的学习者"。[1]

四、结语

总之，面对健康中国战略这一全局性、系统性的重大社会工程，博物馆应更为积极地不断更新观念，加强单位协作，以丰富的藏品、新颖的陈列展览、多种形式的社会教育活动、活跃的学术气氛、丰硕的研究成果，担当起践行"健康中国"战略目标社会责任和使命中来，从而更好地服务于时代与人民。

（作者单位：陕西历史博物馆）

---

[1] 郑钰、黄钊俊、张宏彰《科学传播与戏剧艺术的结合——北京自然博物馆&台中科博馆戏剧式教育活动之比较研究》，《科普研究》2014年第1期。

物本无言　传承匠心
——"匠心神巧——广作特展"的策划与实施

帅　倩

内容提要：

近年来，以习近平总书记"弘扬工匠精神"为指导思想，广东地区博物馆推出了不少以外销艺术品、广珐琅、广彩、石湾陶、广绣等为主题的与匠心相关的专题展览，但缺乏对广州地区独具一格的各类特色手工艺品发展源流、工艺特点、艺术价值及代表人物等系统展示的展览。本文将以"匠心神巧——广作特展"的选题定位、展品选择、内容设计、形式设计、教育活动等方面为例，总结如何系统梳理展示两百多年来广州各类工艺特征、技巧，凸显广州工艺兴盛的时代、地域、匠人等因素及其蕴含的文化内涵、艺术价值，乃至对中国与世界工艺美术的重要贡献。

广州博物馆在秉承"根据本馆定位及广州地域文化特色，讲好中国故事、广州故事"的办展思路基础上，于2019年9月20日至2020年1月5日，与故宫博物院、北京市颐和园管理处、广东民间工艺博物馆联合在广州博物馆镇海楼专题展厅举办"匠心神巧——广作特展"，展览中首次以"广作"之名统称清代以来广州工匠制作的具有广州地区特色的手工艺品。这是一个穿越200余年时空，汇聚京穗两地四家文博机构所藏101件清代至当代广州工匠制作的钟表、牙雕、珐琅、家具、陶瓷、织绣等广作工艺精品的原创展览。101件展品数量虽然不算多，和同类展览相比甚至有些少，但这恰恰是这次"广作特展"的特色，精选的每件文物展品都承载着深厚的工艺与文化积淀，印记着鲜明的历史符号，镌刻着200余年间广匠的奇思妙想与永恒匠心。

一、展览选题定位：紧扣时代精神及地域特色

该展是以习近平总书记"弘扬工匠精神"为指导思想，为庆祝中华人民共和国成立70周年、广州博物馆建馆90周年和广东民间工艺博物馆建馆60周年，在广州市文化广电旅游局指导下精心策划的原创文物大展。

广州地处南海之滨，自秦汉以来便是中外经济文化交往的前沿，作为2000多年永不关闭的对外贸易口岸，尤其是1757年至1842年间清政府"一口通商"政策的实施，使广州作为中西商品贸易及文化交流前沿地的地位愈加重要，中西科技、工艺、工匠的汇聚，催生了广钟、广式珐琅等新兴手工艺，因此有学者称18世纪是广东工艺美术的黄金时代，至今在海内外文物收藏机构尤其是两岸故宫，均收藏了众多清代广州生产的工艺精品。

在策展之初，我们首先思考：我们将举办的是一个什么类型的展览，与以往举办的广州外销艺术品、广彩、广绣等专题展览相比有什么特色？

为了明确展览定位，我们针对近15年来广东省博物馆、广州博物馆、广东民间工艺博物馆、恭王府博物馆等策划的多个如"粤海珍萃——清代广东贡品特展""异趣同辉——馆藏清代中国外销艺术精品展""风尚——18至20世纪中国外销扇""重彩华章——广彩瓷器300年精华展""海贸遗珍——18至20世纪初广州外销艺术品""西方人眼里的中国情调——伊凡·威廉斯捐赠十九世纪广州外销通草纸水彩画""广州定制——广州博物馆藏清代外销纹章瓷""扇子上的东方与西方——18-9世纪中西成扇""广作华章——广绣历史文化与传承展""流行海外的广东制造"等与广州工艺相关的贡品、外销瓷、广彩瓷、纹章瓷、外销扇、广绣、外销画等为专题或与之类别相关的专题展览进行了认真、细致的调研，我们发现，已举办的这些展览，或仅展示广州某一工艺类别的展品，解读其发展的源流、工艺特点；或虽着重解读了某一类工艺类别展品的发展源流、工艺特点，但缺乏与同时期国内其他手工艺中心如北京、苏州等地技艺交流的展示或解读；或过多注重对某一工艺类别展品本身工艺的解读，没有深入挖掘其产生、发展及形

成的时代背景；或过多强调海外市场、西方艺术对清代广州外销艺术品在设计与工艺技术方面的影响，以"西风东渐""中西合璧""中西融合"等词概之，缺乏对这些广州手工艺品根植于中华民族传统工艺内涵的深入研究，未给予符合历史事实的客观评价。

因此，我们在策划展览，确定展览选题定位时，提出了展览必须紧扣"弘扬匠心精神"的时代旋律，对清代广州手工艺的发展源流、代表性类别、代表性人物、工艺特点、艺术价值进行系统梳理、整体研究与全面展示。作为城市历史综合性博物馆，广州博物馆更应从城市史尤其是清代口岸史的视野和角度展示清代广州工艺及其延续至今的发展历程，帮助市民加深对广州城市历史发展、文化特质及其地位的认识，从而提升城市文化自信。

经过三次专家咨询会，在黄海妍、程存洁、陈滢、阮华端、骆伟雄、梁丽辉、江滢河等省内文博、高校专家悉心指导下，策展团队最终确立了"以'广作'之名统称清代以来广州工匠制作的具有广州地区特色的手工艺品，梳理200多年间广州工艺兴盛的时代、地域、匠人等因素，详述各类工艺特征及技巧，挖掘文物背后的故事，集中展现广州工艺的文化内涵、艺术价值，及其对中国乃至世界工艺美术的重要贡献"的展览主题与策展思路。

蔡鸿生先生曾说："口岸史的研究，应当是经济史和文化史的综合研究。既不能见物不见人，更不能见'器'（物质文化）不见'道'（精神文化）。"展览以文物说话，但是不能就物说物，要尽力搜寻与文物相关的历史信息，从中发现人的活动轨迹，甚至思想和精神，这才能赋予文物新的生命。此次展览也是策展团队努力让展览"见人、见精神"的一次尝试。物本无言，传承匠心，这些巧夺天工的艺术珍品虽已染岁月铅华，但细细欣赏它们，我们希望观众仍能从中真切地感受到历代广匠孜孜不倦的追求与他们蕴含于指尖的无穷创造力。因此，我们最终将展览标题定为"匠心神巧——广作特展"，望观众们通过一件件展品，静静感悟百年匠心。

二、展览展品选择：种类多元万象代表性强

在明确展览主题和策展思路后，我们面对的第一个困难就是如何选取展品，此次展览不是贡品展，也不是工艺精品展或外销艺术品展。在展品选择上，故宫博物院、北京市颐和园管理处和广东民间工艺博物馆都给予了我们最大的支持和帮助，提供了他们所藏清代广州工匠制作的可供展出的代表性文物清单，并附上了较为清晰的文物来源，如广东官员进贡、粤海关成做、清宫造办处制作、20世纪60年代故宫博物院调拨、海外回流、捐赠等等。陈列编辑在整合了四家主办机构提供的文物清单后，对同类工艺文物进行比较分析，着重考虑该类文物是否能体现相关工艺的发展历程、凸显工艺特点，兼顾本地、宫廷、海外三类市场的区别，对门类及工艺特点相似的文物进行择优选取；同时，我们还根据镇海楼专题展厅布局、展柜规格尺寸及微环境设备设施控制水平等因素，比对拟选取文物的体量、尺寸及其对文物保护的要求，将超大、超长、超重及文物保护要求特别高、运输存在较大风险的文物删去。另外，针对某些类别文物较少或缺乏代表性展品的问题，在与其他三家主办单位多次协商沟通后，从他们的固定陈列或库房中选出点睛之物，从而使我们的展品类型更加丰富多元，更具代表性。联合办展、共建共享，科学、高效地实现了四馆文物优势互补。

由此，在这次展览展品选择上，我们确定了三个标准：第一，能反映东西文化交流互鉴；第二，能体现中央与地方的互动；第三，能凸显"广作"的文化内涵、艺术价值及对中国乃至世界工艺美术的重要贡献。择优选取可反映广作相关工艺发展历程、突出工艺特点，兼顾本地、宫廷、海外三类市场区别的广作精品，共计101件。

虽然仅有101件，但珍贵文物达34件，占比1/3，文物展品质地也多元万象，精品荟萃，汇聚了故宫博物院、北京市颐和园管理处、广州博物馆、广东民间工艺博物馆四家文博机构收藏的清代至当代广州工匠制作的外销画、广钟、广式牙雕、广式珐琅、广式家具、广彩、石湾陶、广绣、广缎等广作工艺精品，种类丰

表一　展览展品来源、种类统计简表

展品来源	展品种类	数量
故宫博物院、北京市颐和园管理处、广州博物馆、广东民间工艺博物馆	清代广东进贡广作精品、清宫造办处造广作精品	39件
广州博物馆、广东民间工艺博物馆	广作外销精品	50件
广州博物馆、广东民间工艺博物馆	近现代广匠名家代表作	12件
展品合计：101件		

富多元、造型瑰丽、工艺精湛，极具历史、科学和艺术价值。其中清代广东进贡广作精品和清宫造办处制作广作精品39件；清代广东本地广作精品、外销广作精品50件；近现代广匠名家代表作12件。这里面又以故宫博物院藏清乾隆錾胎珐琅太平有象、北京市颐和园管理处藏紫檀雕卷草纹嵌细木木瓜纹有束腰宝座为代表的众多珍贵文物均为首度公开展出。在展品的安排组合上，我们根据展览主题、结构体系、内容重点，按照时代、质地、种类、风格，合理布局，有机组合，疏密有致，突出重点文物。

三、展览内容设计：溯源析流以物说史

展览内容结构体系设计上，围绕展览主题与策展思路，摒弃了传统的纯粹以时间为线索建立展览构架的模式，总体上采用了"以点串线，以线构面"的方式，经三次专家论证，最终形成了以"十八世纪以来，在繁荣的中西文化与贸易交流下，广作工艺发生的深刻变化"为故事线，将整个展览分为以下三个部分：

融会中西　创百艺新风

仙工妙技　藏紫禁御苑

回澜百年　思古今匠心

　　三个部分承前启后，聚焦三个问题：一是广作源流及特点，二是广作技艺与海外市场及清宫造办处的互动关系，三是近现代广匠对广作工艺的传承与发展。以此展示不同时期、不同地域、不同质地、不同特点广作精品的焕丽璀璨，又以"广作"这条红线，以碰撞、交流、融合的演进方式，探索广作工艺的过去、而今与未来，再现200余年前广匠的奇思妙想及近现代广匠的匠心独运。

　　此次展览内容丰富，知识含量大，理论依据扎实，资料翔实，在近一年的筹展过程中，陈列编辑在反复翻查《清宫内务府造办处档案总汇》[1]《清宫广州十三行档案精选》[2]《钦定四库全书荟要》[3]《番禺县志》[4]等档案、文献，以及《闲情偶寄》[5]《广东新语》[6]《TRAVELS IN CHINA》[7]《存素堂丝绣录》[8]《竹园陶说》[9]《CHINESE ART》[10]《IMAGES OF THE CANTON FACTORIES 1760-1822》[11]《清代广东贡品》[12]《从清宫旧藏十八世纪广东贡品管窥广东工艺的特点与地位》[13]等清代以来中外文人文集与研究成果和《粤海珍萃——清代

[1] 中国第一历史档案馆、香港中文大学文物馆合编《清宫内务府造办处档案总汇》（1-55册），北京：人民出版社，2005年。

[2] 中国第一历史档案馆、广州市荔湾区人民政府合编《清宫广州十三行档案精选》，广州：广东经济出版社，2002年。

[3] 《钦定四库全书荟要》，集部，御制诗三集，卷八九。

[4] [清]何若瑶、史澄纂，李福泰修《同治番禺县志》，载《中国地方志集成·广东府县志辑6》，上海：上海书店出版社、成都：巴蜀书社、南京：江苏古籍出版社，2003年。

[5] [清]李渔《闲情偶寄》，载《续修四库全书·一一八六·子部·杂家类》，上海：上海古籍出版社，2002年。

[6] [清]屈大均《广东新语》，北京：中华书局，1985年。

[7] JOHN BARROW：TRAVELS IN CHINA，2013.

[8] [民国]朱启钤《存素堂丝绣录》，石印本，1928年刊印。

[9] [民国]刘子芬《竹园陶说》，载《生活与博物丛书》，上海：上海古籍出版社，1993年。

[10] STEPHEN W.BUSHELL：CHINESE ART，1905.

[11] PAUL A.VAN DYKE and MARIA KAR-WING MOK，IMAGES OF THE CANTON FACTORIES 1760-1822 Reading History in Art. Hong Kong University Pres，2015.

[12] 故宫博物院、香港中文大学文物馆合编《清代广东贡品》，香港：香港中文大学文物馆，1987年。

[13] 杨伯达《从清宫旧藏十八世纪广东贡品管窥广东工艺的特点与地位》载《故宫博物院学术文库·中国古代艺术文物论丛》，北京：紫禁城出版社，2002年，卷12。

广东贡品特展》[1]《匠心与仙工——明清雕刻展》[2]《华丽彩瓷——乾隆洋彩》[3]
等近年来与广作工艺及外销艺术品有关的最新展览成果基础上，将广钟、广式牙
雕、广彩、广绣、广式家具、广式珐琅产生发展的历史背景，在中西文化交流及
中央与地方互动下的工艺特点、技术价值在展览中进行了重点阐述，并编制了
"雍正至乾隆年间广东官员进贡的部分钟表"（表二）、"雍正至乾隆年间广东
官员进贡的部分牙雕"（表三）、"康熙至乾隆年间广东官员进贡的部分织物"
（表四）、"雍正至乾隆年间广东官员进贡的部分家具"（表五）、"乾隆至嘉
庆年间广东官员进贡的部分珐琅器"（表六）及"康熙至乾隆年间清宫造办处部
分广匠名录"（表七）6份简表，并将这些内容融入提纲脚本，希望通过强化重点
展品的历史印记，使观众被展品背后的人物故事所吸引，拉近观众与展品之间的
距离。

表二　雍正、乾隆年间广东官员进贡的部分钟表[4]

进贡人	官职	进贡时间	进贡物品
祖秉圭	粤海关监督	雍正八年（1730年）	问钟一座
毛克明 郑伍赛	粤海关监督 粤海关副监督	雍正十一年（1733年）	自鸣报时一架、自鸣奏乐一座
毛克明	粤海关监督	雍正十二年（1734年）	自鸣钟一架
毛克明	粤海关监督	雍正十三年（1735年）	自鸣钟一尊
郑伍赛	粤海关副监督	雍正十三年（1735年）	自鸣奏乐钟一尊
郑伍赛	粤海关副监督	乾隆三年（1738年）	自鸣奏乐一座、玻璃罩立表一座
德保	广东巡抚	乾隆三十六年（1771年）	乐钟一对、推钟一对
李侍尧	两广总督	乾隆三十六年（1771年）	镶钻石花自行开合盆景乐钟一对、 天马行桥乐钟一对、镶钻石鹿钟一件

---

[1]广东省博物馆编《粤海珍萃——清代广东贡品特展》，广州：广东省博物馆，2005年。

[2]嵇若昕《匠心与仙工——明清雕刻展》，台北：中国台北故宫博物院，2014年。

[3]廖宝秀《华丽彩瓷——乾隆洋彩》，台北：中国台北故宫博物院，2013年。

[4]中国第一历史档案馆、香港中文大学文物馆合编《清宫内务府造办处档案总汇》（1-55册），北京：人民出版
社，2005年；朱家溍、朱传荣选编《养心殿造办处史料辑览》（第1至8辑），北京：故宫出版社，2013年；故
宫博物院、香港中文大学文物馆合编《清代广东贡品》，香港：香港中文大学文物馆，1987年。

续表二

进贡人	官职	进贡时间	进贡物品
长麟	两广总督	乾隆五十九年（1794年）	报刻八音乐钟一对、报刻自鸣钟一对、两针珐琅表二对、两针金表二对
朱珪	广东巡抚	乾隆五十九年（1794年）	水法八音报时报刻自鸣钟一对

——资料来源：据《清宫内务府造办处档案总汇》《养心殿造办处史料辑览》《清代广东贡品》等整理、统计。

表三　雍正、乾隆年间广东官员进贡的部分象牙雕[1]

进贡人	官职	进贡时间	进贡物品
郝玉麟	广东总督	雍正九年（1731年）	象牙扇四把
鄂弥达	广东巡抚	雍正九年（1731年）	象牙面扇五柄
鄂弥达	广东巡抚	雍正十年（1732年）	牙扇五柄
郝玉麟	广东总督	雍正十年（1732年）	牙扇四把
杨永斌	广东巡抚	雍正十一年（1733年）	象牙葵扇五十柄、鹤顶牙扇五柄
鄂弥达	广东总督	雍正十一年（1733年）	牙扇五柄、牙牌掌扇五十柄、牙香囊一百枚
杨永斌	广东巡抚	雍正十二年（1734年）	牙扇五柄、牙席二幅、牙枕四个、牙座褥四幅
毛克明	粤海关监督	雍正十二年（1734年）	牙席二床
杨永斌	广东巡抚	雍正十三年（1735年）	象牙扇十柄
郑伍赛	粤海关副监督	乾隆三年（1738年）	象牙灯一对
策楞	两广总督	乾隆十三年（1748年）	象牙花二瓶
长麟	两广总督	乾隆五十九年（1794年）	牙丝宫扇五柄、牙牌葵扇一百柄
郭世勋	广东巡抚	乾隆五十九年（1794年）	牙丝宫扇五把、牙牌葵扇五十把

——资料来源：据《清宫内务府造办处档案总汇》《养心殿造办处史料辑览》《清代广东贡品》等整理、统计。

---

[1] 中国第一历史档案馆、香港中文大学文物馆合编《清宫内务府造办处档案总汇》（1-55册），北京：人民出版社，2005年；朱家溍、朱传荣选编《养心殿造办处史料辑览》（第1至8辑），北京：故宫出版社，2013年；故宫博物院、香港中文大学文物馆合编《清代广东贡品》，香港：香港中文大学文物馆，1987年。

表四　康熙、雍正、乾隆年间广东官员进贡的部分织物 [1]

进贡人	官职	进贡时间	进贡物品
未详	粤海关官员	康熙六十一年（1722年）	金丝绦一条、银丝绦一条、蓝斜纹一疋、青斜纹一疋
鄂弥达	广东总督	雍正十一年（1733年）	贡葛一百连、凤葛一百连、波罗蔴一百连、增城葛一百连、隆江绉袍褂料六十疋
杨永斌	广东巡抚	雍正十一年（1733年）	增城葛一百连、凤葛一百连、雷州葛一百连、波罗葛一百疋、丝葛一百疋
德保	广东巡抚	乾隆三十六年（1771年）	各色金丝缎二十疋、各色大彩二十疋
郭世勋	广东巡抚	乾隆五十九年（1794年）	龙葛一百疋、凤葛一百疋、雷葛一百疋、本色波罗葛一百疋、牙色波罗葛一百疋、增城葛一百疋、花机白一百疋
长麟	两广总督	乾隆五十九年（1794年）	龙葛一百疋、凤葛一百疋、本色波罗葛一百疋、牙色波罗葛一百疋、增城葛一百疋、花机白一百疋
朱珪	广东巡抚	乾隆五十九年（1794年）	洋金缎二十端、洋绿缎二十端

——资料来源：据《清宫内务府造办处档案总汇》《养心殿造办处史料辑览》《清代广东贡品》等整理、统计。

表五　雍正、乾隆年间广东官员进贡的部分家具 [2]

进贡人	官职	进贡时间	进贡物品
郝玉麟	广东总督	雍正八年（1730年）	玻璃镜二座、玻璃书橱二架
祖秉圭	粤海关监督	雍正九年（1731年）	雕画玻璃炕屏一架
杨永斌	广东巡抚	雍正十年（1732年）	万寿屏一架、紫檀柜二架
杨永斌	广东巡抚	雍正十一年（1733年）	万寿镜屏二座
郑伍赛	粤海关副监督	乾隆三年（1738年）	玻璃炕屏一座
策楞	两广总督	乾隆十二年（1747年）	玻璃炕屏一座

[1] 中国第一历史档案馆、香港中文大学文物馆合编《清宫内务府造办处档案总汇》（1-55册），北京：人民出版社，2005年；朱家溍、朱传荣选编《养心殿造办处史料辑览》（第1至8辑），北京：故宫出版社，2013年；故宫博物院、香港中文大学文物馆合编《清代广东贡品》，香港：香港中文大学文物馆，1987年。

[2] 中国第一历史档案馆、香港中文大学文物馆合编《清宫内务府造办处档案总汇》（1-55册），北京：人民出版社，2005年；朱家溍、朱传荣选编《养心殿造办处史料辑览》（第1至8辑），北京：故宫出版社，2013年；故宫博物院、香港中文大学文物馆合编《清代广东贡品》，香港：香港中文大学文物馆，1987年。

续表五

进贡人	官职	进贡时间	进贡物品
策楞	两广总督	乾隆十三年（1748年）	三羊百禄玻璃插屏一对（随座）、画玻璃挂屏一对、画山水玻璃挂屏一对
硕色	两广总督	乾隆十四年（1749年）	紫檀文榻一对、画玻璃紫檀挂屏一对
唐英	粤海关监督	乾隆十六年（1751年）	掐丝小香几一对、紫檀书桌一对、书格一对、玻璃小插屏二十座
杨应琚 李永标	两广总督 粤海关监督	乾隆二十年（1755年）	紫檀宝座一尊、紫檀御案一张、紫檀镶玻璃七屏风一座、紫檀椅十二张、紫檀宝凳四对、紫檀炕几一对、紫檀天香几二对
德保	广东巡抚	乾隆三十六年（1771年）	紫檀屏风宝座地平全份、紫檀书格成对、紫檀宝椅十二张、玻璃照衣镜成对
李侍尧	两广总督	乾隆三十六年（1771年）	紫檀镶玻璃三屏风一座、紫檀雕花宝座一尊、紫檀雕花御案一张、紫檀雕花炕几一对、紫檀雕花宝椅十二张、紫檀雕云龙大柜一对、紫檀镶玻璃衣镜一对、紫檀雕花大案一对、紫檀雕花天香几一对
长麟	两广总督	乾隆五十九年（1794年）	御制句象马图挂屏一对、御制赞十八罗汉挂屏一对、福寿玻璃挂屏一对、玻璃芙蓉花挂屏成对、玻璃月桂花挂屏成对、玻璃博古挂屏成对、四季长春花四盆（随紫檀几）、四季长春果四盆（随紫檀几）
朱珪	广东巡抚	乾隆五十九年（1794年）	御制八微耄念、十全老人之宝说挂屏一对；御制十全武功耆诗紫檀炕屏全副；御制墨云室记、李廷圭古墨歌挂屏一对

——资料来源：据《清宫内务府造办处档案总汇》《养心殿造办处史料辑览》《清代广东贡品》等整理、统计。

表六　乾隆、嘉庆年间广东官员进贡的部分珐琅器[2]

进贡人	官职	进贡时间	进贡物品
郑伍赛	粤海关副监督	乾隆五年（1740年）	珐琅面盆二对
策楞	广州将军兼粤海关监督	乾隆十年（1745年）	珐琅大鱼缸一对、小鱼缸一对
策楞	两广总督	乾隆十三年（1748年）	珐琅画片二方
班第	两广总督	乾隆十九年（1754年）	珐琅鱼缸一对
杨应琚 李永标	两广总督 粤海关监督	乾隆二十年（1755年）	珐琅镶画玻璃挂灯五对
杨应琚	两广总督	乾隆二十二年（1757年）	珐琅鱼缸一对、珐琅瓶二对
李永标	粤海关监督	乾隆二十二年（1757年）	珐琅鱼缸一对、珐琅炕几一对
李侍尧	两广总督	乾隆三十六年（1771年）	洋珐琅金鼻烟盒九件、仿景泰珐琅火盆二对
德魁	粤海关监督	乾隆四十一年（1776年）	珐琅六方瓶一对
李侍尧	两广总督	乾隆四十一年（1776年）	錾胎珐琅太平有象一对
额尔登布	广东巡抚	乾隆五十六年（1791年）	广珐琅画金五彩提樑卣成对、广珐琅五供成份
长麟	两广总督	乾隆五十九年（1794年）	珐琅五供成份、珐琅七珍八宝成份
百龄	两广总督	嘉庆十四年（1809年）	珐琅手炉十个

　　——资料来源：据《清宫内务府造办处档案总汇》《养心殿造办处史料辑览》《清代广东贡品》等整理、统计。

---

[1]中国第一历史档案馆、香港中文大学文物馆合编《清宫内务府造办处档案总汇》（1—55册），北京：人民出版社，2005年；朱家溍、朱传荣选编《养心殿造办处史料辑览》（第1至8辑），北京：故宫出版社，2013年；故宫博物院、香港中文大学文物馆合编《清代广东贡品》，香港：香港中文大学文物馆，1987年。

表七　康熙至乾隆年间清宫造办处部分广匠名录[1]

工匠类别	工匠姓名
珐琅匠	潘淳、杨士章、张琦（琪）、林朝楷、邝丽南、杨起胜、黄琛（深）、梁绍文、罗福旼、伦斯立、胡思明、梁观、党应时、李慧林、胡礼运、冯举、梁鸿泰、黄念、黄国茂、黎明
玻璃匠	程向贵、周俊
广木匠	霍五（贺五）、小梁（梁义）、罗胡子（罗元）、陈齐（斋）公、林大（彩）、杜志通、姚宗仁、冯国柱、黎经客、冯国枢、朱朝英、唐福如、金松茂、王常存、朱湛端、冯振德、岑泰泓、仇忠信、吴臣江、李庚、关瑞、黎荣、梁运、梁国栋、黎世能、冯照、何光、林朝志、萧广茂、冯宗彦、王长意、吴候（侯）明、朱文炳、黎荣燕、阮成宗、朱进发、朱彦柄、何联达
画画人	黄天元
轮子匠	谭远韬、周世泽
牙匠	陈祖章、陈观泉、萧汉振、李裔唐、黄振效、杨维占、司徒胜、黄兆、李爵禄、杨有庆、杨秀
自鸣钟匠	张琼魁

——资料来源：据《清宫内务府造办处档案总汇》《养心殿造办处史料辑览》杨伯达《十八世纪清内廷广匠史料纪略》整理、统计。

[1] 中国第一历史档案馆、香港中文大学文物馆合编《清宫内务府造办处档案总汇》（1—55册），北京：人民出版社，2005年；朱家溍、朱传荣选编《养心殿造办处史料辑览》（第1至8辑），北京：故宫出版社，2013年；杨伯达内廷广匠史料纪略》载《故宫博物院学术文库·中国古代艺术文物论丛》，北京：紫禁城出版社，2002年，卷12。

此外，陈列编辑还针对部分重点文物展品，根据合作单位提供的资料信息、清宫档案、粤海关志及清代文人文集、入华使团、外国学者的文集中爬梳其中所蕴含的鲜为人知的故事，以叙事的方式将这些故事传达给每一位来参观观众，增加展览的趣味性。如故宫博物院藏清乾隆錾胎珐琅太平有象，根据故宫博物院提供资料及查阅《故宫物品点查报告》等清宫档案文件及民国时期相关资料显示，这对大象为乾隆四十一年（1776年）两广总督李侍尧进贡，是一件广州制造的珐琅精品，象身纹样以錾胎技法制成，内填月白色珐琅；宝瓶、鞍鞯、鞍垫及长方形座的花纹则用掐丝填珐琅技法完成，融錾胎珐琅及掐丝珐琅技艺为一体，是一件"复合珐琅器"，自1776年入宫后，一直被安放于紫禁城中供奉玄武大帝的钦安殿内，[1]200多年后第一次回到出生地广州。确切的纪年与人物信息，寓意吉祥的文化内涵以及独具特色的工艺、大气宏阔的造型，让这件展品自带流量，备受关注，成为展览中当之无愧的"明星"展品；北京市颐和园管理处藏紫檀雕卷草纹嵌细木木瓜纹有素腰宝座也是此次展览中的另一件"明星"展品，据颐和园管理处提供资料及流传于世的中外档案、传教士照片中显示，这件宝座为慈禧太后心爱之物，其常立于其前或端坐其上。[2]虽然这件展品，因使用者而备受关注，但在展出中，我们并未过多强调它的使用者，而是更注重引导观众通过这件广式家具的用料、雕刻技法、装饰图案等去更多地关注这件宝座本身所蕴含的匠心、工艺及艺术价值，宝座为紫檀木质框架，光素座面。围子上沿自上而下作委角错落排列，浮雕缠枝西洋卷草花卉纹。围子背板镶嵌黄色细木浮雕具玉兰、灵芝、菊花和木瓜纹；围子两侧扶手板镶嵌黄色细木浮雕花鸟纹。座面下为高束腰雕"山"字回纹，牙板和如意式腿足浮雕西洋卷草，下承托泥，装龟脚。此件宝座纹饰融入西方艺术风格，为中西合璧古典家具代表作之一；此外，广东民间工艺博物馆提供的馆藏清代广东彩元绣庄广告纸，虽其貌不扬，但一张A4大小纸上不仅记录了彩元绣庄老铺及分铺位于当时广州城南繁华的双门大街、双门底一带，

---

[1] [民国]清室善后委员会编《故宫物品点查报告》，中华民国十四年至十九年，第二辑，第一编，第五册，卷五"钦安殿四神祠"，北京：线装书局，2004年，第333页。

[2] 向斯《慈禧的私家相册》，北京：中华书局，2013年，第68页、第75页、第77页、第78页。

主营贡品和各省官服及相关配饰，还详述彩元绣庄各铺地址、绣品品种、质地及经营理念，是研究清代广绣的珍贵史料。

四、展览形式设计：保护第一妙意创新

在800平方米的展厅里，要浓缩清代以来广作200余年的发展历史，丰富多元的文物展品质地，无疑会增强展览的可视性。但同时，也给我们的展陈环境提出了更高的要求，不同种类、不同质地的文物展品对展出条件的要求不同，这次展览大部分文物展品都有200多年的历史，特别脆弱，为迎接这次展览，广州博物馆从2018年开始对镇海楼专题展厅进行了为期两年的硬件设施提升，根据国家文物局颁发的博物馆展示及展品保存环境的要求，更换了专业的文物展柜、照明设备，并按照一级风险防范单位的要求配备了各种技防、消防监控设备，所有展柜均配置微环境监测设备，实时监控温湿度变化及有害气体浓度，为展出文物提供了较为安全的展出环境，展览照明灯光全部选用冷光源LED，明暗有致，注重层次感，精心设计，突出重点文物。展览中所采用的各类材料，均为无毒环保节能绿色产品。

在展线和展板设计上，经专家和策展团队多次讨论后一致认为，这次展览的展品工艺精美、各具特色、观赏性强，因此不宜过度设计，要多做减法，尽量突出工艺、材质、历史感和地域特色；同时保持展厅的静谧和色调的简洁，让观众能够静下心来认真观看展板、欣赏展品、感悟匠心。

整个展线，我们按照内容设计及叙事方式，主要分为序厅、第一展厅、过道、第二展厅、第三展厅及互动区六个区域。主要内容安排于沿墙展柜内为主线，重点文物、场景、视频、多媒体、互动体验项目等设置于柜外的墙面、空间或独立柜为辅线。并针对一些重要文物、组合文物，专门设计、制作了不同体量的展柜、展台、展架特别展示。

展览整体以重点文物"太平有象"、广缎中"蓝地'卍'字纹饰"为主要设计元素，营造"广作"传承百年的大气磅礴与细腻柔美。序厅设计方面，开门见

山，直入主题。序厅包括标题展墙、前言板和一对"太平有象"展柜。标题展墙与前言板的主要设计元素与色调均取自广缎及太平有象上的纹饰，整个画面颜色统一为深蓝、米黄与黑色；一对太平有象被放置于两个特殊定制的高2.5米、宽1.5米、深0.9米的低反展柜内，观众可近距离观察太平有象基座上的掐丝珐琅工艺及象身上的錾胎珐琅工艺以及镶嵌的各色宝石与龙纹、祥云纹、缠枝莲纹等传统吉祥纹饰。此处也是这次展览的网红打卡点之一，有媒体帮策展团队喊出了"太平有象回娘家，到镇海楼找'对象'！"的观展口号。

图一　故宫博物院藏清乾隆錾胎珐琅太平有象

385

图二　广州博物馆藏清光绪蓝色斜万字纹广缎

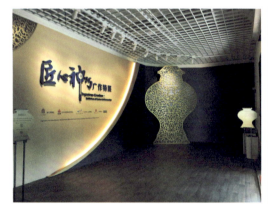

图三　"匠心神巧——广作特展"序厅实景

　　在展板设方面，设计人员利用四馆优势互补，紧扣主题，突出重点，力求准确传达不同历史时期及地域广州工艺的文化内涵与艺术价值。第一展厅第一部分以广缎中的深蓝色和广钟金色为主色调，凸显"一口通商"时期广作工艺融会中西的发展历程；第二展厅第二部分以故宫红为主色调，配以清宫小场景凸显广作"恭造"风格及清廷重视下广作工艺的黄金时代；第三展厅第三部分以沉稳的酱色为主色调，回澜百年，感受当代的匠人之心。各部分展版设计均呼应主题，并配合各部分主色调设计，充分表达内容。

图四　一、二、三部分部首图版

387

我国是野生动植物资源大国，一直以来政府均高度重视濒危野生动植物的保护工作，不仅颁布了一系列保护野生动植物的法律法规，更于1981年1月加入《濒危野生动植物种国际贸易公约》，同年4月公约正式对中国生效。

而今，亚洲象与非洲象不仅是我国一级保护动物，也被列入《濒危野生动植物种国际贸易公约》濒危动物名录。2018年1月1日起，我国更全面停止商业性象牙加工销售活动，故现今牙匠多改用象骨或骆驼骨等大型动物骨骼替代。

图五　第一、二、三部分部分展板设计图

　　辅助展品设计上，图版、场景、视频多媒体、观众参与互动体验项目均围绕展览主题、重要内容、重点展品及背景知识、研究成果和艺术风格要求合理配置，内容丰富，形式多样，突出重点，特色鲜明。因展览面积有限，展厅本身布局除展柜外已无太多空间进行场景设计，但策展团队还是结合内容设计和参观动线，因地制宜选取了三处位置进行特殊设计，使其巧妙地融入展线中，不脱离内容也不过分装饰，仅对展览主题或该部分内容进行渲染突出。如在第一展厅与前言板相隔的空白墙体上设置长轴式高光油画布展板，选取与第一部分内容相关的几类清代广州代表性工艺，用对应展品中最具特色的图像加以强调其工艺、装饰图案和设计风格，包括广钟的鎏金工艺与报时变字机械装置、广式画珐琅的西洋绘画技艺和多变釉料、广绣的金银线绣和立体效果、广式牙雕的透雕技艺和中西图案、广式家具的进口物料与西洋花卉纹样、广彩瓷器的西方纹章定制与中式边饰等，该展板既是对广作工艺特征的小结，也让参观完第一部分的观众有了更直观的印象，提升了对广作工艺的辨识度。

图六　清代广州各类代表性工艺图案墙

389

在第一展厅和第二展厅连接处，长约6米的狭长过道内，策展人员设置了感应式动感装置，选取九件代表性展品图片，观众从过道经过，设备感应器接收到信号就会依次点亮九幅图片，寓意"广作绽放"，既吸引观众注意这些展品，又增加展览的互动性。

图七 "广作绽放"动感灯箱装置

在第二展厅内，结合内容设计和参观动线，专门设置颐和园管理处藏紫檀雕卷草纹嵌细木木瓜纹有束腰宝座半开放式展区。策展团队采用故宫标准红色值，选取与清宫内建筑类似的藻井、柱子、宝座后方屏风等装饰图案；再从广州博物馆库房选取了两件清代广式镶云石几台，分置于宝座两旁，适度营造清宫氛围和宝座存放及使用的历史感。同时严格按照文物保护要求，选用不易挥发有害气体的墙纸及喷绘材料，并要求制作公司用糯米胶裱贴。为保证文物安全和展示效果，该区域外沿安装1.5米高玻璃围栏以分隔人群。这个展区也是这个展览另一处网红打卡点，很多观众在细细欣赏广式家具的不惜工本、中西合璧、精巧设计后，更拍照留念。

图八　紫檀宝座半开放式场景

　　策展团队在进行内容设计和形式设计时，除强调陈列思路和叙述逻辑，一并考虑每件文物的陈列方式，尽力找到文物保护和展示效果的平衡点。设计人员对每个展柜、每件文物进行一对一量身设计，力求展板、展台、展架、展托与文物在灯光的巧妙烘托下有机融合，形成立体的、多角度的呈现。在布展前，我们根据部分展品的尺寸和特性对展台进行了调整更换，并定制了一批特殊展架，确保所有展出文物的安全和尽可能地还原历史原貌。

　　整个形式设计上，我们始终坚持以对文物"保护第一"的原则为前提，根据文物体积、重量定制展示方案，以最符合文物特性及观赏原则的方式固定，特制展架使文物摆放错落有致增强观众体验感。

　　此外，在请柬海报设计上，我们也是使用故宫博物院所藏清乾隆錾胎珐琅太平有象作为请柬和代表清代广缎最高工艺水平的广州博物馆藏清光绪年间粤海关监督海绪为慈禧太后五旬寿辰特别定制的"蓝地'卍'字纹广缎中的纹饰作为设计的主体元素。请柬底图大面积使用蓝色金线斜"卍"字图案，用深沉的蓝色隐藏着金线勾勒的精致图案，衬托出造型别致、工艺特征明显、立体丰满的太平有象，使海报、请柬的设计主题突出、画面简洁又具有细节。在展览标题字体的选取上，中文主标题选用书写体，副标题为规整沉稳的黑体，与英文翻译文字组合成字块一并设计排列。中英文标题的文字颜色均选用与太平有象器物原有的金色较为接近的假金色，使整个画面色调较为协调，又突出重点。其中"神"字右边的"申"字竖笔，镶嵌了我馆所藏清代象牙镂雕福寿宝相花套球照片，既取其造型与竖笔一致，又因广州牙雕技艺高超，享誉海内外，明人曹昭《格古要论》称之为"鬼功球"，世人叹其"鬼斧神工"，以此象牙球突出广州工艺的精巧神妙，进一步强调展览标题"匠心神巧"之意。

图九 常规展架与定制展架

392

图十　展览请柬及细部

图十一　展览海报

五、展览推广：线上线下跨界融合

在展览的宣传方面，我们制作了展览宣传册，同时也在南方网上对展览开幕式进行了图文直播，当晚超11万人追踪观看展览直播视频。

展览展出期间，得到了社会各界及媒体、网站的广泛关注，慕名而来的观众络绎不绝，参观人数共计264万人次，2019年国庆期间最高单日参观人数超1.4万人次。专题宣传片被"学习强国"平台及广州日报秒拍平台转载，播放量分别达52.9万次及175万次。媒体报道共85篇，其中4篇被学习强国平台转载。依据展览"匠心"主题共策划45场非遗手工活动，5场专题学术讲座，专家及策展人、志愿者导赏，机场研学等各类教育活动（线上+线下）。

在文创方面，我们与广州日报合作联合开发了特色文创——策展手记，以纪实的手法将"匠心神巧——广作特展"展览从策展、展览洽谈、文物选取、文物运输、布展等过程以手绘图画和日记文字的形式呈现在手账本上，以手绘图画和文字描述相结合的方式生动再现了展览诞生的点点滴滴。

展览闭幕前，经长达半年精心策划的《匠心神巧——清代广作历史及工艺传承研究文集》正式由广东人民出版社出版发行，文集共收录海内外多家博物馆、档案馆、高校24位专家学者专题论文，分别就自身专业领域掌握的文献档案或实物资料，就广作某一门类或广作工艺与宫廷、海外市场的关系进行了深入探讨。

六、小结与思考

世事更迭，繁华渐落。这些巧夺天工的广作器物虽已侵染岁月铅华，但历代广匠却用其神巧独妙的技艺将往昔与当下的文化、艺术与美永久凝聚于这些器物之中。为人们探索广作工艺的过去、而今与未来，提供了最佳参照。

2021年5月16日，由广东省博物馆协会主办的"第三届（2019—2020年度）广

东省博物馆陈列展览精品推介活动评选颁奖仪式"在国际博物馆日广东主会
场——广东民间工艺博物馆举行，该推介活动共28家单位参评，广州博物馆等10家
单位荣获"第三届广东省博物馆陈列展览精品奖"，这也是我馆自该奖2017年设
立以来，连续三年蝉联该项荣誉。

"心心在一艺，其艺必工"，物本无言，传承匠心。这次展览虽已闭幕，但
留给我们很多启示：尊重历史，敬畏先人，用心策展，永无止境！此次展览的成
功举办与载誉而归离不开广州市文化广电旅游局的指导及故宫博物馆、北京市颐
和园管理处与广东民间工艺博物馆的鼎力支持，无论是策展还是到最后文物安全
归还入库各个环节，都离不开大家的群策群力，共同奋战。此次展览也有遗憾，
遗憾因场地、展线的局限，我们未能展出更多更具代表性的广作文物，也未能更
加深入且细致地解读每一种广作工艺，但我们愿以此展为新的起点，有更多的专
家学者、文博同行关注、参与广作工艺的历史研究，共同推进相关保护、研究、
展示及推广工作。

（作者单位：广州博物馆）

在广州海事博物馆开馆仪式上致辞

陈春声

尊敬的各位领导，各位来宾：

大家上午好!

非常荣幸能在中国共产党建党100周年之际，在这个雨后初晴的日子里，与大家相聚在广州千年海上活动的圣地南海神庙侧畔，共同见证广州海事博物馆的开馆大典。

作为长期从事岭南海上贸易与移民活动研究的历史学者，我们为广州海事博物馆隆重开馆感到欣慰和感动。这是海事文化建设的一件盛事，也有助于"海上丝绸之路"学术研究的深入和广州市文化旅游事业的发展。

广州建城二千多年深厚的历史文化积淀中，最有特色、也是最具活力的内容之一，就是其在环中国海周边地域历史悠久的海上活动传统中的独特地位。我们知道，海上活动是岭南文化传统中最具历史根源的重要内容，岭南地区的民众长期以来一直从事海上贸易等活动，并以此作为重要的生计来源。正如许多研究者所揭示的，即使在某些朝代和周边国家实行"海禁"及其他限制措施的时代，岭南地区民众的海上活动也从来没有停止过。我们的先辈一直要面对的，是环南中国海周边地区不同国家和不同人群截然不同的政治、法律、贸易、宗教和文化制度。令人感兴趣的是，上千年来，这些似乎教育程度不高的民众，一直能够在这样复杂的法律和文化环境中，充满智慧地协调和利用各种制度，在不同国家和不同社会之间，游刃有余地发展着自己的事业和文化传统。广州作为岭南的中心城市，一直是"海上丝绸之路"的主要起点港口，在很长时间里是中国第一大港，也是世界著名的东方古港。南海神庙就是广州千年海上活动传统的重要见证，其在世界航海史上的文化与学术价值，是独一无二、无法取代的。

在南海神庙侧畔建设广州海事博物馆，是一项富有远见的文化工程，有助于在深入研究的基础上，更加丰富地展示广州这个千年商都在中国海上活动历史上，以至在世界贸易体系发展中的独特地位。我们希望海事博物馆能够成为一座连接过去、现在和未来的"文化桥梁"，让参观者从历史和往事中得到启迪，以更加深邃而开阔的视野面向未来。

祝广州海事博物馆事业发展，馆运昌隆。

（作者单位：中山大学）

《广州文博》征稿启事

《广州文博》由广州文博学会、南越王博物院联合编辑，为正规出版物。作为文物博物研究者一个公开的学术园地，致力于探讨不同历史时空下的各种历史文化现象，收集和整理馆藏历史文献、文物及田野考察资料、考古发掘资料，并积极探索反映文博行业发展特点的陈列展览、宣传教育、文物保护等专题研究。在"红色文化、岭南文化、海丝文化、创新文化"品牌下，以红色文化塑造时代之魂，以岭南文化汇聚湾区同心，以海丝文化增强开放优势，以创新文化激发城市活力。目前《广州文博》正面向国内外征集稿件，细则如下：

一、稿件要求

1.来稿要求主题明确、立意深刻、结构严谨、文字精练。本书只刊载首发作品，谢绝一稿多投。

2.来稿字数在3000—8000字为宜。

3.来稿请用规范的学术论文书写格式。

（1）注释统一为页下注，每页重新编号，注释序号与文中指示序号相一致，一律用阿拉伯数字加圆圈标注：①、②……。再次征引，只注作者名、书名和页码。本刊不采用"同上""见前引书"等简略方法。例如：蔡鸿生：《广州海事录——从市舶时代到洋舶时代》，第118页。不用合并注号方式。每条注释独立成自然段。

注释编写格式：序号，主要责任者，文献题名，出版者，出版年，起止页码。例：①广州文博学会：《广州文博》第14卷，文物出版社2021年版，第2—3页。

（2）来稿请附相关的内容摘要和关键词。内容摘要在稿件正文之前，以100—300字为宜，简介主题范围、目的方法、内容梗概、创新之处、主要结论。

摘要慎用长句，只分一个自然段落。摘要之后须有关键词，由3—8个反映论文主题内容、并用空格隔开的词或词组所组成。

（3）第一次提及帝王年号须加公元纪年，如上元二年（675年）；第一次提及外国人名须附原名。中国年号、古籍卷、页数用中文数字，如贞观四年、《旧唐书》卷三八，《西域水道记》第二二页。其他公历、杂志卷、期、号、页等均用阿拉伯数字。

（4）除常见的先秦诸子、二十四史、《资治通鉴》、三通、《太平御览》、《艺文类聚》等可不标出作者时代和姓名外，引用古籍，应标明著者、版本、卷数、页码；引用专书及新印古籍，应标明著者、章卷数、出版者及出版年代、页码；引用期刊论文，应标明期刊名、年代卷次、页码；引用西文论著，依西文惯例，书刊名用斜体；书刊及论文均用《》。

4.来稿请写明作者姓名、工作单位和职称、通讯地址、电话或电子邮件等联络资料，将作者姓名、工作单位置于文章最后。

5.投稿方式：作者可将稿件WORD格式文档和图片压缩包用电子邮件发送至《广州文博》编辑部信箱gzwbbjb@126.com。

6.《广州文博》所载文章观点不代表编辑部意见，作者文责自负。文稿作者应严格遵守学术规范，杜绝任何抄袭、剽窃和一稿多投等学术不端行为。

7.本刊尊重作者确定的署名方式，编辑部会根据本刊主旨、风格，结合专家意见对稿件做出技术性修改。如作者不允许，请在投稿时说明。

8.本刊的审稿周期为确认收到稿件起的三个月之内。稿件寄出三个月后未收到修改或采用通知者，请自行处理。稿件刊用后，编辑部将支付稿酬并寄送样刊。

二、特别说明

为适应信息化建设需要，扩大本刊及作者知识信息交流渠道，本刊已被《中国学术期刊网络出版总库》及CNKI（中国知网）系列数据库收录，其作者著作权使用费与本刊稿酬一次性给付。免费提供作者文章引用统计分析资料。如作者不同意文章被收录，请在来稿时向本刊说明，本刊将做适当处理。

三、联系方式

通讯地址：广州市越秀区中山四路316号南越王博物院（王宫展区）

邮政编码：510030

联系人：《广州文博》编辑部 霍雨丰

联系电话：020-36182045

投稿电子信箱：gzwbbjb@126.com